Manuel J. Smith
Gib deiner Angst einen Tritt

Manuel J. Smith

Gib deiner Angst einen Tritt

Selbsthilfeprogramm
zur Überwindung von

Angst vorm Fliegen
Angst vor Höhen
Angst vor Fahrstühlen
Angst vorm Autofahren
Angst vor Tieren
Angst vor geschlossenen Räumen
Angst vor weiten Plätzen
Angst vor Sexualverkehr

Wolfgang Krüger Verlag

Titel der amerikanischen Originalausgabe:
»Kicking the fear habit«.
Aus dem Amerikanischen von Willi Köhler

Deutsche Ausgabe:

Umschlagentwurf: Atelier Rambow, Lienemeyer, van de Sand
Satz und Druck: Georg Wagner, Nördlingen
Einband: Hans Klotz, Augsburg
Printed in Germany 1979
ISBN 3-8105-1705-4

All jenen gewidmet, von denen ich persönlich oder durch ihre Ideen, Arbeiten, Schriften und Vorlesungen gelernt habe:

Petr Anotkin
Sigmund Freud
Harry Harlow
Donald Lindsley
Irving Maltzman
Iwan Pawlow
Joseph Sidowski
Burrhus Frederic Skinner
Zev Wanderer
Joseph Wolpe

Und insbesondere zwei Personen, deren Einsichten mich immer wieder in Erstaunen setzen:

Jennifer Patten Smith
und
Joyce Engelson Keifetz

Inhalt

ERSTER TEIL

Ängste und Phobien: Wie wir sie bekommen

1.

Flucht in die Angst

Wie ich phobisch wurde

Vor rund 22 Jahren war ich Angehöriger der amerikanischen Armee. Am meisten erinnere ich mich an die lustigen Dinge, die dort geschehen, an all die Vorkommnisse, die sich einstellen, wenn verweichlichte Zivilmenschen in Landsertuch gesteckt werden. Doch ich erinnere mich auch daran, daß eine Sache mir einen fürchterlichen Schreck einjagte, und zwar dermaßen, daß ich eine Phobie davontrug, die an die fünf Jahre anhielt. Es geschah auf einer Luftreise von einem US-Luftstützpunkt auf Japan zu einer der Okinawa-Inseln.

Zusammen mit etwa dreißig anderen Soldaten, die meisten von uns noch ohne Dienstrang, wurde ich zu einer neuen Dienststelle verlegt. Ich erinnere mich noch, wie ich neben der Startbahn des Flugplatzes auf meinem Kleidersack saß. Ein Lastwagen hatte uns um fünf Uhr in der Frühe aus Tokio hergebracht. Ich hatte mich eingemummt, denn an jenem Wintermorgen war es empfindlich kalt. Auch nach dem schönen japanischen Sonnenaufgang fröstelte ich noch. Wir durften unseren Warteplatz nicht verlassen, konnten also die Flughalle unmittelbar hinter uns nicht aufsuchen, wo wir uns hätten Kaffee geben lassen und uns aufwärmen können. Offiziere hatten die Halle mit Beschlag belegt. Umgeben von seinem

Stab, schlief dort ein General auf einer Couch. Sie befürchteten, wir könnten ihn aufwecken. So saßen wir einige Stunden lang nörgelnd und fluchend herum, bis ein seltsam anzusehendes Flugzeug, einen Höllenspektakel veranstaltend, vor uns aufsetzte und den General aus seinem wohlverdienten Schlaf riß. Es war der gefürchtetste Flugapparat unter der Sonne, allerdings nicht wegen seiner Kampfkraft, sondern wegen der vielen Leute, die es auf dem Gewissen hatte. Das Flugzeug hieß sinnigerweise »Der fliegende Sarg«.

Der Sarg war innen wie außen ein höchst merkwürdiger Flugapparat. Er hatte zwei dünne Ausleger, die sich von den Motoren über die Flügel zum Schwanz erstreckten. Diese schwächliche Vorrichtung trug einen wurstähnlich geformten Kabinenkörper, der an einen in die Länge gezogenen Football erinnerte.

Überflüssig zu sagen, daß mir die Absicht der Armee, mich auf diese Weise nach Okinawa zu schaffen, nicht sonderlich gefiel. Ich war zwar bisher nie mit dem »Sarg« geflogen, doch ich kannte seinen Ruf. Während ich noch auf den Flugkörper starrte, schwangen am Wurstende zwei riesige Türen auf, und die Flugbesatzung ließ zwei Rampen herab. Plötzlich trat der General aus der Flughalle und ging an Bord, gefolgt von seinen Türöffnern, denen wir unsererseits nachkletterten. Im Flugzeuginnern befestigten wir unsere Kleidersäcke an Gepäckhaken, die von der Deckenmitte herabhingen. Wir ließen uns auf metallenen Klappsitzen nieder, die an den Längswänden der Flugkabine aufgereiht standen. Im Flugzeuginnern war alles mit deprimierend wirkender olivgrüner Militärfarbe gestrichen. Auch die Klappsitze waren so angemalt, doch sie hatten alle einen abgewetzten glänzenden Fleck in der Mitte, wo scheuernde Soldatenhosenböden die Farbe beseitigt hatten. Hinter dem Cockpit des Piloten über uns war Offiziersterrain. Sie saßen in Polstersesseln auf einem nach hinten offenen zweiten Flugdeck. Der General hatte in einem Passagiersessel mit Armstützen und verstellbarer Rückenlehne Platz genommen. Nachdem er es sich bequem gemacht hatte, schickte er einen Leutnant zum Piloten und ließ ihm ausrichten, er könne sich ans Werk machen. Die Besatzung zog die Rampen ein und verriegelte die Türen. Wir rollten zur Startbahn und mußten dort wieder warten.

Zu diesem Zeitpunkt hatte die Wintersonne das Flugzeuginnere mächtig aufgeheizt. Sogar dem General lief der Schweiß vom Gesicht. Schließlich ließ der Pilot die Maschine mit lautem Motorgeheul anrucken, und dann rumpelten wir die Startbahn hinunter, um Geschwindigkeit zum Abheben zu gewinnen. Das war insofern angenehm, als daraufhin ein kühler Luftstrom aus den Kabinenventilatoren strömte, doch gleichzeitig wurde das Flugzeug beim Dahinrollen in solche Vibrationen versetzt, daß ich glaubte, es werde jeden Augenblick in seine Bestandteile auseinanderfallen. Eine Ewigkeit lang dachte ich, mein Rückgrat werde sich verschieben und meine Zähne würden sich lockern. Plötzlich trat der Pilot voll in die Bremsen und schaltete die Motoren ab, worauf die Schubkraft aussetzte. Mit kreischendem Geräusch kamen wir kurz vor dem Ende der Startbahn glücklich zum Stehen. Das Flugzeug hatte am Boden nicht genug Geschwindigkeit erreicht, um abheben zu können. Oder jedenfalls hatte der Pilot, so hoffte ich, sich gedacht, wir seien zu langsam gewesen, um sicher aufsteigen zu können. Wir kehrten an das andere Ende der Startbahn zurück und schmorten dort wieder in der Hitze. Einige Minuten lang heulten die Motoren erneut auf, als wenn wir vor dem Start zu einem Verfolgungsrennen stünden, und dann rollten wir wieder an die Startbahn, rumpelten sie hinunter, wobei die Propeller aufjaulten, Nieten und Zähne klapperten und die Sitze ruckten und zuckten. Als wir uns dem Punkt näherten, wo es kein Zurück mehr gab, betätigte der Pilot erneut die Bremsen, diesmal jedoch weit stärker, und aufgrund unserer Eigenbewegung wurden wir fest gegen die Anschnallgurte gedrückt. Diesmal hielten wir noch schneller und näher am Startbahnende an. Der Pilot brauchte viel länger, um uns für den dritten Startversuch zur Ausgangsstellung zurückzubringen.

Um diese Zeit etwa ging mir langsam auf, was Angst ist. Und ich hoffte, der Pilot würde die Sache aufgeben, würde uns erklären, wir sollten von Bord gehen und ohne uns seine Fracht nach Okinawa schaffen. Doch solches Glück war uns nicht beschieden. Piloten handeln in Gegenwart eines Generals gewöhnlich nicht sensibel. Unser Pilot karrte uns vielmehr bis zum entferntesten Punkt der Startbahn, betätigte dort die Bremsen und drehte die Motoren langsam bis zur vollen Kraft auf – und hielt sie in diesem Zustand. Als die Vibrationen der hochgezogenen Motoren immer heftiger wurden, begann das gesamte Flugzeug zu rütteln und sich schlingernd von einer Seite auf die andere zu legen. Es war offenkundig, daß der Pilot seine Maschine diesmal von der Erde abheben wollte, auch wenn das etwa so vonstatten gehen sollte, als wenn er uns aus einer Kanone abschösse. Als er die Bremsen freigab, geschah auch genau dies. Beim dritten Startversuch schossen wir erheblich schneller die Rollbahn hinab als zuvor. Vielleicht verspürte ich als einziger Angst, doch die Gesichter der anderen waren allesamt ernst und gesammelt. Vorbei war es mit dem Witzeln und Hänseln, mit dem sich die Soldaten noch eine Stunde vorher die Zeit vertrieben hatten.

Als die Stelle, an der es kein Zurück mehr gab, an den Fenstern vorbeiflog, hoben wir für einen Augenblick ab, setzten dann wieder auf die Startbahn auf und sprangen erneut in die Luft. Der Pilot gab weiter Vollgas, diesmal blieb ihm nichts anderes übrig. Entweder würden wir steigen oder abtrudeln und eine Bruchlandung machen, wenn wir die Startbahn hinter uns hätten. Wir sprangen noch mehrere Male in die Luft und fielen wieder zur Erde zurück.

Langsam wurden mir die Arme steif. Ich schaute auf meine Hände. Sie klammerten sich an die Seiten des Stuhls. Sonst gab es keinerlei Halt. Ich sah hinauf zum Offiziersdeck. Wußten die etwas, was ich nicht wußte? Ich sehe immer noch den General vor mir, wie er seine Finger in die gepolsterten Armlehnen grub. Auch er hatte weiße Knöchel. Jetzt wußte ich wirklich, was es heißt, Angst zu haben. Der einzige Gedanke, der mir in den Sinn kam, war ziemlich idiotisch: Der General saß weiter vorn als ich, und wenn wir abstürzen sollten, würde er vor mir seine Nase in den Boden am Ende der Startbahn rammen. Mir ging auf, daß fehlender Rang bisweilen seine Vorzüge hat. Dieser Gedankengang wurde abgeschnitten, als sich die Vibrationen, die ich unter dem Hintern spürte, veränderten. Als wir erneut auf die Startbahn aufsetzten, wurde ich zwar durchgeschüttelt, doch diesmal nicht ganz so stark. Wir waren tatsächlich in der Luft. Ich atmete tief durch. Der Pilot erklärte, es könne geraucht werden, doch er forderte uns auf, noch auf unseren Sitzen zu bleiben. Er wollte wohl erst an Höhe gewinnen, bevor alles zur Toilette im hinteren Teil der Maschine stürzte und dadurch Gefahr drohte, daß die Maschine nach hinten absackte.

Die restliche Flugreise ließ ebenfalls nichts zu wünschen übrig. In den Turbulenzen und Luftlöchern entlang der tausend Meilen langen Route von Japan nach Okinawa vollführten wir eine regelrechte Berg- und Talbahnfahrt. Bei diesem Auf und Ab fand ich es angenehmer, nicht aus den Kabinenfenstern zu schauen, um festzustellen, in welcher Höhe wir flogen. Kaum hatten wir die japanische Küste hinter uns, spielte das Navigationssystem verrückt, und wir folgten einem wilden Zickzack-Kurs nach Süden in Richtung Okinawa, was dazu führte, daß wir die geschätzte Ankunftszeit um anderthalb Stunden überschritten. Mit einem mächtigen Schlag gingen wir in Kadena nieder.

Nach der Landung blieben die meisten Männer aufgrund militärischer Etikette sitzen und warteten darauf, daß der General als erster das Flugzeug verließ. Nicht so ich. Mit einigen anderen war ich aus der Tür, kaum daß die Rampe den Boden berührt hatte. Niemand hielt uns auf oder schien sich auch nur um das militärische Protokoll zu kümmern.

Während meiner restlichen Militärzeit und noch drei Jahre danach machte ich um Flugzeuge einen weiten Bogen. Seit meinem zwölften Lebensjahr war ich in Flugzeugen geflogen. Für gewöhnlich hatte es richtigen Spaß gemacht. Doch jetzt nicht mehr. Ich hatte mir eine irrationale Angst vor Flugzeugen, eine Phobie, zugezogen. Gott sei Dank schickte die Armee mich auf einem Truppentransportschiff nach Hause. Als ich wieder auf der Hochschule war, zeigte meine Aerophobie seltsame Nebeneffekte. Vielleicht weil ich mich mit meiner irrationalen Angst wie ein Narr vorkam, mied ich das Thema Fliegen ganz und gar. Mein damaliger Professor, Joe Sidowski, war ständig frustriert, wenn er versuchte, mich zu Stellungnahmen zu seinen Vorstellungen über die Verbesserung der Flugsicherheit durch bessere Gestaltung der Pilotenkanzel zu bewegen. Auf alles, was er mir zu dem Thema mitteilte, konnte ich nur ein gequältes Stöhnen herbringen. Ständig brummelte er vor sich hin, über den Geschmack lasse sich schließlich nicht streiten. Zuguterletzt tat er mein Verhalten mit den Worten ab: »Manche Menschen müssen durch Tritte und Anbrüllen ins zwanzigste Jahrhundert getrieben werden.«

Was ist eine Phobie und wie kann sie das Leben beeinflussen?

Wie können Sie wissen, ob Sie selbst oder jemand, der Ihnen nahesteht, eine Phobie hat? Nach meiner Erfahrung ist die Bedeutung des Begriffes *Phobie* sowohl in der professionellen Verwendung wie auch in der Laiensprache unbestimmt und vage. Man hat sich angewöhnt, alles mögliche damit zu bezeichnen, angefangen von geringfügiger Nervosität angesichts einer bevorstehenden Prüfung oder eines Einstellungsgesprächs bis hin zu den paranoiden Vorstellungen eines Patienten, der sich unter dem Einfluß einer Psychose in den schlimmsten Befürchtungen darüber ergeht, die Kommunisten könnten es darauf angelegt haben, ihm Gift ins Essen zu tun. Eine engere und sinnvollere Betrachtungsweise geht davon aus, daß Phobien mindestens zwei Elemente besitzen: irrationale Angst, die zuweilen an ausgesprochene Panik grenzt, und eine ziemlich spezifische Situation oder Sache, welche die irrationale Angst auslöst, wie etwa Flugzeuge, Tiere, hochgelegene Plätze und Fahrstühle. Die meisten Patienten, die in die psychologische Klinik kommen, um sich wegen ihrer irrationalen Ängste behandeln zu lassen, können ziemlich genau angeben, was sie in Angst und Schrecken versetzt. Manchmal können sie es jedoch nicht. Ihre Form der Angstreaktion ist womöglich allgemeiner und umfaßt beispielsweise jede soziale Situation, die sie dazu nötigt, mit anderen Menschen in Interaktion zu treten. Häufig ist diesen Patienten durchaus klar, daß andere Leute sie aufregen, doch anderen gegenüber greifen sie zur Erklärung ihrer Nervosität gern zu einer kleinen Notlüge und geben willkürlich irgend etwas an einer sozialen Situation als Grund für ihre Angst aus. Unter Umständen erklären sie: »Hunde regen mich immer auf. Ihnen gegenüber habe ich eine Phobie.« Und um zu demonstrieren, daß sie an ihrem Problem arbeiten, sitzen sie womöglich während eines ganzen Abends mit dem Hund des Gastgebers zusammen und vermeiden mit großem Erfolg das, was sie in Wirklichkeit fürchten, nämlich den sozialen Kontakt mit anderen Menschen. Oder sie erklären vielleicht, daß U-Bahnen sie nervös machen, wenn sie zu einer Cocktailparty fahren – zu einer Veranstaltung, vor der sie sich in Wirklichkeit fürchten.

Obwohl solche *sozialen Ängste* nicht ungewöhnlich sind, hat es wenig Sinn, sie so zu behandeln, als wenn sie spezifische phobische Reaktionen wären. Statt dessen setzt man normalerweise ein Trainingsprogramm zur Stärkung sozialer Selbstbehauptung ein, um solchen Patienten beizubringen, wie sie mit Umständen zurechtkommen, die Angst in ihnen hervorrufen, mit Umständen wie soziale Beeinträchtigungen, Mangel an Selbstvertrauen, soziale Fehlhandlungen und Angst vor Kritik. Solche sozialen Ängste fallen auch nicht unter die Kategorie der spezifischen Phobien, wenn man sich die verheerenden Auswirkungen phobischer Reaktionen vergegenwärtigt. Einer meiner

Patienten hatte Angst vor Blutuntersuchungen und medizinischen Prozeduren. Doch ihm war nicht klar, so wenig wie mir, wie empfindlich er selbst gegenüber medizinischen Geräten und sonstigem Zubehör war. Ich fragte mich, was ich verwenden könnte, um eine verhaltensmäßige Angstreduzierung bei ihm einzuleiten, und ich dachte, wir könnten es mit einer hypodermischen (zur sukkutanen Injektion zu verwendenden) Spritze versuchen, und zwar ohne Nadel. Das wäre nicht zu stark, glaubte ich. So steckte ich mir vor unserer zweiten Sitzung eine Spritze in die Jackentasche. Mit seiner Erlaubnis holte ich die Spritze hervor und zeigte sie ihm von der gegenüberliegenden Seite des Behandlungsraumes. Dabei hoffte ich, der medizinische Gegenstand würde zumindest einige Angst hervorrufen, mit der wir anfangen könnten zu arbeiten. Aufgrund des psychischen Schocks, einem Teil des gefürchteten Geräts so nahe zu sein, fiel der Patient sofort in Ohnmacht. Diese extreme Reaktion ist bei phobischen Patienten nicht ungewöhnlich.

Auch wenn die Angstreaktionen von milder bis zu panischer Furcht reichen, meiden phobische Patienten in der Mehrzahl Dinge, die sie erschrecken, wie die Pest. Folglich kann ihr tägliches Leben erheblich beeinträchtigt werden; das kann sogar so weit gehen, daß sie einen gutbezahlten Job im fünfzehnten Stockwerk ausschlagen, weil sie Angst vor der Höhe oder vor den Fahrstühlen haben. Oder vielleicht nehmen sie nur Arbeitsplätze an, die sie von daheim aus zu Fuß erreichen können, weil sie eine irrationale Angst vorm Autofahren oder vor der Benutzung öffentlicher Verkehrsmittel haben. Unter Umständen werden ihre Ehen zur Hölle, weil der Mann unter einer phobischen Impotenz leidet oder weil die Frau, wie es häufig vorkommt, sich mit phobischen Frustrationen herumplagt, weil sie zwar durch Masturbation zum Orgasmus kommt, aber nie in der psychisch heikleren Situation mit dem Ehemann oder Liebhaber.

Dies sind lediglich einige Beispiele dafür, was eine Phobie

darstellt, und für die Auswirkung, die unter Umständen dazu führt, daß ein ganzer Bereich im Leben des betroffenen Menschen schwerwiegend beeinträchtigt wird. Wenn Sie sich diese Beschreibung des Problems und vielleicht ihre eigenen Erfahrungen mit irrationalen Ängsten vor Augen halten, kommen Sie womöglich zu dem Schluß, eine Phobie sei nur schwierig zu beseitigen. Das hängt weitgehend davon ab, was Sie dagegen unternehmen. Lassen Sie uns anschauen, was mit meiner Aerophobie geschah, die ich mir dank des Transportwesens der amerikanischen Armee zuzog.

Laut einer besonders abgestandenen und archaischen, aber immer noch populären Theorie der klinischen Psychologie war meine Phobie das Symptom eines ihr zugrunde liegenden verborgenen psychischen Konflikts in meiner seelischen Ausstattung, eines Konflikts, für den wahrscheinlich eine unbewältigte Frustration während der Periode meiner psychosexuellen Entwicklung zwischen Geburt und sechstem Lebensjahr verantwortlich war. Nun, während des Flugs in dem fliegenden Sarg hatte ich allerdings einen Konflikt, der sich freilich auf die US-Armee bezog und keineswegs psychosexuell war. Die Armee dachte, ich wäre ein Soldat, doch ich wußte es besser. Meine soldatischen Impulse hatten in der zweiten Woche der Grundausbildung ihren Geist ausgehaucht.

Nach einer moderneren Theorie der klinischen Psychologie, die in diesem Jahrhundert entwickelt wurde und sich Verhaltenstherapie nennt, war meine Phobie gelernt; sie war eine konditionierte emotionale Reaktion. Diese Theorie zeigt uns, jedenfalls in meinem klar umrissenen Fall, daß meine Gefühle von Unbehagen während meiner fünf fluglosen Jahre durch Dinge ausgelöst wurden, die für Flugzeuge kennzeichnend sind, und daß sie durch meinen letzten schrecklichen Flug konditioniert worden waren, und zwar auf ganz ähnliche Weise, wie die Pawlowschen Hunde darauf konditioniert wurden, auf den Klang der Fußschritte ihrer Wärter zur Fütterungszeit automatisch Speichel abzusondern. Wie die Pawlowschen Hunde war ich darauf konditioniert worden, eine ähnlich automatische, nicht willentliche emotionale Reaktion zu produzieren, nur war meine Reaktion leider negativ und hatte mit Flugzeugen statt mit »Hamburgern« zu tun. Die von der Verhaltenstheorie vertretene Vorstellung darüber, wie wir phobische Reaktionen erwerben, besitzt etliche Vorteile gegenüber der analytischen Theorie, wie sie im neunzehnten Jahrhundert von Freud und seinen Nachfolgern entwickelt wurde. Erstens, die Untersuchungen klinischer Forscher lassen erkennen, daß die Verwendung von Verhaltensmethoden bei der Behandlung von Phobien anderen Behandlungsformen klar überlegen ist. Zweitens, die Verhaltensmethoden erfordern nicht, daß wir unsere Vergangenheit nach dem ursprünglichen Trauma durchforschen, das die phobische Reaktion hervorrief, denn nunmehr ist es nur notwendig zu wissen, was die Angst auslöst. Drittens, es ist nicht nötig, irgendeinen verborgenen psychischen Konflikt zu lösen, damit die Phobie verschwindet.

Wie ich meine Phobie verlor

Was beendete meinen fünfjährigen Kampf mit dem modernen Verkehrswesen? Habe ich einen Verhaltenstherapeuten aufgesucht? Nein, denn zu jener Zeit waren sie noch ziemlich selten und arbeiteten für gewöhnlich an den großen Universitäten und Forschungskliniken. Was sich ereignete, war eine glückliche Kette von Umständen, die dazu führte, daß einer meiner alten Freunde, ein Student, der während meines letzten Jahres bei der Armee Marineflieger geworden war, in einer etwa dreißig Minuten dauernden »Rekonditionierung«* meine Phobie beseitigte. Als wir zur Hochschule zurückkehrten, war Fred, mein Freund, immer noch voller Begeisterung für die Fliegerei und

* Engl.: Reconditioning = Um- oder Neukonditionierung. Anm. d. Übers.

drängte mich ständig, ich solle das Fliegen lernen und einem örtlichen Fliegerverein beitreten. Was er wirklich wollte, so argwöhnte ich, war ein Partner, mit dem er die Unkosten für das Fliegen teilen könnte. Ich widerstand ihm, bis er eines Tages vorschlug, wir sollten in einem Vereinsflugzeug nach Palm Springs fliegen, um uns das Grand-Prix-Autorennen anzuschauen, das vier Wochen später stattfinden sollte.

Damit Sie verstehen können, warum der geplante Flug für mich von besonderem Interesse war, muß ich Ihnen noch etwas anderes über Fred mitteilen. Als Student war er einer der größten Charmeure auf dem Campus. Jedes Mädchen, mit dem er sich traf, war geradezu eine Schönheit. Das entscheidende Argument, mit dem Fred mich köderte, mit ihm nach Palm Springs zu fliegen, war seine Beteuerung, er habe bereits mit zwei Mädchen ausgemacht, daß wir uns bei dem Rennen treffen. Anschließend würden sie uns nach Palm Springs kutschieren, wo wir am Wochenende ihre Gäste wären und wir würden erst am Sonntag zurückfliegen. Ein solches Wochenende wollte ich mir nicht entgehen lassen, und wenn ich in einer Zwangsjacke und mit verbundenen Augen hätte fliegen müssen. Mit höchst gemischten Gefühlen nahm ich Freds Angebot an, doch er stellte noch eine weitere Bedingung. Ehe wir nach Palm Springs abflogen, sollte ich mit ihm noch zu einem örtlichen Flug aufsteigen, damit er mir einige der Grundregeln des Fliegens beibringen könnte. Widerstrebend willigte ich ein. Er zog ein kleines Büchlein über das Fliegen mit einmotorigen Flugzeugen aus der Tasche und gab es mir mit der Aufforderung, es noch vor Samstag durchzulesen. Er hatte bereits ein Flugzeug für uns reserviert.

Am Samstagmorgen trafen wir uns auf dem Flugfeld. Er ließ mich in und um das Flugzeug klettern, um festzustellen, was ich gelernt hatte, zeigte hier und dorthin, fragte nach Namen und was es mit den einzelnen Dingen auf sich habe. Einige Minuten nach dieser Prüfung warf ich den Propeller an, schrie: »Bremsen? Zündung an? Kontakte?«, lief um das Flugzeug herum, um in das Cockpit zu klettern, und dann hoben wir ab. Innerhalb einer halben Stunde steuerte ich das Flugzeug und vollführte unter Freds Anleitung alle möglichen Flugbewegungen, wie Wenden, Trudeln, Steilaufstieg, Langsamflug, Sturzflug und Wiederauffangen. Das klappte alles nicht sonderlich gut, doch das spielte auch keine Rolle. Anfangs war ich sehr nervös. Dann war ich viel zu beschäftigt, um noch Angst zu haben. Schließlich fand ich sogar richtigen Spaß daran. Meine Angst vorm Fliegen war verschwunden.

Wenige Minuten später wurde meine »Heilung« einer regelrechten Feuerprobe unterzogen. Ich steuerte das Flugzeug in direktem Kurs auf eine Bergspitze zu, die Fred mir zeigen wollte, als die Pilotenkanzel von einem lauten Schlag erschüttert wurde. Statt in Panik zu verfallen, drehte ich mich ängstlich nach Fred um und fragte: »Was war denn das?« Auf seiner Zigarre kauend, schaute er mich an und sagte mit einem Grinsen: »Weiß ich auch nicht, aber wir fliegen ja noch.« Fred übernahm das Flugzeug und meinte, ich solle, für den Fall, daß wir notlanden müßten, nach ebenem Gelände Ausschau halten. Ohne Schwierigkeiten gingen wir auf dem nächstgelegenen Fluggelände einige Kilometer weiter nieder. Ursache unseres Problems war eine dünne, aus Aluminium bestehende Dichtungsleiste am oberen Ende der Plexiglas-Windschutzscheibe; die Leiste sollte verhindern, daß Regenwasser ins Flugzeuginnere sickerte. Während des Fluges hatte sie sich losgerissen und war durch den Luftzug umgeknickt. Das laute Geräusch war entstanden, als die beiden Teile der umgeknickten Dichtungsleiste gegeneinander schlugen. Mit einigen Schrauben und einem Schraubenzieher gelang es mir, die Leiste wieder zu befestigen. In weniger als einer Viertelstunde waren wir wieder in der Luft und auf dem Weg nach Palm Springs.

Seit jenem Samstagmorgen mit Fred habe ich als Passagier von Linienflugzeugen über 150 000 Kilometer in der Luft verbracht, und seither sind siebzehn Jahre vergangen, ohne daß die Flugangst wieder aufgetaucht wäre und mich belästigt hätte.

Wenn Ihre Erfahrungen den meinen und denen von Millionen anderer Menschen ähneln und wenn Sie sich irrationalen Ängsten oder Phobien ausgesetzt sehen, dann werden Sie sich wahrscheinlich die gleiche Art von Fragen stellen, welche die meisten von uns beunruhigen: Warum kann ich in dieser Situation meine Angstgefühle nicht unter Kontrolle halten? Wie kann ich mit diesen unangenehmen Gefühlen fertig werden? Bedeutet meine Phobie etwa, daß mit meiner Persönlichkeit etwas grundlegend nicht in Ordnung ist? Sollte ich versuchen, die Phobie loszuwerden oder einfach die Situation meiden, die mir unangenehm ist? Kann ich sie überhaupt loswerden? Welches ist der beste Weg? Wie lange wird das dauern? Muß ich einen Therapeuten aufsuchen, um meine Phobie zu beseitigen?

Alle diese Fragen sind natürlich wichtig, wenn Sie sich in einer phobischen Verfassung befinden, vor allem aber die letzten drei Fragen: Was ist zu tun? Wie lange wird es dauern? Mit wem muß ich dabei zusammenarbeiten? Darauf gibt es, wie sich versteht, keine einfachen geradlinigen Antworten, keine Antworten, die auf alle unsere individuellen Situationen zuträfen. Antworten jedoch, die zu den größten Hoffnungen berechtigen, finden sich bereits in der Geschichte über meine eigenen Erfahrungen bei der Überwindung der Flugangst.

Was habe ich gegen meine Phobie unternommen? Ich suchte, wenn auch widerstrebend, die phobische Situation auf, allerdings mit Hilfe einer Reihe von glücklichen Umständen, und meine Angstgefühle wurden durch positive Gefühle ersetzt. Fred wußte nichts über meine irrationale Furcht vor Flugzeugen. Ich hatte es vorher vermieden, mit ihm zu fliegen, indem ich ihm erklärte, ich sei daran nicht interessiert, was ja auch stimmte, und sei außerdem zu beschäftigt, was nicht stimmte. Wie die Dinge lagen, war es auch gar nicht nötig, daß Fred von meiner Phobie erfuhr. Nötig war lediglich, daß er im voraus Bedingungen aufstellte, die mich stark motivierten, in ein Flugzeug zu klettern, und mich zwingen würden, anderen Dingen als meiner Furcht Aufmerksamkeit zu widmen.

Im Lichte späterer Forschungen über die Behandlung von Phobien war Freds gegenphobisches Verfahren geradezu ideal. Wenn er mich beispielsweise während des Fluges nur passiv als Passagier hätte dasitzen lassen, hätte sich mein phobischer Zustand wahrscheinlich nicht geändert oder wäre vielleicht sogar schlimmer geworden. Das ist das typische Ergebnis bei Leuten mit einer Aerophobie, die sich dazu zwingen, in einem Passagierflugzeug zu fliegen, und dann zwischen Frankfurt und New York mehrere Stunden lang vor sich hin leiden und bei jedem Quietschen oder sonstigem seltsamen Geräusch in Angst und Schrecken geraten.

Fred hätte mich in dem Flugzeug eine große Vielfalt von Dingen tun lassen können, die alle genauso gut gewirkt hätten wie sein Bemühen, mich das Fliegen zu lehren. Zu lernen, Hände und Augen in einer furchtbesetzten Situation zu koordinieren, zählt zu den wirksamsten antiphobischen Verfahren. Und die Lernaufgabe muß nicht unbedingt mit der phobischen Situation in Beziehung stehen! Fred hätte mich beispielsweise dazu anhalten können, ich sollte während des Fluges gleichzeitig mit drei Orangen zu jonglieren versuchen, und hätte damit unter Umständen ähnliche gute Ergebnisse erzielt. Oder er hätte mich auffordern können, ich sollte mich als Bombenschütze versuchen und aus dem offenen Fenster Orangen fallen lassen, um so zu lernen, ein Ziel auf dem Boden zu treffen, während das Flugzeug darüber flog. Oder jede Menge andere Dinge, deren Zahl nur durch unsere Phantasie begrenzt ist.

Offensichtlich war ich nicht auf die Dienste irgendeines Psychotherapeuten welcher Schule auch immer angewiesen, weder auf die Dienste eines Analytikers noch eines Verhaltenstherapeuten. Was ich brauchte, war die Hilfe eines Menschen, dem ich in der phobischen Situation vertraute, und für mein spezielles Problem war es ideal, daß Fred Pilot war. Seither jedoch haben mein Kollege Zev Wanderer und ich einer Anzahl von ängstlichen Passagieren geholfen, die in Linienflugzeugen neben uns saßen, und unsere Hilfe bestand darin, daß wir ihnen einige der in späteren Kapiteln beschriebenen Methoden und Aufgaben anboten. Diese »Kuren« wurden ohne vorherige Vorbereitung durchgeführt und ohne daß wir unseren Nachbarn, die zufällig neben uns saßen, eröffnet hätten, daß wir »Psychomasseure« sind.

2.

Unsere negativen Überlebensgefühle und -verhaltensweisen: frösteln, ohnmächtig werden, flüchten, kämpfen und sich schlecht fühlen

Wir alle haben drei grundlegende negative Gefühle: Angst, Wut und Depression. Diese drei Gefühle sind nicht unabhängig voneinander. Wenn wir beispielsweise ängstlich werden und anschließend wütend oder depressiv, dann wird unsere Angst durch die beiden letzteren Gefühle unter Umständen verringert oder verstärkt. Nehmen wir also alle drei Gefühle in Augenschein, um herauszufinden, welche Wechselbeziehung zwischen ihnen besteht und wie sie uns dabei helfen oder behindern können, unsere gelernten Ängste zu reduzieren.

Jede dieser Emotionen ist angeboren und nicht dem Willen unterworfen; sie gehören zu unserer genetischen Ausstattung und sollen das Überleben der Spezies sicherstellen. Unser ursprünglich tierisches Gehirn, das uns unsere erfolgreichen prähumanen Vorfahren weitergegeben haben, wird von Neuroanatomen und -physiologen in ihrem Fachjargon häufig das »Gefühls«-Hirn genannt. Es kontrolliert automatisch nicht nur unsere negativen Gefühle, sondern auch alle unsere Körperfunktionen und nichtwillentlichen Reaktionen, die uns am Leben erhalten – wie Temperaturhöhe, Verdauung, Drüsentätigkeit und Muskelkontraktionen, Blutstrom und -kreislauf, Herzschlag bei anstrengender Tätigkeit oder Ruhe, Schlafen und Wachen und so weiter.

Über unserem primitiven tierischen Gehirn liegt unser großes menschliches Gehirn, der Kortex. Dieser Teil unseres Gehirns ist dafür verantwortlich, was wir, als Folge menschlicher Errungenschaften, denken, angefangen vom Einmaleins bis zur Infinitesimalrechnung, vom Rad bis zum Raumschiff, von Höhlenmalerei bis zur Picasso-Grafik, vom primitiven Trommelschlag bis zu Bach, Beethoven, Mozart und wieder zurück zum Hard-Rock. Wir benutzen den Kortex, wann immer wir eine Willenshandlung durchführen, also Handlungen wie sprechen, zuhören, lesen, Problemlösen, Neues lernen oder gar aktives Nichtstun. Aufgrund der physiologischen Lernprozesse und der Organisationsform des Kortex brauchen wir nicht jeden Schritt der genannten Aktivitäten überdenken. Der Kortex erfüllt wie das primitive Stammhirn viele seiner Aufgaben, seiner neurologischen »Geschäfte«, ohne daß wir ihm dies eigens befehlen müßten, ja ohne daß wir überhaupt wüßten, wie er es tut.

Halten Sie Ihre Hand hinter den Rücken, wo Sie sie nicht sehen können, und bewegen Sie dann einen Ihrer Finger auf und ab. Woher wissen Sie, daß Ihr Finger sich bewegt, nachdem Sie es ihm befohlen haben? Sie fühlen die Bewegung, weil Ihr Kortex automatisch, ohne daß »Sie« es von ihm verlangt haben, Nervenimpulse, die von Ihrem Finger ausgingen, registrierte und sie so organisierte, daß »Sie« angeben, ob Ihr Finger sich ein wenig, viel, die ganze Zeit oder überhaupt nicht bewegte.

Obgleich der Kortex der Sitz unserer Willenshandlungen ist, kann er, selbst mit all unserer Befehlsgewalt, die grundlegenden Operatonen unseres Gefühlshirns nicht *direkt* kontrollieren. Wenn wir beispielsweise ein großes »Geschäft« zu verrichten haben und da ist kein Klo in der Nähe, können wir für gewöhnlich die Schließmuskeln willentlich kontrollieren, so daß uns kein gesellschaftliches Mißgeschick widerfährt, doch wir können dem Gefühlshirn nicht befehlen, es solle uns keine Kenntnis mehr geben von unserem Unbehagen oder von unseren bisweilen starken Schmerzen. Genauso wenig können wir unsere Überlebensgefühle, nämlich Angst, Wut und Depression, kontrollieren.

Wir können uns nicht willentlich von Angst freimachen, wie Sie sicherlich aufgrund Ihrer eigenen Erfahrung wissen. Obwohl alle amerikanischen Marineinfanteristen diese Fähigkeit von sich behaupten, sind bekanntlich viele von ihnen allein beim Anblick einer winzigen Injektionsnadel in Ohnmacht gefallen. Auf der anderen Seite können wir nicht willentlich in Angst geraten. Wie oft haben Sie sich gesagt: »Ich glaube, ich versetze mich selbst in Angst«? Wir können uns über irgendwelche Dinge Sorgen machen und uns in milde Angstzustände versetzen, doch es bedarf einer besonderen Bedrohung, die von unserer Umwelt ausgeht, um wirkliche Angst oder Panik auszulösen: ein Einbrecher etwa mitten in der Nacht, ein Krokodil auf einsamer Straße, eine gefährliche Situation auf einer Autobahn usw.

Wir sind so angelegt, daß wir ängstlich werden, wenn die Situation es erfordert. Die Fähigkeit hat sich in Jahrtausenden über Versuch und Irrtum entwickelt, denn die menschliche Spezies hatte in schweren Zeiten eine größere Überlebenschance, wenn die Reaktion auf drohende Gefahr automatisch ablief. Psychologische Forscher haben festgestellt, daß wir, wenn Angst uns überfällt, einen Augenblick lang »frösteln« oder losrennen, ohne überhaupt darüber nachdenken zu müssen. Wenn unsere Vorfahren vor etwas Großem und Haarigem, das ihnen ohne Vorwarnung zu nahe kam, in Angst und Schrecken gerieten, dann war es für sie häufig am besten, wenn sie reglos blieben. Das Nervensystem von Tieren (einschließlich unseres) kann am leichtesten eine Klangänderung und am zweitleichtesten eine Bewegung im Gesichtsfeld wahrnehmen. So hatten unsere Vorfahren eine gute Chance, von einem Raubtier nicht bemerkt zu werden, wenn sie sich ruhig und still verhielten, statt herumzuflitzen und ihr Heil in der Flucht zu suchen.

Wenn Sie wie ich und viele andere sind, dann werden Sie vielleicht ein ähnliches Gefühl fröstelnder Lähmung empfinden, wenn Sie plötzlich mitten in der Nacht durch ungewohnte Geräusche aufgeweckt werden. Wenn Sie in panischen Schrekken geraten, weil Sie mehrere Minuten lang keinen Muskel bewegen können, versuchen Sie sich zu entspannen. Sie sind nicht neurotisch, psychotisch oder gar feige. Sie sind einfach so »verdrahtet«, sich unter diesen Bedingungen so und nicht anders zu verhalten. Während bestimmter Phasen im Schlafzyklus träumen wir. Um uns daran zu hindern, im Traumvorgang körperlich zu agieren, blockiert das primitive Gefühlshirn die Nervenbahnen vom Kortex zu unseren Skelettmuskeln und lähmt damit auf wirksame Weise unseren gesamten Körper. Offensichtlich hindert uns die neurologische Lähmung daran, nachts im Bett herumzutoben und uns Schrammen und Beulen zuzuziehen. In einer rauhen primitiven Umwelt, wo wir während des Schlafes Raubtieren ausgeliefert wären, würde uns diese Lähmung davor bewahren, in der Nacht herumwandernde große Lebewesen anzulocken. Wenn Sie sich also steif wie ein Brett aus einem Traum gerissen sehen, entspannen Sie sich und freuen Sie sich über die Tatsache, daß Sie so beschaffen sind, unter fast allen Bedingungen zu überleben.

Die zweite wichtige Möglichkeit, die unser autonomes Gefühlshirn hat, um uns vor gefährlichen Ereignissen zu schützen, besteht darin, daß es uns veranlaßt, davon zu rennen, ohne überhaupt darüber nachzudenken. Wenn unsere erfolgreichen Vorfahren etwas Haariges mit großen Zähnen auf sich zukommen sahen, riefen sie keine Ausschußsitzung ein, um das Problem zu analysieren, sondern gerieten in Angst und Schrecken und rannten wie der Teufel davon. Ich habe ein Poster an der Wand hängen, das mich an diesen Teil unseres Gefühlserbes erinnert: »Wenn du kühl, ruhig und gefaßt bleibst, während alle anderen kopflos umherrennen, dann verstehst du vielleicht den Ernst der Situation nicht.«

Wenn Sie das durchdringende, mit Schwäche einhergehende panische Angstgefühl durch Ihren Körper fluten spüren, dann empfangen Sie in Wahrheit das Ergebnis von Botschaften, die

Ihr autonomes Gefühlshirn an Ihren übrigen Körper geschickt hat, um ihn darauf vorzubereiten, ein Höchstmaß an körperlicher Anstrengung zu unternehmen und so einer drohenden Gefahr zu entgehen. Diese Botschaften sind von Natur aus sowohl phasisch wie tonisch (irre Worte für kurz- und langfristig). Die tonischen Befehle sind chemischer Natur. Über die chemischen Veränderungen, die Angst in uns hervorrufen, wissen wir relativ wenig, doch es hat den Anschein, daß Adrenalin, ein organisches Enzym, am meisten dazu beiträgt, den Kessel anzuheizen. Adrenalin ist ein allgemeiner biochemischer Erregungsstoff, der unsere Skelettmuskeln darauf vorbereitet, große Energiemengen zu verbrauchen. Mit einfachen Worten, es bringt Sie in Schwung, damit Sie wie der Teufel rennen können. Wenn Sie aufhören zu rennen, sind Sie häufig nicht mehr von Angst erfüllt. Dann haben Sie all das Adrenalin metabolisiert (verbrannt), das Ihr autonomes Gefühlshirn per Befehl freigegeben hat, um Sie in die Lage zu versetzen, schnell und weit zu rennen. Andererseits, wenn Sie daran gehindert werden, schnell fortzulaufen, wenn Sie Angst haben, dann bleibt das Adrenalin unverbrannt in Ihrem Stoffwechselsystem und bringt Sie in einen teuflischen Zustand. Sie fühlen sich vollkommen schwach. Ihre Hände, Arme und Beine können anfangen, mehr oder minder stark zu zittern. Dies passierte mir einmal, als ich dummerweise, ohne darauf zu achten, wohin ich ging, vor einen Lastwagen latschte. Im gleichen Augenblick schwenkte der vordere Kotflügel seitlich an mir vorbei, und eine aufheulende Hupe ließ mich vor Schreck starr werden. Die Seite des Lastwagens streifte buchstäblich meine Nase. Als ich wieder zu mir kam und der Lastwagen bereits ein Stück die Straße hinuntergefahren war, befahl ich mir, ruhig zu bleiben, über die Straße zu gehen und nicht zu laufen. »Bleib um alles in der Welt ruhig«, sagte ich mir. Das war jedoch ein großer Fehler. Wenn ich mit höchster Geschwindigkeit von dem Lastwagen fortgelaufen wäre, hätte ich die nächsten fünfzehn Minuten nicht damit zubringen müssen, wie in einem Dämmerzustand herumzulaufen, von Zittern erfüllt und mich ständig fragend, was ich da nur tue und wohin ich denn eigentlich gehe.

Ein Teil des Angstgefühls geht auf große Änderungen im Blutstrom Ihres ganzen Körpers zurück. Das niedere Gefühlshirn lenkt große Blutmengen aus den Verdauungsorganen ab, wo sie während des Laufens nicht benötigt werden, und entzieht auch dem Kopf, dem Nacken, dem Gesicht und dem Gehirn selbst große Mengen, da sie auch dort nicht gebraucht werden. Statt dessen wird diese große Blutreserve den Skelettmuskeln Ihrer Arme, Beine, des Rückens, der Brust und dem Bauch zugeführt, die in der Gefahrensituation den größten Teil Ihrer Energie beanspruchen.

Wenn diese Umverteilung des Blutes in die Skelettmuskeln bis zum äußersten getrieben wird, beobachten wir das vor Angst kalkweiße Gesicht, das ein Mensch zeigt, ehe er in Ohnmacht fällt. Diese Ohnmacht aufgrund von Angst hat nichts mit der zu tun, die verursacht wird durch Krankheit, körperliche Probleme, chemische Vergiftung infolge des Einatmens von Rauch oder der Einnahme von geistigen Getränken. Ihre Ursache ist rein mechanischer Art, das heißt, sie ist ein rapides Absinken des Blutdrucks im Gehirnbereich, dem dadurch Sauerstoff entzogen wird. Mit dieser von Angst hervorgerufenen Reaktion blockiert das Gefühlshirn das Bewußtsein. Mit anderen Worten, es bringt in etwa fünf Sekunden jede willentliche Einflußnahme des Kortex auf den übrigen Körper völlig zum Erliegen und läßt nur noch minimale nichtwillentliche Funktionen der Lebenserhaltung zu: also langsamer Herzschlag, langsamer Atem usw. Diese wunderbare automatische Tätigkeit unseres autonomen Gehirns stellt sicher, daß wir ohne Bewußtsein so weit wie möglich unabhängig von den Bedingungen unserer physikalischen Umwelt bleiben. Wir sind zeitweilig »auf Sparflamme gesetzt« und hinsichtlich Wärme und Sauerstoff nur auf einen geringen Energieaustausch zwischen uns und unserer physikalischen Umwelt angewiesen.

In horizontaler Lage flach ausgestreckt, erlangen wir aufgrund unserer evolutionären Anlage auf schnellstem Wege unser Bewußtsein wieder. Von unseren Zehen bis zur Nase ist der Blutdruck ausgeglichen, womit gewährleistet ist, daß unser Gehirn über das Blut die gleiche Menge an Nährstoffen und Sauerstoff erhält wie die übrigen Teile des Körpers. Wenn wir infolge einer atmosphärischen Vergiftung ohnmächtig werden, findet sich die größte Sauerstoffkonzentration am Boden, denn Sauerstoff ist schwerer als die meisten Gase. Wenn die Bedingungen am Boden, wo Sie ohnmächtig liegen, nicht so angenehm sind, erlangen Sie innerhalb von wenigen Sekunden das Bewußtsein wieder. Wenn beispielsweise irgend etwas Schmerzliches geschieht, holt das autonome Gehirn Sie aus der Ohnmacht. Wenn Sie auf einen spitzen Stein fallen, tauchen sie sofort aus der Ohnmacht auf. Schmerzreize werden routinemäßig eingesetzt, um jemanden, der in Ohnmacht gefallen oder betäubt ist, wiederzubeleben, Reize wie Riechsalz oder Ammoniakgeist, ein Schlag ins Gesicht, ein heftiger Stoß gegen die Brust.

Für gewöhnlich nimmt man an, Frauen würden eher ohnmächtig als Männer, doch wir besitzen keine eindeutigen Daten, die diese Auffassung stützen. Ich habe viele ausgewachsene Männer umfallen sehen, als ihnen mit einer Nadel Blut entnommen werden sollte. Auch mir ist das einmal passiert. Warum jemand ohnmächtig wird, wenn Angst ihn befällt, ist ein Geheimnis.

Wir könnten das Ohnmächtigwerden als Fehlfunktion des Körpers und des Nervensystems abtun, als eine Überreaktion, die den Blutdruck in der Nähe des Gehirns zu schnell senkt, als daß er auf mechanische Weise ausgeglichen werden könnte. Wir könnten aber auch sagen, daß Ohnmacht auf einen klaren Befehl des Gefühlshirns zurückgeht, und zwar in Situationen, wenn es nicht mehr möglich ist, entweder zu bluffen oder wegzurennen. Diese Entscheidung des autonomen Gehirns beruht unter Umständen auf einer realistischen Einschätzung des allgemeinen tierischen Verhaltens, mit dem unsere Vorfahren zu tun hatten und mit dem wir heutzutage in einer primitiven Umwelt ebenfalls zu tun hätten. Die meisten Raubtiere zeigen aus zwei Gründen aggressives Verhalten. Einmal, um sich Nahrung zu verschaffen. Und sie tun dies nicht mit aggressiver Wut, sondern mit der Geschicklichkeit und lauernden Kühle eines Staranwalts. Der zweite Grund besteht darin, daß sie sich selbst und ihr Territorium schützen wollen. Wenn wir in den Privatbereich eines Tieres eintreten und es uns brüllend und schnaufend angreift, dann heißt das nicht unbedingt, daß es an uns als Nahrung interessiert ist. Es kann sogar Vegetarier sein. Vielleicht sieht es uns nur als mögliche Bedrohung an und will uns erschrecken. Beobachten Sie beispielsweise Hunde, wie sie uns anknurren und angreifen, weil sie ihr Territorium schützen wollen. Legen wir uns flach auf den Boden und machen wir einen hilflosen und harmlosen Eindruck, werden sie uns wahrscheinlich nicht angreifen. So ist Ohnmacht unter Umständen kein schlechter Scherz. Wir können mit einiger Sicherheit vermuten, daß Ohnmacht Überlebenszwecken dient, wenn sie zum Arsenal unserer Angstreaktionen gehört.

Mit der Angstempfindung ist fernerhin die automatische Hemmung oder Blockade des Denkprozesses verbunden. Zur gleichen Zeit, da er den Körper physisch auf die Flucht vorbereitet, unterbricht der primitive Teil unseres Gehirns automatisch die Tätigkeit des denkenden Kortex. Diese langsame Ausschaltung der Willenshandlungen ist ebenfalls ein angeborener Bestandteil unseres evolutionären Erbes, der sicherstellen soll, daß wir uns, wenn Gefahr für Leib und Leben besteht, nicht müßigen Spekulationen hingeben. Diese nichtwillentliche Kontrolle erweist sich als höchst sinnvoll, wenn wir sie näher in Augenschein nehmen. Für unsere Vorfahren war es nicht sonderlich wichtig, viele komplizierte Probleme zu wälzen, wenn sie mit irgendeinem haarigen Untier im Nacken davonrasten. Es war nicht nötig, die Höhe von Bäumen zu analysieren. Der nächste Baum war der beste. Vor dem Klettern war nicht viel Denken erforderlich.

Ehe wir uns der Frage zuwenden, wie unser dem Überleben dienendes Angstgefühl zu einer gelernten phobischen Reaktion werden kann, wollen wir kurz unsere weiteren negativen Emotionen, nämlich Wut und Depression, untersuchen und ihre Auswirkungen auf unser Angstniveau zu jeder beliebigen Zeit erörtern. In unserem Nervensystem steht Wut mit Angst in Konkurrenz. Physiologisch sind wir nicht so angelegt, daß wir gleichzeitig ängstlich und wütend sein können. Wie die Angst, ist auch die Wut eine dem Überleben dienende Emotion. Wenn Sie wirklich wütend sind, dann empfinden Sie in Wahrheit die Ergebnisse biochemischer Botschaften, die Ihr autonomes Gefühlshirn aussendet, um Ihren Körper physisch darauf vorzubereiten, daß er gegen einen anderen Menschen oder ein Tier eine maximale aggressive Anstrengung unternehmen kann.

Die Wutempfindung wird von einer massiven Zufuhr von Blut in die verschiedenen Körperteile begleitet. Wie beim Angstgefühl haben die Skelettmuskeln die meiste Arbeit zu leisten. Bei Wut strömen auch große Mengen Blut in unser Gesicht, in den Nacken und in den Kopf und führen zu dem glühenden brennenden Gefühl. Wenn nicht seltene körperliche Bedingungen eintreten, fallen wir folglich niemals in Ohnmacht, wenn wir wütend sind, wie dies gelegentlich geschieht, wenn wir Angst verspüren. Der menschliche Kopf ist eine starke Angriffswaffe. Er kann beim Kampf benutzt werden, und er wird es auch, und unser autonomes Gefühlshirn sorgt dafür, daß er bei Wut seine volle Kraft entfaltet.

Das Wutgefühl hat beim Überleben unserer Spezies eine wichtige Rolle gespielt. Ich habe absolut keinen Zweifel daran, daß der physiologische Zustand von Wut dazu beiträgt, die physische Intensität aggressiven Verhaltens zu vervielfachen und die furchtauslösende Wirkung dieser wirklich wuterfüllten Aggression auf Gegner innerhalb unserer eigenen oder einer anderen Spezies erheblich zu verstärken.

Ich selbst habe die Empfindung und die Auswirkungen dieser totalen Wut nur einmal in meinem ganzen Leben verspürt. Ich war vierzehn Jahre alt, ein Neuling an der damaligen höheren Schule, als ich unvermeidlich zu einem Kampf mit bloßen Fäusten herausgefordert wurde, wie er sozialer Akzeptierung vorauszugehen pflegt. Wenn ich jetzt zurückschaue, erscheint mir das alles ziemlich albern, doch damals war der Kampf für mich wichtiger als die meisten Dinge im Leben. Nach der Schule versammelten sich mein Gegner und ich sowie alle seine Freunde hinter der Turnhalle. Von ungefähr dreißig Zuschauern umringt, tänzelten wir umeinander herum, keiner wollte den ersten Schlag anbringen. Eine Gerade ins Leere hier, ein Scheinangriff dort, genauso wie es uns im Sportunterricht beigebracht worden war. Wenn es nach mir gegangen wäre, hätten wir auch einige Runden Sparring boxen und es dabei bewenden lassen können. Ich wußte, daß ich ein soziales Pubertätsritual durchlief, auch wenn mir nicht bekannt war, wie Kulturanthropologen dies nennen. In dieses kindliche Spiel wird man an jeder neuen Schule hineingezogen. Offensichtlich sah mein Gegner das nicht so oder die höhnischen Zurufe und das Gelächter seiner Freunde weckten in ihm das Bedürfnis, etwas zu beweisen, jedenfalls teilte er einen ziemlich harten Schwinger aus, der mich am Ohr erwischte. Mann, tat das weh! Aus einer Reflexbewegung, zufällig – wer weiß das schon – verpaßte ich ihm eine Rechte ans Kinn. Betäubt fiel er auf den Rücken. Der Kampf war für ihn vorbei. Einen Augenblick lang gaben wir keinen Laut von uns, standen da und schauten auf ihn runter. Dann sprang mich etwa ein Dutzend seiner Freunde an. Sie versuchten mich alle zugleich zu treffen. Die meisten ihrer Schläge trafen mich an den Schultern und im Rücken. Ich hielt die Arme schützend über den Kopf und suchte nach einer Öffnung, durch die ich entwischen konnte. Es waren so viele, die es mir geben wollten, daß diejenigen, die dicht vor mir waren, aus dem Gleichgewicht gebracht wurden durch die, die von hinten stießen und schoben. Ich steckte mitten in einem

Überfall, in einem Aufruhr. Das war kein Kinderspiel mehr. Die meisten ihrer Schläge waren ungezielt, doch einige trafen mich voll.

Dann geschah mit mir etwas Seltsames, etwas ganz Neues. Bis auf den heutigen Tag, fast dreißig Jahre später, bin ich immer noch über meine vom Willen unabhängige Reaktion und ihre Folgen erstaunt. Von irgendwoher aus meinem Innern kam ein Schrei reiner urzeitlicher Wut. (Zum Glück, denn sonst wäre ich kurz und klein geschlagen worden.) Alles, was danach geschah, lief so schnell ab, daß ich mich nicht mehr genau daran erinnern kann. Ich schleuderte meine Arme, die ich bis dahin schützend über den Kopf gehalten hatte, mit unheimlicher Leichtigkeit und Kraft heraus und traf zwei Jungen seitlich am Kopf. Sie fielen, wie von einer Axt getroffen, zu Boden, wo sie regungslos liegenblieben. Immer weiter schreiend, drehte ich mich blitzschnell nach den anderen Jungen der Meute um und holte erst mit dem einen Arm, der meinen Kopf schützte, und dann mit dem anderen aus. Ohne zu überlegen, vielleicht sogar instinktiv, griff ich die Jungen an, die sich zwischen mir und der Wand der Turnhalle befanden. Sie schlugen nach mir, doch sie gingen mir aus dem Weg. Nachdem ich die Meute abgeschüttelt hatte, drehte ich mich mit dem Rücken zur Wand. Indem ich alle Schimpfworte brüllte, die mir einfielen, prügelte ich auf sie ein. Das war kein pubertäres Ritual mehr, ich versuchte vielmehr, sie umzubringen. Dann geschah erneut etwas Seltsames. Alle Angreifer zogen sich zurück, keiner traute sich in meine Reichweite. Halb gebückt, lauernd stand ich vor ihnen, schrie immer noch, verhöhnte sie und forderte alle heraus, sie sollten mich doch angreifen. Sie standen in großem Bogen um mich herum, einige von ihnen halb gebückt wie ich, einige standen nur so herum, und zwei von ihnen lagen noch am Boden. Doch keiner sagte ein Wort oder versuchte näher zu kommen. Einige wandten sich um und gingen fort. Meine Wut war verflogen. Ich wollte sie nicht mehr umbringen, doch ich wollte noch mit ihnen kämpfen und sie anschreien. Dieses Unentschieden währte noch einige Minuten. Dann wurden wir alle vor uns selbst geschützt, als der stellvertretende Direktor am Ort des Geschehens auftauchte. Als er sich näherte, war alles vorbei. Zivilisation kehrte wieder ein.

Wut beherrscht die Angst. Sie führt dazu, daß wir fast alles außer acht lassen, vor allem Dinge, die uns gewöhnlich in Angst versetzen. Ein Teil der vom Kortex ausgehenden Willenshandlungen wird von unserem autonomen Gefühlshirn überwältigt, gleichsam außer Kraft gesetzt. Dennoch scheinen wir ziemlich genau vorhersagen zu können, welche Konsequenzen sich aus unserem Verhalten ergeben. Wir wissen, was geschehen wird, doch zu diesem Zeitpunkt geben wir keinen Pfifferling dafür. An meiner Zimmerwand hängt ein weiteres Poster, das mich an diesen Teil unseres evolutionären Erbes erinnert; auf ihm steht geschrieben: »Ja, obwohl ich durch das Tal der Todesschatten gehe, fürchte ich nichts Böses, denn ich bin der gemeinste Hundesohn im ganzen Tal!«

Beide, Angst und Wut, versetzen den Körper in Erregung und Spannung und vereinfachen unsere Denkprozesse und Handlungen bis zu den Grunderfordernissen körperlichen Überlebens. Wenn wir rennen können, um Gefahr zu vermeiden, stellt unsere ererbte Neurophysiologie sicher, daß wir gut und schnell laufen. Wenn wir uns auf aggressive Weise verteidigen können, sorgt es dafür, daß wir hart und ohne Vorbehalt kämpfen. So einfach ist das.

Was Depression uns antut und für uns tut

Depression ist unsere dritte negative Überlebensemotion. In psychologischem Sinne ist Depression eine nichtwillentliche Überlebensreaktion unseres Nervensystems in Fällen, wenn Belohnungen oder positive Erfahrungen in unserem Alltagserleben immer seltener werden. Wir werden leicht depressiv oder traurig, wenn jemand, an den wir gewöhnt sind, aus unserem täglichen Leben verschwindet. Tief depressiv werden wir, wenn jemand oder etwas, das für uns sehr wichtig ist, sich entfernt. Wenn wir depressiv sind, ziehen wir uns von den Dingen des täglichen Lebens, mit denen wir uns normalerweise beschäftigen, völlig zurück. Über das Essen und Schlafen hinaus tun wir nur sehr wenig. Wir sind weder daheim noch am Arbeitsplatz produktiv. An positiven Dingen wie Sex, Filmbesuchen, Geselligkeiten mit Freunden und Familie haben wir nur wenig Interesse. Am wichtigsten jedoch, jedenfalls vom Standpunkt der Angstreduzierung, wir lassen wenig Motivation erkennen, neue oder sonstwie interessante Dinge in unserem Leben zu erkunden und zu genießen. Ein neues Buch, ein Rätsel, ein Spiel, eine Fernsehsondersendung, all diese Dinge, die in der Regel unsere Aufmerksamkeit beanspruchen, erscheinen uns von tödlicher Langeweile.

Die gewöhnliche Depression, in die wir geraten, dauert unter Umständen von einigen Stunden bis zu mehreren Tagen. Obgleich meine Kollegen und ich mit Patienten zu tun hatten, die darüber klagten, ihre Depression dauere nun schon mehrere Monate und länger, haben wir keinerlei stichhaltige klinische Anhaltspunkte dafür, daß langfristige Depressionen sich, außer der Intensität nach, von den depressiven Zuständen unterscheiden, die wir alle von Zeit zu Zeit erleben. Es ist eine Tatsache, daß die klinischen Auswirkungen chemischer Stimmungsheber auf das Verhalten depressiver Patienten noch weithin umstritten sind. Einige Patienten behaupten, sie verspürten nach der Einnahme solcher Medikamente Erleichterung. Andere erklären, sie würden danach nur bösartig und gereizt. Die klinische Standardbehandlung von Depression, ob kurz- oder langfristig, besteht darin, dem Patienten dabei zu helfen, wieder Verbindung zu positiven Erlebnissen herzustellen, unabhängig davon, wie schwierig dies für den depressiven Menschen erscheinen mag. Die Ergebnisse solcher am Verhalten orientierten Behandlungsmethoden sind bemerkenswert; häufig klären sie innerhalb weniger kurzer Wochen auch seit Monaten währende chronische Depressionen auf, indem der Patient bewußt versucht normal zu leben, auch wenn er oder sie dies anfangs nur vortäuschen.

Wenn Sie sich depressiv fühlen, verspüren Sie das Ergebnis von Botschaften, die Ihr Gefühlshirn Ihrem ganzen Körper vermittelt, Botschaften, welche die physiologischen Prozesse herabschrauben, die notwendig sind, um Ihr normales Handlungsniveau aufrechtzuerhalten. Für unsere Vorfahren mag diese nicht vom Willen gesteuerte Verringerung der körperlichen Aktivität in schweren Zeiten tatsächlich wohltuend gewesen sein. Wenn das Beutetier knapp war oder der Winter hart, konnten Leute, die depressiv wurden und mürrisch in ihren Höhlen herumsaßen, den guten alten Zeiten nachtrauend, trotz spärlicher Nahrungsmittel soviel Energie wie möglich speichern, bis sich wieder bessere Tage einstellten.

Wenn wir nicht mit etwas beschäftigt sind, das uns während der Stunden, die wir wach sind, nicht wenigstens ein Minimum an Belohnung gewährt, versetzt unser autonomes Nervensystem uns in Stillstand, blockiert uns, schaltet uns ab. Mit anderen Worten, es macht uns depressiv, weil dieser depressive Zustand für unsere Vorfahren von Vorteil war. Wenn sie nicht in vielen Aktivitäten aufgingen, dann hieß das für sie, daß die Zeiten äußerst hart, gefährlich, erschöpfend und wenig gewinnbringend waren. Für ihr eigenes und das Überleben der Spezies war es viel besser, daß sie depressiv wurden und ihre Energie nicht verschwendeten, wenn das Schicksal sich gegen sie verschworen hatte. Wenn Sie dies für höchst spekulativ halten, dann fragen Sie sich einmal, wie Sie das Leben ansehen, wenn Sie depressiv werden. Die meisten Leute sagen etwa: »Was hat das für einen Sinn? Ich bringe nichts zustande. Ich habe überhaupt keine Chance, und warum sollte ich dann etwas anfassen?« Diese Reaktion sehen wir heutzutage sehr häufig bei Patienten, die ein physisches Trauma erlitten haben, etwa eine größere Operation oder ein gebrochenes Bein. Die technische Bezeichnung dafür ist postchirurgisches depressives Syndrom.

Doch noch einmal, sehr wahrscheinlich sehen wir bei diesen Patienten die Ergebnisse genetischer Spuren, die unserem Nervensystem vor Jahrtausenden eingedrückt wurden.

Wenn einer unserer frühen Vorfahren eine Verletzung erlitt, dann konnte es für ihn nur von größtem Vorteil sein, depressiv zu werden. Jeder unserer vorzeitlichen Vettern, der weiter lustig auf einem gesunden und einem gebrochenen Bein herumgehüpft wäre, statt sich in einer Höhle zu verkriechen und sich hundselend zu fühlen, bis er wieder gesund war, hätte jeglichen Kontakt zur Realität verloren. Desgleichen hätte wahrscheinlich einer unserer Vorfahren weniger Überlebenschancen gehabt, wenn er trotz langer, erfolgloser Suche nach mehr Nahrung optimistisch und putzmunter geblieben wäre. Dieser psychologische »Überwinterungs«-Mechanismus der Depression, der sich bei unseren Vorfahren auf natürliche Weise entwickelte, um in schweren Zeiten ihre Überlebenschancen zu vergrößern, ist uns bis auf den heutigen Tag erhalten geblieben.

Angst, Wut und Depression sind allesamt natürlich auftretende menschliche Emotionen. In sich selbst sind sie noch keine Anzeichen für eine tiefverwurzelte psychische Beeinträchtigung oder einen verborgenen Konflikt, die auf eine gestörte Persönlichkeit zurückgingen, auch wenn diese Gefühle im therapeutischen Jargon als die neurotische Triade gelten. Die meisten Leute, die zum Psychotherapeuten kommen, werden mit den Lebensproblemen nur schlecht fertig. Sie klagen auch über diese normalen negativen Gefühle. Ihr wirkliches Problem sind die Schwierigkeiten, damit zurecht zu kommen, und nicht die negativen Gefühle der Angst, der Wut und Depression. Nur wenn wir uns mit den Lebensschwierigkeiten auseinandersetzen und mit ihnen fertig werden, fühlen wir uns in Übereinstimmung mit uns selbst und fühlen uns wohl.

Was ist abnorme Angst?

Wir können unsere Überlebensgefühle neurotisch oder abnorm nennen oder sie mit irgendeinem anderen erschreckenden klinischen Etikett wie »nicht sozialisierte aggressive Reaktion« oder »endogener depressiver Zustand« belegen. Wir können auch pausenlos neue pseudoklinische Bezeichnungen für die vielen möglichen und auch unmöglichen Ängste erfinden, die uns befallen mögen. Dazu bedarf es lediglich eines griechisch-römischen Lexikons und einer lebhaften Phantasie. Sie können sogar »wissenschaftlich« erstaunt sein, wenn Sie von einem Schwertfisch angegriffen werden, während Sie doch lustig mitten in der Wüste herumstromern. In einem solchen Falle litten Sie unter einer Xiphodesertophobie. Wenn wir solche Phantasienamen benutzen, tun wir leider nichts anderes, als die Lösung unserer Probleme in den Kamin zu schreiben und darauf zu warten, daß sie von Gott, dem Teufel oder irgendwelchen anderen hochgescheiten, aber ansonsten genauso abergläubischen Geistern, nämlich Angehörigen der Medizinerzunft, geheilt werden.

Vielleicht sind Sie überrascht zu hören, daß es zumindest drei Modelle oder Beschreibungen der Normalität gibt: das medizinische Modell, das statistische Modell und das Modell der alltäglichen Lebensbewältigung. Je nach Beschreibungsmodell bedeutet Abnormität etwas anderes. Die Modelle stimmen nicht in allen Fällen überein.

Das medizinische Modell der Abnormität

Das bekannteste und am häufigsten benutzte Modell ist das medizinische. Diese vorwiegend von Ärzten verwandte Beschreibung dient den folgenden zwei Zwecken: erstens, um Ärzten eine allen vertraute Sprache zum Kommunizieren zu geben, zweitens, als praktische Kategorie für rechtliche und medizinische Versicherungsformulare. Ihr hauptsächlicher praktischer Nutzen besteht darin, den Expertenentscheidungen über Fragen wie dauerhafte oder zeitweilige Arbeitsunfähigkeit, Krankengeld und -urlaub sowie Schmerzensgeld ein wenig authentische Glaubwürdigkeit und Beweiskraft zu verleihen. Das medizinische Modell beruht auf der Annahme, es gäbe einen Idealzustand menschlicher Verfassung, und zwar innerhalb sehr enger und bekannter Grenzen, und jede Abweichung von diesen Grenzen sei per Definition abnorm. Da es sich um ein höchst einfaches Modell handelt, geraten seine Benutzer immer in Schwierigkeiten, wenn sie etwas zu beschreiben versuchen, das über spezifische körperliche Probleme hinausgeht, über Probleme wie die Beulenpest, chronische Arteriosklerose oder Beinbruch. Nach dem medizinischen Modell muß alles, was außerhalb der Grenzen der Normalität liegt, untersucht und behandelt werden. Mit dem Modell hat man jedoch Schwierigkeiten, wenn es um eine vermeintliche Abweichung geht, die nicht mit einem rektal eingeführten Thermometer, einem Stethoskop, einem Zungenspatel, einem Röntgengerät oder einer biochemischen Analyse der Gewebsprobe gemessen werden kann. Anhänger des medizinischen Modells sind dafür bekannt, daß sie ihr persönliches beschränktes Wertesystem als klinische Normen ausgeben, wenn sie sich in Verhaltens- und Sozialbereiche begeben, *über die das medizinische Modell keine allgemein gültigen Informationen liefern kann,* also Bereiche wie sexuelle Vorlieben, philosophische oder moralische Werturteile oder gesellschaftliche Probleme. Befürworter des medizinischen Modells haben sich sogar zu der Behauptung verstiegen, daß Dinge wie Rassendiskriminierung, antisoziales Verhalten und das Ansteigen der Verbrechensquote »soziale Krankheiten« seien, und deuten mit diesem beschränkten Etikett klammheimlich an, daß Aussicht bestehe, solche Dinge zu »heilen«, sobald die Pharma-Industrie erst die richtige Pille entwickelt hat, die man in solchen Fällen verabfolgen kann. Jüngstes Beispiel für solche Auffassungen war der lange erbitterte Streit in der Amerikanischen Psychiatrischen Vereinigung über das Thema der Homosexualität. Traditionalisten behaupteten, die Homosexualität sei eine Krankheit, eine psychiatrische Störung; hingegen äußerten moderner ausgebildete jüngere Praktiker, für eine solche Behauptung lägen keinerlei stichhaltige Beweise vor, mehr noch, vieles an den bisher bekannten Daten deute auf das Gegenteil hin. Was die Phobien angeht, so sind sie laut Denkart des Medizinmodells etwas *Schlimmes,* eine Krankheit im weitesten Sinne des Wortes, kurz ein *abnormer* Zustand mit all den erschreckenden Bedeutungen des Wortes.

Das statistische Modell der Abnormität

Das statistische Modell hingegen geht bei der Frage des Normalen oder Abnormen nicht von vornherein feststehenden Grenzen oder Normen aus. Es beschäftigt sich nur mit der Häufigkeit einer bestimmten Verfassung, eines bestimmten Geschehens oder Verhaltens innerhalb der Gesamtbevölkerung. Wenn wir den in verschiedenen statistischen Untersuchungen erhobenen Daten glauben können, dann bewegt sich beispielsweise die Zahl der praktizierenden Homosexuellen zwischen 10 und 25 Prozent der gesamten erwachsenen Bevölkerung, nicht gerechnet also kindliches Experimentieren. Das statistische Modell interessiert an einem bestimmten Thema lediglich die in einer speziellen Kurve festgehaltenen Häufigkeiten, einer Kurve, die hauptsächlich für Vorhersagen herangezogen wird. Die in ein Diagramm gebrachte statistische Kurve sieht so aus wie die in der Schule zur Einteilung der Leistung benutzte, also die »normale« glockenförmige Kurve, nach der man vorhersagen kann, daß 10 Prozent der Schüler sehr gute, 15 Prozent gute, 50 Prozent befriedigende Leistungen usw. erbringen. Oder es könnte das Poissonsche System sein, das Berühmtheit erlangte, weil es akkurat die Zahl der Unteroffiziere in der preußischen Armee vorhersagte, die im Jahre 1881 von Maultieren an den Kopf getreten wurden. Die Kurve sagte freilich nicht voraus, wie viele Maultiere sich dabei selbst verletzten. Was den Fall der Homosexualität betrifft, so scheint ein Verhalten, das bis zu einem Viertel der Gesamtbevölkerung vertraut ist, statistisch gesehen nicht so weit abseits zu liegen. Mit anderen Worten, homosexuell zu sein ist im statistischen Sinne etwa so, als ob man bei einer schulischen Leistungsprüfung eine Note zwischen gut und sehr gut oder zwischen mangelhaft und ungenügend erhält. Welches Ende der statistischen Verteilung Sie wählen, bestimmt sich durch Ihre persönliche Wertschätzung.

Das Lebensbewältigungsmodell der Abnormität

Das Modell der Lebensbewältigung liefert uns die nützlichsten Definitionen der Normalität und Abnormität. Dieses Modell wird von erfahrenen Klinikern und Therapeuten verwandt. Das Modell der Lebensbewältigung kümmert sich nicht um willkürliche oder statistische Normen, sondern schaut sich an, wie ein Mensch im Alltagsleben mit den Problemen fertig wird. Nach dem medizinischen Modell ist es beispielsweise normal, auf beiden Augen eine Sehschärfe von 1 zu haben, entsprechend dem Sehwinkel von einer Bogenminute, ferner zwei Arme, zwei Beine und noch eine Menge anderer Dinge zu besitzen, die das Leben erheblich vereinfachen. Wenn Sie nur ein Bein haben, sind Sie aufgrund der Definition abnorm, und dagegen sollte etwas getan werden. Was die Einbeinigkeit angeht, so stimmen das statistische und das medizinische Modell überein. Nicht sehr viele Menschen haben nur ein Bein, und so sind einbeinige Leute eben statistisch abnorm. Doch das Lebensbewältigungsmodell betrachtet Einbeinigkeit *nur als ein mögliches Problem* und stellt in einem solchen Fall die Frage: »Wie kommen Sie mit einem Bein im Leben zurecht?« Wenn der Patient erklärt, er habe keinerlei Probleme, dann liegt kein Fall von Abnormität vor, jedenfalls nach diesem Modell. Wenn der Patient hingegen infolge seiner Einbeinigkeit über Depressionen und Schwierigkeiten klagt, dann heißt die Diagnose: abnormer Zustand, der eine Behandlung erfordert.

Das Modell der Lebensbewältigung hat eine ähnliche Auffassung auch von der Homosexualität. Wenn der homosexuelle Patient erklärt, daß seine oder ihre sexuelle Präferenz keinerlei Probleme aufwerfe oder nur solche, denen man wirksam begegnen könne, dann ist die Homosexualität nach dem Lebensbewältigungsmodell nichts Abnormes. Oder wenn der Homosexuelle über Schwierigkeiten klagt, die das Schwulsein mit sich bringe, dann steht es dem Therapeuten je nach Lage der Dinge offen, welches Behandlungsziel er wählt, Verbesserung der Lebensbewältigung oder Arbeit an der Homosexualität. An dieses therapeutische Arbeitsmodell halten sich täglich Psychologen, Psychiater und klinische Sozialarbeiter, die Menschen bei ihren Schwierigkeiten zu helfen suchen. Der lange und erbitterte Streit über die Klassifizierung der Homosexualität innerhalb der Amerikanischen Psychiatrischen Vereinigung war in Wirklichkeit ein Konflikt zwischen Mißbrauch des medizinischen Modells zur Durchsetzung engstirniger, willkürlicher philosophischer Wertvorstellungen und dem mit den Realitäten des Alltagslebens stärker in Einklang stehenden Lebensbewältigungsmodell.

Eine Phobie zu haben ist so ähnlich, als ob man nur ein Bein hätte oder sich mit anderen Problemen herumschlüge. Wenn Sie sich, entsprechend dem Modell der Lebensbewältigung fragen: »Mein Selbst, wie kommst du trotz deiner Phobie im Leben zurecht?« und Ihre Angst keine großen Schwierigkeiten mit sich bringt, dann lohnt es wirklich nicht Zeit und Mühe, Ihre Phobie oder irrationale Angst zu beseitigen. Wenn Sie beispielsweise eine übermäßige Angst vor Schlangen haben, in Ihrem Wohngebiet aber seit 75 Jahren keine Schlangen mehr gesehen wurden, dann hat es wenig Sinn, sich über Ihre Schlangenphobie graue Haare wachsen zu lassen, geschweige denn sie zu behandeln. Wenn Sie aber eine Urlaubsreise zum Hochland von Arizona oder Neu-Mexiko planen, erhält Ihre Schlangenphobie schon größere Bedeutung, so ähnlich wie meine Aerophobie kein großes Problem darstellte, bis mir eines Tages ein freies Wochenende mit einer wirklichen Wucht von Mädchen angeboten wurde, ich dazu aber nach Palm Springs fliegen mußte. Als die Aussicht auf das Wochenendvergnügen winkte, hatte ich ein echtes Lebensbewältigungsproblem. Meine Aerophobie war sofort abnorm!

3.

Psychoanalytische Symptome oder gelernte Ängste: Phobien, Freud, Dr. Watson und andere Leute

Zwei populäre Theorien erklären uns, wie wir gegenüber bestimmten Dingen und Situationen phobisch werden. Eine dieser Theorien wird von vielen analytischen Therapeuten vertreten, und sie geht zurück auf Sigmund Freud und seine Arbeiten. Die meisten Verhaltenstherapeuten hingegen stützen ihre Theorie auf gänzlich andere Daten, die vorwiegend im Zwanzigsten Jahrhundert gesammelt worden sind.

Die alte analytische Auffassung: Ängste verdecken nichtzivilisierte Triebimpulse

Die analytische Theorie über Phobien geht, kurz gesagt, davon aus, daß sie, wie jede andere irrationale oder seltsame Verhaltensweise auch, nichts als das Symptom eines ihnen zugrunde liegenden Persönlichkeitskonflikts sind. Rigidere Analytiker würden die Phobie nicht direkt zu behandeln versuchen, sondern uns vielmehr auffordern, wir sollten, vorzugsweise im Liegen oder Sitzen, Einsicht in die Gründe unseres verborgenen Konflikts oder Persönlichkeitsdefekts zu gewinnen trachten. Wenn solche Einsicht sich einstelle, würden auch unsere Symptome verschwinden – hoffentlich. Altmodische Analytiker nehmen an, daß Angst vorm Fliegen im Flugzeug, vor dem Betreten von Fahrstühlen oder vorm Fahren auf Autobahnen das Ergebnis eines verborgenen psychischen Konflikts zwischen Triebnatur und Erziehung zur Zivilisation ist. Die analytische Auffassung geht auch davon aus, daß der Konflikt gewöhnlich sexueller Natur ist und in der Kindheit, irgendwann vor dem Alter von sechs Jahren, entstanden ist. Daher sei es völlig sinnlos, die Phobie zu behandeln, ohne vorher den kindlichen Sexualwunsch, es mit der Mutter, dem Vater oder beiden zu treiben, aufzudecken und aufzulösen. Da man annimmt, die Phobie sei eine Abfuhrmöglichkeit für »psychische Energie«, die von einem verborgenen Konflikt erzeugt wird, von einem Konflikt angesichts des Verlangens, etwas Schlimmes zu tun, würde sich schnell eine andere Abfuhr oder ein Symptom ergeben, sollte die Phobie beseitigt werden, ohne daß der Konflikt gelöst wird.

Diese Theorie hat ihre Vorstellungen der Physik des achtzehnten Jahrhunderts entliehen. Unsere Konflikte werden danach so angesehen, als handele es sich dabei um zwei Stäbchen, die gegeneinander gerieben werden, um auf diese Weise Reibungswärme, Hitze und Feuer zu erzeugen. Diese beiden Stäbchen, vor Konflikt glühend, halten sozusagen den psychologischen Wasserkessel am Kochen, wobei Stöße libidinösen Dampfes unter dem Rand unseres Zivilisationsdeckels hervorkommen. Wenn wir die eine Seite des Deckels runterdrücken, kann der Dampf nur an einer anderen Stelle des Randes entweichen. Drücken wir beide Stellen runter, sucht sich der Dampf einen anderen Weg. Die Analytiker glauben allen Ernstes, ein neues Symptom, das sich dann einstelle, wenn man die Phobie beseitigt, werde mit ziemlicher Sicherheit das Wohlbefinden des Patienten stärker beeinträchtigen als die Phobie selbst.

Diese analytische »Wasserkessel«-Theorie über die Behandlung von Phobien ist wahrlich überholt. Sie findet keinerlei Stützung durch die Ergebnisse kontrollierter klinischer und in Laboratorien durchgeführter Forschungen, denen sich in den vergangenen fünfundzwanzig Jahren Psychologen, Psychiater,

Physiologen und andere Wissenschaftler gewidmet haben. Wenn Sie eine Phobie haben und sie wird dadurch beseitigt, daß man sie direkt angeht, statt daß man nach irgendwelchen verborgenen »psychischen Konflikten« fahndet, ist die Chance, daß Sie sich dafür etwas Schlimmeres einhandeln, etwa so groß, als wenn Sie mittags mitten in einem nordhessischen Kornfeld von einem Hai gebissen werden. Nichtsdestoweniger glauben einige traditionell eingestellte Praktiker immer noch inbrünstig daran, daß Ihre Phobie, ob bewußt oder unbewußt, irgendwelchen psychischen Zwecken dient, auch wenn Sie bitterlich darüber klagen, sie beeinträchtige Ihr berufliches und soziales Leben. Wenn Sie freiliche Ihre Phobie behalten wollen, welch angsteinflößendes griechisch-römisches Etikett sie auch tragen mag, dann sollten Sie sie, und da stimme ich den Analytikern zu, nicht aufgeben. Wenn Sie persönlich etwas davon haben, daß Sie dadurch von der Arbeit oder gesellschaftlichen Verwicklungen ferngehalten werden, oder wenn Ihre Ehefrau oder Ihre Familie aufgrund der Phobie weniger Forderungen an Sie stellt, wer könnte Sie dafür tadeln, daß Sie die Behandlung auf halbem Wege abbrechen? Aber das ist auch die einzige mir bekannte Rechtfertigung dafür, daß man nur rumsitzt und sich über Ursachen unterhält und darüber, wie man mit den Schwierigkeiten fertig werden kann, statt sich aufzuraffen und das Problem in Angriff zu nehmen.

Es gibt eine andere Möglichkeit, als sich über Monate oder gar Jahre auf der traditionellen analytischen Couch lang zu machen, und diese Möglichkeit heißt Verhaltenstherapie mit all ihren verschiedenen Behandlungsmethoden.

Ansicht der Verhaltenstherapie: Pech beim Lernen

Verhaltenstherapeuten sind der Ansicht, irrationale Ängste sind gelernte Ängste, und was man einmal gelernt habe, könne man auch wieder »entlernen«. Die Verhaltensleute kommen zu ihrem Schluß aufgrund von drei Beweisquellen: in den letzten fünfundsiebzig Jahren durchgeführte allgemeine Untersuchungen über Lernvorgänge; Berichte von phobischen Patienten, die erklären, sie hätten ein spezifisches Trauma erlitten – einen Sturz, bevor sie eine Höhenangst bekamen, eine erschreckende Flugreise, bevor sie areophobisch wurden, eine Demütigung während des Sexualverkehrs vor ihrer Erotophobie – und experimentelle Laboruntersuchungen, in denen sich nachweisen ließ, daß irrationale Ängste durch einen simplen Lernprozeß erworben werden, einen Prozeß, der darin besteht, daß zwei Dinge miteinander gekoppelt werden, genau in der Art, wie Pawlows Hunde lernten, das Erscheinen von Nahrung in ihrem Käfig mit den Fußschritten der Tierwärter zu koppeln.

Lassen Sie mich ein Beispiel anführen, das ich meinen Studenten an der Universität gegeben habe, um ihnen zu erläutern, wie man durch diesen nicht dem Willen unterworfenen Lernprozeß phobisch werden kann. Nehmen wir an, Sie besitzen seit einiger Zeit einen schnittigen Sportwagen. Er ist knallrot, hat eine lange schmale Kühlerhaube, die in ein breiteres abgerundetes Mittelteil übergeht, das hinter dem Fahrersitz, über den rückwärtigen Rädern, plötzlich aufhört. Es wäre gehässig, wenn man Ihr Auto mit einer Ketchup-Flasche auf Rädern vergliche, doch Ihre Freunde, die konventionellere Autos fahren, nennen Ihren Wagen tatsächlich »Ketchup-Flasche«. An diesem bestimmten Tage scheuchen Sie Ihren Sportwagen über eine gewundene Bergstraße. In einer Kurve drängt Sie ein Sattelschlepper von der Straße ab und Sie stürzen in einen hundert Meter tiefen Abgrund. Während Sie senkrecht in die Tiefe fallen, versuchen Sie, sich aus dem Wagen zu befreien, und mühen sich hilflos, den Sturz zu überleben, indessen Ihr ganzes Leben noch einmal vor Ihren Augen abläuft. Unfähig, sich einzugestehen, daß Ihr Ende gekommen ist, fragen Sie sich, was wohl mit Virginia geschehen ist, jener niedlichen kleinen Studentin mit der Lücke zwischen den Zähnen, mit der Sie sich als frischgebackener College-Student einige Male verabredet haben. Immer noch mit dieser Frage beschäftigt, schließen Sie die Augen, während die »Ketchup-Flasche« die letzten fünfzehn Meter bis zu den Felsen hinabfällt. Sie fühlen, wie Ihr Körper heftig auf- und niedergeworfen wird, als Ihr geliebter Sportwagen mit einem unheimlichen Krach auf den Felsen zerschmettert. Sie springen weiter auf und ab und fragen sich, ob alle Leute sich so fühlen, wenn sie in einer »Ketchup-Flasche« in Flammen aufgehen. Schließlich hört die Auf-und-ab-Bewegung auf, und Sie entschließen sich, die Augen zu öffnen. Fünfzehn Meter unter Ihnen liegen die rauchenden Überreste Ihres Wagens. Mit dem hinteren Teil Ihres Gurts baumeln Sie an einem Fichtenzweig fünfzehn Meter über dem Autowrack. Sie sind kein Bestandteil der Unfallstatistik, sondern ein Mensch, der Augenblicke gräßlichster Angst hinter sich hat. Die Rettungsmannschaft der Bergwacht befreit Sie aus Ihrer Lage. Sie sind mit einigen Kratzern und schmerzenden Muskeln davongekommen. Nichts ist Ihnen geschehen. Sie sind derselbe, der Sie immer waren. Richtig? *Nein, falsch!* Es sind Bedingungen eingetreten, die in Ihnen eine schwerwiegende phobische Reaktion gegenüber Autos und Autofahren hervorrufen können.

Zwei Wochen später ruft der Versicherungsagent bei Ihnen an, um Ihnen mitzuteilen, daß bei Ihrer Vertragswerkstatt ein Ersatzwagen eingetroffen ist. Sie machen sich schleunigst auf den Weg, um ihn in Augenschein zu nehmen. Im Taxi auf dem Wege dorthin müssen Sie wie unter einem Zwang an die alte »Ketchup-Flasche« denken und daran, was mit ihr und mit Ihnen geschehen ist. Im Ausstellungsraum des Händlers sehen Sie den Zwilling der Flasche, der genauso aussieht wie der verunglückte Wagen. Sie bemerken, daß Ihre Hände zittern, aber nicht in der Vorfreude darüber, daß Sie gleich den Schaltknüppel mit echter Nashornlederbespannung umfassen werden. Sie haben auch ein flaues Gefühl im Magen. Als Sie schließlich Ihre Hand über den rotlackierten Kotflügel gleiten lassen, stellen Sie fest, daß Ihre Handfläche ganz feucht ist und daß auf dem Lack des eleganten Autos eine Schweißspur zurückbleibt. Plötzlich erinnern Sie sich an eine wichtige Verabredung, die Sie beinahe vergessen hätten, und entschuldigen sich bei dem Autohändler dafür, daß Sie es leider ablehnen müssen, sich in die Sitze aus Wombatleder zu setzen, weil Sie fortmüssen. Sie versprechen, ihn später anzurufen. Während die Wochen ins Land gehen, finden Sie immer wieder eine andere Entschuldigung, um nicht zu dem Autohändler gehen zu müssen. Sie haben sich eine irrationale Angst vor Automobilen und vorm Autofahren zugezogen.

Sie stellen auch fest, daß Sie noch etwas anderes beunruhigt. Der Ford, den Sie sich als zeitweiliges Ersatzauto geliehen haben, hat eine tomatenrote Farbe. Jeden Morgen, wenn Sie das Haus verlassen und sich dem Auto nähern, verspüren Sie das gleiche beengte, unangenehme Gefühl wie bei Marinara II. Sie tauschen den Ford gegen eine andere Automarke ein. Doch selbst in diesem Wagen fühlen Sie sich unbehaglich, wenn die Straße vor Ihnen eine Kurve macht und Sie nicht sehen können, was Ihnen entgegenkommt. Starkes Gefälle beunruhigt Sie, und Sie werden schon nervös, wenn Sie nur in den Ausläufern von Bergen fahren. Die Berge selbst meiden Sie wie die Pest. Je länger Sie fahren, desto unangenehmer werden Ihre Gefühle. Schließlich geben Sie das geliehene Fahrzeug zurück und fahren nur noch mit Bus und Taxi. Wenn Sie eine Viertelstunde im Regen gewartet haben und ein rotes Taxi vor Ihnen hält, steigen Sie nur widerwillig ein. Gelbe Taxis sind in Ordnung, doch rote bedeuten Todesgefahr! Sechs Wochen später treffen Sie Virginia auf einer Party. Es ist nicht zu übersehen, daß sie noch eine Menge für Sie übrig hat. Schon ihr Anblick macht Sie ein wenig nervös, und Sie fragen sich, was Sie jemals an dieser auf Sex getrimmten Amazone gesehen haben. Vor allem an einer mit einer Lücke zwischen den Zähnen. Sie fassen den Entschluß, sich niemals wieder mit Frauen einzulassen, die solche Lücken zwischen den Zähnen haben. Zwischen Zähnen und Sexualtrieb muß eine Beziehung bestehen, denken Sie.

Natürlich ist dies eine Überzeichnung des phobischen Lernprozesses. Doch die Geschichte zeigt uns, wie etwas, das wir in einer Situation sehen, hören oder berühren, in einer anderen ähnlichen Situation eine Angstreaktion auslöst. Sie weist uns auch darauf hin, daß gelernte Angst unser Verhalten, unsere Gefühle und unser Denken komplizieren kann.

Einer der klassischen Fälle, über die in der Fachliteratur berichtet wird, macht dies auf dramatische Weise deutlich. Ein kleines Mädchen, etwa sieben Jahre alt, lief während eines Picknicks seiner Tante davon, nachdem es seiner Mutter zuvor hoch und heilig versprochen hatte, es werde brav sein und nicht davonlaufen. Eine Weile später fand die Tante das Mädchen eingeklemmt zwischen zwei Felsbrocken in einem Wildbach, unterhalb eines Wasserfalls, völlig durchnäßt. Das kleine Mädchen war in panischer Angst, sowohl angesichts der Situation, in der es sich befand, wie auch angesichts dessen, was seine Mutter mit ihm tun werde, wenn sie herausbekam, was geschehen war. Die Tante brachte das Mädchen zu einem nahegelegenen Bauernhaus, um seine Kleider zu trocknen, und verspach, seiner Mutter nichts über ihr ungezogenes Verhalten zu sagen. Am nächsten Tag verließ die Tante jedoch die Stadt, und so hatte das Kind niemanden, mit dem es über sein schreckliches Erlebnis sprechen konnte; sie hatte keine Möglichkeit, es »wiederzuerleben«, und zwar unter normaleren Umständen, in einer entspannteren Atmosphäre, etwa mit einem befreundeten Menschen. Kurze Zeit nach diesem traumatischen Ereignis geriet das Kind in panische Furcht, wenn es Wasser fließen oder herabfallen hörte. Es brach in Tränen und Angstschreie aus, wenn die Eltern es in eine Badewanne stecken wollten, und es erstarrte vor Entsetzen, wenn andere Schüler mit dem Wasser eines Trinkbrunnens außerhalb der Schulräume spritzten. Einmal fiel sie dabei sogar in Ohnmacht. Dieser Fall ist nicht unähnlich meinem hypothetischen Beispiel für phobische Konditionierung, wenngleich auch nicht ganz so überzeichnet.

Während der zwanziger Jahre unseres Jahrhunderts kamen

zwei hochberühmte Psychologen, John Watson und Rosalie Rayner, auf den Gedanken, unter Laborbedingungen eine Phobie zu erzeugen und sie dann mit Hilfe von Gegenkonditionierung zu »heilen«. Um dieses Verfahren zu prüfen, wählten sie einen sehr kleinen Jungen mit Namen Albert aus. Zunächst zeigten sie Albert eine weiße Ratte und erlaubten ihm, mit ihr zu spielen. Dabei zeigte Albert keinerlei Angst. Dann wandten sie bei ihm einen ziemlich heimtückischen Trick an. Sie setzten ihn mit dem Rücken an eine ein Meter lange, zwei Zentimeter dicke Eisenstange, die von der Zimmerdecke herabhing. Jedesmal wenn die Ratte hereingebracht wurde, schlugen sie mit einem Hammer gegen die Stange in Alberts Rücken. Man kann sich denken, daß Albert ziemlich aufgeregt wurde, wenn sie so mit ihm verfuhren. Nur kurze Zeit später verursachte bereits der Anblick einer weißen Ratte eine negative Gefühlsreaktion. Wie bei Leuten mit Phobien, die sie außerhalb von Laborbedingungen erworben haben, zeigte auch Albert ein typisches Angstverhalten. Wie bei nicht im Labor antrainierten Phobien übertrug sich seine Angst auf andere Dinge, die der weißen Ratte ähnlich, aber nicht mit ihr identisch waren. Wenn man Albert einen weißen Pelzmuff vorhielt, geriet er in helle Aufregung. Sogar ein Mann mit weißem Bart löste seine gelernte Angstreaktion aus. Obwohl Watson und Rayner zunächst vorhatten, Albert von seiner Angst vor weißen pelzigen Dingen mit Hilfe der Dekonditionierung zu heilen, unterließen sie es, aus irgendwelchen Gründen, die nicht ganz klar sind. Nach einer Darstellung gingen ihnen die Forschungsmittel aus, ehe sie den zweiten Teil des Experiments beenden konnten. Nach einer anderen Version nahm Alberts Mutter ihn aus dem Experiment, ehe der Junge den Spaß am Spielen mit der weißen Ratte wiederlernen konnte. Irgendwo lebt heute ein sechzehnjähriger Albert mit seiner konditionierten Angst vor weißen Pelzdingen.

Was ist eine Phobie, was ist sie nicht?

Manche Therapeuten sind der Auffassung, Phobien würden indirekt durch psychische Gedankenassoziationen gelernt. Ein weiterer klassischer Fall veranschaulicht diesen Standpunkt. Ein junges Mädchen hatte eine psychische Assoziation zwischen zwei Objekten hergestellt, die physikalisch keinerlei Beziehung zueinander hatten: zwischen einem Priesterkragen und frischem fallenden Schnee. Wie es so geht, war das Mädchen als Teenager sexuell aktiv geworden und hatte anschließend sehr starke Schuldgefühle, die mit ihrer streng religiösen und puritanischen Erziehung zusammenhingen. Der *reine* weiße Schnee erinnerte sie an den *reinen* weißen Kragen ihres Onkels, und das wiederum ließ sie daran denken, was der Onkel wohl über ihre sexuellen Eskapaden und über ihre Schuldgefühle gesagt hätte. Wie es heißt, war ihr Unbehagen so gravierend, daß sie sich, wenn es anfing zu schneien, ins Bett legte und das Kissen über den Kopf zog.

In diesem Fall hatte das unglückliche Mädchen keine Angst vor dem Schnee selbst. Er ließ sie nur daran denken, was ihr übermoralistischer Onkel zu ihren sexuellen Experimenten sagen würde. Ich könnte mich kaum entschließen, ihren Zustand als phobisch zu bezeichnen. Ehrlich gesagt, nach meiner Erfahrung im Umgang mit Tausenden von Menschen, die unter psychischen Problemen litten, läßt ein Fall wie dieser, ein Fall, der so bizarres Denken und Verhalten zeigt, im schlimmsten Fall an eine präpsychotische Verfassung, im besten an einen passiven, durchsetzungsschwachen Persönlichkeitsstil denken. Doch ich möchte mich hier nicht in professionelle Haarspaltereien ergehen. Die richtige Einschätzung ihres Problems dürfte uns erkennen lassen, wie es zu lösen wäre. Wenn sie gegenüber Schnee phobisch wäre, könnten wir ihr zu besseren Gefühlen gegenüber Schnee verhelfen. Doch ihr wirkliches Problem bestand darin, daß sie sich sterbenselend fühlte, weil sie nicht wußte, wie sie damit fertig werden sollte, wenn ihr puritanischer Onkel ihre sexuellen Wünsche kritisierte. Letztlich hatte sie, durchaus realistisch, Angst davor, welchen Einfluß ihr Onkel auf sie haben könnte. Eine hilfreiche Antwort auf das Problem des jungen Mädchens könnte so ähnlich sein wie die, die ich für eine junge Frau gefunden habe, die ich, aufgrund eines Mißverständnisses, gegen eine Autophobie, gegen die Angst vorm Autofahren behandelt habe. Die Patientin geriet in ziemliche Aufregung, wenn sie Auto fuhr, aber nur wenn Verkehr auf der Straße war.

Einige ergebnislose Sitzungen lang ging ich von der Annahme aus, daß das, was sie nach eigenen Worten in Angst versetzte, einen phobischen Zustand hervorgerufen hatte, das heißt das Autofahren und die mögliche Verwicklung in einen Unfall bei starkem Verkehr. Nachdem ich alle möglichen Techniken der Verhaltenstherapie durchprobiert hatte und es mir nicht gelungen war, ihr Unbehagen beim Autofahren zu mildern, kam ich zu der auf der Hand liegenden Schlußfolgerung, das, was ich da behandelte, könne nicht ihr Problem sein. Um zu sehen, was sie auf der Straße in Angst versetzte, machte ich den Vorschlag, eine kurze Autofahrt durch einige Straßen rund um die Klinik zu unternehmen. Kaum hatte ich meinen altersschwachen VW-Kleinbus auf die Straße bugsiert, steckte ich schon mitten in starkem Verkehr. Genau zu diesem Zeitpunkt wurde meine Patientin nervös. Sie steigerte sich in eine ziemlich starke Aufregung, als ich einem großen Schlitten von Auto mit dem Blinker signalisierte, ich wolle ihn schneiden. Als ich mich mitten im Verkehrsfluß befand, fragte ich sie, was sie beunruhigt habe. Befürchtete sie, wir könnten einen Unfall bauen? »Nein«, meinte sie, »ich dachte daran, was der Mann in dem großen Schlitten über uns denken mochte, als wir ihn schnitten.« Diese Antwort gab mir Rätsel auf, denn der Bursche in dem Auto hatte gelächelt und mir gewinkt, als ich ihm mein Vorhaben anzeigte. Dann ging mir plötzlich ein Licht auf. Und ich wußte, was ihr Problem war. Es war nicht die Angst vorm Autofahren. Sie hatte Angst davor, was die Leute von ihr denken könnten, wenn sie einen aggressiven Fahrstil fuhr, wie er in vielen Situationen erforderlich ist. Immer noch der Quelle ihres Unbehagens nachgehend, fragte ich, was denn der Autofahrer gedacht haben mochte, und sie meinte: »Er muß sich darüber geärgert und es überhaupt nicht schön gefunden haben.« »Aber er lächelte uns doch zu«, erwiderte ich, »und gab uns ein Handzeichen.« »Ja, sicher«, meinte sie ernsthaft, »viele Leute legen sich eine Maske zu und sagen nicht, was sie wirklich über einen denken.« Nach diesen Worten gab ich es auf, ihr leicht paranoides System, das Verhalten anderer Menschen einzuordnen, weiter zu bearbeiten, und versuchte es in einer anderen Richtung. »Sie kennen mich ja nun ziemlich gut. Was, glauben Sie, hätte ich ihm gesagt, wenn er sich mir gegenüber mies verhalten hätte?« Sie grinste: »Sie hätten gesagt: Leck mich am Arsch!«

In der nächsten halben Stunde schlängelten wir uns in und aus dem starken Verkehr, und sie hielt nach dem Autofahrer Ausschau, der unseretwegen stoppen mußte und bösartige Dinge von sich gab wie: »Bei Ihnen ist wohl eine Schraube los . . . Sie können mich auch mal . . . Ihre Hupe funktioniert, nun versuchen Sie auch mal das Licht!« Die halbstündige Sitzung auf der Straße beseitigte ihr Gefühl des Unbehagens völlig. Bei unserer nächsten Zusammenkunft berichtete sie, sie sei durch die ganze Stadt gefahren, ohne sich aufzuregen, mit Ausnahme gelegentlicher Flüche. Wie das Mädchen mit den Schneeflocken hatte sie keine echte Phobie, sondern lediglich das ängstliche Gefühl zu versagen, wenn sie sich vorstellte, andere Leute dächten schlimme Dinge über sie. Vielleicht waren ihre Flüche wirklich aus Wut hervorgebracht, Flüche, die ihre Angst darüber, was andere Leute von ihr denken mochten, beiseite wischten. Meine Vermutung ist jedoch, daß ihre Angst vor allem deswegen beseitigt wurde, weil sie sich eine Methode – irgendeine Methode – aneignete, mit der sie angesichts ihrer Ängste etwas *Aktives* tun konnte, statt sie nur passiv hinzunehmen. Nach dieser einen Sitzung verzichtete sie mit meiner Zustimmung auf eine weitere Behandlung.

Diese Fälle machen klar, warum es sinnvoll ist, Phobien als ziemlich spezifische gelernte Ängste anzusehen. Diese Auffassung hat den großen Vorteil, daß wir so die Situation oder die Sache, die Ihre Angst hervorruft, Punkt für Punkt durchgehen und auf diese Weise feststellen können, ob Sie eine spezifische Angst haben, die von der Situation selbst hervorgerufen wird, also eine Phobie, oder eine abstrakte, nichtsdestoweniger realistische Angst, die durch etwas anderes verursacht wird, etwas, das nur zufällig mit der Situation verknüpft ist, im allgemeinen ein Mangel an einer spezifischen Fähigkeit mit Problemen fertig zu werden. So hat zum Beispiel die Mehrheit der Leute, die Angst davor haben, in der Öffentlichkeit zu sprechen, nicht wirklich Angst vor großen Menschenmengen, vor Auditorien, vor Auftritten auf einer Bühne oder gar Angst davor, zu Menschenmengen zu sprechen. Die Angst, die sie wirklich lähmt, nicht nur körperlich, sondern auch geistig, ist die Angst davor, einen Fehler zu machen oder weniger klug zu erscheinen als andere Redner oder einem Zwischenrufer in der Zuhörerschaft auf eine Frage keine Antwort geben zu können. Und diese Befürchtungen sind nicht irrational. Die meisten Menschen können gegen ihre Angst vor der öffentlichen Rede angehen, wenn sie sich mit der Angst beschäftigen, vor Menschenmengen lächerlich zu wirken, und sich wirksame Methoden zulegen, mit dieser Angst auf geschickte Weise fertig zu werden*.

Einige Verhaltensmethoden gegen Phobien

Behalten wir diese Unterscheidung zwischen echter Phobie und einer allgemeineren Angst vor dem, »was geschehen würde, wenn . . .«, im Auge und wenden wir uns einigen der vielen verschiedenen Verhaltensmethoden zu, die man einsetzen kann, um eine Phobie zu beseitigen. In den späteren Kapiteln wollen

* Siehe Manuel J. Smith, *When I say no, I feel guilty*, New York 1975.

wir dann eine Verbindung zwischen all diesen Methoden herstellen, indem wir uns klar machen, daß sie allesamt eine wichtige Funktion erfüllen, nämlich unangenehme Gefühle gegenüber einer Situation durch angenehme zu ersetzen.

Mary Cover Jones, eine Zeitgenossin von John Watson, entwickelte Mitte der zwanziger Jahre das erste im Labor durchgeführte Verfahren zur Behandlung von Phobien. Sie arbeitete mit einem kleinen Jungen namens Peter, der eine unnatürliche Angst vor Kaninchen hatte. Wenn Peter mit einem Kaninchen im selben Zimmer zusammengebracht wurde, zeigte er sich sichtlich nervös, und wenn das kleine Tier ihm ganz nahe kam, geriet er in panische Angst. Nachdem sie Peter in ihrem Laboratorium beobachtet hatte, formulierte Cover Jones die wichtigste Frage bei der Behandlung eines phobischen Zustandes. *Wenn eine Phobie gelernte Angst ist, was »lehren« Sie den Patienten, das er an die Stelle der Angstreaktion auf den phobischen Reiz setzen kann?*

Ich habe mir die gleiche Frage gestellt. Was ist das Gegenteil von Angst? Entspannung? Oder etwas anderes? Was ist mit Aufregung? Die Leute erklären ständig, sie könnten in ihrem langweiligen Alltagsdasein hin und wieder ein wenig Aufregung gebrauchen. Wie bringt man Leuten bei, daß sie sich aufregen? Was ist mit Vergnügen? Es scheint so, daß Leute nicht unter Angst leiden, wenn sie etwas genießen, an etwas Vergnügen finden. Wie konnte Cover Jones dem kleinen Jungen beibringen, Vergnügen an Kaninchen finden, statt Angst vor ihnen zu haben.* Das einfachste Verfahren war, Peter in eine vergnügte

* Sie erinnern sich sicher an den weiter oben geschilderten Fall von »Autophobie«. Ich brachte der Patientin bei, immer dann aggressiv zu reagieren, wenn sie sich ängstlich fragte, was andere Leute wohl über ihr Autofahren denken könnten. Ihre Angstreaktion wurde zum Teil deshalb gelöscht, weil Wut und Angst, wenn sie gleichzeitig in uns auftauchen, sich nicht vertragen. Wir können nicht zur gleichen Zeit wütend und ängstlich sein. Doch würde dieses Verfahren bei dem kleinen Peter angebracht sein? Ich bezweifele es. Ich

Stimmung zu versetzen oder zumindest dafür zu sorgen, daß er sich wohl fühlte und diesen psychischen Zustand dann dazu zu verwenden, seine Angst vor dem Kaninchen zu ersetzen. Da Peter trotz seiner Kaninchenfurcht wie die meisten Kinder war, konnte Cover Jones ihm etwas zu essen geben, was er mochte, konnte ihn mit dieser Speise in vergnügte Stimmung versetzen und ihm dann heimlich das Kaninchen »unterjubeln«, zuerst aus der Ferne und allmählich, mit jedem Essensgenuß, immer näher. Mit diesem bereits vor fünfzig Jahren entwickelten einfachen Verfahren hat Mary Cover Jones nicht nur Peters Kaninchenphobie »geheilt«, sondern auch die ganze Bewegung in Gang gesetzt, die wir heute als Verhaltenstherapie kennen.

Jones veröffentlichte ihre Ergebnisse in einem obskuren Fachblatt, und diese Form der Verhaltensbehandlung bei Phobien ist beinahe dreißig Jahre lang weitgehend ignoriert worden. Niemand nahm sich der Methode an und verwandte sie bei der allgemeinen klinischen Behandlung. Vielleicht weil zu der damaligen Zeit die Freudsche Psychotherapie gerade sehr populär wurde, niemand glaubte, die unter dem Namen Phobie bekannte exotische Krankheit könne so einfach und schnell beseitigt werden. Dann nahm Ende der vierziger Jahre Dr. Leo Reyna, ein Schüler von Clark L. Hull, dem großen amerikanischen Lerntheoretiker, das Arbeitsangebot einer südafrikanischen Universität an. Und wie es geht, freundete sich Leo Reyna dort mit einem anderen Fachkollegen an, mit dem Arzt Joseph Wolpe. Dr. Reyna sprach mit seinem Freund über seine Forschungen auf dem Gebiet menschlichen Lernens, und Wolpe hörte interessiert zu. Dann begann Wolpe die Lerntheorie in Laborversuchen mit Tieren zu überprüfen und wandte sie

kann mir gut vorstellen, was Peters Eltern zu Cover Jones gesagt hätten, wenn sie eine Behandlungsmethode gewählt hätte, bei der Aggression als gegenkonditionierende Reaktion dazu dient, Angst zu ersetzen: »Was haben Sie mit unserem kleinen Peter gemacht? Die ganze Woche rennt er herum und schreit ›Jetzt geht's rund mit dir, Karnickel!‹ und dann spielt er mit seinen Spielsachen im ganzen Hause Fußball.«

anschließend bei seinen phobischen Patienten an. Er sah sich dem gleichen Problem gegenüber, das Mary Cover Jones bereits 1925 für sich gelöst hatte. Wenn irrationale Ängste tatsächlich gelernte Ängste sind, was kann man dem phobischen Patienten als Ersatz für seine Angstreaktion beibringen?

Dr. Wolpe wählte Entspannung. Es schien auf der Hand zu liegen, daß man nicht gleichzeitig vor etwas Angst haben und körperlich entspannt sein konnte. An diesem Punkt hatte Wolpe einen klugen Einfall. Er übernahm die von Edmond Jacobson 1938 entwickelten Techniken der tiefen Muskelentspannung und brachte sie seinen Patienten bei. Dann ließ er seine Patienten Listen von Situationen zusammenstellen, in denen sich ihre Phobie bemerkbar machte, und brachte sie in eine Rangfolge, die von den am wenigsten angsterregenden bis zu den am meisten angsterregenden Situationen reichte. (Zum Beispiel: »Ich bin noch vier Kilometer von meinem Bürogebäude entfernt, und ich denke nur an diesen verdammten Fahrstuhl«, bis zu: »Ich stehe im Fahrstuhl, und die Tür schließt sich gerade.«) Anhand dieser Rangordnung ließ Wolpe seine Patienten sich entspannen und erinnerte sie an die Szenen, die sie zusammengestellt hatten, Szenen und Situationen, in denen sie phobische Reaktionen zeigten. Er begann mit den am wenigsten angsterregenden und arbeitete sich dann mühsam, bisweilen drei Schritte vorwärts und einen zurück, die Liste bis zu den am meisten angsterregenden hinauf.

Wolpe nannte diese auf einer Hierarchie angstauslösender Reize beruhende Methode der Behandlung von Phobien »systematische Desensibilisierung«. Der Begriff entstammt der Dermatologie und bezeichnet eine Methode, mit der Patienten, die unter Allergien leiden, allmählich so desensibilisiert werden, daß sie immer größere Mengen einer reizauslösenden Substanz vertragen können. Die Methode ist natürlich im Grunde die gleiche, die auch Mary Cover Jones anwandte, als sie in Peters Essenszeit allmählich das gefürchtete Kaninchen einführte. Bei systematischer Desensibilisierung ist der Patient allmählich in der Lage, sich vorzustellen, daß er in einem Fahrstuhl steht, ohne daß ihn gleich gräßliche Angst packt. Er oder sie wäre dann »geheilt«.

Die Methode hat einen großen Nachteil: es bedarf häufig bis zu sechs Monaten wöchentlicher oder zweiwöchentlicher Sitzungen, um die Angst des Patienten zu beseitigen. Im Lichte der neueren und kürzeren Verfahren zur Beseitigung von Phobien erscheint es unpraktisch, Entspannung an die Stelle von Angst treten zu lassen. Wenn es ein gemeinsames Element gibt, das die Angst zum Verschwinden bringt, dann erscheint es mir einleuchtend, daß die langsameren Methoden weniger an »Wirkstoff« haben, der die Angst zum Abklingen bringt, als die vielen anderen Methoden, mit denen man schneller zum Ziel kommt.

Albert Bandura von der Stanford-Universität hat beispielsweise Leuten mit einer Schlangenphobie dadurch geholfen, daß er sie einfach andere Menschen dabei beobachten ließ, wie sie Schlangen aufhoben und mit ihnen hantierten, zunächst von einer sicheren Stelle im angrenzenden Raum aus und zuletzt ganz aus der Nähe. Diese als »Modellernen« bezeichnete Methode scheint wenig mit den auf Essen und Entspannung beruhenden Methoden zu tun zu haben, wie sie Mary Cover Jones und Wolpe zum Umlernen verwandten – oder etwa nicht?

Victor Meyers vom Maudsley-Krankenhaus in London war nicht weniger erfinderisch. Er stellte fest, daß er die Ängste von Leuten, die belebte Straßen und Geschäfte vermieden, dadurch reduzieren konnte, daß er mit ihnen auf dem Dachgarten des Krankenhauses »Verstecken« spielte. Dr. Meyers versteckte sich hinter Büschen, und die Patienten mußten im Garten umhersuchen, bis sie ihn fanden. Später machten sie das gleiche auf den Straßen der Stadt. Auch Spielen scheint nichts gemeinsam zu haben mit Essen und Entspannung, doch es vermag Phobien genauso gut zu beseitigen.

Eine weitere ingeniöse Behandlungsmethode nennt sich »paradoxe Intention«. Sie wurde von Viktor Frankl entwickelt. Er »heilte« einen Patienten mit pathologischer Furcht vor Herzanfällen, indem er ihn dazu überredete, er solle versuchen, sich zu einem Anfall zu bringen. Der ziemlich gesunde Patient hechelte und röchelte eine Weile. Zwar konnte er keinen Herzkranzverschluß herbeiführen, doch bei den Versuchen verschwand seine Furcht davor, einen Herzanfall zu bekommen. Diese Methode kann durchaus in einigen besonders gearteten Fällen eingesetzt werden, um auf diese Weise Angst zu reduzieren, doch ich würde sie nicht Leuten empfehlen, die Angst davor haben, sie könnten zwanghaft handeln, oder die sich davor fürchten, jemand könne ihnen etwas antun, also beispielsweise Leuten, die Angst davor haben, sie könnten von einem hohen Gebäude springen oder fallen, oder die befürchten, mit ihrer Arbeit könne es so schnell bergab gehen, daß ihr Chef sie rauswirft. In Fällen wie diesen ist die Verwendung der paradoxen Intention unter Umständen keine gegenphobische Behandlung, sondern eine sich selbst erfüllende Prophezeiung.

Die radikalste und überraschendste der neuen Behandlungsmethoden bei Phobien ist die von Brunhilda Ritter von der Stanford-Universität entwickelte »Kontaktdesensibilisierung«. Mit dieser intuitiv gewonnenen brillanten Methode konnte Dr. Ritter *innerhalb von dreißig Minuten* Höhenangst dadurch beseitigen, daß sie während der Dekonditionierungsphase ständigen Kontakt zu dem Patienten hielt. Dr. Ritter fand heraus, daß sie nur den Berührungsreiz einzusetzen brauchte, indem sie ihre Hand leicht auf den Arm des Patienten legte, während sie allmählich Schritt für Schritt die ebene Erde verließen. Von all dem Dutzend verschiedener Methoden, die in den letzten zwanzig Jahren daraufhin überprüft wurden, ob sie sich zur Reduzierung phobischer Ängste verwenden lassen, ist die Technik von Brunhilda Ritter diejenige, die sich mit dem gesunden Menschenverstand am wenigsten erklären läßt. Essen, Entspannung, Spiele und vielleicht sogar Demonstrieren können als Vergnügen und folglich als gegenphobisch aufgefaßt werden. Doch die Beseitigung einer Phobie einfach durch ständigen leichten Körperkontakt mit einem anderen Menschen erscheint überraschend und rätselhaft. Doch dann erscheint der gezielte Einsatz unseres angeborenen, konstitutionell verankerten Reizverarbeitungssystems, des »Orientierungsreflexes«, der von einem Forscher »das beobachtbare Unbewußte« genannt worden ist, noch weit überraschender, wie wir im nächsten Kapitel sehen werden.

ZWEITER TEIL

Die guten Gefühle, die wir verwenden können, um unsere Ängste und Phobien zu überwinden: Wie wir sie bekommen

4.

Die Auslöser unserer guten Gefühle: Wie wir lernen, etwas zu mögen

Zur Behandlung von Phobien bin ich aufgrund meines Interesses für Psychophysiologie gekommen; mit diesem verrückten Begriff bezeichnet man das gleichzeitige Studium der grundlegenden positiven und negativen Reaktionen unseres Nervensystems auf alle Arten von Reizen sowie der Einflüsse dieser Reaktionen auf unser tagtägliches Verhalten im Sinne von Beeinträchtigung oder Begünstigung. Um ganz ehrlich zu sein, ich bin kein akademischer Gelehrtentyp, und so gewann ich auch nicht deshalb Interesse an dem weiten Feld der Psychophysiologie, weil darauf veröffentlichenswerte Goldkörner verstreut liegen, die nur darauf warten, daß man sie aufhebt. Vielmehr bin ich zur Psychophysiologie gekommen, weil mich mein Professor an der Universität von Los Angeles, Irving Maltzman, durch sanftes und auch weniger sanftes Armverrenken langsam, aber sicher dazu brachte. Während Irving einer der führenden Psychophysiologen auf der ganzen Welt war und noch ist, war ich der einzige graduierte Student in seiner Abteilung, der all die komplizierten elektronischen Aufzeichnungsapparate in seinem Laboratorium bedienen konnte. Doch dieses Aufeinandertreffen verschiedener Begabungen brachte keineswegs Reibereien mit sich, wie man vielleicht vermuten könnte, sondern führte zu einer dauerhaften Freundschaft und echten Zuneigung zwischen Lehrer und Schüler. Denn außer seinem unheimlich scharfen Intellekt und seinem immensen Fachwissen verfügt Irving auch über die Gabe, die Dinge vom theoretischen Hochseil auf den Boden des gesunden Menschenverstandes herunterzuholen und auf diese Weise die Übertragung von Nervenimpulsen und Drüsenabsonderungen in unser Alltagsverhalten viel nachvollziehbarer und realistischer zu machen.

Kurze Zeit nachdem ich bei Irving meinen Doktorgrad erworben hatte, geschah beispielsweise etwas, das mich dazu brachte, mir Gedanken darüber zu machen, wie wir unsere Physiologie dazu einsetzen könnten, eine phobische Reaktion zu beseitigen, und zwar auf die gleiche Weise, wie viele von uns eine echte Vorliebe für fragwürdige Dinge wie schottischen Whisky erwerben. Nun, ich bin einer jener Leute, die den Geschmack von Whisky überhaupt nicht vertragen können. Ich habe allerdings mit Irving nie darüber gesprochen. Auf Partys und wissenschaftlichen Zusammenkünften, die ich mitmachte, kippte ich den Whisky wie die anderen herunter und lachte dabei, ohne meine Zähne zu zeigen, weil ich sie zusammengepreßt hielt, um das Schaudern zu unterdrücken.

Irving und ich saßen beim Kaffee zusammen und diskutierten über Alkoholismus. Wir spielten mit dem Gedanken einer Pilotuntersuchung zur Erforschung der Gründe des Alkoholismus. Ich vertrat die Meinung, viele Trinker (wie ich selbst) hätten eine Abneigung gegen Schnapsgeschmack. Viele Alkoholiker bevorzugen Wodka, weil er nur nach wenig schmeckt. Sie schlucken den Stoff wie eine Medizin runter, um die Nachwirkung und die Auflösung der peinigenden Wirklichkeit zu erleben. Ich sagte zu Irving: »Wir sollten im Laboratorium die klinische These, daß Alkoholiker in Wahrheit den Schnapsgeschmack gar nicht mögen, psychophysiologisch auf ihre Stichhaltigkeit hin überprüfen.« Um es genauer zu formulieren: Das autonome Nervensystem des Alkoholikers, *in dem all die positiven und negativen Gefühle liegen,* reagiert auf Schnaps keineswegs positiv. Ich meinte, die Alkoholiker setzten sich willentlich über die natürliche negative Reaktion ihres Nervensystems auf Schnaps hinweg, so ähnlich wie wir uns alle mit dem schrecklichen Geschmack von Aspirin abfinden, weil wir uns danach wohler fühlen.

Diese Hypothese, Produkt meiner persönlichen Abneigung gegen Whisky und meiner Herkunft aus der sozialen Mittelschicht, war nichts als eine falsche Anwendung des medizinischen Modells. Ich vertrat in diesem Fall die Ansicht, der edle menschliche Körper und die Natur unseres autonomen Nervensystems könnten niemals pervertiert werden. Sie könnten nur durch äußere Krankheitsprozesse oder Persönlichkeitsstörungen beeinträchtigt und entstellt werden, gegen die sie sich tapfer zur Wehr setzen, mit denen sie sich aber niemals verbünden würden. So meinte ich denn auch, ein wenig arrogant, doch nach meiner Meinung völlig zu recht, wir müßten in der Lage sein, eine negative Reaktion des Nervensystems zu messen, wenn der unangenehm schmeckende, brennende Whisky auf die Sinnesrezeptoren der Zunge, des Mundes und der Speiseröhre trifft. »Whisky ist eine Medizin«, erklärte ich, »die nur wegen ihrer Wirkung genommen wird. Niemand mag unangenehm schmeckende Dinge. Hast du jemals gehört, daß Menschen Aspirintabletten lutschen?«

Irving, ein Scotch-Liebhaber, hielt mir, mit dem Stiel seiner Pfeife gegen meine Nase tippend, entgegen, wir müßten eine positive Reaktion des Nervensystems auf Whisky messen können, eine Reaktion des Interesses, der erhöhten Sinneswahrnehmung. Wir sollten auch, fügte Irving hinzu, wenn es erlaubt sei, dazu eine Klassemarke nehmen, einen J & B, acht Jahre alt, in schottischen Fässern gelagert. »Wenn du so sicher bist«, sagte ich, »dann laß es uns im Labor überprüfen, und der Verlierer bezahlt eine Dreiviertelliterflasche.« »Eine Literflasche«, korrigierte Irving, mit ausdruckslosem Pokergesicht an seiner Pfeife saugend.

Mit der Flasche Whisky unter dem Arm, gefolgt von Dr. Bill Kantor und mir, begab sich Irving einige Tage später in das

Laboratorium, um eine klassische Spezialuntersuchung in der Tradition von Pawlow durchzuführen. Wer hat wohl die Wette gewonnen? Was meinen Sie? Als wir zum erstenmal einige Milliliter des Whiskys J & B auf seine Zunge gaben, zeigte Irving eine starke positive Reaktion seines Nervensystems, nicht anders beim zweiten-, dritten- und viertenmal. Das ging so weiter, ungefähr anderthalb Stunden lang. Auf destilliertes Wasser, das ihm nach dem Zufallsprinzip verabreicht wurde, zeigte er keinerlei Reaktion, hingegen auf schottischen Whisky jedesmal eine positive. Um das Maß vollzumachen, schnalzte Irving jedesmal genießerisch mit der Zunge, wenn er nach der Messung den J & B runterschluckte, und erging sich in Lobsprüchen wie: »Ambrosia, eine Gabe der Götter!«

Der Orientierungsreflex: unser automatischer Entscheidungsträger

In diesem Mini-Experiment haben wir bei jeder Verabreichung von Scotch-Geschmack Irvings Orientierungsreflex gemessen, die »Was ist das?«-Reaktion unseres Nervensystems. Der Orientierungsreflex, kurz OR genannt, ist unser grundlegendes Wahrnehmungs- und Erregungssystem, das neurologisch aussortiert, was wir sehen, hören, riechen, berühren und fühlen. Er ist unsere automatische Aufmerksamkeitsreaktion. Wenn wir beispielsweise hungrig sind, dann macht unser Orientierungsreflex den Geruch eines brutzelnden Steaks erheblich interessanter (es sei denn, wir sind Vegetarier) als das Summen einer Biene ganz in der Nähe. Der OR vollführt dieses Aussortieren automatisch und schnell. Wir brauchen uns nicht zu sagen: »Mensch, das Steak auf dem Grill ist interessanter als die summende Biene im Garten. Ich glaube, ich werde mich auf das Steak und nicht auf die Biene konzentrieren.«

Andererseits, wenn die Biene ein starkes Interesse daran zeigt, Ihr Ohr aus der Nähe zu betrachten, wird Ihr OR Sie automatisch dazu veranlassen, der Biene Ihre Aufmerksamkeit zu widmen, während er den Geruch des brutzelnden Steaks blockiert. Diese Wahl wird getroffen, ohne daß Sie nachdenken müssen. Und das geschieht auf einer Ebene, die etwa so fundamental und angeboren ist wie jeder Schlag Ihres Herzens.

Sie können den Orientierungsreflex deutlich am Werke sehen, wenn Sie in Gegenwart Ihres Hundes mit den Fingern schnalzen. Der Hund wird automatisch seine Ohren aufrichten und seinen Kopf wenden, um seine Sinnesorgane in Richtung der Quelle dieses unerwarteten Geräusches zu orientieren. Wenn Sie jedoch fortfahren, mit den Fingern zu schnalzen, wird der Hund das Geräusch als etwas bewerten, was für ihn von keinerlei Bedeutung ist. Es würde seine Qualität des Überraschenden und Neuen verlieren, und so würde der Hund aufhören, sich an ihm zu orientieren. Wenn ich das mit meinem Hund Wimpy mache, richtet er seine Ohren mindestens drei- oder viermal auf. Dann stiert er mich nur noch an, den Kopf zwischen die Pfoten gelegt, und zwar mit einem Blick höchsten Widerwillens. Auch wenn es keine »wissenschaftliche« Aussage ist, ich könnte schwören, er denkt sich: »Was will der Mistbock denn jetzt schon wieder von mir? Er schnalzt fortwährend mit den Fingern, als wenn es um Weißgottwas ginge. Was soll denn das? Ich hab's ja gehört. Da muß er schon ein bißchen mehr tun, wenn er eine Aktion von mir haben will.« Vergleichen Sie auch die kurzlebige Orientierung Ihres Hundes an dem Fingerschnalzen mit dem ständigen OR an dem Futternapf zur üblichen Fressenszeit oder an jener läufigen Hündin, die es immer irgendwie fertig bringt, sich während der Paarungszeit loszureißen, um vor Ihrem Hause auf- und abzuparadieren. Für Tiere wie für Menschen ist der Orientierungsreflex folglich der grundlegende, vorrangige Mechanismus, mit dessen Hilfe alle eintreffenden Reize nach ihrer Wichtigkeit, ihrem bedrohlichen Charakter oder ihrem positiven Wert für das Wohlbefinden und das Überleben aussortiert werden.

Überflüssig zu sagen, daß unser Dasein ohne den Orientierungsreflex schnell zu einem schizophrenen Durcheinander von Eindrücken würde. Zumindest hätten wir die allergrößte Mühe, wenn wir etwa entscheiden sollten: »Wohin soll ich jetzt schauen, auf das sich bewegende Blatt jenes Baumes, das aussieht wie ein Gestalt gewordenes japanisches Haiku, oder nach dem scharfen Mädchen in engen Hosen, das vor meinen Augen die Straße hinuntergeht?« Ohne OR würden wir ständig Entscheidungen treffen, zwischen den unwichtigsten Dingen wählen müssen. Wir wären ständig tief in Gedanken versunken und würden den ganzen lieben Tag nichts anderes tun, als Reize auszusortieren. Die Natur hat das erheblich praktischer eingerichtet, indem sie einen Mechanismus entwickelte, über den wir uns ohne Einschaltung des Willens an den Dingen orientieren können, und zwar gemäß bestimmten Prioritäten, und wie sich zeigt, sind es genau diese Prioritäten, die bei der Reduzierung unserer Ängste und Phobien von besonderer Wichtigkeit sind.

In unserem Mini-Experiment produzierte Irvings Nervensystem einen OR auf Whisky, der genau dem entspricht, den das Nervensystem Ihres Hundes bildet, wenn Sie in seiner Gegenwart mit den Fingern schnalzen, ihm ein Frankfurter Würstchen zeigen oder ihm zurufen: »Hol den Ball. Wir wollen spielen.« Irvings Ohren richteten sich zwar nicht jedesmal auf, wenn wir ihm ein bißchen Scotch gaben, doch wir konnten mit einem Polygraphen, der viel Ähnlichkeit mit einem Lügendetektor hat, die Veränderungen in seinem Gehirn und in seinem Nervensystem messen, Veränderungen, die sein Orientierungsreflex auf Whisky herbeigeführt hatte. Am bedeutsamsten war, daß Irvings Nervensystem durchaus keine negative Reaktion auf Scotch zeigte, und das war doch das gleiche Zeug, das bei mir einen Brechreiz auslöste.

Diese simple Tatsache brachte mich ganz schön durcheinander. Wie konnte ein für unser Überlegen so grundlegender und wichtiger Reflex verführt werden, auf einen erworbenen Geschmack, vor allem auf einen so üblen wie den für Scotch, so positiv zu reagieren? Wenn man mit seinem OR herumpfuschen und ihn dazu bringen kann, einem anderen neurologischen Trommler zuzuhören als dem von Mutter Natur ausersehenen, dann kann das nur pervers sein, schloß ich messerscharf. Daher mußte in meinen Augen Irvings positive Reaktion auf Scotch unnatürlich sein. »Niemand zeigt positive nervliche Reaktionen auf negative Dinge, es sei denn, er ist krank«, behauptete ich. Beispielsweise könnte ich meinen Hund Wimpy dazu bringen, mein Fingerschnalzen als Bedrohung wahrzunehmen, sofern ich ihn anschließend jedesmal tüchtig verprügelte. Sein Nervensystem würde dann auch einen gelernten »Abwehrreflex« ausbilden, eine Bezeichnung, mit der wir all die Nervenimpulse, Drüsenabsonderungen und Enzymbeigaben belegen, die genau das *sind,* was wir Angst, Furcht und unangenehme Gefühle nennen. Dieser Abwehrreflex, kurz AR genannt, ist unter Umständen wie den genannten normal; er würde Wimpys Körper dazu aktivieren und vorbereiten, eine Menge Energie darauf zu verwenden, sich vor den erwarteten Schlägen in Sicherheit zu bringen, die meinem Fingerschnalzen folgen würden. Tatsächlich müßten wir Wimpy sogar als abnorm bezeichnen, wenn er auf mein Fingerschnalzen nur eine positive Reaktion, einen starken Orientierungsreflex zeigte und keinen Abwehrreflex.

Irving und das kleine Experiment machten mir jedoch klar, wie sehr ich das medizinische Modell des Denkens übernommen hatte, ein Modell, das körperliche Vorgänge nach dem Schema unterteilt: Verschluß, Stau und Skalpell. Meine naive Vorstellung von unserer grundlegenden nervlichen Ausstattung – darüber, wie unsere Vernetzung funktioniert – war der von Freud genau entgegengesetzt. Freud ging von der Annahme aus, wir hätten allesamt eine tierische neurologische Grundlage, die auf lustvolle Befriedigung eingestellt sei – *Ich möchte essen, ich möchte bumsen, und wenn ich das nicht kann, möchte ich mich töten* – und die nur durch den Lack an Menschlichkeit der jeweiligen Kultur und durch falsche Erziehung gemildert werde. Ich meinerseits nahm großmütig an, unser fundamentales Vernetzungssystem sei von gutartigen Motiven beherrscht und sei über jeden moralischen Zweifel erhaben. Es dulde nur oberflächliche Persönlichkeitsmängel. Die nicht dem Willen unterworfene Tätigkeit unseres angeborenen Nervensystems hindere jeden von uns weitgehend daran, genetischen Selbstmord zu begehen, indem es uns nicht gestatte, Dinge zu mögen, die schlecht für uns sind. Mit Sicherheit würde es sich nicht bedenkenlos und freudig erregt an einem solchen Abenteuer beteiligen, sagte ich mir. So malte ich mir aus, für den Fall, daß jemand wie Irving positiv auf schottischen Whisky reagiert, müsse etwas Schicksalhaftes geschehen sein, etwas, das seine Mutter getan habe, bevor er sechs Jahre alt war, etwas, das nicht das Ergebnis einer Wahl sein könne, die das Nervensystem getroffen habe.

Doch Irving, Bill und ich hatten im Labor einige wenige simple Daten gesammelt, die solchen naiven Vorstellungen den Garaus machten. Die Schnörkel auf dem Papier des Polygraphen, vor dem ich saß, zeigten die bei Irving vor sich gehenden Veränderungen in der Elektrochemie und in der Blutzufuhr zum Gehirn an, wenn er Whisky schmeckte. Die Veränderungen lagen allesamt im positiven Bereich. Zum Glück brauchte ich nicht meine eigenen Schnörkel zu betrachten. Ich wußte im voraus, was sie anzeigen würden. Mein nichtwillentlicher Brechreflex auf Scotch deutete bereits an, daß ich durchgängig mit einem Abwehrreflex reagieren würde, an dem die Anonymen Alkoholiker ihre wahre Freude hätten. Doch da stand es immer noch schwarz auf weiß vor mir. Irvings Schnörkel stimmten mit dem überein, was er vorausgesagt hatte: *Er und sein ganzer Körper* hätten für schottischen Whisky der Marke J & B wirklich etwas übrig.

Da ich nicht ertragen konnte, daß meine intellektuelle Selbstgefälligkeit so sang- und klanglos vom Tisch gewischt wurde, mochte ich nicht so schnell akzeptieren, was meine Augen nicht leugnen konnten. Ich stellte eine Menge völlig nutzloser Diagnosen im Sinne des medizinischen Modells auf, um wegzuerklären, was ich mit meinen eigenen Augen sah: »Irving muß degeneriert sein. Wer weiß, was sie nach akademischen Senatssitzungen im Fachbereichsklub wirklich tun.« Oder: »Er hat ein masochistisches Persönlichkeitsproblem. Aus diesem Grunde muß ihn die psychologische Abteilung auch zum Direktor gewählt haben.« Nachdem ich mich einige Augenblicke närrischerweise geweigert hatte, mich dem zu stellen, was auf der Hand lag, sah ich in den Daten vor mir plötzlich einen Sinn. Irving war nicht pervers, weil sein Nervensystem gelernt hatte, auf Scotch automatisch und positiv zu reagieren. Er war in der Tat ein Genießer von Whisky und anderen harten Sachen. Er trank nicht nur Schnaps, sondern er studierte ihn sogar. Für Irving war guter schottischer Whisky etwas Besonderes, für mich halt nur ein Schluck Whiksy. *Er achtete sorgsam auf die Erfahrungsqualität, wenn er ihn trank. Ich hingegen machte mir nichts daraus und schluckte den Whisky nur runter.*

Mein Gott, kam ich mir blöd vor! Ich hatte lediglich eine simple unausweichliche Tatsache begriffen: Die Entscheidungen und Vorlieben unseres Nervensystems können nicht nur, gemessen an irgendwelchen Wertsystemen, die der Mensch sich zurechtgebastelt hat, »pervertiert« sein, vielmehr ist diese angeborene Möglichkeit in seinem Funktionsplan enthalten. Unser Nervensystem ist grundsätzlich optimistisch. Es ist so angelegt, daß es zunächst einmal alles, was geschieht, als möglicherweise positives Ereignis ansieht. Unser Nervensystem ist so gebaut, daß es auf *alles* positiv (oder negativ) zu reagieren lernen kann. Jeder andere Entwurf von Mutter Natur würde die Spannweite der Bedingungen, unter denen wir überleben können, drastisch einschränken. Ohne diese Flexibilität bedürfte es nur einer großen ökologischen Katastrophe, um uns als Spezies auszulöschen.

Ein alter Witz über das Weltenende trifft genau diesen Punkt. Nachdem Gottes Sendboten der Welt verkündet hatten, daß die zweite Sintflut innerhalb von achtundvierzig Stunden alles vernichten werde, erging ein allgemeiner Aufruf nach zwei Tagen der Buße, des Gebetes und des Fastens, um die Menschen darauf vorzubereiten, ihrem Schöpfer zu begegnen. Alle Religionsführer schlossen sich dem Aufruf an, mit Ausnahme des Oberrabbis von Jerusalem. Er rief alle Mitglieder seiner Gemeinde zusammen, damit sie sich zusammensetzten und gemeinsam überlegten, wie sie am besten lernen könnten, unter Wasser zu atmen, und zwar gern!

Auch wenn bestimmte Dinge uns mißfallen oder erschrecken mögen, unser Nervensystem ist nun einmal so ausgestattet, daß *wir etwas als unangenehm erleben müssen, ehe wir lernen können,* es zu fürchten (es sei denn, es taucht plötzlich hinter uns auf und vollführt einen Höllenlärm!). In jedem Alter nach unserer Geburt haben wir gelernt, daß wir manche Dinge meiden müssen. Dennoch sind wir so angelegt, daß wir weiterhin auf alles und jedes positiv reagieren, als wenn es uns etwas Gutes antun werde. Und den uns mitgegebenen physiologischen Mechanismus, der uns auf diese Weise reagieren läßt, den nennen wir Orientierungsreflex. Wenn der OR aus irgendeinem Grund ausgelöst wird, erleben unser Körper und unser Nervensystem etwas Positives, eine Belohnung. Eine Menge Dinge in unserem Alltagsleben können lohnend sein. Es kann das Lächeln eines sexuell attraktiven Mannes oder einer Frau sein, ein kleines Lob, ein Bissen, wenn wir hungrig sind, oder nur das Wedeln eines Hundeschwanzes, wenn wir abends nach Haus kommen. Diese äußeren Dinge betrachten wir ganz selbstverständlich als Belohnung oder Befriedigung, doch ehe wir die angenehmen Gefühle bekommen können, die mit einer Belohnung einhergehen, muß innerhalb unseres Nervensystems erst ein Orientierungsreflex ausgelöst werden. Auf der neurologischen Ebene *ist der Orientierungsreflex die Belohnung, und zwar die einzige.*

Nun, es gibt solche und solche Befriedigungen. Was Ihnen gefällt, kann mich völlig kalt lassen. Außerdem sind die meisten Befriedigungen, die wir innerhalb unseres Nervensystems erfahren, nichts als Kleinkram. Einige wenige Belohnungen wirken auf uns wie eine Million Mark. Doch das Wichtigste daran ist, daß sich für unser Nervensystem und für die Art und Weise, wie wir uns längerfristig fühlen, Kleinkram oder besser Pfennige zu Markstücken addieren. Vor allem da die großen Belohnungen nicht gerade dicht gesät sind und zwischen ihnen große zeitliche Abstände bestehen, sind Kleinkram und Pfennige, die wir auf der neurologischen Ebene erhalten, sehr wichtig insofern, als sie uns von Tag zu Tag weitermachen lassen, ohne daß wir in einen depressiven Zustand fallen. *Erst wenn Sie sich den größten Teil des Tages nicht an etwas, an irgend etwas, orientieren, werden Sie sich ängstlich und deprimiert fühlen.* Diese Feststellung stammt nicht von irgendeinem psychophilosophischen Hokuspokus, von irgendeinem angeblich progressiven Ringelpiez mit Anfassen, sondern ihr liegen klinische Fallgeschichten zugrunde und Daten, die in harter psychophysiologischer Laborarbeit gewonnen wurden.

Schauen wir uns nunmehr an, wie der Orientierungsreflex unsere fundamentalen Gefühle beeinflußt, indem wir uns scheußlich fühlen, wenn er nicht vorhanden, und optimistisch, wenn er aktiv ist.

Gefühlsmäßiges Plus und Minus unseres autonomen Nervensystems

Sie erinnern sich, daß unser primitives Gefühlshirn unsere Emotionen und weitere Körperfunktionen kontrolliert, über die wir von Natur aus nur wenig zu sagen haben. Dieser ganze nicht dem Willen unterworfene Teil unseres Nervensystems – die primitive Gehirnstruktur, die Nervenstränge, die Nervenenden, Rückkoppelungsschleifen usw. – wird von Anatomen das autonome (nichtwillentliche) Nervensystem oder kurz ANS genannt. Neuroanatomen und -physiologen behandeln das ANS, als bestände es aus zwei verschiedenen Teilen, die sich um unterschiedliche Funktionen unseres Körpers kümmern. Eine Hälfte verschafft uns gute Gefühle, wenn sie aktiv ist, die andere unangenehme. Für unsere Zwecke wollen wir für diese Teile des ANS psychologischen Laborslang benutzen. Der Teil, der am Werke ist, wenn wir uns gut fühlen, heißt für uns das »Spaß«-System, der Teil, der dazu führt, daß wir uns unangenehm fühlen, das »Angst«- oder »Kampf-Flucht«-System. Technisch werden sie parasympathisches bzw. sympathisches System genannt. Das sympathische System wird so genannt, weil frühe Forscher festgestellt haben, daß seine Reaktion in »Sympathie« (Übereinstimmung) steht mit extremen Stimmungsschwankungen wie Angst und Wut. Die andere, die Spaß-Hälfte des Gehirns konnten sie nicht allzu gut erklären, und so nannten sie sie einfach parasympathisch – mit der Bedeutung von: an sympathisch angrenzend –, weil sie zumindest wußten, daß seine Nervenstränge aus dem oberen und unteren Ende des Rückenmarks kommen, während die des sympathischen Systems aus der Mitte stammen.

Wie Sie wahrscheinlich schon vermuten, stellt die Kampf-Flucht-Hälfte unseres Gehirns den Körper darauf ein, wie der Teufel zu kämpfen oder zu flüchten, wenn sie stark aktiviert wird. Über die andere Hälfte des ANS, seinen Spaß-Teil, wissen wir noch nicht sonderlich viel. Er kontrolliert die Verdauung und Bestandteile unserer sexuellen Reaktionen, so das Vorspiel und den Sexualverkehr, jedoch nicht den Orgasmus. Er ist aktiv, wenn wir uns wohl fühlen, doch nicht, wenn wir uns langweilen. Das meiste von dem, was er bewirkt, vor allem Einzelheiten darüber, wie er es tut, sind noch unerschlossenes Gebiet. Das Problem besteht zum Teil darin, daß wir nicht wissen, was Spaß, Vergnügen und gute Gefühle sind. Wie soll man Vergnügen beschreiben? Der eine Mensch steigt aus einer Berg-und-Tal-Bahn und meint: »Das hat Spaß gemacht. Gehen wir nochmal rein«, während zwei weitere sich in den Hintergrund verdrücken und beinahe anfangen, sich zu erbrechen. Was heißt sich wohl fühlen? Wir können spielen und uns wohl fühlen. Wir können arbeiten und uns wohl fühlen. Wir können augenscheinlich nichts tun und uns trotzdem wohl fühlen. Wir brauchen nur etwas anzuschauen, was wir mögen, und schon fühlen wir uns wohl. Es gibt so viele Tätigkeiten, die zu dem führen, was wir sich wohl fühlen nennen, daß in dem Versuch, zu erklären, was allen gemeinsam ist, die Hauptschwierigkeit liegt, wenn wir verstehen wollen, wie wir sie konstruktiv und systematisch für unser Wohlergehen einsetzen wollen.

Zum Glück wissen wir ziemlich genau, wie jeder der beiden Teile unseres nicht dem Willen unterworfenen Systems arbeitet. Beide Hälften, Spaß und Angst, liegen im Wettstreit miteinander. Sie verhalten sich etwa so wie zwei Kinder auf einer Wippschaukel. Wenn ein Kind aufsteigt, kommt das andere herunter. Wenn die Angst-Hälfte aktiv ist, ist die Spaß-Hälfte behindert. Wenn die Spaß-Hälfte angeregt wird, verringert sich die Aktivität der Angst-Hälfte entsprechend. Ist die Angst-Hälfte aktiv und die Spaß-Hälfte ebenso, dann hat die Hälfte mit der größten Aktivität die Vorherrschaft und regiert die andere. Nebenbei bemerkt besteht die Absicht der Psychotherapie allgemein in folgendem: Bedingungen herzustellen, unter denen wir die Spaß-Hälfte stimulieren können und uns so in die Lage versetzen, darüber nachzudenken, was mit uns vor sich geht, wenn wir es mit unangenehmem Material zu tun haben, was uns selbst betrifft.

Nach all dem Getratsche darüber, was wir über unser nicht dem Willen unterworfenes Nervensystem wissen und was nicht, werden Sie sich sicher fragen: »Können wir über unsere nichtwillentlichen Gefühlen von Unbehagen und Angst überhaupt Kontrolle gewinnen?« Die Antwort lautet ja, freilich nur mit indirekten Mitteln. Willenskraft führt da zu nichts, aber etwas anderes. Der Orientierungsreflex ist die »Hintertür« zum willensunabhängigen Nervensystem. Er ist ein indirekter Weg, der es uns ermöglicht, ein wenig Kontrolle darüber zu gewinnen, wie wir uns fühlen, eine Kontrolle, die wir uns nicht direkt aneignen können, indem wir uns befehlen, keine bestimmten Gefühle zu haben. »Schlüssel« zu dieser Hintertür, durch die wir an unsere unkontrollierbaren Gefühle herankommen, sind die verschiedenen Methoden, mit denen man den Orientierungsreflex auslösen kann. Wenn Sie wissen, welches diese Schlüssel *bei Ihnen* sind, dann haben Sie damit eine Vielfalt von Möglichkeiten entdeckt, wie Sie die Aktivierung Ihres Nervensystems aus der Kampf-Flucht-Hälfte in die Spaß-Hälfte Ihres Gehirns verlagern können. Lassen Sie uns nun die Orientierungsmöglichkeiten in Augenschein nehmen und auf diese Weise eine Menge Dinge lernen, von denen manche bei fast allen wirken und manche nur bei Ihnen. Doch sie alle können dazu verwandt werden, um irrationale Ängste und Phobien zu beseitigen.

5.

Die fünf Schlüssel zur Hintertür unseres nicht dem Willen unterworfenen emotionalen Systems: Nahrung und Sex, Körpersensationen, Befehle, etwas Altes oder irgend etwas Neues

Im Laufe der vergangenen 75 Jahre haben wir eine Menge über die Funktionsweise des OR gelernt, desgleichen über die Art und Weise, wie wir ihn benutzen und wie er mißbraucht werden kann. Untersuchungen über den Orientierungs- und den Abwehrreflex nahmen ihren Anfang im Laboratorium von Iwan Pawlow, dem großen russischen Psychologen und Psychophysiologen. Die Forschungsarbeit wurde von Kollegen und Schülern Professor Pawlows zunächst in Rußland und dann auch in anderen Ländern fortgeführt. In den Vereinigten Staaten konzentrierte sich der Hauptteil der Arbeit auf die Universität von Los Angeles und lag dort in den Händen von Don Lindsley, Horace Magoun, Irv Maltzman und deren Schülern.

Leider ist die Bedeutung dieser in vielen Ländern durchgeführten Forschungsarbeiten nicht überall erkannt worden, möglicherweise aufgrund des in vielen akademischen Institutionen herrschenden Zwangs »zu veröffentlichen oder nicht mehr beachtet zu werden«, eines Zwanges, der nicht wenige Wissenschaftler in die Isolation und in den wissenschaftlichen Elfenbeinturm treibt. Folglich ist die Anwendung unseres Wissens vom Orientierungsreflex auf die Schwierigkeiten des Alltagslebens, auf Probleme wie gelernte Ängste und chronische Depressionen oder auch auf Gewichts- und Diätprobleme nur im Schneckentempo vorangekommen.

Wir wissen heute, im spezifischen wie im allgemeineren Sinne, welche Dinge dazu führen, daß wir uns auf der unteren, der fundamentalen Ebene unseres autonomen Nervensystems orientieren:

Reize mit *Neuigkeitswert:* alles Unerwartete und Neue.

Reize von *biologischer Bedeutung:* alles, was unsere biologischen Begierden befriedigt.

Reize mit *angeborenem Signalwert:* alles, an dem wir uns instinktmäßig orientieren, wie Körpersensationen.

Reize mit *gelerntem oder erworbenem Signalwert:* alles, auf das mit allen Mitteln unsere Aufmerksamkeit zu richten wir gelernt haben.

Reize mit *gefordertem oder instruiertem Signalwert:* alles, auf das unsere Aufmerksamkeit zu richten wir uns selbst oder andere aufgefordert oder instruiert haben.

Neuigkeiten, die schnell Plus-Gefühle auslösen

Schauen wir uns die OR-Auslöser an, um zu sehen, was jeder für unser persönliches Leben bedeutet.

Zunächst das neue oder unerwartete Ereignis. Wenn alle Vögel ruhig in den Bäumen Ihrer Nachbarschaft sitzen, werden Sie sich nicht bewußt an ihnen orientieren, ohne daß Sie sich dazu auffordern. Ihr Nervensystem wird automatisch entscheiden, daß diese still dasitzenden Vögel keine Bedeutung haben. Dabei wird es Ihre Umgebung immer noch nach etwas anderem absuchen, das dort vor sich geht. Wenn all die Vögel plötzlich anfangen, Lärm zu machen, werden Sie sich an ihnen orientieren, ohne darüber nachdenken zu müssen. Für unsere Vorfahren draußen im Busch war diese Art der Reaktion auf plötzliche Veränderungen sehr wichtig. Wenn die Vögel plötzlich anfingen, Lärm zu machen und herumzuflattern, hieß das, daß irgend etwas Großes auf sie zukam. Es konnte ein Tier sein, das unsere Vorfahren verspeisen konnten, es konnte aber auch ein

Tier sein, das sich unsere Vorfahren zu Gemüte führte. Heutzutage ist es nur der ruppige Kater von nebenan, der seine eigene Erbschaft aus der Vorzeit am Leben zu erhalten sucht. Nebenbei ist auch er es, der Sie während der Paarungszeit durch sein unerwartetes Jaulen um zwei Uhr in der Frühe aus dem tiefen Schlaf reißt und Sie zur Orientierung zwingt.

Sie orientieren sich an ungewöhnlichen Reizen von anderen Leuten genauso wie an dem, was in Ihrer physikalischen Umwelt vor sich geht. Wenn Sie beispielsweise tief in ein interessantes Buch oder eine Fernsehshow vertieft sind und Ihre Frau mit Ihnen plaudern möchte – »War die Arbeit heute angenehm?« –, scheinen ihre Äußerungen bei dem ersten oder zweiten Versuch nicht in Ihr Bewußtsein einzudringen. Höfliche Aufmerksamkeit widmen Sie ihr nur dann, wenn Ihr Gehirn entschieden hat, daß sie über nichts spricht, das von größerer Bedeutung (Signalwert) ist als Ihr Buch oder die TV-Show. Unter Umständen spricht sie weiter, doch ein beständiges »Hm-hm« Ihrerseits gewährleistet, daß sie zufrieden ist und Sie Ihre Aufmerksamkeit anderen Dingen widmen können. Dann sagt sie plötzlich im gleichen leisen monotonen Ton: »Der Affe ist in den Kühlschrank geklettert und hat sich eine Banane herausgeholt.« Mit einem Mal entdecken Sie, daß Sie sich automatisch, ohne daß Sie darüber nachdenken müssen, an dem *orientieren,* was Ihre Frau gerade gesagt hat, indem Sie fragen: »Was ist los?« Gleichzeitig kommen Sie sich ein wenig blöde vor und versuchen herauszufinden, was an Ihrer letzten Bemerkung so seltsam war. Da hilft es auch nicht das geringste, wenn sie Sie mit jenem verräterischen kleinen Lächeln anschaut. Wie dieses Beispiel schön zeigt, versetzt uns nicht einfach etwas Neues oder ein unerwartetes Ereignis in einen Taumel von Verlust, doch selbst dieser »Fingerschnalz«-Reflex bringt unser Spaß-System augenblicklich dazu, in Aktion zu treten.

Jedesmal, wenn wir neue Informationen verarbeiten, ein Rätsel lösen oder ein Problem erklären, selbst wenn es sich nur darum handelt, eine Liste von Lebensmitteln zu kopieren, jedesmal orientieren wir uns. Und auf diese Weise verhilft uns das Nervensystem dazu, daß wir uns positiv und lebendig und weniger unangenehm und gelangweilt fühlen.

Obwohl alle Neuigkeiten ein gutes Mittel sind, die Angst zu verringern, verpufft leider ihre Wirkung sehr schnell. Alle neuen Reize verlieren bei der Wiederholung an Neuigkeitswert. Sobald unser Gehirn mit Hilfe des Kurzzeitgedächtnisses »aufgezeichnet« hat, was an dieser neuen Sache anders ist, sind wir mit ihr fertig. Und ehrlich, warum sollten wir ihr auch noch länger unsere Aufmerksamkeit widmen?

Bei der Verwendung des Orientierungsreflexes zur Verringerung unserer Befürchtungen und Ängste oder zur Rekonditionierung unserer phobischen Verfassung besteht der entscheidende Kunstgriff darin, die Orientierung in einer unangenehmen Situation so lange wie möglich aufrechtzuerhalten. Da Neuigkeit lediglich einen phasischen OR produziert (einen, der sich für eine kurze Phase ein- und dann wieder ausschaltet), brauchen wir einen tonischen (längerfristigen) OR, um gegen unsere Ängste angehen zu können. Die anderen Dinge, an denen wir uns orientieren, nämlich Reize mit *biologischer Bedeutung* oder *angeborenem* oder *erworbenem Signalwert* beeinflussen unser Nervensystem über einen viel längeren Zeitraum als etwas, das lediglich den Stempel der Neuigkeit trägt. Diese Dinge vollbringen die eigentliche Leistung bei der Verringerung unserer Ängste.

Biologische Dinge, die Plus-Gefühle immer wiederkehrend auslösen

Biologisch bedeutsam sind all jene Dinge im Leben, die unsere Körperbedürfnisse befriedigen. Diese Dinge erkennen wir ohne weiteres als Reize, die uns gute Gefühle verschaffen oder unser Interesse wachhalten. Auch sie bilden eine Klasse von Dingen, an denen wir uns beständig und tonisch orientieren. Wenn wir beispielsweise durstig sind, orientieren wir uns fortwährend an kühlen Getränken, an einem eiskalten Bier, an einer Limonade oder vielleicht sogar Wasser. An einem heißen Tag orientieren wir uns ständig an einer kühlen Brise, die unseren verschwitzten Körper fächelt. Nahrung ist ein auffälliges Beispiel dafür, was unser Nervensystem für biologisch bedeutsam hält. Unser gesunder Menschenverstand sagt uns, daß wir in kurzer Zeit dahinsiechen und sterben, wenn wir uns nicht, zumindest minimal, an Nahrung orientieren. Sex ist ebenfalls ein solcher Reiz, aber vielleicht einer, der für manche von uns nicht ganz so auf der Hand liegt. Ohne sexuelle Orientierung würde unsere Spezies in Kürze ausgelöscht sein. Wenn Sie bei sich sexuelle Hemmungen und Störungen feststellen, handelt es sich dabei um gelernte negative Einstellungen des Nervensystems, die Ihren Orientierungsreflex in puncto sexuelle Sachen auszuschalten suchen und verlernt werden können, häufig in wenigen Wochen.

Selbst Bilder von Nahrungsmitteln oder eines Sexualpartners genügen für die meisten von uns zur Orientierung. Wenn wir hungrig genug (etwa acht Stunden) oder sexuell frustriert genug (etwa zwei Stunden) sind, nimmt die schriftliche Beschreibung von Speisen oder Sexualakten unsere Aufmerksamkeit für einen ziemlich langen Zeitraum in Anspruch. Und nun wissen Sie auch, warum Kochbücher und sexuell freizügige Liebesromane Bestseller sind.

Hunger ist ein schlichter Name für eine komplexe Empfindung, die von der Fähigkeit unseres Nervensystems ausgeht, zu *lernen*, die regulären Mahlzeiten *vorwegzunehmen*. Wie unsere anderen biologischen Orientierungsreflexe nimmt er entsprechend den Bedingungen in unserem Körper zu und wieder ab. Etwa eine halbe Stunde vor dem Frühstück, vor dem Mittag- und Abendessen sorgt Ihr Nervensystem dafür, daß ein Schuß Insulin in Ihren Blutkreislauf kommt, sofern Sie diese Mahlzeiten regelmäßig einnehmen. Das Insulin verwandelt den Zucker in Ihrem Blut schnell um oder verbrennt ihn, um alles auf die frischen Nährstoffe einzustellen, die mit Ihrer nächsten Mahlzeit in Ihren Körper gelangen. Was wir Hunger nennen, ist der niedrige Blutzuckerspiegel, der durch den konditionierten Insulinabsonderungszyklus hervorgerufen wird. Solange Ihr Blutzuckerspiegel niedrig ist, werden Sie sich ständig, für etwa achtundverzig Stunden, an Nahrungsmitteln orientieren, an ihrem Anblick, ihrem Geruch, ihrem Geschmack, ja selbst an dem Gedanken daran. Es ist nichts Ungewöhnliches, auf Leute zu treffen, die den größten Teil ihres Erwachsenenlebens ohne Frühstück auskommen und sich dabei nicht unbehaglich fühlen, unbeschadet der Behauptungen, die auf den Verpackungen von Frühstücksflocken stehen. Das Nervensystem dieser Leute hat gelernt, daß kurz nach dem Aufstehen kein Insulin in den Blutkreislauf abgegeben werden soll, und zwar einfach deshalb, weil zu dieser Zeit keine Nahrung zu verdauen ist. Solche Leute erklären, daß sie am Morgen nicht sonderlich an Nahrung interessiert seien.

Ungefähr dreißig Minuten nach der Mahlzeit ist der erste Teil der Nahrungsmittel, die Sie zu sich genommen haben, bis zu einem gewissen Grade verdaut und Ihr Blutzuckerspiegel beginnt wieder zu steigen. Wenn dies eintritt, orientieren Sie sich nicht mehr automatisch an Nahrung als Nahrung. Erinnern Sie sich zum Beispiel an Ihr letztes selbst gebratenes Zwiebelsteak? Als Sie das herrliche Gericht vorbereiteten, lief Ihnen das Wasser im Munde zusammen, und der Geruch der brutzelnden Zwiebeln war köstlich. Nach der Mahlzeit gingen Sie in der frischen Nachtluft um den Häuserblock herum. Als Sie sich wieder der Haustür näherten, empfand Ihre Nase den überwältigenden Geruch gebratener Zwiebeln als Zumutung, und Sie fragen sich, warum um alles in der Welt Sie diesen widerwärtigen Geruch sechzig Minuten zuvor so wunderbar gefunden haben.

Unsere Körperzustände, wie etwa Hunger, lösen häufig einen Orientierungsreflex von einer solchen Intensität aus, daß unser Denkgehirn davon beeinträchtigt wird. Es ist beispielsweise nicht gerade klug, unmittelbar vor dem Abendessen den Lebensmitteleinkauf für die Woche zu tätigen. Wenn Sie hungrig sind, orientieren Sie sich mehr als normal an einer Menge überflüssiger Dinge, die im Supermarkt ausliegen, und verschwenden Ihr Geld darauf. Sind Sie dann satt, fragen Sie sich: »Warum habe ich nur diesen Topf voll marinierter Elephantenragouts gekauft?«

Wenn einige der Dinge, die uns veranlassen, daß wir uns an ihnen orientieren, mit den Körperzuständen zu tun haben, die wir zu einer bestimmten Zeit erleben, können wir uns diesen Umstand zunutze machen, wenn wir Phobien los werden wollen? *Nehmen Sie Ihre Phobie mit zum Essen!* Genau dies hat vor rund fünfzig Jahren Mary Cover Jones bei Peter und seiner Phobie vor weißen Kaninchen entdeckt.

Sie haben eine Phobie vor Flugzeugen? Sie können die Scharte auswetzen, indem Sie sich etwas gönnen, bevor Sie ins Flugzeug steigen. Gehen Sie zum Essen in das Flughafenrestaurant Ihrer Stadt. Und während Sie Ihr Lieblingsessen verzehren und genießen, beobachten Sie, wie die Flugzeuge starten und landen. Tun Sie dies mehrere Male ohne die Absicht, jemals im Flugzeug zu reisen. Wenn Sie sich dann entscheiden, ein Flugzeug zu besteigen, hungern Sie etwa acht Stunden lang. An Bord des Düsenjets schlagen Sie eines jener märchenhaften Kochbücher auf, die so prächtige Bilder von Speisen enthalten, bei deren Anblick Ihnen bereits das Wasser im Munde zusammenläuft, und lesen Sie darin vor dem Start. Versuchen Sie auch, einige Ihrer Lieblingshappen mit an Bord zu nehmen, um sich während des Starts und später zu erfreuen. Verwöhnen Sie sich, nehmen Sie nur wirklich gute Sachen mit. Warten Sie nicht auf das Essen, das an Bord gereicht wird. In den meisten Flugzeugen ist das Essen scheußlich (es sei denn, Sie fliegen erster Klasse).

»Aber niemand sonst wird dort essen!« jammern Sie und befürchten, man könne Sie seltsam finden. Lassen Sie mich Ihnen versichern, daß Sie bei der großen Zahl von Leuten, die sich beim Fliegen nicht wohl fühlen – die Fluggesellschaften schätzen sie in den USA auf rund fünfundzwanzig Millionen –, nur neidische Blicke auf sich ziehen werden, Blicke, die ganz klar sagen: »Warum habe ich bloß nicht daran gedacht?« Außerdem, wenn Ihre Mitreisenden dieses Buch gelesen haben, werden Sie viel zu beschäftigt sein, um auf Sie zu achten. Sie werden sich an ihren eigenen an Bord geschmuggelten Gaumenfreuden orientieren, an Delikatessen wie Seehecht oder Cordon bleu oder Ente in Aspik.

Doch Nahrung ist nur eine Möglichkeit, um Ihre Phobie mittels des Orientierungsreflexes zu beseitigen. Lassen Sie dieses Buch nicht gleich fallen, um bei der Lufthansa telefonisch einen Flug zu reservieren. Lesen Sie erst noch weiter, bis Sie einige weitere Tricks in der Tasche haben!

Es gibt keinen Zweifel, daß sexuelle Dinge bei uns auf ein angeborenes Interesse stoßen. Sexuelle Reize führen zu starker und anhaltender Orientierung, bei nur minimalem »Abfall« nach dem Orgasmus.

In seinem faszinierenden Buch *The Tell-Tale Eye** berichtet Dr. Eckhard Hess von seinen Untersuchungen der nichtwillentlichen Änderungen der Pupillengröße in Reaktion auf Sexualreize. Die Pupille ist der Teil unseres Auges, der im Dunkeln größer wird und kleiner im Hellen. Diese Reaktion der Pupille auf Lichtveränderungen nennen die Psychophysiologen den »Adaptionsreflex«. Wenn das Licht zu hell ist, zieht sich Ihre Pupille automatisch zusammen, um die Augenzellen zu schützen. Ist das Licht zu dämmrig, als daß man gut sehen könnte, weiten sich die Pupillen, damit mehr Licht auf die inneren Augenzellen fällt. Den Adaptionsreflex benutzt auch der Arzt, wenn er feststellen will, ob einem bewußtlosen Menschen ohne Herzschlag oder Atmung noch zu helfen ist. Zu diesem Zweck richtet er einen kleinen Lichtstrahl in das Auge, und wenn die Pupille sich nicht zusammenzieht, hat der Betreffende eine

* Dr. Eckhard Hess, *The Tell-Tale Eye,* New York 1975.

Hirnschädigung solchen Ausmaßes erlitten, daß seine Wiederherstellung unwahrscheinlich ist. In der medizinischen Sprache ist der Adaptionsreflex eines der *Lebenszeichen,* die erkennen lassen, daß der Körper und das Nervensystem noch funktionsfähig sind. Mit dem Adaptionsreflex kontrolliert unser nichtwillentliches Nervensystem automatisch auch andere Dinge wie die Körpertemperatur, den Blutdruck, die Atmung und die Herzschlagquote.

Bei Dr. Hess' Experimenten war die Lichtstärke ständig gleich, und wenn also die Pupillen einer Versuchsperson größer wurden, dann war das nicht das Ergebnis des Adaptionsreflexes, sondern der Betreffende orientierte sich an etwas, das gerade geschehen war. Wenn die Pupillen kleiner wurden, reagierte die betreffende Versuchsperson mit einem Abwehrreflex. Auch wenn Dr. Hess seine Untersuchungen über die Pupillenreaktionen nur beiläufig mit dem Orientierungs- und dem Abwehrreflex in Verbindung brachte, erwiese man ihm und seiner brillanten Arbeit einen schlechten Dienst, wenn man seine Untersuchungen nicht in den richtigen Zusammenhang stellte und so verhinderte, daß wir erkennen, was sie uns über uns selbst zu sagen haben.

So meinte Dr. Hess beispielsweise: Wenn die Pupillen so beständig auf sexuelle Reize reagieren, hätten diese erweiterten Pupillen, die erkennen lassen, daß ein OR stattgefunden hat, eine entscheidende Auswirkung auf einen möglichen Sexualpartner, der sie beobachtet. Sehr einfallsreich ließ Dr. Hess zwei identische Farbdias von einem jungen hübschen Mädchen anfertigen und retouchierte sie so, daß es auf dem einen Dia große, auf dem anderen kleine Pupillen hatte. Dann forderte er eine Gruppe von Männern auf, sich die Dias anzuschauen und zu sagen, was sie von den Bildern hielten. Keiner der Männer erkannte, daß der einzige Unterschied zwischen den beiden Bildern in der Pupillengröße lag. Doch die meisten beschrieben das Gesicht mit den kleinen Pupillen als »kalt, selbstsüchtig oder hart«, während sie das Gesicht mit den großen Pupillen und dem großen Ausschlag des Orientierungsreflexes als »sanft, liebend und warmherzig« bezeichneten. Was zeigt diese ständig wiederkehrende Interpretation an? Ganz einfach, daß wir uns in sexuellen Dingen instinktmäßig aneinander orientieren, ohne uns dessen bewußt zu sein. Wir sagen einander, allerdings ohne Worte: »Wenn du deine Karten richtig ausspielst, kannst du mich haben.«

Sie kennen diese angeborene sexuelle Orientierungsbotschaft aus eigener Erfahrung. Denken Sie an eine Party zurück, auf der Sie, kaum waren Sie eingetreten, eine Frau erblickten, die Sie von der anderen Seite des Raumes mit einem höchst interessierten, erotischen Gesichtsausdruck ansah. In diesem Augenblick knisterte es in Ihnen förmlich vor Spannung. Sie haben beide miteinander kommuniziert, ohne zu wissen, wie Sie es taten. Sie haben einander aufgrund eines wahrgenommenen, aber nicht verstandenen beiderseitigen Orientierungsreflexes in Erregung versetzt. Sie ist für Sie biologisch bedeutsam, wie Sie ihrerseits für sie. Wenn Sie das nächste Mal zu einer Cocktailparty gehen und es wieder zu einer gegenseitigen Erregung kommt, wissen Sie zumindest, was sich da abspielt, sofern sie sich diesmal nicht über Ihre Schulter an dem Burschen orientiert, der nach Ihnen hereingekommen ist.

Dieses Phänomen der »großen Augen« als Bestandteil eines sexuell anregend wirkenden Gesichts ist den Frauen seit Tausenden von Jahren bekannt. Das Rauschmittel Belladonna, dessen Name soviel bedeutet wie »schöne Frau«, weitet, wenn mit Augentropfen verabfolgt, die Pupillen. In früheren Jahrhunderten benutzten Frauen es dazu, ihre Augen größer und sexuell attraktiver erscheinen zu lassen.

Vielleicht glauben Sie nicht, welche Wirkung etwas Lidschatten und Mascara auf den Orientierungsreflex haben. Ich war selbst erstaunt über meine Reaktion auf das Aschenbrödel von der Kasse im Supermarkt. Das Mädchen hatte mich seit Jahren bedient, und wir wechselten stets einige Grußworte über die eingekauften Lebensmittel hinweg. Eines Tages legte sie sich, kurz vor Geschäftsschluß, ein »Gesicht« auf, um gleich zu einer Verabredung zu gehen. Mir blieb die Spucke weg, ich konnte einfach nicht glauben, daß dies dieselbe Frau war. Mein Gott, welch ein Unterschied! Es war geradezu ein dramatischer Wandel in ihrem sexuellen Erscheinungsbild. Das Make up lenkte die Aufmerksamkeit zwangsläufig auf ihre Augen, und sie brauchte nicht die Pupillen zu weiten, um diesen Effekt zu erzielen.

Die Kosmetik-Industrie mit ihren Milliarden-Umsätzen beruht gänzlich auf diesem Ersatz für Pupillenerweiterung auf dem Wege des Orientierungsreflexes. Wenn sie nicht auf irgendeine Weise die Aufmerksamkeit auf die Augen lenkten, wären all die Cremes und Lippenstifte, all das Puder und Rouge nicht eine müde Mark wert.

Doch abgesehen davon, wie wir uns durch sichtbare Zeichen unseres Orientierungsreflexes oder seines Ersatzes gegenseitig sexuell in Stimmung bringen, haben Sie vielleicht schon über der Frage gerätselt, warum wir unsere eigenen sexuellen Vorlieben haben. Wie kommen Sie dazu, *Ihren bestimmten Partner* zu wählen? Darauf haben wir keine verbindliche Antwort, doch die Wahl hängt sicherlich von Ihrer angeborenen oder gelernten Überzeugung ab. Eine Auffassung der Verhaltenstherapie, die von vielen Psychologen geteilt wird, geht beispielsweise davon aus, daß Homosexualität, genau wie Irvings Vorliebe für Scotch, gelernt ist. Homosexuelle, so diese Auffassung, haben irgendwann im Laufe ihres Lebens gelernt, sich an Angehörigen ihres eigenen Geschlechts zu orientieren, wahrscheinlich weil sie zuvor darauf konditioniert worden waren, gegenüber Mitgliedern des anderen Geschlechts einen Abwehrreflex zu bilden. Bisexuelle sind dieser Auffassung zufolge darauf konditioniert, sich an ihrem eigenen Geschlecht zu orientieren, und dazu ist ihnen eine sexuelle Orientierung an Mitgliedern des anderen Geschlechts angeboren. Die Vorstellung, daß Heterosexuelle sich ohne Einschaltung des Willens am anderen Geschlecht orientieren, während Homosexuelle sich auf die gleiche Weise an ihrem eigenen Geschlecht orientieren, diese Vorstellung wird durch die gründlichen experimentellen Untersuchungen gestützt, die Dr. Hess in seinem Laboratorium durchführte. Er fand heraus, daß heterosexuelle Männer und Frauen sich an Bildern von nackten Frauen bzw. Männern orientierten, Homosexuelle hingegen an Bildern des gleichen Geschlechts.

Ihre persönlichen Neigungen bei der Wahl Ihrer Sexualpartner sind also höchstwahrscheinlich gelernte Neigungen. Es ist durchaus vorstellbar, daß wir als kleine Kinder, das heißt in unserem bildsamsten Alter, darauf konditioniert werden, uns an den körperlichen Merkmalen von Mutter und Vater, Lieblingsonkeln und -tanten, älteren Vettern und Kusinen usw. zu orientieren. Und diese früh gelernten Merkmale könnten sehr wohl, wie viele klinische Psychologen behaupten, in späteren Jahren eine Rolle bei der Partnerwahl spielen. Vielleicht war Sigmund Freud mit seinen ödipalen Vorstellungen gar nicht so weit von dieser Auffassung entfernt, sondern hat sich nur zu sehr auf einen Komplex beschränkt.

Reize mit angeborenem oder erworbenem *Signalwert* sind sogar noch weit mehr als sexuelle oder biologische Stimuli geeignet, Ihren Orientierungsreflex auszulösen. Unsere angeborenen OR-Reize sind all jene Dinge, an denen jeder von uns sich von Geburt an, ja noch vor der physiologischen oder psychologischen Reife orientiert. Kleinkinder orientieren sich ohne vorhergehende Erfahrungen außerhalb des Mutterleibes an Klängen, Lichtern, Gerüchen, Geschmackseindrücken, an Körperberührung und Temperatur. Wir reagieren in jedem Alter automatisch auf alle Änderungen in all den klassischen Sinnesbereichen. Wenn es beispielsweise am Morgen hell wird und die Geräusche des Tages einsetzen, wachen wir auf, weil wir uns an diesen Vorgängen orientieren.* Es fällt uns schwer

* Zum chronischen Verschlafen gehört als Begleitzustand chronische Depression, ein Zustand, in dem wir uns nur wenig an irgend etwas orientieren.

einzuschlafen, wenn irgendeiner unserer Sinne stimuliert wird. Sie legen sich abends nicht aufgrund sozialen Brauchs oder gelernter Gewohnheit an einem ruhigen, bequemen, dunklen Platz zum Schlafen nieder. Sie suchen, wenn Sie müde sind, Ihren kleinen Schlupfwinkel auf, weil Ihr Orientierungsreflex Wert darauf legt, daß Sie von relativ starken Klang-, Licht-, Geruchs-, Geschmacks-, Berührungs- und Temperaturreizen verschont bleiben. Vielleicht fällt es Ihnen sogar schwer, in einem neuen Haus oder Apartment in der ersten oder zweiten Nacht Schlaf zu finden, weil die neue Umgebung Ihren Orientierungsreflex aktiv hält und der OR Sie wiederum am Schlaf hindert. Nur starke körperliche Mangelerscheinungen wie Schlafentzug, Krankheit oder physische Erschöpfung können einen aktiven OR außer Kraft setzen und Sie einschlafen lassen.

Körpersensationen, die zuverlässig Plus-Gefühle auslösen

Die Tatsache, daß wir uns mit allen unseren Körpersinnen instinktiv an Reizen orientieren, mag so banal klingen, daß es kaum der Mühe wert scheint, sie eigens hervorzuheben. Doch da ist ein höchst auffälliges Beobachtungselement, das nicht so klar auf der Hand liegt und in die Behandlung von Phobien hineinspielt. Wenn jemand Sie berührt, orientieren Sie sich. Tatsächlich orientieren Sie sich sogar länger an Körpersensationen als an irgendeinem anderen Eindruck der anderen Sinne. Auf diese Weise kann man den Orientierungsreflex so zuverlässig auslösen, daß man damit bei Patienten in der Chirurgie die richtige Dosierung eines Narkotikums testen kann. Wenn der Arzt feststellen will, ob ein Patient »weg« ist und keine Berührung oder keinen Schmerz spürt, kann er den zur Operation vorgesehenen Körperbereich wiederholt berühren, bis der mit Pupillenerweiterung einhergehende OR aussetzt. Wenn die Pupille nicht mehr reagiert, dann ist das betreffende Gebiet des Körpers richtig betäubt.

Auch andere Körpersensationen lösen mit Sicherheit den Orientierungsreflex aus. Warum, glauben Sie, gewöhnen Sie sich nicht an das Jucken eines Flohbisses, das Sie immer wieder ärgert? Oder an einen engen Kragen? An ein neues Paar Schuhe, die drücken? Körpersensationen sind für unsere fundamentalen Funktionsweisen von großer Wichtigkeit. Diese besondere Form der nichtwillentlichen Auslösung des OR hat für die Behandlung von Phobien und für die Psychotherapie im allgemeinen einige bedeutsame Folgerungen. Der springende Punkt an der Psychotherapie ist beispielsweise, daß uns dabei geholfen werden soll, »Einsicht« in unsere Ängste und andere negative Gefühle zu gewinnen. Damit wir das Gehirn dazu bringen können, intellektuell zu arbeiten, müssen wir uns orientieren, weil unsere Ängste im Verlauf dieses Prozesses unter die Kontrolle des denkenden Teils unseres Gehirns kommen und unsere Denkprozesse nicht beeinträchtigen. Eine Möglichkeit, uns zum Orientieren zu bringen, besteht darin, den Körper zum Protest zu veranlassen. Was tun aber nun die Therapeuten in der allgemeinen Psychotherapie? Wir fordern den Patienten auf, es sich rund fünfzig Minuten lang auf angenehmen Möbeln sitzend oder liegend bequem zu machen und reden ihm oder ihr zu, sich zu entspannen, während er oder sie über das jeweilige Problem sprechen. Ich denke, das sollten wir schleunigst sein lassen! Nach der Erfahrung vieler Therapeuten, der meinen eingeschlossen, scheint die produktivste Psychotherapie dann vonstatten zu gehen, wenn der Patient sich augenscheinlich unwohl und unbehaglich fühlt. Wir nehmen ziemlich selbstherrlich an, unsere behutsamen Sondierungen und Anleitungen legten die eine oder andere Quelle psychischen Unbehagens offen und der Patient beschäftige sich dann damit. Doch wieviel von dem Unbehagen, das der Patient mit seinem Ächzen, Sichwinden und Hinundherrutschen zu erkennen gibt, geht zurück auf unsere gute Psychotherapie, wieviel hängt damit zusammen, daß der Patient gerade dabei ist, eine Grippe auszukurieren, daß er in der letzten Nacht lange aufblieb oder daß er an diesem Nachmittag sich in der Stadt abhetzte und alle möglichen Dinge erledigte, um rechtzeitig zur festgesetzten Therapiesitzung zu kommen? Bei den Preisen, die in den großen Städten für die private Psychotherapie gezahlt werden, erwartet der Patient, vermute ich, Behaglichkeit und räumlichen Komfort. Doch wenn wir unsere Therapiesitzungen so gestalten, daß sie den Orientierungsreflex des Patienten möglichst gering halten, dürfen wir uns nicht wundern, daß die allgemeine Psychotherapie so lange dauern kann.

Vor einigen Jahren mußte sich eine Freundin von mir, die an einer Aerophobie litt, von ihrem Mann sagen lassen, daß er in Zukunft seinen Urlaub allein verbringen werde, wenn sie sich weiterhin weigere, Flugreisen mit ihm zu unternehmen. Dieses Ultimatum stürzte sie in eine Krise. Der Ehemann schlug vor, sie solle bei seinem nächsten Flug nach Buffalo mit ihm fliegen. Der Flug würde nur ungefähr fünfundvierzig Minuten dauern, und auf diese Weise könne sie sich an das Fliegen gewöhnen. Sie stimmte nur widerwillig zu. Am Tag der geplanten Flugreise stieg sie, von irrationalen Ängsten gepeinigt, in das Flugzeug. Als dann in der Luft die Minuten verstrichen, bemerkte sie nach und nach, daß nur eine Sache ihre Angst durchdrang. Der Büstenhalter, den sie trug, machte sie wahnsinnig. Es war einer jener korsettähnlichen Dinger, wie sie damals in Mode waren. Sie arbeitete in einer Büstenhalter-Fabrik. Jede der Frauen im Büro erhielt ein Exemplar von jedem neuen Modell, bevor es in Serie ging. Die Frauen wurden aufgefordert, es einige Tage lang zu tragen und den Modelldesignern anschließend mitzuteilen, was sie davon hielten. Zum Glück für meine Freundin war es diesmal eines der Glanzstücke der Modellentwerfer. In Wahrheit war es eher ein mittelalterliches Foltergerät mit knöchernen Stäben und Drähten, in dem sie bei jedem Atemzug nach Luft hecheln mußte. Das Ding war so eng, daß sie das Gefühl hatte, ihr Magen würde ihr zum Hals herausgedrückt. Als das Flugzeug in Buffalo landete, hatte sie nicht den Gedanken: »Laßt mich aus diesem Flugzeug raus, ich halte es vor Angst nicht mehr aus«, sondern statt dessen war sie nur von dem Gedanken besessen: »Wenn ich doch endlich mit meinem Koffer auf der Frauentoilette im Flughafen wäre, um mich aus dem Büstenhalter zu befreien.« Das war auch das erste, was sie nach der Landung tat, und zwar mit einem großen Seufzer der Erleichterung. Noch am selben Abend flog sie mit ihrem Ehemann und einem angenehm sitzenden Büstenhalter nach New York zurück, und sie erklärte anschließend, sie habe den Flug wirklich genossen. Ihre Angst vorm Fliegen war verschwunden, und sie ist auch auf keinem der häufigen Flüge, die sie im Laufe der Jahre unternommen hat, wiedergekehrt. *Das nenne ich Selbsthilfe!*

Diese Geschichte erklärt natürlich überhaupt nichts. Doch die in Laborversuchen gesammelten und die klinischen Daten über den Orientierungsreflex liefern für den Fall dieser Frau und für die Beseitigung ihrer Phobie die einzige Erklärung, die ich mir vorstellen kann. Für die Zeit, die es brauchte, um ihre Flugphobie gegenzukonditionieren, sorgte ihr Büstenhalter dafür, daß ihr Orientierungsreflex ausgelöst blieb, und zwar mit allen möglichen Arten unangenehmen kleinen Drückens, Stechens, Knuffens, Pressens und allgemeinen Beklemmungsgefühls.

Sie können sich jetzt natürlich sagen: »Aber das ist ja masochistisch. Sind Sie etwa dafür, daß die Leute sich selbst bestrafen, um ihre Ängste zu mildern?«

Das können Sie halten, wie Sie wollen. Doch wenn Sie aus den Fugen geraten sind und irgendeine unangenehme körperliche Übung auf sich nehmen, nach der Sie sich anschließend herrlich fühlen, ist das etwa ein masochistisches Verhalten? Die wichtigste Frage, die Sie sich stellen sollten, lautet: Was ist unangenehmer, das Umlernen, das Retraining, dem Sie sich unterziehen, oder die phobische Angst, unter der Sie leiden?

Nach weiterer Analyse der obigen Anekdote habe ich sogar Verständnis und Mitgefühl für die Mönche aus früherer Zeit, die unter ihren Kutten aus Haaren gefertigte Hemden trugen, als ob das unaufhörliche Kribbeln und Jucken, das von diesem Foltergerät auf ihrem Körper erzeugt wurde, ihnen Genuß bereitete. Jetzt verstehe ich erst, daß sie nicht anders als wir waren, nur daß sie unter größeren Schuld- und Angstgefühlen litten. Sie trugen ihre haarigen Hemden, weil dadurch ständig ein Orientierungsreflex ausgelöst wurde, der ihre Ängste und Schuldgefühle milderte, Gefühle angesichts der Forderungen der frühen Kirche, die sie nicht zu erfüllen vermochten.

Vielleicht erscheint Ihnen diese Vorstellung weit hergeholt. Aber wie sollen wir uns sonst erklären, daß viele Psychotherapeuten und Ärzte bei Patienten mit chronischen Ängsten immer wieder psychosomatische Reaktionen beobachten, körperliche Störungen, die nur unangenehm sind, wie etwa Hautausschläge, Schmerzen der verschiedensten Art, Taubheitsgefühle usw. Wenn Sie an einem Hautausschlag kratzen, der Sie wahnsinnig macht, haben Sie nicht mehr viel Zeit, sich um andere Dinge zu kümmern. Juckender Ausschlag führt garantiert dazu, daß Sie sich orientieren.

An dieser Stelle fragen Sie vielleicht: »Sie haben erklärt, der OR sei eine positive Reaktion, die gute Gefühle in uns weckt. Wie können wir uns gleichzeitig an Dingen wie Schmerzen orientieren und uns wohl fühlen?« Eine ausgezeichnete Frage. Unsere Reaktion auf Schmerzen ist nicht so einfach, wie man vielleicht denkt. Ein nur milder Schmerzreiz, wie etwa das Brennen von Pfeffer auf der Zunge, kann tatsächlich angenehm sein. Wir wissen nur wenig über Schmerzen, obwohl wir sie in unserem Leben tagtäglich erfahren.

Es ist nicht einmal geklärt, ob Körperschmerz und Abwehrreflex – Angst oder Furcht – in unserem Nervensystem das gleiche sind. Einige Verhaltenstherapeuten sind der Auffassung, Furcht und Angst seien die Vorwegnahme, die Antizipation von Schmerz. Doch wir können auch gegenüber Dingen furchtsam und ängstlich sein, die mit Schmerz nichts zu tun haben, wie Kritik beispielsweise oder Angst vor Versagen. Die Liste der Dinge, die uns ängstlich machen können, ist endlos. Es ist nicht daran zu rütteln, daß wir eine Fülle klinischer Anhaltspunkte haben, die beweisen, daß Schmerz und Furcht nicht nur neurologisch unterschiedlich sind, sondern daß *Schmerz auch Angst reduziert.* Beispielsweise berichten Leute, die sich die Handgelenke aufschneiden – eine unwirksame Methode, um Selbsttötung zu versuchen –, nicht selten danach, daß sie ihre Angst verloren hätten und daß die Gründe dafür, sich selbst zu töten, nicht mehr so drängend erschienen seien. Patienten, die sich selbst verstümmeln, werden im allgemeinen für schwer angstneurotisch und nicht für psychotisch angesehen. Vor einigen Jahren habe ich einen solchen Fall behandelt. Aufgrund seiner schweren sozialen Ängste hatte sich der Mann über Jahre hin ein durchgehendes V in die Innenseiten seines linken Daumens und Zeigefingers gebrannt. Wenn seine negativen Gefühle zu stark wurden, zündete er sich eine Zigarette an und verbrannte die Haut seiner Hand bis auf das Fleisch. Danach ließen seine Ängste für eine Weile nach. Nach einiger Selbstbehauptungstherapie gegen seine sozialen Ängste hörte er mit seiner Selbstverstümmelung auf. Bei seinem letzten Bericht etwa fünf Jahre später hielt er es nicht mehr für notwendig, sich selbst zu verletzen.

Die Schmerzübertragung innerhalb unseres Nervensystems erscheint ebenfalls widersprüchlich. Spezifische Nervenfasern, die das Schmerzgefühl übertragen, haben Vorrang vor jedem anderen Geschehen in unseren Nervensträngen. (Vielleicht ist das der Grund dafür, warum Schmerz unsere Furcht- und Angstgefühle blockiert.) Doch wie jeder Student der klinischen Hypnose lernt, ist es die leichteste Sache von der Welt, mit Hilfe hypnotischer Techniken das Schmerzgefühl zu beseitigen. Das ist so leicht, daß es zum unumgänglichen Bestandteil der Vorführung von Hypnose gehört, sowohl vor angehenden Medizinern wie auch vor dem Theaterpublikum. Doch wie wir in Kapitel 6 noch sehen werden, taugt Hypnose überhaupt nicht zur Beseitigung von Furcht und Angst. Das ist allerdings paradox. Das mit höchstem Vorrang in unser Nervensystem eintreffende Signal ist am leichtesten zu blockieren! Und um das Paradox vollkommen zu machen: das Standardmittel heutiger Schmerzforscher besteht darin, uns dazu anzuhalten, unsere Aufmerksamkeit auf etwas anderes zu richten, was um uns herum geschieht. Die Therapeuten erklären ihren Patienten, und zwar mit Erfolg, sie sollten sich an Dingen außerhalb ihrer selbst orientieren und nicht nur rumsitzen oder -liegen und ihren Schmerz erleben. Und diese Methode ist sinnvoll. Wie viele Male sind Sie bei der Arbeit von jemandem, der sofort Ihre Hilfe bei der Lösung eines Problems brauchte, davon abgehalten worden, weiter über Ihre Kopfschmerzen zu jammern? Zehn Minuten später kehrten Sie an Ihren Schreibtisch zurück und erinnerten sich daran, daß Sie Kopfschmerzen hatten! Noch faszinierender ist, daß die Intensität des Schmerzes sich verringert, wenn wir uns an der Stelle und an dem Gefühl unseres Körperschmerzes orientieren, statt an der Frage, wer oder was den Schmerz verursacht haben mag. Wie oft sind Sie schon zum Arzt gegangen und haben über ein Ziehen und Reißen geklagt, und wenn er Sie fragte: »Ist es stark, schwach, klopfend?« oder: »Wo ist es genau, hier, hier oder hier?«, dann haben Sie sich wie ein Narr gefühlt, wie ein Hypochonder, wie ein Simulant? Wenn Sie in sich hineinschauen und Ihren Schmerz zu analysieren versuchen, verschwindet er nicht selten. Wir tun sogar automatisch einige Dinge, um den Schmerz zu mildern, ohne daß uns jemand sagen müßte, wie wir das tun sollen. Wenn Sie sich mit dem Hammer auf den Finger schlagen, packen Sie ihn automatisch mit der anderen Hand und stecken ihn zwischen die Schenkel, unter den Arm oder in den Mund. Warum? Weil der Schmerz ein wenig nachzulassen scheint, wenn Sie den Schmerzbereich berühren oder dagegen drücken. Was tun Sie automatisch, wenn Sie einen Krampf, einen Muskelkater oder Bauchschmerzen bekommen? Niemand hat Ihnen beigebracht, die schmerzende Stelle mit der Hand zu reiben. Doch Sie tun es jedesmal. Und irgendwie

– wer weiß wie – läßt der starke Schmerz nach. Welche klinischen Daten haben wir zur Hand, die zeigen, daß Orientierungsreflexe, die von positiven Berührungsgefühlen ausgelöst werden, hilfreich dabei sind, Phobien zu beseitigen? Brunhilda Ritter und Joseph Wolpe berichten uns als einzige von Fallbeispielen, obwohl es nicht ungewöhnlich ist, wenn Patienten von Wunderheilungen erzählen, bei denen ihnen das Handauflegen Hilfe gebracht zu haben schien. Dr. Ritter hat den Berührungs-OR – den sie richtigerweise Kontaktdesensibilisierung nennt – mit guten Resultaten bei Schlangenangst und mit dramatischen Erfolgen bei Höhenangst eingesetzt. Dr. Wolpe hat mit der Pawlowschen Methode der »externen Hemmung« – Stimulierung der Hautoberfläche mit einem schwachen Elektroschock – einige Patienten erfolgreich gegen phobische Ängste behandelt.

Wenn jüngere Kliniker uns irgendwann einmal zeigen sollten, daß es genügt, in einer phobischen Situation den Rücken zu reiben, um irrationale Ängste zu beseitigen, würde mich das nicht im geringsten überraschen.

Anleitungen, die der Plus-Seite des Nervensystems »sagen«, sie solle aktiv werden

Eine der besten Methoden, um Sie dahin zu bringen, sich zu orientieren, besteht darin, Sie aufzufordern, Ihre Aufmerksamkeit auf etwas zu richten, das geschieht oder geschehen kann. »Was ist das?« fragt Sie jemand, wenn der Erdboden plötzlich zu zittern beginnt, und schon orientieren Sie sich automatisch an dem, was da vor sich geht. Bei der Arbeit jedoch oder auch in einer Therapiesitzung können die Instruktionen, die Sie anhalten, sich zu orientieren, mit Bedacht ausgewählt und geplant sein: »Jedesmal, wenn der Sekundenzeiger der Uhr die Zahl dreißig erreicht hat, sagen Sie mir bitte Bescheid.« Wir können diese Art von Reiz ohne weiteres mit einem *erworbe-*

nen Signalwert für unser Nervensystem ausstatten, und ohne große Mühe können wir erreichen, daß der Reiz diesen Wert so oft erhält, wie es uns notwendig erscheint.

Wenn Sie jemand auffordert: »Wenn Sie dreißig Sekunden lang nicht an das Wort Hippopotamus denken, gebe ich Ihnen 1000 Mark«, würden Sie das Geld nie kassieren können. Wenn Sie dieses Denkspielchen jemals mitgemacht haben, wissen Sie, daß es unmöglich ist, nicht an das Wort Hippopotamus zu denken, wenn man Sie dazu aufgefordert hat, weil Sie in Wahrheit auf indirekte tückische Weise dazu aufgerufen worden sind, sich daran zu orientieren. Wir können diesen unwiderstehlichen OR auch in phobischen Situationen einsetzen und eine nichtwillentliche neurologische Reaktion hervorrufen, die automatisch Ihre Ängste reduziert.

Die Verwendung von Instruktionen, um auf diese Weise etwas in Ihrer Umwelt mit der Fähigkeit auszustatten, Ihre Ängste zu reduzieren, hat einige deutliche Vorteile gegenüber anderen Methoden, mit denen man Sie veranlassen kann, sich zu orientieren. Instruktionen oder Anleitungen kann man überall einsetzen, und der OR auf Instruktionen schwächt sich langsamer ab.

Und wenn er es doch tut, können wir stets weitere Anleitungen hinzugeben, um den OR wieder auszulösen. *Playboy*- und *Playgirl*-Zeitschriften sind nicht immer zur Hand. Auch ein gutes Frühstück nicht. Doch Instruktionen, sie sind immer zu haben und sie kosten nichts. Stellen Sie jemand eine Frage, und er wird erfreut sein, Ihnen zu sagen, was zu tun ist.

Mütter mit kleinen Kindern scheinen diese OR-Technik intuitiv zu kennen. Gehen Sie mal am Sonntag in den Stadtpark. Was sagt die Mami eines zweijährigen Kindes, wenn es zu weinen anfängt? »Schau mal, die weißen Vögel auf dem Teich. Sind sie nicht hübsch? Wie sie alle zusammen schwimmen. Schau, die kleinen Entenbabys, wie sie ihrer Mami folgen. Und sieh mal die süßen Bäume dort mit den Wolken darüber. Wie sieht die große Wolke in der Mitte aus? Siehst du das Pferdchen in der Wolke? Nein? Schau genauer hin. Erkennst du da unten seine Beine nicht? Seine Nase ist das kleine Wolkenfetzchen, das an der Seite herausragt. Und seine Ohren sind die beiden Wölkchen da oben.« Mami bringt ihr Kind dazu, sich an den vielen Dingen in seiner Umwelt zu orientieren, und sie erreicht dies auf einfache Weise, erfolgreich und mit einem Minimum an Anstrengungen. Die meisten Mütter beherrschen diesen natürlichen angstmildernden Prozeß instruierten Orientierens so meisterhaft, daß sie ihren Preis dafür zu zahlen haben. Die Kinder bedrängen die Mütter schon bald, sie aus dem langweiligen alten Haus an einen Platz zu bringen, wo wirklich etwas geschieht.

Nun, die Mami in meinem Beispiel hat unter anderem dafür gesorgt, daß ihr ängstliches Kind sich orientiert, um dann eine geistige Aufgabe zu erfüllen, nämlich sich die Wolke genau anzuschauen und die verschiedenen Teile zu dem Gesamtbild eines Pferdes zusammenzusetzen, und zwar im Geist oder in der Vorstellung. Den Orientierungsreflex auf Instruktionen kann man über einen viel längeren Zeitraum aktiv halten – und damit folglich Ihre Nervosität verringern –, wenn man Sie dazu auffordert, eine sinnvolle geistige oder körperliche Arbeit zu verrichten, während Sie sich orientieren. Das kann sich darauf beschränken, jedesmal laut zu verkünden, wenn der Sekundenzeiger der Uhr die Dreißig erreicht. Es kann aber auch so komplex sein wie das Zusammensetzen abstrakter Wolkenteile zu einem Bild. Oder es kann so anspruchslos sein wie die Einteilung der drei oder vier männlichen oder weiblichen Mitglieder des Begleitpersonals an Bord eines Flugzeuges in eine Rangordnung sexueller Attraktivität. Auf der anderen Seite kann es aber auch so anspruchsvoll sein wie die Lektüre eines illustrierten Lehrbuches über Reptilien in der städtischen Bücherei vor Besichtigung des Schlangehauses im Zoo. Wie Dr. Bandura von der Standford-Universität gezeigt hat, kann es freilich auch *so grundlegend sein wie,* den Patienten aufzufordern, auf das zu achten, was er, Bandura, tut (Modellernen), wenn er sich mit einer lebenden, aber ungefährlichen Schlange beschäftigt.

Wenn Sie beim Autofahren nervös werden, können Sie Ihren Orientierungsreflex über Stunden hin aktiv halten, indem Sie mit den Zahlen auf den Nummernschildern anderer Autos Poker spielen. Wenn das Spiel für Sie an Interesse verliert, kann Ihr Orientierungsreflex auf Nummernschilder volle Kraft zurückerhalten, wenn Sie um Geld spielen. Sie können angehalten werden, sich an allem, was in einer phobischen Situation geschieht, zu orientieren und auf diese Weise Ihre Ängste zu mildern. Sie können auch instruiert werden, Ihre Aufmerksamkeit auf den phobischen Reiz selbst zu richten.

Nehmen wir an, Sie haben eine krankhafte Furcht vor Schlangen, und nehmen wir weiter an, Sie hätten einige Fertigkeit im Zeichnen, eine Fertigkeit, die Ihre gelernten Orientierungsreflexe auslöst. Wenn Sie einen solchen natürlichen OR hätten, würde ich Sie, nachdem ich Ihnen zuvor erklärt hätte, was wir tun wollen und warum, in den nächstbesten Zoo führen und Sie ohne Umweg zur Tür des Schlangenhauses bringen. Zuerst würde ich Sie veranlassen, sich in dieser Situation an Dingen zu orientieren, die nichts mit Schlangen zu tun haben. Später würde ich Sie dann anweisen, sich an Dingen zu orientieren, die in unmittelbarem Zusammenhang mit Schlangen stehen. Auf jeden Fall würde ich Ihnen eine lange Liste mit Fragen und Instruktionen geben. Wir würden Stunden im Schlangenhaus zubringen und Sie dazu bringen, sich an Dingen zu orientieren, die mit Schlangen zu tun haben, doch lange bevor uns die Dinge ausgehen, an denen Sie sich orientieren können, wären Ihre Ängste bis auf den letzten Rest beseitigt.

Gelernte Dinge, die Plus-Gefühle auslösen

Wie wir gesehen haben, gibt es neben der Verwendung von Instruktionen noch weitere Möglichkeiten, Sie dazu zu veranlassen, sich in Gegenwart von Schlangen, Haifischen, Fahrstühlen usw. zu orientieren. Um Ihre Ängste auszuschalten, können Sie so viele Methoden wie möglich benutzen, und in den verschiedensten Kombinationen. Benutzen Sie Ihre persönlichen Interessen als OR-Reize, Dinge also mit einem *gelernten Signalwert,* die ständig mit Ihrem Orientierungsreflex in Verbindung standen. Das kann bei Ihnen Handball, Tennis oder Fußball sein, oder vielleicht auch Stricken, Häkeln oder Stikken. Es kann auch Ihre Briefmarkensammlung sein. Oder vielleicht haben Sie eine »Nase« für guten Wein. Sie sind unter Umständen ein As in archäologischen Fragen oder ein Kenner von Filmstars oder vielleicht sammeln Sie auch Straußenfedern. Es spielt gar keine Rolle, was die anderen davon halten, das ist Ihre ganz persönliche Sache. Es ist etwas, das Sie anregt, das Sie interessiert, das ständig Ihre Aufmerksamkeit fesselt – das Sie dazu bringt, sich zu orientieren, und das allein zählt. Das wichtigste Merkmal von Dingen mit gelerntem Signalwert besteht darin, daß Sie durch sie nicht gelangweilt werden oder daß Sie Ihnen nicht so zur Routine geworden sind, daß Sie sich mit ihnen beschäftigen können, ohne weiter darüber nachdenken zu müssen, was Sie da tun. Gelernte Signalwerte lassen Sie also in der phobischen Situation nachdenken und sich an Informationen über Verfahrensweisen orientieren, auch wenn Ihr primitives Gefühlshirn möchte, daß Sie alles hinwerfen und sich schleunigst davonmachen.

Wir könnten den restlichen Teil des Buches darauf verwenden, einfach die Tausende von Dingen aufzulisten, an denen sich zu orientieren wir alle im Laufe unseres Lebens gelernt haben. Benutzen Sie statt dessen die OR-Checkliste auf den Seiten 380 ff., um Material über ein halbes Dutzend Themen zu sammeln, die Sie interessieren, ehe Sie Ihre Ängste und Phobien *in vivo,* das heißt in der konkreten Situation anzugehen versuchen. Lassen Sie uns also in den folgenden Kapiteln all die Möglichkeiten zur Auslösung Ihres Orientierungsreflexes zusammenstellen und herausfinden, wie wir sie auf praktische Art und Weise dazu verwenden können, Ihre Ängste zu beseitigen.

DRITTER TEIL

Einige einfache Möglichkeiten, Ihre Ängste und Phobien zu beseitigen

6.

Angst vorm Fliegen, überwunden durch weibliche Formen, Gepäckwagen, Zaunpfähle und einundzwanzig Schimpansen

Angst vorm Fliegen ist eine der am meisten verbreitetsten Ängste. Rund 25 Millionen Amerikaner haben diese unangenehme Empfindung gegenüber Flugzeugen, jedenfalls nach Schätzungen der Fluggesellschaften. In der Bundesrepublik wird die Zahl auf 1,5 Millionen geschätzt. Nun mag freilich diese Angst vorm Fliegen, von der die Fluggesellschaften sprechen, nicht genau mit der in diesem Buch benutzten Definition von Phobie übereinstimmen. Manche der genannten 25 Millionen Amerikaner haben zweifellos erschreckende oder unangenehme Flugerfahrungen gemacht, Erfahrungen, die einen Abwehrreflex gegenüber Flugzeugen konditioniert haben können. Andere sind sicherlich durch Lesen oder Hören von Flugzeugunglücken auf Abwehrreflexe mit Stellvertreterfunktion konditioniert worden. Einige haben Filme gesehen, in denen Flugzeuge abstürzten, und wieder andere haben im Fernsehen ausführliche Nachrichten über tatsächliche Flugzeugkatastrophen gesehen. All diese Dinge reichen aus, wenn nicht eine konditionierte Phobie gegenüber Flugzeugen und dem Fliegen, so doch zumindest höchst furchtsame Gedanken über diese Art des Reisens heraufzubeschwören.

Man kann auch Gefühle des Unwohlseins gegenüber dem Fliegen in Flugzeugen entwickeln, wenn man eine Flugreise zu einem unangenehmen Ort oder Ereignis unternimmt. So könnten Sie beispielsweise zu einer Geschäftskonferenz fliegen müssen, auf der Ihnen Ihre schlechte – oder eingebildete schlechte – Leistung im abgelaufenen Geschäftsjahr vorgehalten werden dürfte; jedenfalls ist dies Ihre Befürchtung. Wahrscheinlich bringen Sie dann mehrere Stunden in der Luft damit zu, über all die schrecklichen Dinge und unangenehmen Auseinandersetzungen nachzudenken, die nach Ihrer Vorstellung auf Sie warten, wenn Sie erst aus dem Flugzeug gestiegen sind. Oder was ist, wenn Sie und Ihr Ehepartner sich ernsthaft zur Scheidung entschlossen haben und Sie unmittelbar darauf eine Flugreise unternehmen? Sie werden sich mit Gedanken quälen, wie: »Wer bekommt die Kinder? Wie kann ich nach all den Jahren, in denen ich mich nur um den Haushalt gekümmert habe, eine Arbeit bekommen? Wie kann ich überhaupt jemals wieder gesellschaftlichen Anschluß finden?« Und so weiter und so weiter. Noch einmal, die Liste der Dinge, über die wir uns aufregen und über die wir uns Sorgen machen können, hat kein Ende. Sich darüber in einem Flugzeug sorgenvolle Gedanken zu machen, ist eine besonders schlaue Art und Weise, bei sich unangenehme Gefühle gegenüber dem Fliegen zu konditionieren. Ihr nicht dem Willen unterworfenes autonomes Nervensystem schert sich nicht darum, was Sie veranlaßt, ängstlich zu sein. Ihr Gefühlshirn ist nicht sonderlich gescheit oder geistreich. Tatsächlich ist es sogar ziemlich blöde. Blöde genug jedenfalls, und nur so kann man es nennen, daß es eine ungewöhnliche Menge an Angst, die während einer Flugreise auftaucht, mit Flugzeugen in Verbindung bringt, etwa nach folgendem Gedankengang: »Schauen wir uns die Sache mal an. Wir haben 455 Standardeinheiten Angst, und das in diesem seltsam ausschauenden Ding mit Flügeln, in dem es ständig dröhnt. Okay, gebont! Das haben wir jetzt kapiert. Und was kommt jetzt?«

Aus klinischer Erfahrung wissen wir, daß phobie-ähnliche Reaktionen, wenn nicht sogar Phobien, einfach dadurch heraufbeschworen werden können, indem man sich pausenlos mit all den gräßlichen und katastrophalen Dingen beschäftigt, die uns in bestimmten Situationen widerfahren können.* In klini-

* Phobien können einfach dadurch gelernt werden, daß wir in einer Situation ängstlich werden, und diese Angst muß nicht unbedingt mit der Situation zu tun haben. Beispielsweise können Phobien in sehr geschickter Weise durch Hypnose herbeigeführt werden. Das haben in den späten sechziger Jahren J. T. Barendregt und F. S. van Dam an der Universität von Amsterdam gezeigt. Sie demonstrierten, daß freiwilligen Versuchspersonen mit Hilfe hypnotischer Suggestionen Angst vor ungefährlichen simplen Dingen wie Tönen und angehenden Lichtern beigebracht werden können. Dann übermittelten sie die posthypnotische Suggestion, später, nach der hypnotischen Trance, sollten Lichter und Töne weiter schreckerregende Dinge sein. Doch die beiden Forscher gingen noch einen Schritt weiter und kamen auf einen interessanten Dreh. Sie boten den Versuchspersonen, *ohne daß sie sich in einem hypnotischen Zustand befanden,* die Lichtquelle einfach immer wieder an. Doch ehe sie das Licht anschalteten, zeigten sie der Versuchsperson noch einen anderen Reiz, beispielsweise einen sternartigen Gegenstand. Nachdem sie dies etliche Male in der gleichen Reihenfolge getan hatten, nämlich so, daß der Stern stets das Angehen des angsterregenden Lichtes ankündigte, begann der Anblick des Sterns die Versuchspersonen nervös zu machen, bis sie schließlich bereits vor diesem Gegenstand Angst empfanden. Es hatte ein phobisches Lernen stattgefunden. Für eine Versuchsperson, eine Frau, war dieses phobische Konditionieren so effektiv und intensiv, daß sie große Schwierigkeiten hatte, den Stern für einen längeren Zeitraum in der Hand zu halten. Selbst als man ihr eine relativ große Summe Geldes anbot, lehnte sie es ab.

Die beiden Forscher haben einem kritischen Punkt in der Psychotherapie nachgespürt. Denn in einem zweiten hypnotischen Trancezustand lösten sie die posthypnotische Suggestion wieder auf, das heißt die Suggestion, die zum Inhalt hatte, Licht oder Ton seien zum Fürchten. Darauf flößten das Licht und der Ton keine Angst mehr ein – doch der Stern immer noch. Es war ein gelernter phobischer Reiz, der für die Hypnose nicht zugänglich war. Dann versuchten die Experimentatoren die gelernte Phobie mit Hilfe der Hypnose zu überwinden. Wieder in Trance erhielten die Versuchspersonen einen neuen posthypnotischen Befehl, der sinngemäß etwa lautete: »Sie werden vor dem Stern keine Angst empfinden.« Dieser posthypnotische Befehl zeigte nur etwa drei Tage lang Wirkung – die typische Zeitspanne für einen wirksamen posthypnotischen Befehl –, denn während des vierten Tages flößte der Stern erneut Angst ein. Hypnose schien bei einer gelernten Phobie zu versagen, ein Ergebnis, das mit der klinischen Erfahrung übereinstimmt, daß bei Patienten, die unter Phobien leiden, hypnotische Techniken keinen durchschlagenden Erfolg haben. Um ihre Phobien zu beseitigen, mußten die Versuchspersonen umtrainiert werden, und zwar ohne hypnotische Methoden. Die genannten Forscher wandten mit Erfolg Verhaltensmethoden an. Die Anwendung der Hypnose mag bei phobischen Zuständen höchst vielversprechend sein, doch nicht, wenn man vorgeht, wie dies bei Therapeuten üblich ist.

schem Jargon heißt dies seelische *Inkubation* von Ängsten. Je mehr wir uns krankhaften Gedanken hingeben, desto mehr können wir, jedenfalls nach Fallgeschichten zu schließen, Aversionen gegenüber Situationen entwickeln, mit denen wir in Wahrheit nur wenig Erfahrungen haben. Vielleicht ist diese Neigung zu krankhaftem Denken der Grund dafür, warum zwei Menschen, die ansonsten die gleiche Aufregung etwa in einem Kraftfahrzeug, in einem Flugzeug, beim Schwimmen, beim Sexualverkehr usw. erleben, so unterschiedlich reagieren. Einer der beiden entwickelt eine phobische Reaktion, der andere nicht. Ich kann nur vermuten, daß derjenige, der phobisch wird, über das Erlebnis brütet und es im Geiste immer wieder durchlebt, *ohne mit einem anderen Menschen darüber zu sprechen, der außer immer ängstlicheren Gedanken noch etwas anderes beizusteuern hätte.* Wer weiß, warum ein Mensch seine Angst beibehält? Doch um diese Angst-Inkubation zu unterbrechen, braucht der ängstliche Mensch unter Umständen nicht mehr als das Ohr eines ihm gewogenen Freundes, der zu ihm in der gefühlvollsten, banalsten Art und Weise sagen mag: »Ich weiß genau, wie du dich fühlst. Das war sicher schrecklich. Möchtest du einen Tee haben? Hör zu, ich erzähl dir mal von einem Erlebnis vor Jahren, als Albert und ich unsere Hochzeitsreise machten und ich beinahe von einer Klippe gefallen wäre.«

Mir fehlen zwar die klinischen Beweise, doch ich habe den Verdacht, daß ein solch selbstgestricktes therapeutisches Vorgehen gang und gäbe ist und daß durch solche traulichen Gespräche ein OR gefördert wird, der Ängste beseitigt. Wir sind zufällig sehr vielseitig begabte Lebewesen. Unser menschlicher Kortex ist, wie wir wissen, in der Lage, Schreckensszenen, die unseren Abwehrreflex auslösen, zu reproduzieren, mag es sich nun um reale oder eingebildete Szenen handeln. Mit unserer Fähigkeit, immer wieder die gleichen Szenen zu konstruieren, und zwar in allen Einzelheiten, an denen wir uns dabei orientieren, können wir auch dafür sorgen, daß unsere

Ängste und Phobien abklingen und verschwinden. Und ich für meinen Teil wette, daß dies tagtäglich beim Frühstückskaffee ohne jegliche professionelle Hilfe welcher Art auch immer geschieht!

Möchten Sie fliegen?

Schauen wir uns zum Beispiel den Fall eines jungen Mädchens an, das von sich erklärt, sie habe geradezu Todesangst davor, im Flugzeug zu fliegen. Als sie sich unter Tränen der Wut weigerte, mit ihrer Mutter ein Flugzeug zu besteigen, beschloß die Mami, ihre Tochter solle sich irgendeiner modernen Psychotherapie unterziehen. Sie gab den Befehl aus: »Du gehst in die Therapie und besteigst das Flugzeug!« Und da es ein Befehl war, willigte die Tochter ein, einen Therapeuten aufzusuchen. Das war erheblich einfacher, als von der Mutter ständig angefaucht zu werden. Unglücklicherweise stellte sich heraus, daß der Therapeut das Problem der Mutter und nicht das der Tochter anzugehen versuchte. Das Mädchen wollte um den Tod nicht fliegen und kam in die Therapie mit der unausgesprochenen Einstellung: »Eher wird der Himmel einstürzen, als daß dieser Verhaltenskram bei mir klappt.« Sie hatte recht. Er tat es auch nicht.

Sie war zwar schnurstracks, aber mit auf dem Rücken verdrehtem Arm in die Therapie marschiert. Und damit wollte sie der Mutter nur beweisen, daß ihre Luftangst therapeutisch nicht zu behandeln war. Merkwürdigerweise fand der Therapeut später heraus, daß die Tochter allein dann irgendwohin geflogen war, wenn sie ihre Mutter zu Familienbegräbnissen begleitete. Hatte die Tochter eine Phobie? Vielleicht. Doch solange sie ihre eigenen Gründe hatte, das Fliegen abzulehnen, würde nichts daran ändern. Wenn einem nicht gerade ein Revolver gegen die Stirn gedrückt wird, kann niemand, auch nicht der Therapeut, einen dahin bringen, etwas zu tun, was man nun einmal nicht will. Niemand, das heißt mit Ausnahme von einem selbst!

Angenommen, Sie möchten fliegen, haben dabei aber höchst unangenehme Gefühle oder sogar eine voll entwickelte Phobie, was können Sie dagegen tun? Zuerst einmal müssen wir feststellen, ob Sie Angst vor Flugzeugen oder vor etwas anderem haben. Viele Leute, die glauben, sie hätten Angst davor, in einem Flugzeug zu fliegen, sind nicht aerophobisch, sondern klaustrophobisch, das heißt, sie haben Angst vor dem Aufenthalt in geschlossenen Räumen. Nicht das Fliegen bereitet ihnen Angst, sondern der Aufenthalt im Innern eines relativ abgeschlossenen Flugzeuges für die Dauer von mehreren Stunden.

Wenn Sie glauben, Sie hätten Angst vorm Fliegen, begeben Sie sich in einen kleinen Raum Ihrer Wohnung und stellen Sie fest, ob Sie dort etwa eine Viertelstunde lang bei geschlossener Tür sitzen können, ohne sich ängstlich zu fühlen oder in Panik zu geraten. Wenn Sie sich wohlfühlen, bitten Sie Ihren Freund, Zimmernachbarn oder Lebensgefährten, Sie eine weitere Viertelstunde einzuschließen und Sie erst dann herauszulassen, wenn Sie in schreckliche Angst geraten und gegen die Tür donnern. Dieser letzte Test soll dazu dienen festzustellen, ob Sie in Situationen ängstlich werden, in denen Sie nicht auf Ihr primitives Fluchtverhalten zurückgreifen können. Auch wenn Sie dem, der Sie einsperrt, immer erklären können, Sie hätten Angst, und dann freigelassen werden, kostet es Sie doch einige Verlegenheit, dies einzugestehen. Wenn Sie dieses Vorgehen auf sich nehmen und bereit sind, diese Verlegenheit zu erdulden, sind Sie klaustrophobisch, das heißt, Sie haben Angst davor, sich in Räumen aufzuhalten, die Ihre Bewegungsfreiheit einschränken. Wenn es Sie in Unruhe versetzt, sich in geschlossenen Räumen aufzuhalten, warum sollten Sie sich mit dem Problem nicht in Ihrer eigenen Wohnung auseinandersetzen, statt in der Luft herumzufliegen, um Ihre vermeintliche Aerophobie zu beheben? Das Vorgehen ist bei beiden Ängsten das gleiche – in einer angsterregenden Situation immer wieder einen Orientierungsreflex auszulösen –, doch es ist billiger, in einem Zimmer zu sitzen, als sich ein Flugticket zu kaufen. Wenn es

Sie, auf der anderen Seite, überhaupt nicht stört, in einem geschlossenen Raum zu sitzen, Sie aber beim Fliegen Angst verspüren, dann sind Sie mit einiger Sicherheit in einer aerophobischen Verfassung.

Einsatz des Orientierungsreflexes zur Überwindung der Flugangst

Lassen Sie mich Ihnen von meinem ersten Fall von Aerophobie berichten, den ich mit der Orientierungsreflex-Methode behandelt habe. Anschließend möchte ich Ihnen zusammenfassend erklären, wie ich bei der Behandlung vorgegangen bin, und Ihnen zeigen, wie Sie ihr eigenes antiphobisches OR-Trainingsprogramm gestalten können.

Vor einer Reihe von Jahren suchte mich Eb auf, ein junger Komponist und Musikarrangeur in Hollywood, und klagte darüber, er habe Angst vorm Fliegen. Seine Phobie brachte sein Leben völlig durcheinander. Seine Frau, eine bekannte Schlagersängerin, bedrängte ihn, er solle von Los Angeles, wo sie eine Wohnung hatten, nach New York fliegen, denn sie wollte, so ihre Worte, dort mit ihm gemeinsam über Einzelheiten von Schallplatten- und Konzertverträgen verhandeln.

Seine Furcht hatte Eb seit mehreren Jahren davon abgehalten, mit seiner Frau zu fliegen. Ebs Unglück hatte damit begonnen, daß er bei einem Flug über Florida durch tropisches Unwetter außer sich vor Angst geraten war. Während das Flugzeug durch und durch geschüttelt worden war, hatte Eb die Vorstellung geplagt, das Flugzeug werde in die Sümpfe stürzen und die Alligatoren würden über jeden herfallen, der sich aus dem Wrack befreite. Obwohl er den nur dreißig Minuten dauernden Schreckensflug wohlbehalten überstand, hatte Eb anschließend das Gefühl, jedes Flugzeug, in das er steige, werde mit ziemlicher Sicherheit abstürzen. Eb war weder Trinker noch benutzte er regelmäßig Rauschmittel. Doch nach mehreren Geschäftsflügen betäubte er sich jedesmal, wenn er eine Flugreise zu unternehmen hatte, mit Schnaps und Valium. Nach seinem letzten Flug mußte man ihn nach seinen Worten »von Bord tragen«. Weder das Saufen noch Antidepressiva brachten Abhilfe. (Ebs Erfahrung ist nicht ungewöhnlich. Kontrollierte Laboruntersuchungen zeigen regelmäßig, daß Rauschmittel bei phobischen Zuständen nichts ausrichten, und wir werden später noch sehen, warum dies so ist.) Schließlich gab Eb auf und entschloß sich, nicht mehr zu fliegen. Um diese Zeit herum wurden seine Eheprobleme durch die Phobie unmittelbar verstärkt.

Ebs Frau war häufig wochenlang unterwegs und fühlte sich ohne ihn einsam, wie er sich ohne sie in Kalifornien erbärmlich fühlte. Auf beiden Seiten gab es viel Meckern und Maulen über die sonderbare Entfremdung, die ein übles Schicksal über sie verhängt hatte, und jeder warf dem anderen vor, ihm fehle es an Verständnis und Einsicht. Mit Ausnahme von Ebs Phobie war kein praktischer Grund vorhanden, warum sie über längere Zeiträume getrennt sein sollten. Aus Verzweiflung, und vielleicht auch, um Eb zu zwingen, etwas gegen sein Problem zu tun, drohte seine Frau, sie werde die Vokalarrangements für ihr nächstes Schallplattenalbum in New York von einem der dortigen jungen Leute ausarbeiten lassen. Der Zeitpunkt der Plattenaufnahme lag nur vier Monate entfernt. Nach diesem Ultimatum bat Eb mich um Hilfe.

Eb und ich begannen mit der von Wolpe entwickelten Methode systematischer Desensibilisierung von Angst. Das war damals die gebräuchliche Standardmethode. Ich hatte das Gefühl, die auf der Verwendung des Orientierungsreflexes beruhenden Methoden waren noch zu neu, um sie bei Eb einzusetzen. Wir arbeiteten mit improvisierten phobischen Flugszenen, mit Entspannung und etwas, das sich SUD-Niveau nennt. SUD ist ebenfalls einer jener komplexen Begriffe, deren wir professionellen Therapeuten uns bedienen, um etwas Einfaches damit zu beschreiben. SUD heißt »Subjective Unit of Discomfort«

(»Subjektive Einheit von Unbehagen«)* oder einfacher: das Maß an Angst, das man in einer Situation verspürt. Wenn Sie beispielsweise ein »Angstthermometer« konstruieren wollten, würden Sie alle Zahlen zwischen Null und 100 als Angstmaße bezeichnen, wobei 100 für reine Panik stände.

Denken Sie an Ihren letzten Sommerurlaub an der Meeresküste, als jene riesengroße Welle über Sie hereinbrach. Als Sie unter der Wasseroberfläche dahintrieben, dachten Sie zunächst: »Hier kann es doch nicht mehr als zwei oder zweieinhalb Meter tief sein. Mit einigen Schwimmstößen werde ich wieder an die Oberfläche kommen.« Doch dem war nicht so. Nach den Schwimmstößen waren Sie immer noch unter Wasser. Da dachten Sie: »Noch einige Züge, und ich bin oben.« Doch auch das reichte nicht. Genau da befanden Sie sich in einer 100-Situation, das heißt, Sie erlebten echte Angst.

Betrachten wir noch das andere Ende der Skala. Sie sind kurz vorm Einschlafen in der Nacht. Sie liegen auf Ihrem Kissen und entspannen sich völlig, ehe Sie in den Schlaf fallen. Oder Sie sitzen im Sand an der Küste und beobachten fasziniert, wie die Brandung in schönen Mustern den Strand heraufgleitet. Völlig entspannt, das ist die Null-Situation.

Sie können Ihr »Gefühlsfieber« in jeder Situation dadurch messen, daß Sie es mit einer Zahl zwischen Null und 100 belegen. Mit einiger Übung kann man auf diese Weise ziemlich schnell die Angst angeben, die von verschiedenen Situationsbestandteilen hervorgerufen wird, und somit erkennen, was am wenigsten und was am meisten Angst auslöst.

Eb und ich arbeiteten mehre Wochen miteinander, und ich brachte ihm bei, wie man tiefgehende Muskelentspannung erreicht, die wir dazu benutzen konnten, seine Ängste gegenzukonditionieren. Gleichzeitig bestand Ebs Hausarbeit darin, die vielen verschiedenen Situationen, die mit dem Fliegen verbun-

* Im späteren Text wird statt der Abkürzung SUD die Abkürzung SEU (für »Subjektive Einheit von Unbehagen«) verwendet; Anm. d. Übers.

den sind, auf Karteikarten festzuhalten. »Ich bestelle ein Flugticket über das Telefon oder kaufe es auf dem Flughafen am Schalter der Fluggesellschaft. Ich sitze in der Flughalle und warte auf das Flugzeug. Ich sitze im Flugzeug und warte darauf, daß es startet. Das Flugzeug rollt die Startbahn hinunter. Wir heben ab usw.« Eb ordnete dann all diese Szenen nach dem SEU-Niveau ein, das sie in ihm hervorriefen, wenn er an sie dachte.

Wir fingen mit der Karte für das niedrigste Angstniveau an und stiegen dann die Skala immer weiter hinan bis zu der Situation, die bei Eb die meiste Angst auslöste: das Landen in einem Flugzeug. Das war ein anstrengender, mühevoller Prozeß. Wann immer sich Eb aufgrund einer der Flugszenen, an die sich zu erinnern ich ihn aufforderte, ängstlich fühlte, gab er mir ein Zeichen, indem er seinen Zeigefinger hob. Wenn dies eintrat, sagte ich ihm, er solle sich entspannen, und dann warteten wir einige Minuten und gingen zu der letzten Karte zurück, bei der Eb keine Angst gefühlt hatte.

Ein langsamer Prozeß war das. In den ersten drei Wochen schafften wir gerade die vier Szenen, bei denen nur geringe Angst auftauchte.

In der vierten Woche erklärte Eb, der Termin seiner Frau sei geändert und folglich sein Zeitplan für den Flug nach New York überholt. Anstelle von drei Monaten, die wir ursprünglich an Zeit für die systematische Desensibilisierung seiner Flugangst hatten, blieben uns nur noch zehn Tage bis zum Abflug nach New York. Nach dieser Ankündigung konnten wir die Verwendung der Methode von Wolpe gerade in den Wind schreiben. Es gab keinen gangbaren Weg, um in zehn Tagen die Hierarchie der Szenen durchzugehen. Nachdem wir über die neue Lage gesprochen hatten, meinte Eb, er werde auf jeden Fall fliegen, selbst wenn er sich total betrinken und bewußtlos an Bord der Maschine getragen werden müßte. So hatten wir zwei Wahlmöglichkeiten: entweder mit der langsamen Abwicklung der Standardmethode fortzufahren, darauf hoffend, daß auf diese Weise das Fliegen ihm ein wenig leichter fallen würde, was freilich unwahrscheinlich war, oder fürs erste damit aufzuhören und den ganzen mühsamen Prozeß noch einmal von vorn zu beginnen, wenn Eb aus New York zurück wäre. Beide Möglichkeiten sahen ziemlich düster aus, und das gab ich Eb auch zu verstehen. Er fragte, ob es irgendeine Möglichkeit gäbe, das Verfahren zu beschleunigen. Die beiden genannten Möglichkeiten sah er nicht als Grenzen dessen an, was wir tun konnten. Er war bereit, fast alles auf sich zu nehmen, nur um schleunigst seine Phobie loszuwerden. Ich erwähnte, daß ich im Laboratorium der Universität Los Angeles mit verschiedenen Verfahren zur Beseitigung von Phobien beschäftigt sei, ließ ihn aber nicht im Unklaren darüber, daß Theorie und Laborforschung sich von der üblichen Praxis auf diesem Gebiet ziemlich unterschieden. Daraufhin gab Eb mir einen Blankoscheck: »Stellen Sie bitte alles zusammen, was Sie im Laboratorium gelernt haben, und dann wollen wir sehen, ob es bei mir in zehn Tagen wirkt.« Zunächst zögerte ich. Um sein Umlernen zu beschleunigen, mußten wir uns dorthin begeben, wo es Flugzeuge gab, also in die Wirklichkeit jenseits der Klinik mit ihren sicheren kontrollierten Grenzen. Die wirkliche Welt hält jede Menge kleiner schmutziger Details bereit, die dazu führen können, daß alles schiefläuft. Trotz meines Zögerns erklärte Eb, er wolle es auf einen Versuch ankommen lassen.

Also stellte ich ein gründliches Programm für ihn zusammen, von dem das meiste, wie sich nachträglich herausstellte, nicht notwendig war. An jedem der folgenden Tage sollte Eb im Drehrestaurant des Internationalen Flughafens von Los Angeles zu Mittag oder zu Abend essen. Jeden Abend sollte er zum Flughafen hinausfahren und dreißig Minuten lang an der Seite des Rollfeldes parken, um zu beobachten, wie die Düsenflugzeuge starten und landen. Anschließend sollte er eine der Abflugwartehallen im Flughafengebäude aufsuchen und dort einen Cocktail oder ein Glas Wein zu sich nehmen. Während dieser Essens- und Beobachtungsausflüge sollte Eb eine sexuell attraktive Partnerin bei sich haben, mit der er eine interessante Konversation führen könnte. Sollte seine Frau verhindert sein, hätte er eine ihm bekannte Sekretärin einzuladen. Jeden Tag mußte er jede der Fluglinien anrufen, die Flugverbindungen von Los Angeles nach San Diego unterhielten. Er hatte nach den verschiedenen Abflugzeiten für den Morgen des neunten Tages zu fragen und sich auch nach den Rückflugzeiten desselben Morgens zu erkundigen. Am siebten Tag mußte er für den neunten Tag bei jeder Fluggesellschaft einen Flug nach San Diego samt Rückflug nach Los Angeles am selben Morgen reservieren, und zwar mit einem Minimum von dreißig Minuten zwischen den Flügen. Am achten Tag sollte er die Fluggesellschaften anrufen und alle Reservierungen mit Ausnahme des Hinfluges mit einer Gesellschaft und des Rückfluges mit einer anderen absagen. Zur Wahl der Fluggesellschaften sollte er Freunde nach den verschiedenen Flugzeugtypen und ihrem Ruf befragen.

Am Morgen des neunten Tages trafen wir uns vor dem Eingang zur Western Airlines auf dem Flughafen von Los Angeles. Eb war nervös, aber nicht verängstigt. Wir gingen hinein, um unsere Tickets abzuholen. Ich sagte Eb, er solle für die Tickets einer Tour Bargeld verwenden und die anderen per Kreditkarte begleichen. Danach fragte ich ihn, wie er bei seiner nächsten Einkommensteuererklärung dem Finanzamt diese seltsam anmutende Zahlungsweise erklären wolle. Die Ausgaben für die Psychotherapie wollte er, wie es die Steuergesetze vorsehen, von seinen Einkünften abziehen, doch wie man einräumen wird, sieht es ziemlich verdächtig aus, so als wenn zwei verschiedene Leute die Tickets bezahlt hätten, wenn man das eine Paar mit Bargeld, das andere aber mit Kreditkarten bezahlt. Da wir vor Besteigen der Maschine noch eine Weile Zeit hatten, diskutierten wir darüber, wobei ich den ungläubigen Steuerbeamten spielte, der keinen vernünftigen Grund darin sehen kann, warum eine Quittung über Bargeld ausgestellt ist, die andere hingegen aus einem Kontobelastungsauszug besteht.

»Nun . . . der Grund ist der, daß mein Therapeut mir gesagt hat, ich solle das so tun!«

»Eine unwahrscheinliche Geschichte. Warum in der Welt hätte er Ihnen sagen sollen, so zu verfahren?« Darauf hatte Eb mir, dem Steuerbeamten, zu erklären, diese Zahlungsweise hätte nur dem Zweck gedient, ihn während des Wartens auf den Abflug an etwas zu orientieren.

Wir bestiegen das Flugzeug, und ich setzte mich auf Ebs Bitte hin ans Fenster. Der Sitz zum Mittelgang hin wird in solchen Fällen immer vorgezogen. Dort hat man viel mehr Platz, sich zu bewegen und auszustrecken, und man fühlt sich nicht so eingeengt. Ich versuche immer einen Platz zum Gang hin zu bekommen. Eb lächelte mich an. Er dachte, er hätte mich reingelegt. Gut für ihn. Doch ich wollte, daß er sich in die Nähe des Ganges setzte. An den Dingen und Leuten im Innern des Flugzeuges konnte er sich von einem Gangplatz aus viel leichter orientieren. Wenn ich wollte, daß er sich an Dingen außerhalb des Flugzeuges orientierte, konnte er sich zu mir herüberlehnen, um aus dem Fenster zu schauen.

Während wir auf den Start des Flugzeuges warteten, wurde Eb nervös, so ließ ich ihn »Helena von Troja« spielen. Das ist ein albernes Spiel, das sich Studenten einer Technischen Hochschule in Los Angeles ausgedacht haben. Helena war die legendäre griechische Königin, die von Paris, dem Prinzen von Troja, entführt wurde. Helena war so schön, daß tausend Schiffe zu ihrer Rettung aufbrachen. Leider saßen Eb und ich in einem Jet der Western Airlines vom Typ 727 und warteten auf den Abflug und nicht auf die faszinierende Aussicht, am Ende unserer Reise ein altes Weltreich zu erobern, eine Aussicht, an der wir uns hätten orientieren können. Aber wir hatten ja die Töchter von Helena, und zwar nicht zu knapp.

Das Orientierungsspiel, das ich Eb vorschrieb, bestand darin, sich alle weiblichen Passagiere, die an Bord des Jets kamen, genau anzuschauen, sie im Geiste auszuziehen, ihnen einen Stellenwert auf der Helena-von-Troja-Skala sexueller Attraktivität irgendwo zwischen Null und 1000 zuzuordnen und mir dann zu berichten: »Die ist nicht schlecht. Eine Bewertung von 400-Millihelena. Die nächste erinnert mich an Miß Grump, meine Volksschullehrerin. Sie bekommt dreizehn Millihelena. Mann, diese Stewardess ist eine wirkliche Wucht. Mindestens 900 Millihelena!« Und so weiter. Ein einfaches Einschätzungsspiel, das in einer furchteinflößenden Situation Interesse – den Orientierungsreflex – für das andere Geschlecht wachhält, also für beide Geschlechter geeignet ist.

In der Zwischenzeit hatten wir den Parkplatz des Jets verlassen und rollten am Flughafengebäude vorbei zur Startbahn. Eb war zu dieser Zeit ziemlich entspannt. Ich versuchte nicht seinen Orientierungsreflex hervorzurufen, ausgenommen, daß ich über Politik und das Wetter schwatzte. Am Anfang der Startbahn standen wir einige Minuten herum, bis einer aus der Flugbesatzung mit schleppender Stimme verkündete, die Maschine werde zum Abfertigungsplatz zurückkehren, weil es »ein wenig Ärger« an Bord gebe. Bei dieser zum Teil unverständlichen Mitteilung klappte Ebs Kinn herunter. Insgeheim verfluchte ich mich, weil ich ihn in diese Situation gebracht hatte. Ich verfluchte auch die Fluggesellschaft wegen ihres nicht eingeplanten Versorgungssystems, und besonders verfluchte ich den Typ, der noch nicht mal gelernt hatte, sich vernünftig auszudrücken.

Dann sagte ich mir, wollen wir doch mal sehen, wie dieser Orientierungsreflex wirkt. Ich wandte mich an Eb und fragte ihn, was denn das Besatzungsmitglied von sich gegeben habe. Eb schaute mich bestürzt an und meinte, er habe es auch nicht verstehen können. Ich sagte ihm, er solle die Stewardess herbeirufen und sie fragen, was eigentlich los sei, und ich warnte ihn zugleich, die Stewardess könne ihn mit einem fröhlichen »Ich weiß nicht« abspeisen und davoneilen, so daß er ihr erklären müsse, er werde in Flugzeugen nervös, vor allem wenn er nicht wisse, was vor sich gehe. Die Stewardess, die auf Ebs Knopfdruck hin erschien, war jene, die er mit 900 Millihelena eingeschätzt hatte, und wie ich vorausgesagt hatte, versuchte sie Eb mit einem fröhlichen »Ich weiß nicht« abzuspeisen. Doch als Eb ihr erklärte, er werde beim Fliegen nervös, wurde sie wirklich nett zu ihm. Während der ganzen Zeit, da wir zum Abfertigungsplatz zurückkehrten, sprach sie auf ihn ein. Wichtiger noch, sie setzte sich sexy, wie nur Stewardessen es können, mit einem Teil ihres Pos auf Ebs Armlehne, ihn dabei anstoßend, ein Bein über das andere gekreuzt, wobei viel Haut sichtbar wurde, und legte einen Arm wie zufällig auf Ebs Rückenlehne, während sie mit dem anderen an Ebs Schulter Halt suchte.

Freilich, der offensichtliche Grund, warum diese echte Tochter Helenas dem guten Eb körperlich nahekam, lag darin, daß sie ihn über die behördlichen Sicherheitsvorkehrungen aufklären und ihn mit den Grundsätzen von Flugkapitänen vertraut machen wollte, die nach ihren Worten um keinen Preis der Welt starten, wenn die Instrumente ihrer Flugzeuge auch nur die geringste Abweichung anzeigen. Sie sagte Eb, daß wir wahrscheinlich deshalb zurückrollten, weil irgendeine geringfügige Sache überprüft werden solle, irgendeine Kleinigkeit, die das Verhalten des Flugzeugs in keiner Weise beeinträchtige – aber warum sollte man ein Risiko eingehen? Und wenn es zuviel Zeit brauchte, um den Fehler zu beheben, würden wir ein anderes Flugzeug besteigen, das in der Wartungshalle bereit stehe. Das alles klang vernünftig. Doch Eb sah aus, als wenn er kein Wort davon verstanden hätte. Er war viel zu beschäftigt, sich an ihr zu orientieren. Ich glaube, ich hätte auch kein Wort gehört, wenn sie auf diese Weise neben mir gesessen hätte. Gott segne alle Stewardessen der Western Airlines!

Als das Flugzeug den Parkraum vor dem Flughafengebäude erreicht hatte, verließ uns Helenas Tochter. Ich wollte, daß Eb sich weiterhin orientierte, und so fragte ich ihn, was denn mit dem Flugzeug los sei. Da meinte er doch tatsächlich, es sei irgend etwas Unbedeutendes, und sie würden das schon feststellen. Ich fühlte mich erleichtert, daß uns vom Schicksal ein supersignifikanter Reiz in Form einer Stewardess beschert worden war, doch in den nächsten fünfzehn Minuten schwand mein Vergnügen stetig dahin. Von genau unterhalb unserer Sitze erklang ein lautes Gehämmer auf Metall, wiederholte sich alle paar Minuten, und nach einer Reihe dieser metallisch hämmernden Geräusche nahm Ebs Gesicht einen gereizten Ausdruck an. Sorg dafür, daß er sich weiter orientiert, dachte ich. »Wie hoch ist dein Angstniveau?« fragte ich ihn. »Fünfundneunzig«, meinte er. »Ich stehe nahe davor, rauszulaufen und nach Hause zu gehen.« Laß uns etwas Körperliches versuchen und dann wieder Sex einsetzen, um seinen OR aktiv und vorherrschend zu halten, dachte ich.

»Einverstanden, Eb«, sagte ich zu ihm, »wenn du gehen möchtest, werden wir das tun. Doch laß uns erst noch etwas anderes versuchen. Streck dich in deinem Sitz aus, schließ die Augen und höre auf meine Stimme. Ich möchte, daß du dreimal tief durchatmest.* Atme ein, wenn ich es sage, und halte die Luft an. Wenn ich sage ›Ausatmen‹, tu das, und zwar so lange, bis du das Gefühl hast, deine Lungen platzen. Nach drei tiefen Atemzügen atme wieder normal für dreißig Sekunden und frag mich dann, was wir als nächstes tun sollen.« Eb tat, wie ihm gesagt, mit Furcht in den Augen. »Was jetzt?« fragte er, wie ich ihn vorher instruiert hatte. Meine Antwort: »Zunächst einmal lehn dich zwanglos nach vorn und schau den Gang auf und ab, ob du die Stewardess sehen kannst, die vorher mit dir gesprochen hat.« (Sie stand im Gang, nahe dem Cockpit des Piloten, und Eb sah sie sofort.) »Nun betrachte einfach diese unheimlich weiblichen Rundungen. Stell dir vor, was du mir ihr im Bett machen möchtest ... Nun geh zu ihr, wie zufällig, ganz gelassen, und frage sie, ob sie weiß, worin das Problem besteht. Unterhalte dich mit ihr eine Minute lang. Stell ihr einige Fragen.« Eb tat das, und als er zurückkam, berichtete er, das Sauerstoffsystem für den Notfall sei nicht in Ordnung. Wieder

* Siehe Kapitel 10, S. 269.

angeschnallt, fragte er mich nach dem Gehämmer: »Ist das etwas Ernsthaftes?« »Nein«, meinte ich und plapperte nach, was die Stewardess uns erzählt hatte, »wenn es etwas Ernstes wäre, würden sie es nicht abklopfen. Sie würden uns aussteigen lassen und es in der Werkstatt auseinandernehmen.« Und an dieser Stelle fügte ich kühn einige neue Informationen ein, die ich lediglich vermutete, und hoffte, ich könne Eb auf diese Weise dazu bringen, sich zu orientieren. »Wahrscheinlich handelt es sich nur um die Sauerstoffreserve. Die Behörden sind voll von Bürokratenhengsten, die nur von dem Gedanken besessen sind, wir müßten in der Lage sein, auf Sauerstoffreserve bis nach China zu fliegen, auch wenn wir nur nach San Diego wollen.«

»Aber wie kommt es dann, daß sie da rumhämmern?« stieß Eb nach.

»Normales Kontrollverfahren«, meinte ich leichthin. »Was machst du, wenn irgendeine kleinere Sache nicht richtig funktioniert? Du trittst und klopfst einige Male dagegen, um zu sehen, ob sich nicht lockert, was immer sich da festgefressen hat.«

Es lag auf der Hand, daß in dieser Situation irgendeine körperliche Tätigkeit Ebs Orientierungsreflex dazu bringen würde, wieder die Führung zu übernehmen, während er sich weiterhin an seinem Ziel orientierte, nämlich aufzustehen, zu der Wucht von Stewardess hinüberzugehen, mit ihr zu plaudern und mir dann einige sinnvolle Fragen zu stellen. Eb ließ sich in seinen Sitz zurücksinken und versuchte sich in der Rolle des gelangweilten Flugreisenden: »Wenn sie dieses verdammte Ding nur wieder zum Rollen bringen könnten. Ich habe für halbzwei eine Verabredung.«

Mit diesem Ausdruck der Bereitschaft, nach San Diego zu fliegen, was immer auch geschehen mochte, war das Schicksal uns wieder gnädig gesonnen. Das Klopfen unter uns hörte auf, und eine oder zwei Minuten später wurden die Türen geschlossen und verriegelt und wir rollten wieder zum Startpunkt hinaus. Als wir so dahinfuhren, ging ich keinerlei Risiko ein, daß Ebs Angst durch irgend etwas geweckt werden könnte, das ich nicht voraussehen konnte. Ich gab ihm einen kleinen Notizblock und einen Bleistift und forderte ihn auf, sich an Dingen zu orientieren, an denen wir vorbeirollten.

Siehst du die Kette von Gepäckwagen?

Wie viele Wagen enthält der Zug dort?

Siehst du den Wagen mit dem großen grünen Koffer? Der wievielte ist es vom Ende des Zuges aus gesehen?

Wie viele Gepäckstücke hat er geladen?

Du kannst die andere Seite nicht sehen, nun gut ... Wie viele Stücke sind auf dieser Seite aufgestapelt?

Wie viele von solchen Stapeln passen auf den Wagen? Zwei? Drei? Vier?

Okay ... Multipliziere die Zahl der Gepäckstücke in dem Stapel, den du sehen kannst, mit der Zahl von Stapeln, die der Wagen tragen könnte. Welche Zahl bekommst du?

Als wir uns vom Flughafengebäude entfernten, war nur noch der Schutzzaun am Ende des Flughafens zu sehen. Ich veranlaßte Eb, sich an dem Zaun zu orientieren.

Wie breit ist das Flugfeld?

Zwei Kilometer? Woher weißt du das?

Wollen sehen, ob dir nicht eine genauere Schätzung gelingt? Wie weit sind die Pfähle des Schutzzauns voneinander entfernt? Schwer zu sagen ... Okay, versuchen wir es anders herum. Siehst du dir Fußballspiele an?

Welche Strecke zwischen zwei Pfählen müßtest du zurücklegen, um von der Torlinie bis zur Strafraumlinie zu kommen?

Etwa die Hälfte? Das scheint mir richtig zu sein. Okay. Wenn das etwa sieben Meter sind, wieviel Meter mißt dann der Gesamtabstand zwischen den Pfählen? Wieviel Zaunpfähle zählst du auf der gesamten Breite des Flugfeldes? Kannst du sie alle zählen? Nein? Macht nichts. Nimm dir einen Abschnitt heraus, der ungefähr ein Viertel der gesamten Entfernung ausmacht. Wieviel Pfähle stehen auf diesem Raum? Zähle sie!

Nun multipliziere die Zahl der Pfähle mit vier. Nimm dazu den Notizblock.

Jetzt multipliziere die Gesamtzahl der Zaunpfähle mit vierzen Metern. Was erhältst du?

Mit all diesen Instruktionen und Fragen wollte ich natürlich erreichen, daß Eb sich orientierte, daß er seine Umwelt, auf die er phobisch reagierte, nach besonderen Dingen absuchte. Wenn er sich aber an diesen Dingen orientierte, würde er Informationen über sie erhalten und diese Informationen dazu benutzen, eine geistige und/oder körperliche Aufgabe zu erfüllen. Wie es eine körperliche Aufgabe darstellt, vor einem gefürchteten Objekt davonzulaufen, so auch, wenn man etwas in einem Notizbuch niederschreibt. Ich hätte Eb auch anhalten können, im Mittelgang des Jets auf- und abzulaufen. Doch dann hätte die Besatzung gedacht, er wäre verrückt geworden, und die übrigen Passagiere natürlich auch. Er hätte darauf erwidern können, er sei versessen auf Dauerlaufen und auf körperliche Fitness, und dies sei nun einmal die Zeit, in der er regelmäßig trainiere, doch Eb hätte sicherlich mehr Angst darüber verspürt, was seine Mitreisenden von seinem bizarren Verhalten dachten, als über die Tatsache des Fliegens. Wahrscheinlich hätte die Besatzung ihn auch auf seinem Sitz festgeschnallt oder ihn rausgeworfen. Es erschien also praktischer, ihn dazu zu veranlassen, etwas in ein Notizbuch zu kritzeln oder irgend etwas im Bereich seines Sitzes zu tun.

Schließlich standen wir unmittelbar am Anfang der Rollbahn. Ich wollte weiter dafür sorgen, daß Eb sich orientierte, doch beim Start würde sich das Flugzeug zu schnell bewegen, als daß man an der Seite der Startbahn genug hätte sehen können. Ich wußte auch nicht genug über die Gebäude und Dinge herum, als daß ich ihm einen ausführlichen Überblick über die faszinierende Geschichte des Flughafens hätte geben können. Statt dessen entschloß ich mich, ihn sich daran orientieren zu lassen, was das Flugzeug selbst tat. Ich meinte also zu Eb, wir wollten mal feststellen, wie lange das Flugzeug brauchte, um von der

Startbahn abzuheben. »Setz dich in deinen Sessel zurück und zähle Schimpansen.« Eb kannte den Ausdruck nicht. Ich erklärte ihm: »Zähl einfach ein Schimpanse, zwei Schimpansen, drei Schimpansen ... und so weiter und beginn damit, wenn das Flugzeug anrollt, und hör auf, wenn es vom Boden abhebt.« Bei normaler Sprechweise braucht man eine Sekunde, um *ein Schimpanse* zu sagen. Die Zahl der von Eb gezählten Schimpansen entspräche also der Zahl von Sekunden, die unser Jet benötigte, um vom Boden loszukommen. Da eine Boeing 727 ungefähr 330 Stundenkilometer schnell sein muß, um fliegen zu können (bei einer Durchschnittsgeschwindigkeit von 165 Stundenkilometer, das ist die Hälfte von null und 330 Stundenkilometer), konnte Eb, während wir auf die Reisehöhe kletterten, auf dem Notizblock ausrechnen, wieviel Meter Rollbahn unser Jet brauchte, um ausreichend Geschwindigkeit zu erreichen, daß er vom Boden abheben konnte.

In der Luft, auf dem Wege nach San Diego, verspürte Eb überhaupt keine Angst. Sein Angst-Niveau war Null, und er meinte sogar, es mache ihm Spaß, aus dem Fenster zu schauen und die Landschaft zu betrachten. Die Flugzeit von Los Angeles nach San Diego ist nur kurz. Wir waren nur 20 Minuten in der Luft.

Als wir uns dem Internationalen Flughafen von San Diego näherten, entschloß ich mich, meine Rolle als Auslöser des Orientierungsreflexes wiederaufzunehmen. Mit dem Flughafen von San Diego hat es eine seltsame Bewandtnis. Er hat auf der einen Seite die gefährlichsten Einflugschneisen von allen amerikanischen Flughäfen, und als Folge davon fliegen die Piloten sehr vorsichtig nach San Diego ein, mögen sie auch noch so alte Hasen sein. Beim Anflug unterläuft ihnen keinerlei Sorglosigkeit.

Daher hält der Flughafen den Rekord an Flugsicherheit in der Geschichte der Luftfahrt. Ein weiterer Vorteil für die Passagiere liegt in der Weichheit der Landung. In den rund einem Dutzend Malen, die ich nach oder von San Diego geflogen bin, habe ich niemals eine harte Landung oder einen angsterregenden Start erlebt. Jedesmal sind die zeitliche Abstimmung, das Aufsetzen und das Abbremsen der Piloten glatt und professionell. Doch davon erzählte ich Eb nichts. Dann hätte ich ihm auch gleich sagen können: »Es besteht überhaupt nicht der geringste Anlaß zur Sorge, du alberner Narr. Millionen von Menschen fliegen hier rein und raus, und es macht ihnen nicht das geringste aus. Deine Ängste sind blödsinnig.« Diese Art der Ermahnung bringt überhaupt nichts. Das primitive Gefühlshirn hört nicht auf vernünftige Gründe und auf induktive Logik. Da Eb beim Landen die stärkste Furcht empfand, wollte ich, daß sein Orientierungsreflex während dieser Phase, die in ihm am meisten Angst auslöste, die Vorherrschaft übernahm. Ich wollte nicht, daß er Gelegenheit erhielt, in seinem Sitz zu erstarren und nur zu erleben, wie die Angst über ihm zusammenschlug.

Ich forderte ihn auf, sich in seinem Sitz auszustrecken, es sich gemütlich zu machen, die Augen zu schließen, sich aufmerksam anzuhören, was ich ihm sagen würde, und sich ein geistiges Bild von dem zu machen, was ich beschreiben würde: »Wir sitzen im Jet und gehen zur Landung auf dem Flughafen von San Diego nieder. Statt auf die Rollbahn unter uns landen wir auf einer gewaltigen weichen Matratze. Die Matratze hat die Form einer Landebahn. Sie ist über zwei Kilometer lang und flach. Sie ist an den Seiten abgesteppt wie jede Matratze. In den Stoff der Oberseite ist ein Muster eingewebt. Es ist goldfarben und hat die Form eines Rhombus. Innerhalb des Rhombus ist ein Sternenregen in Silber eingewebt. Stell dir vor, wie die Matratze unter uns ausgebreitet liegt, wie wir näherkommen . . . näher . . . näher. Wir gleiten jetzt über sie hin. Die Räder berühren sie gerade. Wir sind unten. Wir rollen über die Matratze.«

Eb unterbrach schließlich meine OR-Stichworte, indem er sich aufrecht setzte und aus dem Fenster schaute. »Wir sind schon unten?« fragte er. »Ich habe überhaupt nichts gefühlt. Nicht einmal ein Geräusch gehört.« Sein Gesicht verzog sich zu einem breiten Grinsen. Eb war kein phobischer Patient mehr.

Wir stiegen aus dem Flugzeug und steuerten auf einen Kaffeestand zu. Keine der Fluggesellschaften auf der Route Los Angeles–San Diego bietet Speisen an. Auch wenn Eb ziemlich aufgekratzt und aufgeregt darüber war, daß er seiner Angst ein Schnippchen geschlagen hatte, so sind Flughäfen doch mit Fliegen verbunden, und ich wollte die Gelegenheit für ein weiteres antiphobisches Training nicht vorübergehen lassen. Sich an Nahrung zu orientieren und sich Sorgen zu machen, während man auf einem Flughafen auf den nächsten Flug wartet, sind zwei Dinge, die sich nicht miteinander vereinbaren lassen. Und so forderte ich Eb am Kaffeestand auf, sich zu verwöhnen. Nachdem er etwas zu sich genommen und mit mir geplaudert hatte, fühlte sich Eb auf dem Flughafen völlig gelöst, obwohl ihm innerhalb der nächsten Viertelstunde ein weiterer Flug bevorstand.

Jeder der beiden Flüge, der nach und der von San Diego, diente einem besonderen Zweck. Der Flug nach San Diego sollte Eb darauf konditionieren, sich während des Fliegens zu orientieren, statt sich seiner Angst zu überlassen. Der Hauptzweck des Rückfluges bestand darin, Ebs neuen Gefühlszustand zu konsolidieren und mit all den kleinen phobischen Schlüsselreizen Schluß zu machen, die für ihn mit Fliegen und Flughäfen verbunden waren und die sich bei ihm über die Jahre hin angesammelt hatten. Ich wollte, daß Eb sich dem gleichen routinemäßigen Ablauf unterzog, den er während des Fluges nach San Diego erlebt hatte, diesmal allerdings ohne meine Orientierungsanstöße und ohne Angst. Ich wollte, daß er es über sich brachte, zum Abfertigungsschalter zu gehen, sich in die Abflughalle zu begeben, auf den Jet zu warten, an Bord zu klettern usw., ohne daß er dabei in Nervosität geriet. Ich wollte ihm zeigen, daß er von nun an ohne negative, nichtwillentliche Gefühlsreaktionen auf das Fliegen und all die damit verbundenen Dinge einfach fliegen würde.

Eb fühlte sich auf dem Rückflug nach Los Angeles einfach

Spitze und gab während des Landeanfluges sogar witzige Kommentare von sich.

Am kommenden Morgen flog Eb mit seiner Frau nach New York. Er hatte während dieser Reise oder auf dem Rückflug nach Los Angeles nicht mehr die geringste Angst. Seit seinem Flug nach San Diego, diesem antiphobischen OR-Schnelltraining *in vivo,* also gleichsam am lebenden Objekt, hat er keine Angst vorm Fliegen mehr. Er ist mehrere Male aus Spaß und zu geschäftlichen Zwecken um die Welt geflogen.

7.

Training zur Verhinderung von Flugangst durch Phantasiegerichte, enge Büstenhalter und Spiele

Wie können *Sie*, möglichst mit der Hilfe eines Freundes, Ihre Angst vorm Fliegen überwinden? Lassen Sie uns mein Verfahren bei Eb in einfache Möglichkeiten zur Auslösung Ihres Orientierungsreflexes zerlegen. Anschließend wollen wir ohne allzu viel lehrbuchhaftes Gehabe einige Richtlinien aufstellen, an die Sie sich bei Ihrem OR-Trainingsprogramm halten können.

Sich an die Flugphobie heranschleichen

Arbeiten Sie zunächst auf dem Flughafen, das ist zwar langsamer, aber sicherer. Viele Leute mit irrationalen Ängsten erklären, daß Dinge, die mit der phobischen Situation zu tun haben, sie genauso aufregen wie die Situation selbst.

Ihr autonomes Nervensystem *generalisiert* sein Lernen, das heißt, wenn Sie lernen, etwas zu fürchten, wird anschließend ein Teil dessen, was Sie lernen, automatisch auf Dinge übertragen, die ihm ähneln. Nehmen wir beispielsweise an, Sie hätten sich im vergangenen Sommer fürchterlich geängstigt. Als Sie im Dämmerlicht am Waldrand entlang gingen, traten Sie, ganz in Gedanken, auf eine große Ente, die quakend aufsprang und laut schreiend davonflatterte. Das hat Ihnen einen mächtigen

Schreck eingejagt. Wenn Sie dabei einen gefühlsmäßigen Lernvorgang durchgemacht haben, dann ist es nach unseren Laboruntersuchungen und klinischen Fallgeschichten ziemlich wahrscheinlich, daß es nicht lange dauert, bis der Anblick anderer Enten oder entenähnlicher Vögel bei Ihnen automatisch ein vergleichbares, wenn auch nicht ganz so unangenehmes Gefühl auslöst. Wenn Sie sich in einer Boeing 747 erschreckt haben und aufgrund dieses Erlebnisses eine Phobie entwickeln, wird eine Douglas 1011 mit einiger Sicherheit ebenfalls Angst auslösen, auch wenn Sie vorher noch nie in einem solchen Flugzeug geflogen sind.

Die nichtwillentliche Generalisierung von phobischer Angst kann sich auch noch auf eine andere Weise vollziehen: durch automatische Verbindung mit Dingen, die mit Enten zu tun haben. Wenn Sie Enten ständig mit dem alten Ententeich daheim verbinden, werden Sie wahrscheinlich jedesmal Angst empfinden, wenn Sie den alten Ententeich sehen, auch wenn die Enten sich vor dem Winter längst nach Süden davongemacht haben. Wie Enten mit Teichen verbunden werden, so Fliegen mit Flughäfen, Flugzeugen, Flughafengebäuden und selbst Drachenseglern. Gegen eine Flugphobie behandelte Patienten berichten, sie fühlten sich bereits ganz unwohl, wenn sie nur ein Düsenflugzeug am Boden abgestellt sähen. Soweit wir sagen können, verbindet sich Angst vorm Fliegen automatisch, wenn auch in einem schwächeren Maße, mit all diesen Dingen.

Es erscheint ungerecht, daß unser autonomes Nervensystem, wenn wir etwas Erschreckendes erfahren, diese Angst auf alle Arten von Dingen ausweitet, die irgendwie damit zu tun haben. Denken Sie jedoch daran, daß Ihr primitives Gefühlshirn dies nur deshalb tut, um Ihnen zu helfen, eine vermutete Gefahr zu erkennen, lange bevor Sie hineingeraten. Also ehe Sie schlecht über Mutter Natur reden, machen Sie sich klar, daß Generalisierung in beide Richtungen wirkt. Ihr Nervensystem generalisiert einerseits das Lernen einer phobischen Reaktion, doch es generalisiert andererseits auch das »Entlernen«. Praktisch gesehen, heißt dies, daß wir uns nicht nur trainieren können, in Gegenwart von Flughäfen, Flugzeugen usw. ruhig zu bleiben, ohne zunächst fliegen zu müssen, sondern daß wir auf diese Weise automatisch die Angstmenge reduzieren, die anschließend durch das Fliegen selbst in uns hervorgerufen wird.

Je nach dem Ausmaß Ihrer Angst vorm Fliegen können Sie so vorgehen wie Eb, also zunächst Ihr Angstniveau gegenüber Dingen, die mit dem Fliegen verbunden sind, verringern, oder gleich an Bord eines Flugzeuges klettern und dort Ihre Angst bearbeiten. Beide Wege können zum Erfolg führen. Wenn Sie jedoch richtiggehende Panikgefühle gegenüber dem Fliegen in einem Flugzeug verspüren, wüßte ich keinen Weg, um einen sofortigen Orientierungsreflex auszulösen, der stark genug wäre, um die Angst zu überwinden, es sei denn, Ihnen heftig ins Gesicht zu schlagen und Sie auf diese Weise zu zwingen, sich an dem Schmerz zu orientieren, den ich Ihnen zufüge. Das scheint sowohl bei Ohmachts- wie bei hysterischen Panikgefühlen zu wirken. Der Schmerz senkt das Niveau des Abwehrreflexes und beruhigt Sie. Aber wenn Sie mit großer Wahrscheinlichkeit während der Flugreise in Panik geraten, dann wird dies ebenso wahrscheinlich auch der Fall sein, wenn Sie in einem Flugzeug sind, das sich noch auf dem Boden befindet, und so werden Sie dermaßen aufgeregt, daß Sie ziemlich sicher das Flugzeug verlassen, noch ehe es überhaupt gestartet ist. Sie wären dann in der Situation nicht lange genug, um ein OR-Training einzuleiten. Wenn das auf Sie zutrifft, arbeiten Sie besser zuerst auf dem Flughafen und beschäftigen sich zunächst mit Dingen, die in Beziehung zum Fliegen stehen. Dann stellen Sie, wie Eb, mit Hilfe eines Freundes ein Flugprogramm zusammen und unternehmen diesen ersten Flug gemeinsam.

Wenn Sie sich entschließen, mit der Flugphase Ihres Retrainingprogramms zu beginnen, sei es mit oder ohne vorheriges Training auf dem Flughafen, unternehmen Sie zunächst eine Flugreise zu einer nahegelegenen Stadt. Eine solche Kurzflugreise ist billiger. Warum sollten Sie mit viel Geld einen Flug quer durch Europa unternehmen, um Ihre Phobie zu beseitigen, wenn es auch ein Flug für hundert Mark zum Flughafen der nächsten größeren Stadt tut? Wenn Sie das Maß Ihrer Nervosität vor dem Fliegen während dieses ersten Fluges falsch einschätzen, denken Sie auch daran, daß es zum Wesen des Fliegens gehört, daß Sie nichts tun oder nicht viel tun können, wenn Sie erst einmal die Erde verlassen haben, um das Flugzeug vorzeitig zu verlassen.

Kurzer Überblick über die OR-Auslöser

Hier ein kurzer Überblick über die Art und Weise, wie Sie Ihren Orientierungsreflex auslösen können. Wir haben im Grunde fünf verschiedene Möglichkeiten, um uns in irgendeiner angsterregenden Situation zum Orientieren zu bringen:

1. *Neuigkeit.* Jeder neue Reiz bringt einen dazu, sich zu orientieren. »Neu« in diesem Sinne ist alles, was sich in der Situation verändert.
2. *Biologische Bedeutung.* Wenn Sie hungrig sind, wird Nahrung Sie veranlassen, sich zu orientieren. Also bevor Sie an Bord gehen, essen Sie nichts, am besten mehrere Stunden nicht, bis Sie einen Heißhunger haben. Wenn Sie nicht gerade mit Burt Reynolds oder Britt Ecklund im Bett gelegen haben, bevor Sie sich auf den Weg machen, Ihren Flug hinter sich zu bringen, dann wird auch alles Sexuelle ein zuverlässiger OR-Reiz zur Verminderung Ihrer Angst sein.
3. *Angeborene Reize* werden Sie veranlassen, sich zu orientieren. Sie orientieren sich an Änderungen der Temperatur, des Geruchs, des Lichtes, des Geschmacks, der Geräusche und der Berührung. Berührung scheint besonders wichtig zu sein. Wenn Sie jemand berührt oder Ihren Arm, Ihren Nakken oder Ihre Schulter reibt, wirkt das auf Ihren seelischen Zustand beinahe wie ein Wunder.
4. *Gelernte Interessenreize* (erworbener Signalwert) werden Sie mit Sicherheit dazu veranlassen, sich über längere Zeiträume

zu orientieren. (Schauen Sie sich die OR-Checkliste auf S. 380 ff. an und wählen Sie ein halbes Dutzend Themen aus, die in der Vergangenheit Ihr Interesse geweckt haben. Ordnen Sie sie von eins bis sechs, wobei eins Ihr ständiges Lieblingsthema bezeichnet und sechs ein Lieblingsthema, das für Sie an sechster Stelle rangiert.)

5. *Instruierte Reize,* die Ihnen während des Fluges von jemandem gegeben werden, dem Sie vertrauen, sind mit der sicherste Weg, um Ihren Orientierungsreflex auszulösen. Sie folgen Anweisungen, die von Ihnen fordern, daß Sie sich etwas ausdenken, eine Wahl treffen, selbst eine einfache, und sie dann körperlich, mit einiger willentlicher Muskelbewegung ausführen.

Von S. 144 an werde ich Ihnen schriftliche Instruktionen geben, an die Sie sich halten können, wenn Sie in einer phobischen Situation sind. Diese Instruktionen sind allgemeiner Art und beziehen sich nicht spezifisch auf irgendeinen Angstzustand oder Phobie. Was die Instruktionen Sie zu tun veranlassen sollen, kann in jeder gelernten Angstsituation eingesetzt werden. Sie können dazu dienen, eine Flugangst zu beseitigen, wie auch Ängste vor Aufzügen, Tieren, vorm Autofahren, vor Höhen usw. Die Instruktionen bringen Sie dazu, sich auf der Grundlage der Neuigkeit, der biologischen Bedürfnisse, der angeborenen und gelernten Neigungen an Dingen zu orientieren, ferner auch *einzig aus dem Grund, weil Sie dazu angehalten werden, Ihre Aufmerksamkeit auf etwas zu richten.* Nur für diese letztgenannte Arbeitsmethode müssen die Instruktionen, die ich Ihnen gebe, *Signalwert* haben. Damit diese Instruktionen Signalwert haben, *muß ich für Sie Signalwert haben.* Wie geschieht das? Wie geben Sie mir Signalwert, so daß das, was ich Ihnen über das gedruckte Wort vermittele, in einer phobischen Situation Ihren Orientierungsreflex auslöst? Nun, das liegt ganz an Ihnen. Ich könnte Ihnen meine Qualifikationen als Fachautorität, Lehrer, Kliniker, Wissenschaftler aufzählen und mich Ihnen als einen rundum furchtbar netten Menschen darstellen, doch solche Dinge zählen in Wahrheit kaum. Es laufen viele professionelle Therapeuten mit viel eindrucksvolleren Empfehlungen herum, die sich dennoch völlig hilflos anstellen, wenn es darum geht, etwas in Gang zu setzen. Sie müssen sich genau anschauen, was ich Ihnen zu sagen habe, und danach entscheiden, ob es Ihnen sinnvoll erscheint.

Leider hilft es wenig, sich ein Werturteil zu bilden, wenn alles gelaufen ist. Wenn Sie das Retrainingprogramm durchlaufen haben und anschließend feststellen, daß sich Ihre Angst verringert hat, dann haben meine Worte für Sie einen großen Signalwert. Sie werden sich dann ziemlich stark an dem orientiert haben, was ich Ihnen zu tun aufgetragen habe. Doch dann brauchen Sie diesen Signalwert nicht. Es hängt also völlig von Ihrem Urteil darüber ab, ob dieses Programm sinnvoll und nützlich ist, ob die Worte, die ich hier niedergeschrieben habe, eine Bedeutung erhalten und ob man dann diese Bedeutung dafür einsetzen kann, Ihre Angst zu verringern. Wenn das der Fall ist, wenn das Programm Ihnen also sinnvoll erscheint, dann wird es bei Ihnen Wirkungen zeigen, auch wenn einige der Dinge, die ich Ihnen erzähle, sich ein wenig von dem unterscheiden, was Sie selbst über sich denken, und die Ihnen seltsam oder vielleicht völlig neu vorkommen. Es wird freilich nicht wirken, wenn Sie darin keinen Sinn sehen und nicht erkennen können, wie es Ihnen helfen soll.

OR-Hilfsmittel zum Mitnehmen ins Flugzeug

Ehe wir nun zu den Einzelheiten übergehen, was an Bord des Flugzeuges zu tun ist, lassen Sie mich auf einige Dinge hinweisen, die Sie nützlicherweise mit auf Ihre Flugreise nehmen sollten. Lassen Sie uns zunächst annehmen, daß Sie dies daheim lesen und in aller Ruhe die genannten Dinge besorgen können. Wenn Sie hingegen auf dem Flughafen sitzen und während der Lektüre auf ein Flugzeug warten, werden wir die folgende Liste im gleichen Augenblick als ersten Teil Ihres Trainingprogrammes einsetzen, und zwar genau auf dem Flugplatz.

1. *Essen:* Packen Sie sich einige verlockende Köstlichkeiten in Ihre Reise- oder Aktentasche. Sie sollten sie während des Fluges sofort vernaschen können. Wählen Sie Naschereien, die Ihnen das Wasser im Munde zusammenlaufen lassen, Delikatessen, die Sie sich nur selten gönnen, die Sie für gewöhnlich nur Ihren Gästen vorsetzen. Nehmen Sie auch eines jener illustrierten Kochbücher mit, die Farbbilder von sorgsam zubereiteten Speisen enthalten.
2. *Sexuelles:* Wählen Sie sich eine Anzahl wirklich scharfer, ausgesprochen pornographischer Sexgeschichten aus. Ganz sicher nicht nur einen von diesen Schinken. Blättern Sie sie in der Buchhandlung nur ganz flüchtig durch. Sparen Sie sich die eigentliche Lektüre für den Flug auf. Schauen Sie, ob Sie nicht einige erotische Photos von hoher Qualität mitnehmen können. Etwa *Playboy, Playgirl* oder was es da so an guten Angeboten gibt. Wenn Deutlichkeit nicht Ihre Sache ist, versuchen Sie es mit einer romantischen Liebesgeschichte, stellen Sie fest, ob sie Ihre sexuellen Gefühle anregt. Viele dieser Geschichten sind lediglich Lavendel-Pornographie mit Spitzensaum. Wenn Sie sexuelle Moralvorstellungen (oder Hemmungen) haben, die von Pornographie beleidigt werden, sollten Sie darin eine zeitlich begrenzte therapeutische Hilfe sehen. Vielleicht werden Sie einwenden: »Aber das ist doch alles unnatürliches Zeug!« Darauf würde ich Ihnen antworten: »Das ist auch der Gipsverband bei einem gebrochenen Bein. Sie würden ihn nicht tragen, wenn Ihr Bein in Ordnung wäre. Aber er sieht ganz natürlich aus, wenn Ihr Bein gebrochen ist.« Sehen Sie in diesem Fall darin ein Mittel, das Ihnen der gute alte Doktor Smith verschrieben hat, damit Ihnen auf diese Weise geholfen wird. Wenn Sie Ihre Phobie dann losgeworden sind, brauchen Sie keine Pornos mehr mit an Bord von Flugzeugen zu nehmen.
3. *Angeborene Interessen:* Wenn Sie ernsthaft darangehen wol-

len, sich von Ihrer Phobie zu befreien, kann es sich lohnen, während des Fluges mit einigen angeborenen Reizen versorgt zu sein. Eine einfache Möglichkeit besteht darin, sich *unbequem* zu kleiden. Ziehen Sie sich alte engsitzende Hosen an, die überall kneifen, wenn Sie sie längere Zeit tragen müssen. Besser noch, legen Sie einen Ihrer alten Büstenhalter an, die, wie Sie ja wissen, eng und unbequem sind, die von der Sorte, die von den Hüften bis zu den Achseln reichen und mit Stangen und Drähten gespickt sind. Besonders wirksam ist es, wenn Sie einen Büstenhalter benutzen, in den Sie so eingezwängt sind, daß Sie das Gefühl haben, Ihr Magen liege gleich unter der Zunge. Wenn Sie ein Mann sind, leihen Sie sich einen Hüftgürtel und tragen Sie ihn an Bord. Das macht Sie verlegen? Vielleicht. Aber sagen Sie Ihrer Frau doch einfach, Sie glaubten, Sie würden ein Transvestit und wollten mal sehen, wie das eigentlich ist. Diese Geräte drücken und kneifen, wenn Sie sich nur bewegen, hin- und herrutschen oder atmen. Und Sie werden sich an all diesen hübschen Körperreizen orientieren, ohne sich viel anstrengen zu müssen. Wenn die Reise lange dauert, können Sie sich auch aufs Klo begeben und das Foltergerät ablegen, wenn Ihre Angst verschwunden ist.

Eine weitere Quelle angeborener Körperstimulierung ist die Berührung. Nehmen Sie einen Freund mit, der Ihren Arm berühren, Ihre Schultern massieren oder Ihren Rücken reiben kann. Wenn Sie keinen Freund haben, suchen Sie einen.

4. *Gelernte Interessen und Hobbys:* Suchen Sie sich aus der OR-Checkliste auf S. 380 ff. ein halbes Dutzend heraus, die Sie interessieren. Dann gehen Sie zu einem Buchladen oder in die öffentliche Bibliothek und wählen Sie sich mindestens drei gute Bücher über Themen Ihres Interesses aus. Gehen Sie ferner zum nächsten Kiosk, der gut mit Zeitschriften sortiert ist. Wählen Sie sich mindestens vier Illustrierte aus, die Themen behandeln, die Sie schon immer fasziniert haben:

Pferde, Autorennen, Sport, Nähen, Modellieren, Segeln, Kreuzworträtsel usw. Aber lesen Sie in keiner der ausgesuchten Zeitschriften, ehe Sie sich nicht an Bord der Maschine befinden. Blättern Sie sie nur durch, um auch sicher zu sein, daß sie das sind, was Sie wünschen.

Überprüfen Sie Ihre Hobbys. Ist eines darunter, dem Sie sich auch an Bord des Flugzeuges widmen können? Das könnte ein Hobby sein, dem Sie mit den Händen oder dem Kopf frönen.

Wenn Sie verrückt auf Modelleisenbahnen oder -autos sind, kaufen Sie sich eine ganz neue Spielzeuglokomotive oder ein Spielzeugmodell des Buggati von 1929. Sie könnten die Modelle zwar in Ihrem Sitz nicht zusammensetzen, doch Sie könnten sicher mit den Einzelteilen herumspielen, und das wäre schon genug Anlaß, um sich zu orientieren.

Wenn Ihr Hobby die Malerei ist, bringen Sie einen Skizzenblock und Kohlestifte oder Zeichentusche mit an Bord. Dann können Sie Skizzen anfertigen von den Leuten an Bord, vom Innern der Flugkabine und von der Landschaft dreitausend Meter unter Ihnen. Wenn Sie, sagen wir, gern Keramiken oder Skulpturen herstellen, können Sie Ihr nächstes Projekt an Bord skizzieren. Wenn Sie sich gern mit Holz- oder Tischlerarbeiten beschäftigen, können Sie während der Flugreise Ihr nächstes Werkstück entwerfen.

Vorübungsprogramm für den Flugplatz: Wie Sie noch auf der Erde Ihre Angst verringern können

Wenn Sie bereits in der Abflughalle sind und auf Ihr Flugzeug warten, während Sie dies lesen – *und wegen des bevorstehenden Fluges nervös sind* –, lassen Sie uns einiges versuchen, das unter Umständen Ihre Angst verringert, noch ehe Sie an Bord des Flugzeuges geklettert sind. Die folgenden OR-Instruktionen mögen bisweilen etwas einfältig wirken, doch seien Sie sicher, daß sie mit Bedacht so gehalten sind, daß sie einerseits unkompliziert sind, andererseits Ihnen aber auch abverlangen, daß sie nachdenken und körperliche Reaktionen vollführen, wenn gelernte Angst Ihre höheren geistigen Funktionsweisen beeinträchtigt. Es ist sehr wichtig für Sie, daß Sie die Instruktionen so sorgsam wie möglich befolgen. Auf die Instruktionen soll gehandelt werden, sie sollen nicht nur gelesen werden, und das kann so weit gehen, daß Sie einfache Ja- oder Nein-Antworten niederschreiben, statt auf die Frage nur in Ihrem Kopf zu antworten. Denken ist gut und schön, doch Denken und körperliches Handeln gemeinsam sind besser.

Wenn Sie dies daheim lesen, möchten Sie es vielleicht noch eine Weile hinauszögern und den Vorübungsabschnitt während einer besonderen Fahrt zum Flughafen durchnehmen, gleichsam als Teil Ihres Programms, ehe Sie tatsächlich mit einem Flugzeug von dort abfliegen. Dann holen Sie Ihre Flugtickets einige Tage vorher ab und benutzen Sie das als Entschuldigung dafür, daß Sie sich zum Flughafen begeben. Nehmen Sie während dieses Ausfluges auch ein Mittag- oder Abendessen auf dem Flughafen ein.

Wenn Sie dies nun aber auf dem Flughafen lesen, kurz vor Ihrem Abflug, dann werden Sie hoffentlich ein wenig Zeit haben, um das Vortraining zu absolvieren, ehe Sie an Bord der Maschine gehen.

Retraining-Programm für den Flughafen

*O*rientierungs-
*R*eflex-
*I*nstruktionen

ORI 1 Schauen Sie zuallererst in Ihrer Akten- oder Brieftasche nach, ob Sie einen Kugelschreiber oder einen Bleistift bei sich haben. Wenn nicht, leihen Sie sich einen für einige Minuten.

ORI 2 Wenn Sie auf Ihr Flugzeug warten, richten Sie es so ein, daß Sie noch einige Minuten erübrigen können, damit Sie sich nicht zu sehr mit diesem Programm beschäftigen und dadurch das Flugzeug verpassen. Haben Sie vor Ihrem Flug noch ein wenig Zeit? Dann schreiben Sie die Antwort auf den freien Raum nach diesem Satz.
Antwort:

Wenn ja, gehen Sie zur nächsten Instruktion weiter. Wenn nein, springen Sie gleich zum Retraining-Programm für den Flug selbst.

ORI 3 Haben Sie für dieses Lerntraining einen Freund mitgenommen? Nicht Ihren Ehepartner, sondern jemanden, der keine eigenen Interessen verfolgt, jemanden, dem Sie vertrauen können, der all diese Instruktionen mit Ihnen durchgeht, ohne daß Sie ihm schmeicheln, ihn bitten, oder mit ihm streiten müßten?
Antwort:

Wenn ja, bitten Sie Ihren Freund(in), Ihnen alle Instruktionen dieses Programms zu geben (und dazu jene, von denen er/sie annimmt, sie seien sinnvoll und würden garantiert dazu führen, daß Sie sich orientieren: Schau, da ist Robert Redford oder Racquel Welsh!). Wenn nicht, geben Sie sich die Instruktionen selbst, mit Hilfe der Seiten dieses Buches und mit mir als Ihrem freundlichen Instrukteur.

ORI 4 Schauen wir uns Ihr SEU-Niveau an. SEU ist eine Abkürzung für »Subjektive Einheit von Unbehagen« (»Subjective Unit of Discomfort«). Es ist eine einfache Möglichkeit, sich und anderen klarzumachen, wie nervös oder ängstlich man zu einem bestimmten Zeitpunkt ist. SEUs sind gleichsam ein Angst-Thermometer mit Graden von Nervosität, die auf

einer Skala von null bis hundert liegen. Null auf der SEU-Skala heißt völlig entspannt, kurz vorm Einschlafen, hundert hingegen erfüllt von panischer Angst, so daß Sie am liebsten wie ein aufgescheuchtes Huhn von dort, wo Sie sich gerade befinden, fortlaufen möchten. Lesen Sie also sozusagen Ihren Gefühlspuls ab. Wählen Sie beim Lesen dieses Buches eine Zahl zwischen null und hundert, die ungefähr angibt, wie nervös Sie gerade sind. Schreiben Sie die Zahl in die leere Stelle.
SEUs:

ORI 5 Wieviel Uhr ist es jetzt? Wenn Sie keine Uhr bei sich haben, fragen Sie jemanden oder suchen Sie nach einer öffentlichen Uhr.
Zeit:

ORI 6 Lehnen Sie sich in Ihren Stuhl zurück – wenn Sie nicht sitzen, suchen Sie eine Sitzgelegenheit – und entspannen Sie sich. Strecken Sie Ihre Beine aus und kreuzen Sie die Füße übereinander. Falten Sie Ihre Arme über der Brust. Nun versuchen Sie, diesen Text in der genannten Stellung zu lesen.

ORI 7 Ich möchte, daß Sie Ihre Augen schließen, drei tiefe Atemzüge nehmen, dann etwa dreißig Sekunden lang normal atmen und Ihre Augen wieder öffnen.

ORI 8 Ich möchte, daß Sie jeden Satz weiter unten lesen, sodann die Augen schließen und sich vorstellen, was der Satz besagt. Wenn Sie das getan haben, öffnen Sie die Augen wieder und gehen Sie zum nächsten Satz über.

ORI 9 Stellen Sie sich vor, Sie gingen an einem Frühlingsmorgen über eine grüne Wiese.

ORI 10 Wie groß ist die Wiese? Größer als die Männertoilette des Flughafens? Größer als die Wartehalle, in der Sie sitzen? So groß wie der ganze Flughafen?
Antwort:

ORI 11 Vergegenwärtigen Sie sich den Stand der Sonne über der Wiese.

ORI 12 Wie hoch steht die Sonne am Himmel? (Bei sechs Uhr steht sie über dem Horizont, bei zwölf Uhr genau über Ihrem Kopf.)

ORI 13 Können Sie von Ihrem Platz in der Flughalle aus die Sonne (oder den Mond) sehen?
Antwort:

ORI 14 Betrachten Sie all die knospenden Bäume, das sprießende Grün, die frischen neuen Blätter.

ORI 15 Welche Art von Bäumen erkennen Sie? (Kiefer, Eiche, Tanne, Kastanie, Ahorn, Birke, Kokosnuß, Dattelpalme, Banane? Wo steht, daß es in den Tropen keine Wiesen gibt?)
Antwort:

ORI 16 Wie hoch ist der höchste Baum? So hoch wie die Decke der Haupthalle des Flughafens? Höher als das Flughafengebäude?
Antwort:

ORI 17 Können Sie von Ihrem Sitz aus Bäume in der Nähe des Flughafens sehen?
Antwort:

ORI 18 Betrachten Sie das kühle grüne Gras, das auf der Wiese wächst.

ORI 19 Gehen Sie barfuß darüber?
Antwort:

ORI 20 Stellen Sie sich vor, Sie wandern am Rand der Wiese dahin. Achten Sie darauf, welche Kleidung Sie anhaben.

ORI 21 Stehen Sie auf ebener Erde, wenn sie anfangen zu wandern, oder auf einem Hang, der zur Wiese hinabführt, oder unter den Bäumen, die die Wiese säumen?
Antwort:

ORI 22 Gehen Sie durch die Wiese und schauen Sie sich um.

ORI 23 Welche Form hat die Wiese? Ist sie rund, quadratisch, oval, hat sie die Form einer Niere oder eines Ls?
Antwort:

ORI 24 Ähnelt sie in irgendeiner Weise der Flughafenanlage?
Antwort:

ORI 25 Auf einer Seite der Wiese liegen in großer Entfernung hohe Berge. Stellen Sie sich vor, sie seien schneebedeckt.

ORI 26 Können Sie vom Flughafen aus irgendwelche Berge sehen?
Antwort:

ORI 27 Wie weit liegen die nächsten Berge vom Flughafen entfernt? Einige Kilometer, zwanzig, fünfzig, mehrere hundert?
Antwort:

ORI 28 Wie lange bräuchten Sie, um dorthin zu gelangen, per Auto, Omnibus, Eisenbahn oder Flugzeug, wenn Sie gern dort wandern möchten?
Antwort:

ORI 29 Von Ihrem Standort auf der Wiese können Sie einen Wasserfall erkennen, der an einem der Berghänge herabstürzt und sich schäumend windet und wendet, wie er den Bodenkonturen folgt. Sie beobachten den Lauf des Wassers, das einen Fluß speist, der sich in einiger Entfernung in die Bergwiese ergießt.

ORI 30 Wie weit ist der Fluß von Ihrem Standort entfernt? Die Länge eines Düsenflugzeugs? Zwei? Drei? Die Länge der Start- und Landebahn des Flughafens?
Antwort:

ORI 31 Gehen Sie auf den Fluß zu und achten Sie dabei auf den Boden unter Ihren Füßen, während Sie darüber wandern.

ORI 32 Wie fühlt der Boden Ihrer Wiese sich an? Rauh, hart, schwammig, steinig, schlüpfrig, weich, morastig?
Antwort:

ORI 33 Sie haben die ganze Entfernung bis zum Fluß zurückgelegt und schauen nun vom Ufer auf ihn hinab.

ORI 34 Wie erhitzt fühlen Sie sich vom Gehen? Erhitzter, als Sie es jetzt sind, da Sie in der Flughafenhalle sitzen?
Antwort:

ORI 35 Betrachten Sie das glitzernde Wasser, wie es über die Felsen im Flußbett dahinschäumt.

ORI 36 Verspüren Sie bei dem Anblick den Wunsch, darin zu baden?
Antwort:

ORI 37 Ist es tief genug, um darin herumzuplanschen?
Antwort:

ORI 38 Könnten Sie darin schwimmen?
Antwort:

ORI 39 Ist das Wasser so klar, daß Sie bis auf den Grund des Flusses sehen können?
Antwort:

ORI 40 Schauen Sie sich den Fluß noch einmal an und stellen Sie sich sein Bett vor, malen Sie es sich vor Ihrem geistigen Auge aus.
ORI 41 Wie sieht das Flußbett aus? Handelt es sich um Felsen, Sand, Moos, Kieselsteine?
Antwort:

ORI 42 Tauchen Sie Ihre Hand ins Wasser. Fühlen Sie, wie das wirbelnde dahinströmende Wasser Ihre Finger umspült.
ORI 43 Ist es kalt genug, daß es Sie erfrischt, wenn Sie davon trinken?
Antwort:

ORI 44 Könnten Sie ganz darin untertauchen?
Antwort:

ORI 45 Sind Sie allein auf der Wiese?
Antwort:

ORI 46 Wieviel Leute halten sich mit Ihnen in der Flughafenhalle auf? Einige wenige? Zwanzig? Dreißig? Mehrere hundert?
Antwort:

ORI 47 Beugen Sie sich hinab und schmecken Sie das Wasser.
ORI 48 Ist es kälter oder wärmer als das Wasser der öffentlichen Trinkanlagen auf dem Flughafen?
Antwort:

ORI 49 Nun versetzen Sie sich wieder auf den Flughafen und geben Sie mit einem SEU-Niveau an, wie Sie sich jetzt fühlen.
ORI 50 Schreiben Sie den Wert in den folgenden leeren Raum.
SEUs:

ORI 51 Wieviel Uhr ist es?
Zeit:

ORI 52 Schließen Sie Ihre Augen und kehren Sie noch einmal zu der Wiese zurück. Sie bemerken, daß in der Luft immer noch eine Spur von Kuhfladengeruch liegt. Offensichtlich haben Sie nicht alles von Ihren Schuhen entfernt, als Sie den Hügel hinauf zu Ihrem Ausgangspunkt kletterten. Ein wenig außer Atem lassen Sie sich nieder, um sich auszuruhen und sich zu vergewissern, daß es sich nur um eine Kuh handelte und daß da nicht irgendein riesiger Bulle den Boden aufwirbelt und Sie schnaubend anschaut. Völlig erleichtert und beruhigt durch Ihre Beobachtungen, haben Sie nur die riesige vorhistorische Ente übersehen, deren Privatfluß Sie verunreinigt haben und die sich von hinten an Sie herangeschlichen hat, um Sie fortzuschleppen. Nun öffnen Sie die Augen. Sind Sie nicht froh, auf einem zivilisierten sicheren Flughafen zu sitzen und auf ein Flugzeug zu warten, statt allein auf jener verrückten Wiese zu hocken und sich von Gott-weiß-was aus den Bäumen anstarren zu lassen?

ORI 53 Orientieren Sie sich nun an dem Flughafen. Schauen Sie sich um. Stellen Sie fest, wo Sie in der Halle sitzen? Können Sie den nächsten Zeitschriften-Kiosk erkennen?
Antwort:

Wenn ja, gehen Sie weiter zur nächsten Instruktion. Wenn nein, springen Sie bis zu ORI 56.

ORI 54 Wie lange, glauben Sie, werden Sie brauchen, um dorthin zu gehen? Schreiben Sie die Zeit auf.
Zeit:

ORI 55 Können Sie dorthin gehen, einige Minuten auf den Einkauf verwenden und zurückkehren, ohne Ihren Flug zu versäumen?
Antwort:

Wenn ja, springen Sie zu ORI 66. Wenn nein, springen Sie zu dem Retraining-Programm für den Flug.

ORI 56 Können Sie erkennen oder wissen Sie, wo der Schalter der Luftfahrtgesellschaft ist, mit der Sie reisen?
Antwort:

Wenn ja, gehen Sie weiter zu ORI 58. Wenn nein, lesen Sie die nächste Instruktion.

ORI 57 Geben Sie Kugelschreiber oder Bleistift zurück, sofern Sie sich einen geborgt haben. Gehen Sie zu irgendeinem Schalter und fragen Sie, wo der Schalter Ihrer Fluggesellschaft ist.

ORI 58 Geben Sie auf dem nachfolgenden Ziffernblatt an, wo der Abfertigungsschalter Ihrer Fluggesellschaft sich befindet. Von dem Standort aus, wo Sie in diesem Augenblick stehen, liegt zwöf Uhr direkt vor Ihnen; sechs Uhr hinter Ihnen; drei Uhr rechts und neun Uhr links von Ihnen.

12

9 3

6

Wenn Sie keinen Bleistift haben, borgen Sie sich einen für kurze Zeit. Zeichnen Sie vom Mittelpunkt des Ziffernblattes einen Pfeil in die Richtung, die Sie gehen müssen, um zu dem Schalter zu gelangen.

ORI 59 Gehen Sie zum Schalter Ihrer Fluggesellschaft.

ORI 60 Fragen Sie Ihren Begleiter, um welche Uhrzeit Ihr Flugzeug planmäßig starten soll. Schreiben Sie die Uhrzeit hier nieder.
Zeit:

ORI 61 Wenn Sie nicht wissen, wo der nächste Kiosk steht, fragen Sie Ihren Begleiter, wie Sie dorthin gelangen. Auf dem Zifferblatt unten liegt bei zwölf Uhr die Vorderseite des Schalters. Zeichnen Sie die Richtung ein, in der der Kiosk liegt, bezogen auf den Schalter.

12

9 3

6

ORI 62 Wie hoch ist Ihr SEU-Niveau jetzt?
SEUs:

ORI 63 Wieviel Uhr ist es?
Zeit:

ORI 64 Fragen Sie den Angestellten der Fluggesellschaft, wie lange Sie brauchen werden, um zu dem Kiosk hin- und zurückzugehen.
Antwort:

ORI 65 Haben Sie genügend Zeit vor dem Abflug, um dorthin zu gehen, sich zehn oder fünfzehn Minuten dort aufzuhalten und zurückzugehen?
Antwort:

Wenn ja, gehen Sie zur nächsten Instruktion weiter. Wenn nein, springen Sie zum Retraining-Programm für den Flug.

ORI 66 Ehe Sie zu dem Kiosk gehen, lesen Sie das Folgende: Wenn Sie keine Armbanduhr bei sich haben, können Sie bei einiger Praxis die Zeit für fast jede Tätigkeit mit einer Genauigkeit von wenigen Sekunden Toleranz messen. Dazu brauchen Sie nur beim ersten Schritt, den Sie tun, anfangen Schimpansen zu zählen. Ein Schimpanse, zwei Schimpansen, drei Schimpansen usw., bis Sie Ihr Ziel erreicht haben. Zählen Sie die Schimpanse bei sich, so schnell Sie können, ohne die Worte zu verschlucken. Wenn Sie mit dieser Geschwindigkeit zählen, brauchen Sie pro Schimpanse rund eine Sekunde. Sie werden unter zehn ein wenig schneller, über zehn aber ein wenig langsamer sein, doch Sie können eine ziemliche Genauigkeit erreichen, wenn Sie sich darauf konzentrieren, die Worte klar herzusagen, und zwar so schnell und sorgfältig wie möglich. Die Zahl der Schimpansen, die Sie zählen, entspricht der Zahl von Sekunden, die Sie brauchen, um zu dem Kiosk zu kommen. Bleiben Sie beim Zählen, ganz gleich was geschieht, selbst wenn Sie einen Umweg machen, etwa zur Toilette.

ORI 67 Wenn Sie sich einen Kugelschreiber oder einen Bleistift geliehen haben, geben Sie ihn zurück.

ORI 68 Gehen Sie zum Flughafenkiosk und zählen Sie dabei Schimpansen.

ORI 69 Wenn Sie den Kiosk erreicht haben, merken Sie sich die Zahl der Schimpansen, die Sie gezählt haben.

ORI 70 Kaufen Sie nun einen Bleistift, wenn Sie keinen bei sich haben. Es braucht kein besonderer zu sein, es reicht, wenn Sie mit ihm richtig schreiben können.

ORI 71 Schreiben Sie jetzt die Zahl der Schimpansen nieder, die Sie während Ihrer Ausflüge gezählt haben.
Schimpansen:

ORI 72 Erinnern Sie sich, was der Begleiter (oder Sie selbst) sagte, als Sie ihn fragten, wie lange Sie brauchen würden, um zu dem Kiosk und zurück zu gehen? Schreiben Sie es nieder.
Schätzung:

ORI 73 Gehen Sie zurück zu ORI 54 oder 64 und stellen Sie fest, ob Ihre Erinnerung Sie nicht getrogen hat.

ORI 74 Multiplizieren Sie die Zahl der Schimpansen mit zwei. Schreiben Sie die Antwort in die leere Stelle.
Ergebnis:

ORI 75 Teilen Sie diese Zahl durch 60, und damit haben Sie eine Schätzung über die Zahl der Minuten, die es Sie kostet, zum Kiosk und zurück zu Ihrem Ausgangspunkt zu gehen. Schreiben Sie diese Schätzung der benötigten Zeit in die leere Stelle.
Schätzung:

ORI 76 War die Schätzung Ihres Begleiters (oder Ihre) richtig?
Antwort:

ORI 77 Schauen Sie auf Ihre Uhr oder fragen Sie jemanden nach der Uhrzeit. Schreiben Sie sie nieder.
Zeit:

ORI 78 Haben Sie noch genügend Zeit vor dem Start Ihres Flugzeuges?
Antwort:

Wenn ja, gehen Sie zu der nächsten Instruktion über. Wenn nein, springen Sie zum Retraining-Programm für den Flug.

ORI 79 Macht es Spaß?
Antwort:

Wenn ja, gehen Sie zu ORI 80 weiter. Wenn nein, gehen Sie trotzdem nach ORI 80. So leicht werden Sie nicht an einen Psychoanalytiker überwiesen.

ORI 80 Welches ist jetzt ihr SEU-Niveau?
SEUs:

ORI 81 Wenn Sie es noch nicht getan haben, schauen Sie sich nun die

Checkliste für den Orientierungsreflex auf S. 380 ff. an. Wählen Sie rasch ein halbes Dutzend Themen aus, die Sie interessieren. Wenn Sie ausreichend Zeit haben, wenden Sie das Verfahren an, das die OR-Checkliste eigentlich erfordert, und stellen Sie fest, welches gelernte Interesse bei Ihnen an erster, zweiter, dritter usw. Stelle liegt. Wenn Sie nicht die Zeit dazu haben, wählen Sie nur die Themen aus, allerdings nach gewissenhafter Prüfung, und fahren Sie fort.

ORI 82 Gehen Sie nun zum Zeitschriftenstand.Suchen Sie eine Zeitschrift aus zu dem Thema, das Sie am meisten, am zweitmeisten, am drittmeisten interessiert, bis Sie drei Zeitschriften haben.

ORI 83 Haben Sie drei Zeitschriften gefunden?
Antwort:

Wenn ja, gehen Sie weiter zu ORI 85. Wenn nein, halten Sie sich an die nächste Instruktion.

ORI 84 So weit, so gut. Sie haben sicherlich seltene Interessen oder suchen sich besondere Flughäfen aus. Wie dem auch sei, suchen Sie sich bei dem Stand drei Zeitschriften aus, die Sie interessieren.

ORI 85 Schreiben Sie die Titel der ausgewählten Zeitschriften in die folgenden Leerstellen, und zwar entsprechend dem Interesse, das Sie für sie haben.

1. 5.

2. 6.

3. 7.

4. 8.

ORI 86 Suchen Sie im Zeitschriftenstand sofort nach einer illustrierten Pornozeitschrift von hoher oder minderer Qualität. Haben Sie eine gefunden, blättern Sie sie durch und halten Sie Ausschau nach einem Sexualpartner Ihrer Wahl, nach einem Partner, der Sie hier im Kiosk sofort in Fahrt bringen würde. Geben Sie sich mindestens zwei Minuten sexuellen Phantasien über Ihren Bildpartner hin.

Macht es Sie verlegen, in der Öffentlichkeit ein Pornoheft

anzuschauen? Bilden Sie sich ein, Sie seien von einem Verein gegen jugendgefährdende Schriften und hätten den Auftrag, sich einen Eindruck davon zu verschaffen, was sich auf dem Pornomarkt tut.

Was ist, wenn Sie in dem ganzen Zeitschriftenstand kein Pornoheft finden? Das ist Pech! Dann müssen Sie halt von Ihrer Vorstellungskraft Gebrauch machen. Schauen Sie sich die vielen Leute auf dem Flughafen an. Ziehen Sie im Geiste jeden des von Ihnen bevorzugten Geschlechts aus, wenn er vorbeigeht. Wählen Sie sich den Menschen aus, der Ihnen am besten gefällt, und lassen Sie an ihm oder ihr sexuelle Phantasien aus. Verwenden Sie darauf mindestens zwei Minuten, und geben Sie dabei vor, Sie lesen in der jüngsten Ausgabe von *Schöner wohnen,* und lugen Sie dabei die ganze Zeit heimlich über die obere Kante. Vergewissern Sie sich aber, daß Sie die Zeitschrift nicht falsch herum halten.

ORI 87 Gehen Sie wieder zum Zeitschriftenstand und wählen Sie zwei weitere Zeitschriften aus, beide mit sexuellem Inhalt. Das dürfte kein Problem sein, wenn Sie von einem größeren Flughafen abfliegen. Wenn der Stand keine Sex-Zeitschriften führt, wird es dort zumindest Sex-Geschichten geben. Wenn Sie freilich von einem kleineren Flughafen starten, dann wird sich die Auswahl unter Umständen auf den *Playboy,* das *Playgirl* usw. beschränken. Wenn es tatsächlich schwierig ist, in Ihrem Zeitschriftenstand etwas Freches zu finden, müssen Sie sich womöglich damit begnügen, in der *Quick* nach nackter männlicher oder weiblicher Haut zu fahnden. Schreiben Sie den oder die Titel Ihrer Wahl in die leeren Zeilen unter den Zeitschriften in ORI 85.

ORI 88 Schreiben Sie nun hinter den Titel jeder Zeitschrift den jeweiligen Preis.

ORI 89 Zählen Sie nunmehr zusammen, was all die Zeitschriften, die Sie ausgewählt haben, kosten.
Summe:

ORI 90 Haben Sie genug Geld bei sich, um das zu bezahlen?
Antwort:

Wenn ja, gehen Sie zur nächsten Instruktion weiter. Wenn nicht, legen Sie die Zeitschriften zurück und springen Sie zu ORI 92.

ORI 91 Gehen Sie zur Kasse und bezahlen Sie die Zeitschriften.

ORI 92 Wie hoch ist Ihr SEU-Niveau jetzt?
SEUs:

ORI 93 Schauen Sie auf Ihre Uhr oder fragen Sie jemanden nach der Uhrzeit.
Zeit:

ORI 94 Haben Sie noch genügend Zeit vor dem Start Ihres Flugzeuges?
Antwort:

Wenn ja, gehen Sie zur nächsten Instruktion. Wenn nicht, springen Sie zum Retraining-Programm für den Flug.

ORI 95 Können Sie erkennen, wo der nächste Kaffee-Stand oder die nächste Snack-Bar ist, oder wissen Sie es?
Antwort:

Wenn ja, gehen Sie zur nächsten Instruktion weiter. Wenn nicht, springen Sie zu ORI 97.

ORI 96 Können Sie dort umhergehen, einige Minuten zubringen, zurück zur Abflughalle gehen und haben Sie noch genügend Zeit, ehe Sie Ihr Flugzeug besteigen müssen?
Antwort:

Wenn ja, springen Sie zu ORI 100. Wenn nicht, gehen Sie zum Retraining-Programm für den Flug.

ORI 97 Wenn Sie nicht wissen, wo die Snack-Bar ist, fragen Sie den Kassierer des Kiosks. Halten Sie die Richtung von Ihrem Standort vor der Kasse auf dem folgenden Ziffernblatt fest.

12

9 3

6

ORI 98 Fragen Sie den Kassierer, wieviel Zeit Sie dafür brauchen, um zur Snack-Bar und zurück zu gehen.
Zeit:

ORI 99 Haben Sie immer noch Zeit genug, um dorthin und zurück zu gehen, bevor Sie ins Flugzeug steigen müssen?
Antwort:

Wenn, ja gehen Sie zur nächsten Instruktion weiter. Wenn nicht, springen Sie zum Retraining-Programm für den Flug.

ORI 100 Gehen Sie zur Snack-Bar oder zum Restaurant. Während Sie dies tun, denken Sie an jene Speisen, von denen Sie glauben, Sie könnten sie mit an Bord des Flugzeuges nehmen. Stellen Sie sich vor, daß Sie dann hungrig sein werden. Zählen Sie in den Leerzeilen unten ein halbes Dutzend Speisen auf und ordnen Sie sie nach Ihrer Vorliebe von den Zahlen eins bis sechs an.

1.

2.

3.

4.

5.

6.

ORI 101 Wenn Sie in das Restaurant gehen, halten Sie nach der Speisekarte Ausschau. Schauen Sie sich noch einmal Ihre Speisenliste an und kreuzen Sie jene Dinge an, die Sie gern auf der Speisekarte sehen würden.

ORI 102 Schreiben Sie den Preis jedes Gerichts in den leeren Zeilenraum daneben.

ORI 103 Addieren Sie nun die Preise aller Speisen.
Summe:

ORI 104 Haben Sie genug Bargeld (oder einen Scheck), um all die Speisen oder wenigstens einige bezahlen zu können?
Antwort:

Wenn ja, gehen Sie zur nächsten Instruktion weiter. Wenn nicht, springen Sie zu ORI 111.

ORI 105 Bestellen Sie die Gerichte, die Sie mit an Bord des Flugzeuges nehmen möchten. Denken Sie unbedingt daran, daß Sie dazu sagen: »Zum Mitnehmen«.

ORI 106 Während Sie auf Ihre Bestellung warten, gönnen Sie sich eine Erfrischung für all die Mühen, die Sie bis jetzt auf sich genommen haben. Kaffee, Tee, Milch, Limonade ... was auch immer. Wenn Sie gern Schnaps trinken, verzichten Sie diesmal darauf. Es ist reine Zeitverschwendung, Ihr Großhirn und damit Ihr autonomes Gefühlshirn mit Alkohol (oder Valium oder Librium) mehr oder minder einzulullen. Unsere Absicht ist, Sie von Ihren unangenehmen Gefühlen gegenüber dem Fliegen zu befreien – Ihrem autonomen Gefühlshirn etwas Neues beizubringen –, nicht Ihr Gehirn einfach bis zur nächsten Flugreise auf Eis zu legen. Eingedenk dieses Vorsatzes, sollten Sie vielleicht ein kleines Glas Wein zu sich nehmen, nur um die rauhen Kanten des primitiven Teils Ihrer Psyche ein wenig zu glätten. Wenn Sie Wein mögen, nehmen Sie ein wenig Sherry vor dem Flug, das wirkt sehr gut.

ORI 107 Wenn Sie bekommen, was Sie bestellt haben, zahlen Sie, verstauen Sie es in Ihren Taschen, in Ihrem Handgepäck, oder lassen Sie sich eine Tragetasche geben. Fangen Sie jetzt noch nicht an zu essen.

Die Leckerbissen sollen während des Fluges verzehrt werden, sie sollen Ihren OR im Flugzeug aktivieren. Essen Sie auch nichts anderes, solange Sie noch auf dem Flughafen sind. Sparen Sie sich Ihren Hunger für den Flug auf. Wer hungrig ist, orientiert sich, und genau das wollen wir erreichen.

ORI 108 Wie hoch ist jetzt Ihr SEU-Niveau, während Sie an all die Nahrung denken?

SEUs:

ORI 109 Wieviel Uhr ist es jetzt?

Zeit:

ORI 110 Begeben Sie sich nun mit den Leckereien und dem scharfen Lesefutter, sofern Sie etwas bekommen haben, zur Abflughalle. Wissen Sie, wo sie sich befindet?

Antwort:

Wenn ja, springen Sie zu ORI 114. Wenn Sie es nicht wissen, gehen Sie zur nächsten Instruktion weiter.

ORI 111 Gehen Sie zum nächsten besetzten Schalter der Fluggesellschaft und erkundigen Sie sich nach dem Flugsteig, von dem aus Ihr Flugzeug starten wird.

Flugsteig-Nr.:

ORI 112 Fragen Sie, wie Sie dorthin gelangen, sofern Sie den Flugsteig nicht sehen können.

ORI 113 Tragen Sie die Richtung, in der Sie gehen müssen, auf dem unten abgebildeten Ziffernblatt ein:

12

9 3

6

ORI 114 Schreiben Sie hier Ihre Flugnummer hin.
Flug-Nr.:

ORI 115 Gehen Sie nun zum Abflugraum. Ich möchte, daß Sie die Leute zählen, an denen Sie vorübergehen, doch achten Sie dabei auf Ihr Geschlecht und zählen Sie nach Mann und Frau getrennt. Zählen Sie jedesmal eine Eins hinzu, wenn Sie an einer Frau vorübergehen, und ziehen Sie eine Eins ab, wenn Ihnen ein Mann begegnet. Wenn Sie am Flugsteig im Minus sind, haben Sie mehr Männer als Frauen gezählt, und sind Sie im Plus, gilt das Umgekehrte, das heißt, sie haben mehr Frauen als Männer gezählt. Schauen wir uns an, wer von beiden, Männer oder Frauen, den Flughafen am häufigsten benutzt.

Beginnen Sie zu zählen.

ORI 116 Wie lautet die Endzahl?
Zahl:

ORI 117 Wieviel Uhr ist es?
Zeit:

ORI 118 Sind es bis zum Besteigen des Flugzeuges noch fünf Minuten oder weniger?
Antwort:

Wenn ja, springen Sie zum Retraining-Programm für den Flug. Wenn nein, gehen Sie zur nächsten Instruktion weiter.

ORI 119 Lassen Sie uns nun Ihren Fortschritt bei diesem Trainingsprogramm in Augenschein nehmen. Wir wollen die Stärke Ihrer Nervosität beim Durchlaufen der ersten Phase Ihres antiphobischen Trainings bildhaft darstellen. Schauen Sie sich noch einmal alle vorherigen Instruktionen an und schreiben Sie in den folgenden Zeilen die Zahl jeder ORI nieder, in der Sie aufgefordert wurden, das jeweilige SEU-Niveau einzuschätzen. Geben Sie dann in derselben Zeile auch das SEU-Niveau an, das Sie für die jeweilige Instruktion festgehalten haben.

ORI ORI

ORI ORI

ORI ORI

ORI

ORI 120 Wie viele SEU-Niveaus haben Sie angegeben?
Zahl:

Überprüfen Sie die Zahl noch einmal, blättern Sie zurück und zählen Sie erneut. Schauen Sie nach, ob Sie nicht eine Angabe vergessen haben, und gehen Sie dann zur nächsten Instruktion weiter.

ORI 121 Was hat Ihre zweite Zählung ergeben?
Zahl:

Wenn sie immer noch sechs lautet, haben Sie richtig gezählt. Wenn Sie aber auf die Zahl sieben gekommen sind, orientieren Sie sich an einer Leerzeile, die eigentlich nicht vorhanden sein sollte!

ORI 122 Und Sie dachten, alles, was Sie tun müßten, sei, Anweisungen zu folgen und Leerstellen auszufüllen. Ist das nicht lustig?
Antwort:

ORI 123 Zählen Sie nun alle Ihre SEU-Niveaus zusammen.
Summe:

ORI 124 Zählen Sie nun die Zahl der SEU-Niveaus, die Sie angegeben haben.
Zahl:

ORI 125 Teilen Sie jetzt die Summe ihrer SEUs durch die Zahl der SEUs. Damit erhalten Sie das Durchschnittsniveau der Nervosität während des Programms.
Durchschnitts-SEUs:

ORI 126 Schauen wir uns nun an, was mit Ihrem SEU-Niveau während des Flughafen-Trainingsprogramms geschehen ist. Wieviel der ersten drei SEUs waren höher als die Durchschnitts-SEUs, die Sie in ORI 125 berechnet haben?
Antwort:

ORI 127 Wieviel der letzten drei SEUs waren höher als die Durchschnitts-SEUs, die Sie in ORI 125 berechnet haben?
Antwort:

ORI 128 Ist die Zahl, die Sie für ORI 126 niedergeschrieben haben, größer als die Zahl, die Sie in ORI 127 festgehalten haben?
Antwort:

Wenn ja, Glückwunsch, denn Ihre Nervosität ist im Verlauf des Flughafen-Trainingsprogramms zurückgegangen, so daß Sie zum Retraining-Programm für den Flug selbst weitergehen können. Wenn nicht, beschäftigen Sie sich mit der nächsten Instruktion.

ORI 129 Also ist Ihre Nervosität entweder gestiegen oder gleichgeblieben, oder aber sie hat sich so sehr nach oben und unten verändert, daß es schwierig ist zu sagen, wie sie sich tatsächlich verhalten hat. Macht nichts! Sie können es immer noch schaffen. Doch Sie müssen dabei bleiben. Sie haben sich bis zu diesem Punkt des Programms bemüht, und das ist ein viel besseres Zeichen für das tatsächliche Geschehen als eine Menge von Zahlen, die zu einem Diagramm verarbeitet werden. (Wissenschaftler mögen solche Zahlen natürlich gern, weil sie damit anderen Wissenschaftlern etwas »beweisen« können. Den einzigen Beweis, den Sie brauchen, ist erfolgreiches Durchstehen einer Aktivität. Ihre Angst wird dann früher oder später verschwinden.) Gehen wir nun zum Retraining-Programm für den Flug selbst weiter.

Flug-Retraining-Programm

Wie Sie Ihre Angst verringern können, nachdem Sie an Bord des Flugzeuges gegangen sind

ORI 1 Wieviel Uhr ist es?
Antwort:

ORI 2 Ist es Zeit für Sie, Ihre Maschine zu besteigen?
Antwort:

Wenn ja, springen Sie zur ORI 5. Wenn nicht, fahren Sie mit der nächsten Instruktion fort.

ORI 3 Gleichgültig, wieviel Zeit noch bis zum Abflug ist, lesen Sie die Eingangskapitel dieses Buches bis zu dem Zeitpunkt, da Sie an Bord Ihrer Maschine gehen müssen.

ORI 4 Haben Sie noch Zeit, bevor Sie an Bord gehen müssen?
Antwort:

Wenn ja, nehmen Sie sich die nächste Instruktion vor. Wenn nicht, gehen Sie zurück zu ORI 3.

ORI 5 Begleitet Sie ein Freund auf diesem Flug?
Antwort:

Wenn ja, geben Sie Ihrem Freund dieses Buch mit der Bitte, jeden Abschnitt mit Ihnen durchzugehen, bei dem Sie irgend etwas tun müssen. Beantworten Sie allerdings auch die Fragen. Wenn nicht, tun Sie es selbst, mit mir als Ihrem Freund, der jeden Schritt mit Ihnen durchgeht.

ORI 6 Sofern Sie es nicht bereits getan haben, erkundigen Sie sich in der Abflughalle schnell danach, ob in Ihrem Flugzeug die Sitze reserviert sind oder ob man nach dem Motto verfährt: Wer zuerst kommt, sitzt zuerst.

ORI 7 Sind in Ihrem Flugzeug Sitze reserviert oder kann man sich setzen, wo man will?
Antwort:

Wenn die Sitze reserviert sind, gehen Sie zur nächsten Instruktion weiter. Wenn nicht, springen Sie zu ORI 10.

ORI 8 Haben Sie sich einen Platz zum Mittelgang reservieren lassen?
Antwort:

Wenn ja, gehen Sie gleich zu ORI 10 weiter. Wenn nicht, lesen Sie die nächste Instruktion.

ORI 9 Gehen Sie zum Abflugschalter zurück und versuchen Sie einen anderen Sitz zum Gang hin zu bekommen, am besten in einem Teil des Flugzeuges, von dem aus man einen guten Blick nach draußen hat (also nicht neben den Flügeln).

ORI 10 Versuchen Sie so nahe wie möglich an die Spitze der einsteigenden Passagiere zu gelangen. Wenn Sie keinen reservierten Sitz haben, können Sie sich auf diese Weise einen Sitzplatz zum Mittelgang hin sichern. Tun Sie es auch, wenn Sie einen reservierten Sitz haben. Den Grund erfahren Sie in einer Minute.

ORI 11 Ich möchte, daß Sie eine Menge Dinge tun, sobald Sie an Bord der Maschine sind. So lesen Sie am besten bis zur ORI 18 im voraus, und vergessen Sie die Instruktionen nicht, wenn Sie sich an Bord begeben. Für den Fall, daß der Flug ausgebucht ist, möchte ich nicht, daß Sie von den Passagieren, die sich in die Maschine drängen, angestoßen werden, wenn Sie im Gang stehenbleiben, um die nächste Instruktion zu lesen.

ORI 12 Gehen Sie an Bord, wenn das Zeichen zum Einsteigen gegeben wird. Im Innern der Maschine prüfen Sie schnell die Sitzplätze zum Gang hin. Wenn Sie keine Möglichkeit sehen, Ihren Mantel aufzuhängen, fragen Sie die nächste Stewardess, ob es in dem Flugzeug einen Platz dafür gibt und wo er sich befindet. Wenn Sie keinen bestimmten Sitzplatz haben, suchen Sie sich zunächst einen und kommen Sie erst dann zurück, um Ihren Mantel aufzuhängen. Wenn die Passagiere keinen bestimmten Platz haben, wählen Sie einen Gangsitz vor oder hinter den Flügeln, von wo aus Sie ungehindert nach draußen schauen können. Genau über den Flügeln läßt es sich zwar angenehm fliegen, doch Sie können außer den Flügeln nicht das Geringste sehen.

ORI 13 Sitzen Sie jetzt bequem?
Antwort:

Wenn ja, fahren Sie fort. Wenn nicht, machen Sie trotzdem weiter.

ORI 14 Konnten Sie sich auf dem Flughafen oder vorher Lesestoff beschaffen, den Sie bevorzugen, scharfe Lektüre oder solche, die Ihren Interessen entgegenkommt?
Antwort:

Wenn ja, gehen Sie zur nächsten Instruktion weiter. Wenn nicht, tun Sie es trotzdem, der praktischen Übung halber.

ORI 15 Schauen Sie sich um. Sehen Sie einen Zeitschriftenstand, wie ihn die meisten Flugzeuge haben? Für gewöhnlich stehen sie in der Nähe der Toiletten im rückwärtigen Teil der Maschine oder in der Nähe der Verpflegungskabinen.

Antwort:

Wenn nicht, gehen Sie zur nächsten Instruktion weiter. Wenn doch, stellen Sie sich dumm und lesen Sie trotzdem die nächste Instruktion.

ORI 16 Fragen Sie die Stewardess (oder den Steward, je nachdem), wo der Zeitschriftenstand ist. Wenn sie erklärt, an Bord gebe es keine Zeitschriften, nehmen Sie sich vor, beim nächsten Mal mit einer Maschine zu fliegen, die aus einem Land kommt, dessen Bildungsniveau um einiges höher ist. Wenn man Ihnen sagt, Zeitschriften in deutscher Sprache seien nicht vorhanden, so spielt das keine Rolle. Sie können sich immer noch die Bilder anschauen.

ORI 17 Ist ein Zeitschriftenstand an Bord, sausen Sie dorthin, so schnell Sie können, und schauen Sie nach, was er enthält. Leihen Sie sich eine oder zwei Zeitschriften aus, die Ihnen interessant erscheinen.

ORI 18 Nehmen Sie Ihre Ausleihe mit an Ihren Platz und stecken Sie die Zeitschriften in die Netztasche vor Ihren Knien.

ORI 19 Haben Sie an dem Trainingsprogramm für den Flughafen teilgenommen?

Antwort:

Wenn ja, springen Sie zu ORI 20. Wenn nicht, warum haben Sie das nicht getan? Was wollten Sie beweisen? Möchten Sie ein Held sein? Manche Leute wissen nie zu schätzen, was man für sie tut. Zur Niederschrift dieses Abschnittes (unter Stöhnen und Wehklagen!) habe ich drei Wochen gebraucht, und Sie lehnen es einfach ab, ihn zu benutzen. Okay, nun sitzen Sie im Flugzeug, und so lassen Sie uns mit dem arbeiten, was wir zur Verfügung haben. Gehen Sie bitte zurück zu ORI 4 in dem Abschnitt, der für die Zeit vor dem Flug gedacht ist, und lesen Sie sich schnell durch, was dort über »Subjektive Einheiten von Unbehagen« (SEUs) geschrieben steht. Wenn Sie das getan haben, kehren Sie wieder an diese Stelle zurück und widmen Sie sich der nächsten Instruktion.

ORI 20 Wie hoch ist jetzt Ihr SEU-Niveau?
SEUs:

ORI 21 Gewiß, ein SEU-Niveau besagt noch nicht alles, doch was würden Sie sagen, wie niedrig müßte es sein, damit Sie sich bei diesem Flug einigermaßen wohlfühlen können?
Angenehmes SEU-Niveau:

ORI 22 Auf welches Niveau müßten Ihre SEUs steigen, damit Sie sich so unwohl fühlen, daß Sie das Flugzeug am liebsten verlassen würden?
Fluchtauslösende SEUs:

ORI 23 **Dies ist eine allgemeine Instruktion, an die Sie während des gesamten Fluges denken sollten. Wenn Sie feststellen, daß Ihr Angstniveau sich so weit hebt, daß Sie sich sehr unbehaglich fühlen oder nahe daran sind, die Maschine am liebsten zu verlassen, kennzeichnen Sie Ihre Stelle in diesem Abschnitt, indem Sie die Ecke der Seite, auf der Sie sich gerade befinden, einknicken, und springen Sie dann zu ORI 127. Um für den Fall, daß Sie diese Instruktion vergessen, keine Zeit zu vergeuden, wenn Sie nervös werden, schreiben Sie sie entweder auf die innere Titelseite des Buches oder blättern Sie die Seiten schnell zurück, bis Sie sich an dem Fettdruck dieser Instruktion orientieren.**

ORI 24 Orientieren Sie sich nun an Ihrer Umgebung. Mit welchem Flugzeugtyp fliegen Sie? (Boeing 707, 727, 747; Douglas, DC 10, 11; Caravelle; Airbus; ein Zweisitzer mit offenem Cockpit?) Wenn Sie es nicht wissen, fragen Sie jemanden. Wenn Ihre Mitreisenden es Ihnen auch nicht sagen können, fragen Sie die Stewardess oder Ihren Flugbegleiter.
Flugzeugtyp:

ORI 25 Wie viele Passagiersitze hat das Flugzeug? Schauen Sie den Gang rauf und runter und zählen Sie die Sitzreihen. Dann multiplizieren Sie diese Zahl mit der Zahl der Sitze in einer Reihe.
Zahl der Sitze:

ORI 26 Wieviel Sitze sind unbesetzt? Wenn Sie von dort aus, wo Sie sitzen, Schwierigkeiten mit dem Zählen haben, stehen Sie

auf, begeben sich zu dem Teil des Flugzeuges, wo die Toiletten sind, und zählen Sie von dort aus.
Unbesetzte Sitze:

ORI 27 Wieviel Fenster hat die Passagierkabine?
Zahl der Fenster:

ORI 28 Zeichnen Sie in den dafür vorgesehenen leeren Raum der Seite eine ungefähre Skizze des Kabinenraums, einschließlich der Sitzanordnungen, der Toiletten, der Verpflegungskabinen, der Wasserhähne, der Zeitschriftenständer, des Filmprojektors, der Filmleinwand, der Flügel, der Ausgänge usw. Bezeichnen Sie alle Gegenstände, die Sie in den Kabinengrundriß eintragen, mit Ausnahme der Sitze.

ORI 29 Markieren Sie Ihren eigenen Sitz auf der Skizze mit einem X.

ORI 30 Wo ist der Rufknopf für die Stewardess?
Antwort:

ORI 31 Stellen Sie fest, wo sich die Doppelsteckdose für den Anschluß Ihrer Kopfhörer befindet. Wo ist sie? (In einigen kleineren Passagiermaschinen fehlt die Tonfilmausrüstung. Wenn Sie nicht wissen, wo sich die Steckdose befindet, fragen Sie einen Mitreisenden.)

ORI 32 Schauen Sie in die kleine Netztasche vor Ihren Knien. Was entdecken Sie darin? Stellen Sie eine Liste all dessen zusammen, was Sie in der Tasche finden (Prospekte der Fluggesellschaft, eine Skizze mit den Sicherheitsvorkehrungen im Flugzeug, Rent-a-Car-Reklame, ein Beutel, in den man sich

übergeben kann, einige alte Hühnerknochen von Ihrem Vorgänger, der sich Leckereien mit an Bord gebracht und dieses Trainingsprogramm durchgearbeitet hat, usw.).
Inhalt der Netztasche:

ORI 33 Während Sie nun darauf warten, daß Ihr Flugzeug den Abflugterminal verläßt, lassen Sie uns noch einige Dinge durchnehmen, auf die wir beim Flug zurückkommen werden. Wer ist Ihr Held oder Ihre Heldin? Jemand, von dem Sie gehört haben oder den Sie kennen? Wenn dieser Mensch mit in dem Flugzeug säße, so wüßten Sie tief in Ihrem Innern, daß die Maschine sich überhaupt nicht trauen würde, anders als perfekt zu fliegen. Mein Held, seltsam genug, ist Prinz Philip. Der gefühlsmäßig sechs Jahre alte Junge in mir *weiß,* daß er und ich im Innern eines Vulkankraters sitzen könnten, um dort unser Mittagessen einzunehmen, und der Vulkan würde keinen Mucks von sich geben, bis wir mit der Nachspeise fertig wären. Nun seien Sie mal ehrlich. Können Sie sich wirklich vorstellen, daß Prinz Philip – oder Königin Elizabeth – in irgendeiner Situation Angst verspürt? Ganz unwahrscheinlich! Wenn einer von ihnen zur Stelle wäre, brauchte niemand Angst zu haben, denn alles wäre in Ordnung, alles wäre unter Kontrolle – oder würde dank ihrer Autorität unter Kontrolle gebracht.

ORI 34 Könnten Sie wirklich Angst vorm Fliegen haben, wenn Prinz Philip neben Ihnen säße? Natürlich nicht, und nebenbei, wer würde sich unter solchen Umständen um eine lächerliche Bagatelle wie Flugangst Gedanken machen? Wir wären viel zu sehr damit beschäftigt, uns von der Aussicht fesseln zu lassen, ihn als einen Menschen kennenzulernen, als daß wir uns auch nur im geringsten um eine so beiläufige Sache wie das Fliegen kümmerten. »Fliegen sagten Sie, Euer Hoheit? Nun, ich fliege regelmäßig, jeden Fastnachtsdienstag, natürlich! Ich habe noch nie ein Feuerwerk versäumt.« Jedenfalls, lassen Sie uns Ihren Prinz Philip als Ihr gefühlsmäßiges Staatsoberhaupt bezeichnen, als Ihren Retter, als den Einen, von dem Sie tief in Ihrem Innern überzeugt sind, daß er immer, ganz gleich, was auch geschieht, unversehrt davonkommt.
Ihr Retter:

ORI 35 Hat sich Ihr Flugzeug schon vom Terminal zu entfernen begonnen?
Antwort:

Wenn ja, springen Sie zu ORI 37. Wenn nicht, fahren Sie mit der nächsten Instruktion fort.

Wie Sie Ihre Angst während des Starts verringern können

ORI 36 Während Sie darauf warten, daß die Maschine anrollt, lesen Sie in den anderen Kapiteln dieses Buches (vor allen in denen zu Anfang, sofern Sie das nicht bereits getan haben), bis das Flugzeug sich in Bewegung setzt. Gehen Sie dann zu den folgenden Instruktionen über.

ORI 37 Wie hoch ist Ihr SEU-Niveau?
SEUs:

ORI 38 Liegt es nahe bei dem Niveau, bei dem Sie eigentlich die Flucht ergreifen möchten?
Antwort:

Wenn ja, springen Sie zu ORI 127. Wenn nicht, fahren Sie fort.

ORI 39 Können Sie aus einem Fenster schauen?
Antwort:

Wenn ja, springen Sie zu ORI 41. Falls nicht, fahren Sie mit der nächsten Instruktion fort.

ORI 40 Können Sie sich vorübergehend auf einen Platz setzen, von dem aus Sie aus dem Fenster schauen können?
Antwort:

Wenn ja, fahren Sie fort. Wenn nicht, springen Sie zur Instruktion 47.

ORI 41 Vorausgesetzt, Ihr Flugzeug hat sich nunmehr in Bewegung gesetzt und rollt dem Startplatz zu. Schreiben Sie die verschiedenen Fluggesellschaften auf, deren Maschinen Sie erkennen können, während Sie dem Startplatz zurollen, also Fluggesellschaften wie die Lufthansa, Pan Am usw. Ordnen Sie jedes Flugzeug nach seinem Eindruck auf Ihr ästhetisches Empfinden ein. Wie schön sieht das Flugzeug aus, mit all seinen Emblemen, Buchstaben, lachenden Gesichtern usw.? Ordnen Sie das Gesamtbild auf einer Skala, die von 1 bis 10 reicht. 1 bedeutet kitschig, 10 phantastischer Anblick. Fangen Sie mit der Einordnung an und gehen Sie gleichzeitig nach ORI 42 weiter.

1. 6.

2. 7.

3. 8.

4. 9.

5. 10.

ORI 42 Können Sie den Kontrollturm des Flughafens erkennen (das höchste Gebäude auf dem Flughafen, eine Art Turm mit einem Kranz von Fenstern an der Spitze)?
Antwort:

Wenn ja, springen Sie zu ORI 46. Falls nicht, machen Sie weiter.

ORI 43 Können Sie den Kontrollturm von Ihrem Platz aus durch irgendein anderes Fenster sehen?
Antwort:

Wenn ja, springen Sie zu ORI 46. Wenn nein, fahren Sie fort.

ORI 44 Können Sie das höchste Gebäude auf dem Flughafen erkennen?
Antwort:

Wenn ja, nennen Sie es den Kontrollturm und springen Sie zu ORI 46. Wenn nein, machen Sie weiter.

ORI 45 Können Sie aus Ihrem Fenster irgendein Gebäude sehen? Eine Halle, ein Restaurant, einen Hangar?
Antwort:

Wenn ja, nennen Sie dies Gebäude den Kontrollturm und fahren Sie mit der nächsten Instruktion fort. Wenn nein, springen Sie zu ORI 47.

ORI 46 Geben Sie auf dem unten angedeuteten Zifferblatt die Richtung, in welcher der Kontrollturm liegt, mit einem Pfeil an, die Richtung von Ihrem Flugzeug aus, das sich auf den Startplatz zubewegt. Zwölf Uhr ist stets die Richtung, die das Flugzeug nimmt, ganz gleich, wohin es rollt, ob hierhin oder dorthin. Um alle dreißig Sekunden die Richtung auszumachen, in der Sie rollen, halten Sie den Kopf dieser Seite einfach so, daß er auf die Nase des Flugzeugs zeigt, und notieren Sie dann, welche Zahl des Zifferblattes in Richtung des Kontrollturms weist. Bezeichnen Sie jeden Pfeil, den Sie einzeichnen, um die Richtung des Kontrollturms anzugeben, mit den Zahlen 1, 2, 3 usw.

12

9 3

6

Zeichnen Sie in Abständen von 30 Sekunden Pfeile ein und denken Sie daran, daß Sie jetzt zwei Dinge gleichzeitig tun: die Richtung feststellen, in der Ihr Flugzeug rollt, und alle anderen Maschinen auf Ihrer »Schönheitsskala« einordnen. Benutzen Sie Ihre Uhr, um den Ablauf von jeweils dreißig Sekunden festzustellen. Oder zählen Sie Schimpansen, wenn Sie keine Uhr bei sich haben. (Sie wissen nicht, wie man Schimpansen zählt? Dann gehen Sie schnell zu ORI 66 im Vorflug-Programm zurück und schauen Sie sich an, wie das gemacht wird.)

ORI 47 Wie hoch ist Ihr SEU-Niveau?
SEUs:

ORI 48 Liegt es nahe bei dem Flucht-Niveau?
Antwort:

Wenn ja, springen Sie zu ORI 127. Wenn nicht, machen Sie weiter.

ORI 49 Stehen Sie jetzt vor der Startbahn und warten darauf, daß der Kontrollturm die Erlaubnis zum Abflug gibt?
Antwort:

Wenn nein, machen Sie mit den ORI 41 und 46 weiter, bis die Erlaubnis zum Start gegeben wird. Wenn ja, springen Sie zurück zu ORI 46 im Vorflug-Programm, und schauen Sie sich dort an, wie man die Zeit auch ohne Uhr zählen kann. Tun Sie das möglichst schnell und kehren Sie zu dieser Instruktion zurück. Zählen Sie jetzt die Zahl der Schimpansen vom Zeitpunkt, da sich Ihr Flugzeug in Bewegung setzt, bis Sie das Gefühl haben, daß die Maschine abgehoben hat. Während der Fahrt die Startbahn hinunter achten Sie auf das Geräusch der Flugzeugräder und auf die Erschütterungen der Maschine. Achten Sie auf das Gefühl von Schwere (oder auf das Fehlen des Gefühls) in Ihrem Körper, während die Maschine an Fahrt gewinnt. Wenn das Flugzeug abhebt, werden Sie das Gefühl haben, daß seine Bewegungen freier sind, als sei es nicht mehr an die Erde gebunden. Wenn Sie noch niemals zuvor geflogen sind, beschreibt dieses Gefühl von Freiheit am besten den schnellen Wechsel der Sinneseindrücke. Konzentrieren Sie sich beim Zählen und warten Sie auf den beschriebenen Eindruck.

ORI 50 Hat Ihr Flugzeug abgehoben?
Antwort:

Wenn nein, zählen Sie weiter. Wenn ja, schreiben Sie die Zahl der Schimpansen auf, die Sie gezählt haben, bis das Flugzeug vom Boden abhob.
Zahl der Schimpansen:

ORI 51 Das gewöhnliche Düsenflugzeug braucht rund 350 Stundenkilometer Geschwindigkeit, um vom Boden abheben zu können. Die durchschnittliche Geschwindigkeit während des Starts beträgt die Hälfte (0 plus 350 durch 2) oder 175 Stundenkilometer. Teilen Sie diese 175 Stundenkilometer durch 60 und benutzen Sie dazu den linken Seitenrand.
Antwort:

ORI 52 Teilen Sie dieses Ergebnis durch 60 Sekunden. Führen Sie auch diese Rechnung auf dem linken Seitenrand durch.
Antwort:

ORI 53 Nehmen Sie jetzt die Zahl der Schimpansen, die Sie während des Starts gezählt haben, mit dem letzten Rechenergebnis (0,0486) mal, und damit haben Sie die Länge der Startbahn in

Kilometern, die Ihr Flugzeug benötigt, um vom Boden abheben zu können.
Kilometer:

ORI 54 Sie können sich diese Entfernung besser in Metern vorstellen? Kein Problem. Nehmen Sie die Kilometerzahl einfach mit 1000 mal.
Meter:

ORI 55 Oder gar in Meilen? Nehmen Sie einfach noch einmal mit 1,609 mal.
Meilen:

Wie Sie Ihre Angst während des Fluges verringern können

ORI 56 Sie sind nun in der Luft und fliegen. Ist es außerhalb des Flugzeuges hell genug, daß Sie Dinge am Himmel oder auf der Erde sehen können?
Antwort:

Wenn ja, fahren Sie mit der nächsten Instruktion fort. Wenn nein, springen Sie zu ORI 58.

ORI 57 Was wissen Sie nun darüber, wie man die Flugangst gegenkonditioniert? Wie immer heißt auch hier die Losung: Orientieren Sie sich. Doch lassen Sie uns eine einfache Methode probieren, die sich seit Jahrhunderten zur Milderung von Angstzuständen bewährt hat. Mütter wenden sie immerfort an, wenn ihre kleinen Kinder bei Ausflügen in die Umwelt ängstlich werden. Die Methode wirkt auch bei nervösen Erwachsenen. Mein Kollege und Freund Dr. Zev Wanderer und ich haben sie dazu benutzt, nervösen Mitreisenden zu helfen, die in Flugzeugen neben uns saßen. Zev und ich gehen dabei so vor – und Sie können einen Freund oder Mitreisenden bitten, das gleiche zu tun –, daß wir die Wolken und die Erde unter uns nach natürlichen Konfigurationen absuchen, die wie etwas anderes aussehen. Eine Wolke beispielsweise kann wie das Gesicht eines Menschen aussehen oder auch wie irgendein Tier. Ein Feld weit unten mit seinen Bächen und Flüssen, die es durchziehen, läßt häufig Buchstaben oder abstrakte Zeichen erkennen. Felsvorsprünge an Berghängen zeigen nicht selten ein menschliches Gesicht im Profil. So suchen wir vom Fenster aus die Umgebung ab, und wenn wir eine interessante Figur oder Form entdecken, fordern wir den nervösen Menschen auf, sie sich anzuschauen: »Da hinten ist eine interessante Wolke. Sie sieht nach irgend etwas aus. Können Sie mir sagen, um welche Wolke es sich handelt und wie sie aussieht?«

Machen Sie ein Spiel daraus. Zunächst sollte Ihr Partner bei den Orientierungsbemühungen die Umwelt in Augenschein nehmen und Sie dann auffordern, eine interessante, an irgend etwas erinnernde Figur auszumachen und zu beschreiben. Wenn Sie, vielleicht mit ein wenig Hilfe, die Figur oder Gestalt erkannt haben, tauschen Sie die Rollen, das heißt, Sie betrachten die Umwelt, während Ihr Partner sich an ihr orientiert und Ihnen eine auffällige Figur, die er festgestellt hat, beschreibt. Das ist ein einfaches Kinderspiel, das immer klappt und sich ausgezeichnet dazu eignet, Angst vorm Fliegen zu reduzieren. Sie können es auch für sich allein spielen. Auch dann wird das Spiel Ihre Angst reduzieren, sofern Sie sich eine bestimmte Figur aussuchen und sie anschließend in groben Umrissen in Ihr Notizbuch zeichnen.

Bei der Lektüre dieser Sätze mögen Sie sich sagen: »Um sich an etwas auf der nicht vom Willen gesteuerten Ebene, also dort, wo meine Angst auftritt, zu orientieren, muß da der Stimulus nicht Signalwert haben? Er dürfte kaum so bedeutsam sein, wenn Sie nicht zugegen sind, um mich zu motivieren, und wenn ich für mich allein Dinge auswählen soll. Was macht ein Wolkengesicht bedeutsam und ansprechend?« Die Antwort ist ganz einfach: »Wenn Sie Wolkengesichter betrachten und sie zeichnen, *werden Sie weniger unangenehme Gefühle beim Fliegen haben.*« Dadurch gewinnen sie an Bedeutung. Spielen Sie dieses Orientierungsspiel mindestens fünfzehn Minuten oder mehr. Nach Beendigung gehen Sie zum übrigen Programm über. Wenn Ihre Angst erneut zu steigen beginnt, können Sie sich an den Wolken orientieren, um sie zu verringern.

ORI 58 Lassen Sie uns nunmehr Ihren OR auslösen, indem wir uns mit einem Denkspiel beschäftigen. Können Sie die nächsten drei Buchstaben in der folgenden Buchstabenreihe herausfinden? H I J K L M N – – – Die Antwort lautete natürlich, wie Sie bereits festgestellt haben, O P Q, das heißt, die

nächsten drei Buchstaben des Alphabets. Alle derartigen verschlüsselten Buchstabenfolgen beruhen auf irgendeiner Zahlenkombination. Beim Alphabet sind es 26 Buchstaben, und wenn ich Ihnen die Buchstabenfolge T U V W X Y – – – angebe, dann wüßten Sie, daß die drei folgenden Buchstaben Z A B lauten. Bei der Buchstabenfolge B E I N wäre der nächste Buchstabe T, denn die Reihenfolge ergibt sich dadurch, daß man erst einen Buchstaben, dann zwei, dann drei, dann vier und schließlich fünf zwischen den gewählten Buchstaben überspringt. Die Reihenfolge könnte auch auf binärer Grundlage beruhen, das heißt auf zwei Zahlenelementen, wie zum Beispiel 0 1 0 1 0 1 0, wobei 0 und 1 die einzigen Zahlen sind und die Grundlage der Reihenfolge 2 bildet, die beiden Zahlen also folglich wiederholt werden müssen. Die Reihenfolge kann auch auf der Zahl 8 beruhen, wie zum Beispiel 5 6 7 8 1 2, wobei die nächsten Zahlen 3 und 4 sind. Die Form der Abfolge kann auch willkürlich gewählt werden, zum Beispiel A V S S D A – –. Das sind die Anfangsbuchstaben der ersten Zeilen des deutschen Volksliedes »Alle Vögel sind schon da . . .« Die fehlenden Buchstaben sind natürlich V A. Da Sie nunmehr wissen, wie solche Abfolgen gebaut werden, wie man sogar mit ihnen jonglieren kann, um andere hinters Licht zu führen, finden Sie bitte heraus, welches die nächsten drei Buchstaben der folgenden Reihenfolge sind:
O T T F F S S – – –.

Schlaue Leute mit einem Dr. vor ihrem Namen haben schon tagelang darüber gebrütet. Hochschulabsolventen haben Wochen damit zugebracht, das Rätsel zu knacken, doch ich kenne ein fünfjähriges Kind, das innerhalb von fünf Minuten dahinter kam, und dieses Kind war kein kleiner Einstein. Wenn Sie die fehlenden Buchstaben herausgefunden haben, gehen Sie zur nächsten Instruktion über.

ORI 59 Schauen wir uns Ihre gelernten Interessen an, Ihre Hobbys, Dinge, denen Sie ständig Ihre Aufmerksamkeit widmen (ob Sie sie nun wirklich mögen oder nicht) und setzen wir all dies ein, um Ihnen beim Fliegen angenehmere Gefühle zu verschaffen.

ORI 60 Haben Sie irgendeinen OR-Auslöser mit an Bord gebracht, einen Gegenstand Ihres speziellen Interesses oder zumindest irgend etwas, mit dem Sie an Ihrem Sitz herumspielen können?

Antwort:

Wenn ja, springen Sie zu ORI 63 weiter. Wenn nicht, fahren Sie fort.

ORI 61 Interessieren Sie sich für irgend etwas, für Kunst, Keramiken, Musik, Weberei oder irgendein besonderes Projekt, mit dem Sie sich in Zukunft beschäftigen möchten und von dem Sie Skizzen, Diagramme, Zeichnungen, Versuchsanordnungen usw. anfertigen können?
Antwort:

Wenn ja, springen Sie zu ORI 73. Wenn nicht, fahren Sie fort.

ORI 62 Haben Sie irgendwelche Lektüre über Ihre speziellen Interessen mit an Bord des Flugzeuges gebracht?
Antwort:

Wenn ja, springen Sie zu ORI 77. Wenn nicht, springen Sie zu ORI 80.

ORI 63 Nehmen Sie Ihre Beschäftigung jetzt auf und widmen Sie sich ihr spielerisch. Tun Sie es allerdings nur, wenn Sie sicher sein können, nicht den Zorn oder böse Blicke der Mitreisenden oder des Flugpersonals auf sich zu ziehen. An Bord einer Boeing 747 Trompete zu blasen ist kein sonderlich guter Einfall. Mit dem ersten schmetternden Klang werden Sie bei Ihren Mitreisenden wahrscheinlich sichtliches Erschrecken auslösen.

ORI 64 Achten Sie auf die Zeit, wenn Sie nun den Behälter öffnen, der das Gerät Ihrer OR-Aktivität enthält. Spielen Sie eine Minute lang mit ihm.

ORI 65 Lehnen Sie sich jetzt in Ihrem Sessel zurück und beobachten Sie die anderen Leute im Flugzeug. Schreiben Sie auf dem Rand der Seite nieder, womit die Leute sich beschäftigen. Orientieren Sie sich an allen Passagieren in den drei Reihen vor Ihnen, in Ihrer eigenen Reihe und in den drei Reihen unmittelbar hinter Ihnen.

ORI 66 Gehen Sie wieder zu Ihrer OR-Tätigkeit über und beschäftigen Sie sich mit ihr für zwei weitere Minuten.

ORI 67 Geben Sie diese Beschäftigung auf und orientieren Sie sich an den Vorgängen außerhalb des Flugzeuges. Fliegen Sie über einen Fluß, über eine Stadt, über Berge, Wolken, Inseln oder über den Ozean? Schreiben Sie das Zutreffende in die Leerzeile.

ORI 68 Wie steht es mit Ihren SEUs? Sind sie auf einem sehr unangenehmen Niveau?
Antwort:

Wenn ja, gehen Sie zurück zu ORI 28. Wenn nicht, machen Sie weiter.

ORI 69 Nehmen Sie Ihre OR-Beschäftigung wieder auf und widmen Sie sich ihr intensiv, und zwar für weitere zwei Minuten.

ORI 70 Schließen Sie die Augen, strecken Sie sich so gemütlich wie möglich in Ihrem Sessel aus und stellen Sie sich Ihr Flugzeug vor, wie es hoch am Himmel dahinfliegt, über Wolken schwebt, durch sie hindurchstößt, wobei sich die Sonne auf den Flügeln bricht. Geben Sie sich dieser Vorstellung eine Minute lang hin.

ORI 71 Nehmen Sie Ihre Beschäftigung wieder auf und widmen Sie sich ihr, so lange Sie sich angenehm fühlen und sich nicht dabei langweilen. Schauen Sie sich alle zwei Minuten im Innern der Passagierkabine um, um zu sehen, was sich da abspielt. Schauen Sie sich genau an, was sechs verschiedene Leute, die Sie zufällig ausgewählt haben, alle zwei Minuten tun und halten Sie dies unten fest: 1 liest, 2 spricht mit jemandem, 3 schläft noch usw.

1. 4.

2. 5.

3. 6.

ORI 72 Beschäftigen Sie sich weiter mit Ihrem OR-Auslöser, bis es Sie langweilt oder bis die Maschine zum Landen ansetzt. Gehen Sie dann zurück zu ORI 61, um eine andere OR-Aktivität auszusuchen. Wenn die Maschine bereits landet, springen Sie nach ORI 249.

ORI 73 Ich möchte, daß Sie irgendein Projekt entwerfen, planen, überdenken, graphisch festhalten usw., mit dem Sie sich in Zukunft beschäftigen möchten, weil es Sie besonders interessiert. Wenn Sie einen Notizblock mit an Bord des Flugzeuges gebracht haben, benutzen Sie ihn für Ihre Skizzen und Notizen. Wenn Sie keinen dabei haben, benutzen Sie eine oder zwei der leeren Seiten am Schluß des Buches.

ORI 74 Fangen Sie mit Ihrem Entwurf an und achten Sie dabei auf die Zeit. Nach einer Minute lehnen Sie sich zurück und schauen sich im Flugzeug um.

ORI 75 Legen Sie eine Liste der Aktivitäten von sechs Ihrer Mitreisenden an oder führen Sie die Liste weiter, die Sie bereits benutzt haben. Bringen Sie die Liste alle zwei Minuten auf den aktuellen Stand und unterbrechen Sie zu diesem Zweck die Arbeit an Ihrem Entwurf und an Ihren Skizzen. Schreiben Sie unten die Sitznummern der Leute auf, die Sie ausgewählt haben, und listen Sie ihre Aktivitäten auf: 1 läuft auf und ab, 2 ist immer noch am quasseln, 3 hat noch einen Schnaps bestellt usw.

1. 4.

2. 5.

3. 6.

ORI 76 Fahren Sie damit fort, bis Sie sich bei dieser OR-Aktivität langweilen oder die Landung der Maschine kurz bevorsteht. Springen Sie dann zurück zu ORI 62, um sich eine andere OR-Aktivität auszusuchen, oder blättern Sie weiter bis ORI 250, wenn Ihr Flugzeug bereits an Höhe zu verlieren beginnt.

ORI 77 Suchen Sie sich die Lektüre über Ihr OR-Interesse aus, die Ihnen am meisten gefällt. Beginnen Sie zu lesen, doch achten Sie dabei auf die Zeit. Nach zwei Minuten hören Sie mit dem Lesen auf und gehen zur nächsten Instruktion weiter.

ORI 78 Während Sie Ihr OR-Material lesen, möchte ich, daß Sie alle zwei Minuten damit aufhören und sich an dem orientieren, was im Flugzeug vor sich geht. Wählen Sie nach Zufall sechs Ihrer Mitreisenden aus und listen Sie ihr Verhalten in den leeren Zeilen unten auf oder fahren Sie mit der Liste fort, die Sie bereits angelegt haben: 1 kämmt sich das Haar, 2 läuft immer noch wie angestochen umher, 3 hat wieder ein Nikkerchen eingelegt, 4 liest eine Zeitung verkehrt herum, 5 sieht aus, als wenn er zum Klo müßte usw.

1. 4.

2. 5.

3. 6.

ORI 79 Fahren Sie mit der Lektüre Ihres OR-Materials fort, bis Sie sich langweilen oder die Maschine zum Landen ansetzt. Wenden Sie sich dann der nächsten Instruktion zu oder blättern Sie bis zu ORI 249, sofern Sie bereits landen.

ORI 80 Haben Sie Kleingeld bei sich?
Antwort:

Wenn ja, machen Sie mit der nächsten Instruktion weiter. Wenn nein, lassen Sie sich von einem Mitglied des Flugpersonals oder von einem Mitreisenden Kleingeld geben und fahren Sie dann mit der nächsten Instruktion fort.

ORI 81 Sie sollen nun eine Technik zur Auslösung des Orientierungsreflexes einsetzen, die so wirksam wie Sex oder Nahrung die auf Spaß erpichte Hälfte Ihres autonomen Nervensystems erregt: eine Aufgabe zur Koordinierung von Auge und Hand. Es ist eine alte Technik, die dazu verwandt wird, Langeweile zu verscheuchen, und überdies eine einfache: Pfennigwerfen. Das soll nur ein Spiel sein, aber machen Sie es sich nicht so leicht, daß Sie seiner schnell überdrüssig werden. Auf Seite 181 sehen Sie eine Anzahl von Rechtekken, die von Null bis neun durchnummeriert sind. Ihre Aufgabe ist es, von Ihrem Schoß aus einen Pfennig (oder einen Groschen) auf eines der durchnummerierten Rechtekke zu werfen. Dazu legen Sie dieses Buch auf Ihr heruntergeklapptes Tablett, so daß eine Seite flach aufliegt, während Sie die andere Seite mit Ihrer unbeschäftigten Hand hochhalten.

ORI 82 Schauen Sie sich nun Seite 182/3 an. Wie Sie sehen, handelt es sich um eine grobe Landkarte mit den größten Städten und Flughäfen der Welt. Sie sollen eine Flugreise rund um die Welt unternehmen. Sie starten von dem größten Flughafen in der Nähe Ihres jetzigen Standortes und kehren dorthin zurück, nachdem Sie auf der von Ihnen gewählten Route den Erdball umkreist haben.

ORI 83 Wenn Sie wollen, beachten Sie, daß auf den Seiten 184 ff. die Entfernungen zwischen den großen Flughäfen angegeben sind. Zwischen Chicago und New York sind es beispielsweise 1147 Kilometer. Um von Chicago nach New York (oder zurück) zu gelangen, müssen Sie Ihren Pfennig zunächst auf die 1, dann noch einmal auf die 1, dann auf die 4 und zuletzt auf die 7 werfen. Zahlen zwischen den Treffern zählen nicht.

ORI 84 Zur Auslösung Ihres nicht-willentlichen Orientierungsreflexes und damit zur Milderung Ihrer Angst vorm Fliegen sollen Sie nun von Ihrem Startflughafen aus auf dem kürzesten Wege den Erdball umfliegen, und zwar mit einer möglichst geringen Anzahl von Pfennigwürfen. Denken Sie daran, der Pfennig muß, um als Treffer zu gelten, ganz innerhalb des weißen Raumes des mit einer Zahl gekennzeichneten Rechtecks liegen. Berühren der Grenzlinien ist nicht erlaubt. Was ist mit den anderen Rechtecken, jenen, die mit A, B, C, D, E und F markiert sind? Haben Sie sich vielleicht schon gefragt. Eine gute Frage! Sie beginnen sich bereits von sich aus zu orientieren. Das ist nicht weiter schwierig, denn man muß wissen, daß wir alle so angelegt sind, daß wir es automatisch tun. Wenn Ihr Pfennig eindeutig in die Rechtecke von A bis F fällt, schauen Sie auf Seite 179 ff. nach, was auf Sie zukommt.

ORI 85 Vor Beginn des Spiels machen Sie erst einige Probewürfe, um sich »aufzuwärmen«. Wenn Sie einen Partner oder eine Partnerin bei sich haben, die mit Ihnen spielen möchten, lassen Sie auch ihn oder sie zuerst einige Probewürfe machen.

ORI 86 Suchen Sie sich Ihre Route um die Welt aus und schreiben Sie die Flughäfen, die Sie anfliegen möchten, in die folgenden leeren Zeilen. Wenn Sie einen Partner haben, lassen Sie auch ihn eine Route auswählen und die Flughäfen aufschreiben.

	Ich	Du
Startflughafen		
Erster Stop		
Zweiter Stop		
Dritter Stop		
Vierter Stop		
Fünfter Stop		

Sechster Stop

Siebter Stop

Achter Stop

Neunter Stop

Zehnter Stop

Elfter Stop

ORI 87 Wenn Sie einen Partner haben, werfen Sie beide eine Münze auf das Rechteck, das die Zahl 9 trägt. Wer von Ihnen am nächsten an das Zentrum kommt, darf anfangen. Beim Werfen nach dem Rechteck, das Sie benötigen, wechseln Sie sich ab. Wenn der zweite Wurf den ersten innerhalb oder außerhalb eines Rechtecks trifft, gilt die Stelle, wo der Pfennig am Schluß liegt. Wenn Sie allein spielen, können Sie sich den Spaß, den es bereitet, mit einem Partner zu spielen, zum Teil dadurch verschaffen, daß Sie zwei Münzen nacheinander werfen. Denken Sie daran, daß es ein Spiel für Kinder ist, daß es jedoch automatisch dazu führt, daß Ihr autonomes Nervensystem sich orientiert, und das wiederum verringert Ihre Angst. Wenn Sie mit dem Spiel aufhören, achten Sie darauf, wie Sie sich fühlen, und fahren Sie mit der nächsten Instruktion fort. Treten Sie Ihre Weltreise an.

A1 Sie sind gerade durch einen sexhungrigen mongolischen Schafhirten entführt worden, und Ihr Flugzeug ist auf dem Weg nach Peking. Ändern Sie Ihre Flugroute entsprechend. In Peking sitzen Sie für drei Würfe fest, bis es der Regierung gelingt, Ihr Flugzeug gegen eine unbekannte Menge ranziger Butter einzutauschen.

A2 Ihr Pilot fühlt sich ein wenig luftkrank. Er entschließt sich, wieder zurückzufliegen, das heißt zu dem Flughafen, von dem aus Sie soeben gestartet sind. Sie sitzen für einen Wurf fest, bis ein Ersatz gefunden ist, damit das Flugzeug wieder starten kann.

A3 Dieser Wurf zählt als die von Ihnen gewünschte Zahl.

B1 Ihre Stewardess erklärt über die Lautsprecheranlage, sie sei im neunten Monat schwanger und der Kopilot habe endlich eingewilligt, sie zu heiraten. Alle Passagiere stimmen dafür, das Flugziel zu ändern und über New York zu den Niagara-Fällen zu fliegen. Beginnen Sie Ihre Flugreise von dort.

B2 Rücken Sie in einem kostenlosen Flug, den die Fluggesellschaft Ihnen gewährt, direkt nach Kalkutta in Indien vor und setzen Sie Ihre Reise von dort fort.

B3 Tut mir leid, Sie sind aus diesem Flug herausgefallen. Kümmern Sie sich nicht mehr um die Zahlen, die Sie auf der Zwischenstrecke bereits erzielt haben, sondern beginnen Sie erneut bei Ihrer letzten Zwischenstation.

C1 Während Sie friedlich vor sich hinfliegen, verkündet der Pilot, der Herrscher der Tongainseln habe den Eskimos von Alaska den Krieg erklärt, weil sie Walroßzähne aus Plastik mit dem Stempel Made in Japan exportiert hätten. Ihr Pilot hat sich entschlossen, das Ende der Feindseligkeiten auf dem Flughafen O'Hare in Chicago abzuwarten. Während des Konfliktes müssen Sie auf zwei Würfe verzichten, denn unterdessen entsenden die Vereinten Nationen Friedenstruppen, die den Südpazifik und das Beringmeer überwachen sollen. Diesen Umständen entsprechend haben Sie Ihre restliche Flugreise zu planen.

C2 Sie fliegen unerwartet mit Rückenwind, und Ihr Pilot verkündet, daß die Maschine gerade Ihren nächsten Bestimmungsort überfliegt. Betrachten Sie diesen Zwischenfall als Vorteil und setzen Sie Ihre Reise fort.

C3 Sie haben nun die Wahl: Sie erhalten entweder die Zahl, nach der Sie werfen, umsonst, ober Sie werfen noch zweimal, und wenn Sie die Zahl treffen, bekommen Sie die nächsten drei Zahlen von 0 bis 9 umsonst.

D1 Die Stewardess verkündet, die Maschine habe keinen Champagner mehr. Daher sei dringend ein Umweg nach Paris nötig, um einen Getränkevorrat aufzunehmen. Sie sitzen für fünf Würfe fest, während die Stewardess mit dem französischen Bodenpersonal wegen der Weinladung verhandelt.

D2 Bei Ihrer nächsten Zwischenlandung treffen Sie einen alten Freund, der Ihnen anbietet, Sie mit seiner Luftwaffenmaschine kostenlos zu Ihrem nächsten Flughafen zu fliegen. Sie gehen sofort auf sein Angebot ein.

D3 Während der nächsten drei Würfe zählt jede von Ihnen geworfene Zahl, die sich von Ihrer gewünschten Zahl um eins plus oder minus unterscheidet, als die Zahl, die Sie zu werfen versuchen.

6	F	1	B
C	4	E	7
0	A	9	3
8	2	D	5

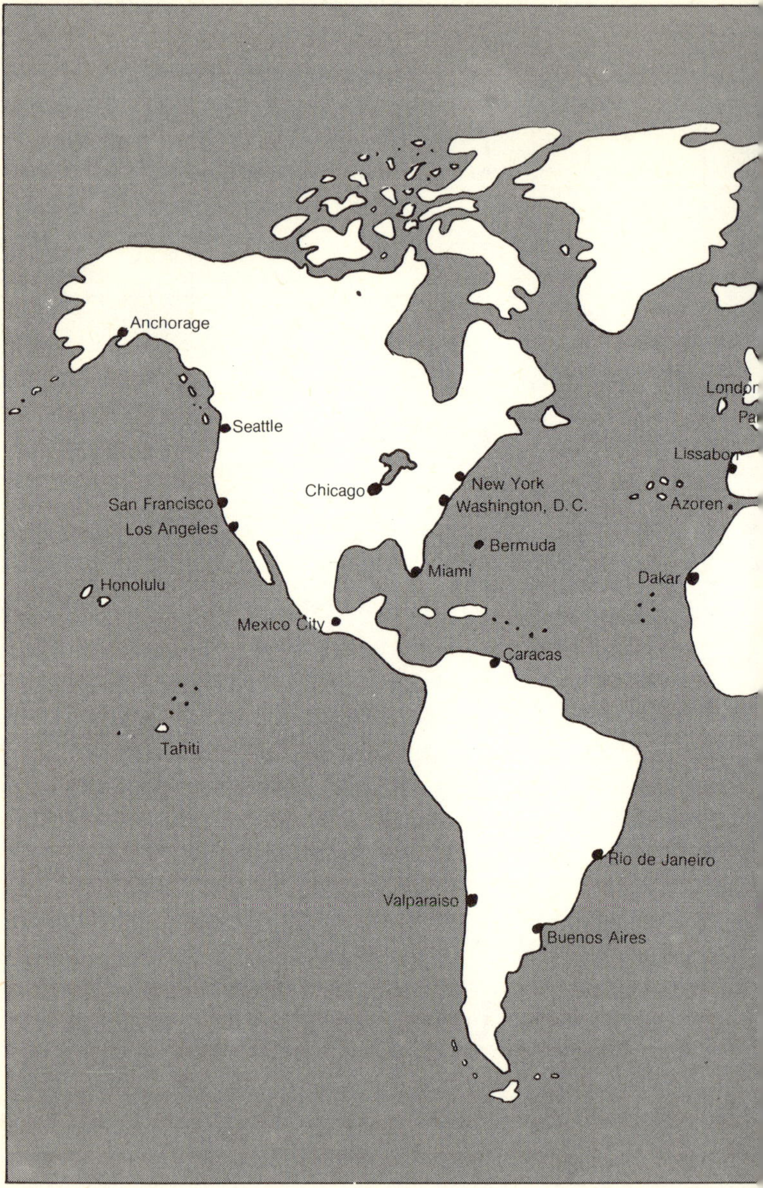

Anchorage
Seattle
San Francisco
Los Angeles
Chicago
New York
Washington, D.C.
Bermuda
Miami
Honolulu
Mexico City
Caracas
Tahiti
Rio de Janeiro
Valparaiso
Buenos Aires
Azoren
Dakar

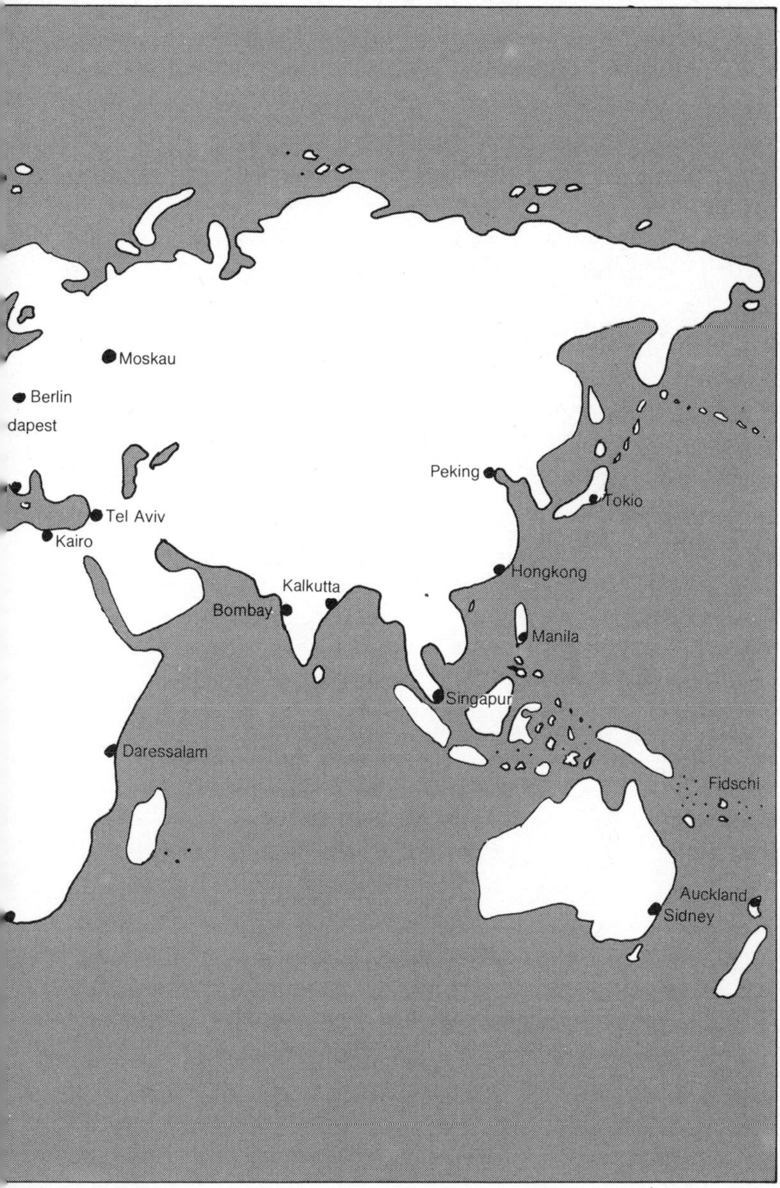
Moskau
Berlin
dapest
Tel Aviv
Kairo
Peking
Tokio
Hongkong
Kalkutta
Bombay
Manila
Singapur
Daressalam
Fidschi
Auckland
Sidney

E1 Herzlichen Glückwunsch! Die Fluggesellschaft hat Sie soeben mit der Zahl belohnt, die Sie gerade werfen wollten.

E2 Aufgrund von Nebel sitzt Ihre Maschine bei Ihrer nächsten Zwischenlandung auf dem Flughafen fest. Sie setzen für vier Würfe aus und warten, bis das Wetter sich wieder aufklart.

E3 Dies ist Ihr Glückstag. Sie bekommen zwei Zahlen zwischen 0 und 9, die Sie auf dieser Teilstrecke der Reise benötigen, umsonst.

F1 Der Flugbegleiter macht Sie darauf aufmerksam, daß Sie mit einem gefälschten Ticket reisen. Sie werden zu Ihrer letzten Zwischenstation zurückgeflogen. Starten Sie erneut von diesem Flughafen.

F2 Der Flugbegleiter erklärt, daß Sie der Gewinner des 1 000 000 000. Passagiers der Fluglinien in aller Welt sind. Ob Sie wollen oder nicht, das Flugzeug kehrt um und fliegt Sie nach Washington, wo Sie von der amerikanischen Bundesluftfahrtbehörde gefragt werden sollen, wie Sie herausgefunden haben, wo und wann Sie sich anstellen müssen, um den Preis zu gewinnen. Beginnen Sie Ihre Reise noch einmal von Washington aus.

Entfernungsanzeiger für Städte
(Alle Entfernungen sind Annäherungswerte)

Athen	Lissabon	2896
	Tel Aviv	1142
Azoren	Bermuda	3326
	Lissabon	1996
Berlin	London	924
	Moskau	1603
	New York	4803
	Peking	8010
	Honolulu	8775
	Lissabon	1720
Bermuda	Azoren	3326
	Miami	1577
	New York	1096

Bombay	Daressalam	4594
	Kairo	4278
	Kalkutta	1673
	Peking	4769
	Singapur	3908
	Tel Aviv	4069
Budapest	Paris	1271
Buenos Aires	Kapstadt	6951
	Valparaiso	1239
Caracas	Dakar	6952
	Rio de Janeiro	4087
Chicago	Los Angeles	2808
	New York	1147
	Seattle	2795
	San Francisco	2990
Dakar	Daressalam	6581
	Kapstadt	6808
Daressalam	Bombay	4594
	Dakar	6581
Fidschiinseln	Honolulu	4771
	Sydney	3215
	Tahiti	3475
Hongkong	Manila	1115
	Tokio	2890
Honolulu	Fidschiinseln	4771
	Los Angeles	4114
	Mexico City	6307
	Seattle	4309
Frankfurt	Berlin	269
	New York	4621
	Moskau	1510
	Lissabon	1398
	Buenos Aires	8571
	Sidney	13032
	Singapur	8334

Kalkutta	Bombay	1675
	Kairo	5641
	Peking	3257
Kapstadt	Buenos Aires	6950
	Valparaiso	1239
Lissabon	Azoren	1696
	Rom	2003
	Paris	1335
	Athen	2896
Los Angeles	Chicago	2808
	Honolulu	4114
	Mexico City	2482
	Miami	3763
London	Berlin	924
	Moskau	5566
Manila	Hongkong	1115
	Singapur	2380
Mexico City	Honolulu	6307
	Los Angeles	2481
Miami	Bermuda	1577
	Los Angeles	3763
	Mexico City	2011
Moskau	Peking	5788
	Budapest	1416
New York	Azoren	3836
	Bermuda	1096
	Chicago	1147
	London	5566
	San Francisco	4137
	Washington	330
Paris	Lissabon	1335
	Budapest	1271

Peking	Bombay	4769
	Kairo	7376
	Moskau	5780
	Tokio	2103
	Kalkutta	3257
Rio de Janeiro	Caracas	4087
	Kapstadt	6034
Rom	Kairo	2119
	Lissabon	2003
San Francisco	Chicago	2990
	Honolulu	3852
	New York	4137
	Tahiti	6782
Seattle	Chicago	2795
	Honolulu	4309
	Anchorage	2364
Sydney	Auckland	2365
	Fidschiinseln	3215
	Singapur	6034
Singapur	Bombay	3908
	Manila	2380
	Sydney	6034
	Kalkutta	2882
Tahiti	Auckland	3974
	Fidschiinseln	3475
	Valparaiso	6822
	San Francisco	6782
Tel Aviv	Bombay	4069
	Athen	1142
Tokio	Hongkong	2890
	Honolulu	6195
	Peking	2103
	Anchorage	6050

Valparaiso	Buenos Aires	1239
	Tahiti	6822
Washington	New York	330

F3 Aufgrund dieses Treffers kommen Ihnen die nächsten vier Würfe Ihres Partners zugute. Alle klaren Treffer, die Ihr Partner erzielt, zählen als Zahlen von 0 bis 9, die Sie benötigen.

ORI 88 Lassen Sie uns nun ein anderes Mittel versuchen. Es kann bei Ihnen Wunder bewirken, denn es bringt Ihrem autonomen Nervensystem durch Training bei, nicht jedesmal, wenn Sie einem Flugzeug nahekommen, Wellen von Nervosität auszusenden. Es handelt sich um Sex.

ORI 89 Haben Sie wenigstens ein pornographisches Buch oder einen Liebesroman mit an Bord der Maschine genommen?
Antwort:

Wenn ja, fahren Sie fort. Wenn nicht, springen Sie zu ORI 96.

ORI 90 Nehmen Sie eines Ihrer Bücher und blättern Sie es nach einer bestimmten Sexepisode durch. Eine gute Möglichkeit, in Pornobüchern die erotischen Stellen zu finden, besteht darin, bis zum Ende des Kapitels zu blättern und dann zwei oder drei Seiten zurückzugehen. Dann sind Sie mit einiger Sicherheit in irgendeiner Orgie oder etwas Ähnlichem. Beim Zurückblättern überprüfen Sie flüchtig die einzelnen Absätze, bis Sie den Anfang der Episode erwischt haben. Bei einem Liebesroman müssen Sie alle Seiten durchblättern.

ORI 91 Wenn Sie eine kitzelige Stelle entdeckt haben, fangen Sie an zu lesen. Achten Sie dabei auf die Zeit. Lesen Sie eine Minute lang und legen Sie das Buch dann weg.

ORI 92 Ich möchte, daß Sie sich beim Lesen dieser erotischen Passagen an den Vorgängen um sich herum orientieren. Wählen Sie nach Zufall ein halbes Dutzend Passagiere aus. Wenn allerdings jemand so aussieht wie Sie, nehmen Sie ihn in Ihre Liste auf. Schreiben Sie die Sitznummern der Passagiere auf:

ORI 93 Ich möchte, daß Sie sich fortlaufend notieren (sofern Sie das nicht bereits tun), wie die sechs Leute, die Sie ausgesucht haben, sich verhalten und was sie tun. Schauen Sie alle zwei

Minuten von Ihrer Lektüre auf und beobachten Sie, was die Leute tun. Verwenden Sie nur wenige Sekunden darauf, ihr Verhalten auf dem Rand der Buchseite festzuhalten: 1 schläft noch, 2 versucht sein Glück bei einem Mädchen auf der anderen Seite des Mittelganges, 3 quasselt immer noch usw. Notieren Sie auch, wenn der Flugkapitän oder andere Mitglieder des Personals etwas über den Lautsprecher verkünden, etwa: »Wir überfliegen gerade Bad Driburg in Ostwestfalen, Leute. Sie können das Städtchen ganz deutlich erkennen. Es ist der Flecken unten links, von Wäldern umgeben. Also Bad Driburg, Ostwestfalen, 6.46 Uhr mitteleuropäische Zeit.« Nach Ihren Eintragungen auf den Seitenrändern kehren Sie zu Ihrer Sexlektüre zurück.

ORI 94 Haben Sie bereits die physiologischen Folgen sexueller Erregung gespürt? Erregung in den Genitalien? Vergrößerung der Brustwarzen oder der Brüste? Unregelmäßiger Atem?
Antwort:

Wenn ja, dann sind Sie jetzt nicht sonderlich ängstlich, Sie können sich also an den Passagieren und am Flugzeug orientieren, bis die sexuelle Erregung abflaut. Schauen Sie aus dem Fenster. Sehen Sie nach der Uhrzeit. Bitten Sie die Stewardess um ein Glas Limonade. Suchen Sie herauszufinden, ob Ihr Flugzeug planmäßig landen wird oder nicht. Dann wenden Sie sich wieder Ihrem Buch zu. Wenn Sie noch nicht erregt sind, lesen Sie weiter oder suchen Sie sich eine noch härtere Stelle aus.

ORI 95 Fahren Sie mit dieser Prozedur fort, bis Sie es vor Langeweile nicht mehr aushalten, bis Ihnen die Sexlektüre zum Halse heraushängt oder bis Ihr Flugzeug zum Landen ansetzt. Machen Sie dann weiter mit der nächsten Instruktion oder springen Sie zu ORI 249, wenn Ihr Flugzeug bereits mit dem Landemanöver begonnen hat.

ORI 96 Denken Sie an den Zeitpunkt zurück, als Sie an Bord der Maschine gingen. Vergegenwärtigen Sie sich in Ihrem Innern die Leute, die in der Schlange standen, und suchen Sie sich den Mann, die Frau oder beide aus, die nach Ihrer Vorstellung am attraktivsten in sexueller Hinsicht aussahen. Können Sie ihn, sie oder beide von Ihrem Sitz aus sehen?
Antwort:

Wenn ja, springen Sie zu ORI 104. Wenn nicht, machen Sie mit der nächsten Instruktion weiter.

ORI 97 Suchen Sie sich aus der Schlange die Leute Ihrer zweiten Wahl aus, das heißt, diejenigen, die zwar auch sexy sind, aber nicht ganz so wie die Leute Ihrer ersten Wahl. Können Sie ihn, sie oder beide sehen?
Antwort:

Wenn ja, machen Sie mit ORI 104 weiter. Wenn nicht, fahren Sie mit der nächsten Instruktion fort.

ORI 98 Können Sie von Ihrem Sitz aus irgend jemanden erkennen, der auch nur einen winzigen Hauch von Sex-Appeal hat?
Antwort:

Wenn ja, springen Sie zu ORI 104. Wenn nicht, fahren Sie fort.

ORI 99 Fliegen Sie mit einem Militärtransporter?
Antwort:

Wenn ja, haben Sie meine Sympathie und ein wirkliches Problem, doch machen Sie weiter. Wenn nicht, so haben Sie trotzdem meine Sympathie, und auch in diesem Falle machen Sie mit der nächsten Instruktion weiter.

ORI 100 Stehen Sie zwanglos auf und schlendern Sie den Mittelgang hinunter, entweder zum Zeitschriftenstand, zur Speiseanrichte, zum Klo oder zur Garderobe. Während Sie sich zu dem Ziel begeben, das Sie gewählt haben, überprüfen Sie die Passagiere nach ihrem Sex-Appeal. Suchen Sie sich mindestens drei Menschen mit dem Geschlecht Ihrer Wahl aus und ordnen Sie sie nach ihrer sexuellen Attraktivität ein (von 0 bis 1000).

ORI 101 Wenn Sie das Klo, die Speiseanrichte, den Kleiderständer usw. erreicht haben, tun Sie dort irgend etwas – sich eine Limonade bestellen, die Hände waschen, mit Ihrem Mantel herumspielen usw. – und gehen Sie dann zurück zu Ihrem Sitz und nehmen Sie wieder Platz.

ORI 102 Schreiben Sie die Sitznummern der Leute auf, die auf Sie sexy wirken und die während Ihres Spazierganges Ihre Libido gereizt haben.

Sitz Nr. Sitz Nr.

Sitz Nr. Sitz Nr.

Sitz Nr.* Sitz Nr.

ORI 103 Schreiben Sie nun hinter der Sitznummer von jedem dieser Passagiere die Zahl zwischen 0 und 1000, mit der Sie seine sexuelle Attraktivität bewerten.

ORI 104 Machen Sie sich von dem Passagier mit der höchsten Rangzahl ein inneres Bild. Wenn Sie ihn oder sie von Ihrem Platz aus sehen können, mogeln Sie nicht. Halten Sie sich bei dieser Instruktion wirklich an Ihr Gedächtnis. Konzentrieren Sie sich auf die Art seiner (ihrer) Kleidung. Gehen Sie dann weiter zur nächsten Instruktion.

ORI 105 Trägt Nr. eins ein Jackett?
Antwort:

Wenn ja, machen Sie mit der nächsten Instruktion weiter. Wenn nicht, springen Sie zu ORI 108.

ORI 106 Von welcher Farbe ist es (braun, blau, rot, kariert, fischgrätenartig, vielfarbig)?
Farbe:

ORI 107 Woraus ist es gemacht (Seide, Cord, Wolle, Tweed, Leinen)?
Stoff:

ORI 108 Trägt Nr. eins einen Rock, ein Kleid, Hosen oder einen Pullover?
Antwort:

Wenn ja, fahren Sie fort, Wenn nicht, gehen Sie hin und stellen Sie sich vor.

ORI 109 Farbe? *Farbe:*

ORI 110 Stoff? *Stoff:*

ORI 111 Trägt Nr. eins einen Gürtel?
Antwort:

Wenn ja, machen Sie mit der nächsten Instruktion weiter. Wenn nicht, springen Sie zu ORI 113.

* Wenn Sie über diese Stelle hinaus weitere Sitznummern eintragen, dann haben Sie (a) einen ungeheuren Sexualtrieb, weil Sie in den letzten fünf Jahren auf einer einsamen Insel gelebt haben, nur in Gesellschaft von Ziegen, (b) einen naiven Optimismus, etwa von der Art der Freudschen Wunscherfüllung oder (c) Sie sind Bewohner von Schwabing in München oder von Christianshavn in Kopenhagen.

ORI 112 Was für ein Gürtel ist es (aus Leder, Stoff, farbig, weiß)?
Art des Gürtels:

ORI 113 Trägt Nr. eins einen Schlips?
Antwort:

Wenn ja, gehen Sie zur nächsten Instruktion weiter. Wenn nicht, springen Sie zu ORI 115.

ORI 114 Beschreiben Sie seine Farbe, den Stoff, aus dem er gemacht ist, usw.
Art des Schlipses:

ORI 115 Was für ein Hemd, Pullover usw. trägt Nr. eins?
Art:

ORI 116 Was für Schuhe?
Art:

ORI 117 Als Sie Nr. eins auf Ihrer Wertskala eingeordnet haben, was hat er oder sie da getan (geschlafen, geplaudert, gelesen, getrunken, gegessen, nichts)?
Tätigkeit von Nr. eins:

ORI 118 Schließen Sie nun Ihre Augen und stellen Sie sich vor, Nr. eins kommt den Mittelgang herunter auf Sie zu.

ORI 119 In Ihrer Reihe angelangt, fragt er oder sie, ober der Platz neben Ihnen noch frei sei. Sie bejahen das, und Nummer eins setzt sich neben Sie. Sie lächeln sich an, doch weiter geschieht nichts. Dann bemerken Sie, daß Sie ein wenig eingenickt waren, und Sie sehen dann, wieder wach, daß Nr. eins seinen Arm ungezwungen um Ihre Schulter gelegt hat und selbst eingeschlafen ist. Als nächstes bemerken Sie, noch ein wenig schläfrig, daß Nr. eins gerade aufwacht und dabei Ihren Nacken streichelt und Ihnen Liebesworte ins Ohr flüstert. Zu diesem Zeitpunkt sind Sie ganz klar daran interessiert, was Nr. eins Ihnen erzählt. Wenn Nr. eins wach ist, schauen Sie sich gegenseitig an, von Begierde erfüllt. Sie können sich kaum gegenseitig erkennen, denn es ist dunkel geworden und die Deckenleuchten des Flugzeuges sind noch nicht eingeschaltet. Als Sie aus dem Fenster schauen, können

Sie in der Entfernung lediglich mondbeschienene Wolken erkennen. Sie schauen sich im Flugzeug um und sehen, daß alle Passagiere friedlich vor sich hinschlummern (prüfen Sie, ob A, B oder C stimmt):

A. Streicheln sich.

B. Halten nach jemandem Ausschau, den Sie streicheln können.

C. Schlafen.

Sie lehnen sich über Ihre Armlehne und (stellen Sie fest, ob A, B oder C stimmt):

A. Ihr Partner kneift Sie in den Hintern.

B. Sie fallen von Ihrem Sitz.

C. Sie schauen den Gang rauf und runter.

Alles ist ruhig. Der Gang ist leer, mit Ausnahme von (prüfen Sie, ob A, B oder C stimmt):

A. Ein Betrunkener schnarcht auf dem Boden, während eine der Stewardessen ihn anstößt.

B. Vier Ehepaare aus Paderborn spielen Bäumchenwechsle-dich.

C. Die Stewardessen kochen in der Speiseanrichte Kaffee und flüstern dabei miteinander.

Ihre sexuelle Nr. eins langt in die Gepäckablage über sich und zieht eine Decke herunter. Dann tut Nr. eins folgendes (stellen Sie fest, ob A, B oder C stimmt):

A. Hüllt sich darin ein, setzt sich wieder und beginnt sich abzufühlen.

B. Wirft die Decke wie einen Umhang über die Schulter, springt über Sie hinweg und rennt gackernd wie ein Huhn die Gänge auf und ab.

C. Legt die Decke Ihnen beiden um die Schultern.

Sie und Nr. eins beginnen unter der Decke, wo niemand sehen kann, was Sie treiben, sich gleichzeitig zu necken, zu streicheln, abzufingern und zu kitzeln. Wenn jemand zu Ihnen herschaute, könnte er nur etwas sehen, was so aussieht (wählen Sie unter A, B oder C):

A. Zwei Katzen und ein Hund in einem Sack.

B. Eine tragbare Ölpumpe unter einer Plane.

C. Zwei Leute, die einander zu wärmen versuchen.

Nach einigen Minuten meint Nr. eins (wählen Sie zwischen A, B oder C):

A. »Du nimmst dir zuviel von der Decke.«

B. »Rauchst du nach dem Sex?« und Sie antworten: »Ich weiß nicht. Beim nächsten Mal werde ich darauf achten.«

C. »Laß uns zum Klo gehen, da haben wir mehr davon.«

Hand in Hand gehen Sie den Gang hinauf, halten vor dem Klo und schauen sich um, den Gang hinunter. Niemand bemerkt, daß Sie hineingehen und die Tür hinter sich schließen. Nr. eins erklärt (wählen Sie zwischen A, B und C):

A. »Laß mich auch rein, blöde Kuh. Warum bin ich sonst wohl mitgekommen?«

B. »Um Himmels willen schließ die Tür, ehe wir zur Sache kommen.«

C. »Nun laß uns schon anfangen.«

ORI 120 Sie denken jetzt bestimmt, das sollte eine sexuelle Phantasie sein, nicht wahr? Eine andere Sache, die wir nur gestreift haben, die aber mit Orientieren viel zu tun hat, ist Neuigkeit, der Reiz des Neuen. Wenn Sie etwas anderes bekommen, als Sie erwartet haben, orientieren Sie sich.

ORI 121 Malen Sie sich nun in Ihrer Vorstellung aus, was auf dem Klo passiert. Schließen Sie die Augen und stellen Sie sich jede Einzelheit vor. Wohin legt Nr. eins sein Jackett? Den Gürtel seiner Hose. Sitzen Sie auf der Toilette, während Nr. eins vor Ihnen steht? Steht Nr. eins auf der Toilette? Was tun Sie dann? Fällt der Schlips ins Becken und wird weggespült? Was sagt Nr. eins, wenn er sich gegen die Tür lehnt und sich am Türknopf verheddert? Muß die Besatzung die Türangeln entfernen, um Sie beide aus der Toilette zu holen? Malen Sie sich alle die Einzelheiten aus und geben Sie sich dann einer Phantasie Ihrer Wahl hin. Anschließend gehen Sie zur nächsten Instruktion über.

ORI 122 Schließen Sie die Augen und stellen Sie sich folgende Situation vor. Ich schildere Ihnen nur den groben Umriß, die Einzelheiten füllen Sie auf. Ihr Flugzeug hat gerade eine außerplanmäßige Zwischenlandung eingelegt, und wer kommt natürlich an Bord? Ihr Vorbild, Ihr Idealmensch, der phantasierte Mensch, an den Sie sich halten, der tief in Ihrem Innern lebt und alles übersteht, was es auch sei. Dieses Wesen, Ihr Retter sozusagen, kommt den Gang herunter, und obwohl es noch eine Reihe von freien Plätzen gibt, kommt er genau auf Sie zu und fragt, ob es gestattet sei, daß er (oder auch sie) neben Ihnen Platz nimmt. Was sagen Sie? *Antworten Sie Ihrem Retter:*

ORI 123 Ihr Retter stellt sich vor und entschuldigt sich, daß er (oder sie) mit der außerplanmäßigen Zwischenlandung, die ausdrücklich den Zweck hatte, ihn (sie) an Bord zu nehmen, Ihnen und den anderen Passagieren Unannehmlichkeiten bereitet habe. Was sagen Sie zu dieser Entschuldigung?
Antwort:

ORI 124 Ihr Retter fragt Sie nebenbei: »Fliegen Sie oft?« Welches wäre Ihre ehrliche Antwort? (»Was glauben Sie, haben die Flügel, die hinten aus meinem Jackett ragen, für einen Zweck?« »So oft ich kann.« »So wenig wie möglich.« »Nur wenn mich jemand kidnappt.« »Dies ist das erste Mal, und ich kann gar nicht sagen, wie mich das nervt.« »Niemals. In Wirklichkeit bin ich gar nicht hier. Ich habe an meiner Stelle eine Nachbildung aus Pappe geschickt.«)
Antwort:

ORI 125 Ihr Idealtyp fragt Sie dann, ob Sie ihm einen Gefallen tun können. Was möchte er oder sie von Ihnen? (»Können Sie mir eine Zigarette geben?« »Kaufen Sie mir einen Drink? Ich habe in der Eile mein ganzes Geld vergessen.« »Kann ich Ihnen von meinen Problemen erzählen? Manchmal rege ich mich so auf, daß ich jeden Augenblick in die Luft gehen könnte.« »Würden Sie mir Ihre Decke leihen?«)
Frage:

ORI 126 Sie beginnen mit Ihrem Retter zu plaudern. Wonach würden Sie ihn oder sie fragen? (»Mögen Sie das Fliegen?« »Haben Sie auch irgendwelche Phobien?« »Wohin fliegen Sie?« »Warum fliegen Sie dorthin?« »Mit wem treffen Sie sich?«) Entscheiden Sie sich, wie Sie das Gespräch führen wollen. Schreiben Sie jede Ihrer Äußerungen in Ihr Notizbuch. Entscheiden Sie, wie Ihr Retter antworten würde, und halten Sie auch das schriftlich fest. Um Ihre Angst zu mildern, ist es besser, wenn Sie etwas niederschreiben, statt nur Ihren Kopf zu benutzen. Verwenden Sie auf diese Aufgabe mindestens eine Viertelstunde. Der nächste Abschnitt im Trainingsprogramm für den Flug hat eine Reihe von OR-Unterprogrammen für starke Angstzustände. Vielleicht möchten Sie diese Programme nicht alle durchlaufen, sondern nur eins oder mehrere, je nach Ihren Bedürfnissen. Wenn Sie etwas zu essen mit an Bord gebracht haben, gehen Sie den Abschnitt über Nahrung durch. Oder durchlaufen Sie das Unterprogramm für sexuelle Dinge. Wenn Sie dann später feststellen, daß Sie in Angst geraten, kehren Sie zu dem Abschnitt über starke Angstzustände zurück und beginnen Sie wieder mit dem ersten Unterprogramm. Wenn im Verlauf eines dieser Unterprogramme Ihre Flugzeug zum Landen ansetzt, springen Sie zu ORI 249.

Wie Sie sich beruhigen können, wenn Sie in Angst geraten

ORI 127 Jedesmal, wenn Sie zu diesem Abschnitt kommen, schreiben Sie die ORI-Nummer auf, von der Sie nach hier gesprungen sind.

Danach gehen Sie zurück zu ORI:

Danach gehen Sie zurück zu ORI:

Danach gehen Sie zurück zu ORI:

Danach gehen Sie zurück zu ORI:

Danach gehen Sie zurück zu ORI:

Danach gehen Sie zurück zu ORI:

Danach gehen Sie zurück zu ORI:

ORI 128 Sie sind gerade zu diesem Abschnitt vorgerückt, weil Ihr SEU-Niveau so hoch war, daß Sie wünschten, Sie hätten sich niemals entschlossen, an Bord dieser verdammten Maschine zu gehen. Schauen wir, was wir dagegen tun können. Haben Sie eine fast panische Angst vorm Fliegen?
Antwort:

Wenn nicht, springen Sie zu ORI 170. Wenn doch, machen Sie mit der nächsten Instruktion weiter.

ORI 129 Na schön! Sie könnten also in die Luft gehen und den Gang schreiend auf und ablaufen oder sich in die Hose machen und dann vor lauter Peinlichkeit in Ohnmacht fallen. Was würden Sie gern dagegen tun, außer das Flugzeug zu verlassen? Wählen Sie Ihre Antwort aus.

A. In meinen Sitz kriechen und verschwinden.
B. Schreiend den Gang auf und ablaufen.
C. Auf die Toilette gehen.

Antwort:

Wenn A zutrifft, dann neigen Sie zum Wunschdenken. Haben Sie hingegen B oder C gewählt, dann machen Sie sich konstruktive Gedanken. Den Gang auf und abrennen würde zweifellos dazu beitragen, das Adrenalin ein wenig zu verbrennen, das Ihr autonomes Gehirn in Ihr Körpersystem pumpt. Leider sieht die Besatzung des Flugzeuges das gar nicht gern und wirft Sie raus, wenn das Flugzeug noch auf dem Boden steht, oder bindet Sie fest, wenn es sich bereits in der Luft befindet. Doch das Verhalten der Besatzung ist zumindest verständlich. Jedesmal, wenn ein Passagier dieses normale, gesunde, von seiner angeborenen Physiologie ausgelöste Verhalten an den Tag legt, nimmt der Verkauf von Flugtickets ab, und die Besatzung muß sich um ihre Arbeitsplätze sorgen. Sicher, das ist simple Rechenkugel-Wirtschaft, doch was will man dagegen tun? Nichts. Die Fluggesellschaften sind für Dauerläufe in ihren Boden- und Flugeinrichtungen nicht zu haben, jedenfalls heute nicht, vielleicht in zehn Jahren. Auf der anderen Seite kann es hilfreich sein, aufzustehen und zum Klo zu gehen. Das ist eine *zielorientierte Tätigkeit,* bei der Sie sich auf eine bestimmte Aufgabe konzentrieren und an ihr orientieren müssen, das heißt, Sie müssen sich, mit einem Ziel vor Augen, zu einem bestimmten Platz begeben, statt nur aufgeregt im Kreise herumzurennen.

ORI 130 Können Sie aufstehen und den Gang hinuntergehen? Wenn ja, springen Sie zu ORI 142. Wenn nicht, machen Sie mit der nächsten Instruktion weiter.

ORI 131 Was können Sie angesichts dieser Panikgefühle noch machen? Sie können einige Tricks versuchen, die unter Umständen wirken. Erstens, kreuzen Sie die Arme über der

Brust und stecken Sie die Hände unter die Arme, als ob Sie sie zu wärmen versuchten. Schließen Sie die Augen und atmen Sie dreimal tief durch. Atmen Sie dann wieder normal. Tun Sie so, als wenn Sie sich strecken müßten. Krümmen Sie den Rücken, strecken Sie Ihre Beine unter dem Sitz, ziehen Sie die Schultern hoch und legen Sie gleichzeitig den Kopf in den Nacken. Spannen Sie bei weiterhin gekreuzten Armen Ihre Oberarmmuskeln, Ihren Bizeps. Strecken Sie sich mindestens fünf Sekunden auf diese Weise. Denken Sie an einen Schimpansen, zwei Schimpansen usw. Nun entspannen Sie sich in Ihrem Sessel. Was ist inzwischen mit Ihrem SEU-Niveau geschehen? Ist es niedriger geworden?
Antwort:

Wenn ja, kehren Sie dorthin zurück, wo Sie sich befanden, als Sie so nervös wurden. Die betreffende ORI-Nummer ist die letzte, die Sie unter ORI 127 niedergeschrieben haben. Wenn sich Ihr SEU-Niveau nicht gesenkt hat, gehen Sie zur nächsten Instruktion weiter.

ORI 132 Möchten Sie ausprobieren, ob schwacher körperlicher Schmerz dabei hilft, in einer hoch mit Angst besetzten Situation Ihren Orientierungsreflex auszulösen?
Antwort:

Wenn ja, fahren Sie fort. Wenn nicht, warten Sie ab, bis Sie zum Klo gehen können und springen Sie anschließend zu ORI 142.

ORI 133 Versuchen Sie sich mit Ihrer rechten Hand einen tüchtigen Schlag auf die linke Wange zu geben, einen Schlag, der die Haut brennen läßt, Sie aber nicht in Ohnmacht versetzt. Versteifen Sie bei dem Schlag Unterarm und Hand. Auf diese Weise verhüten Sie, daß Sie sich dabei in die Augen stechen. Tun Sie so, als ob Sie nach einer Biene schlügen, nach einer wirklich großen, der man schon einen derben Schlag verpassen muß, um sie zu verscheuchen.

ORI 134 Verringert der Schlag gegen die Wange Ihre Angst?
Antwort:

Wenn ja, kehren Sie zu der ORI-Nummer zurück, bei der Sie sich befanden, ehe Sie zu dieser ORI gelangten. Wenn Ihre Angst nicht geringer geworden ist, machen Sie mit der nächsten Instruktion weiter.

ORI 135 Sie sitzen weiterhin mit gekreuzten Armen und unter die Arme gesteckten Händen in Ihrem Sessel. Nehmen Sie jetzt Ihren Daumen und Zeigefinger (den Finger, mit dem Sie auf etwas zeigen, nicht den, mit dem Sie obszöne Gesten machen) und kneifen Sie ein wenig in die lockere Haut, entweder unter Ihrer Achsel oder an der Unterseite Ihres Arms. Verstärken Sie nun den Druck Ihrer Finger, bis Sie einen scharfen Schmerz verspüren. Halten Sie den Druck für einige Sekunden aufrecht. Nehmen Sie sich nun eine etwas andere Hautstelle vor und vollführen Sie die gleiche Prozedur. Welches Kneifen war schmerzvoller?
Antwort:

ORI 136 Sie wissen jetzt, wie Schmerzempfinden ablenkt. Wenn Sie den Schmerz erwarten, da Sie sich ihn ja selbst zufügen, müssen Sie nach einer Körperstelle suchen, die eine ziemlich große Anzahl von Schmerzrezeptoren besitzt. Wenn Ihr Freund es für Sie tut und Sie nur wenig Kontrolle darüber haben, scheint der Schmerz intensiver zu sin. Versuchen Sie es mit einem Kneifen an einem halben Dutzend Körperstellen und vergleichen Sie, wo der intensivste Schmerz entsteht. Wenn Sie allerdings zu blauen Flecken, Blutergüssen neigen oder von einem europäischen Fürstengeschlecht aus dem 18. Jahrhundert abstammen, sind diese Kneifversuche natürlich nicht besonders schlau, vor allem, wenn Sie sich deswegen in ärztlicher Behandlung befinden. Wenn Sie aber nur leichte blaue Flecke bekommen, müssen Sie halt diesen Preis zahlen, wenn Sie auf diese Weise Ihre Angst mildern können. Achten Sie aber darauf, vor allem, wenn Sie lange Fingernägel haben, daß Sie nicht so fest kneifen, daß Blut austritt. Wenn Sie kneifen, orientieren Sie sich an dieser Empfindung. Woher kommt sie? Wie weit vom höchsten Punkt Ihrer Achsel entfernt? Zwei Zentimeter? Drei, vier, fünf?
Entfernung:

ORI 137 Geht der Schmerz beim Kneifen mit einem starken Pochen einher? Oder ist es ein scharfer Schmerz an der Hautoberflä-

che? Ein Brennen? Denken Sie über den Schmerz und seine Merkmale nach und schreiben Sie es nieder.
Art der Schmerzen:

ORI 138 Grenzt Ihr Angstniveau immer noch an Panikgefühle?
Antwort:

Wenn ja, machen Sie weiter, wenn nicht, springen Sie zurück zu ORI 127, schauen Sie nach, von welcher ORI Sie gekommen sind, und kehren Sie dann dorthin zurück.

ORI 139 Können Sie jetzt zum Klo gehen?
Antwort:

Wenn ja, springen Sie zu ORI 142. Wenn nicht, machen Sie mit der nächsten Instruktion weiter.

ORI 140 Entweder (a) Sie mögen Schmerzen nicht und möchten stattdessen lieber ängstlich sein oder (b) Sie sind sehr tapfer und achten Schmerzen gering oder (c) Sie sind von ziemlicher Panik erfüllt. Abgesehen davon, jemanden zu bitten, Ihnen einen kräftigen Schlag gegen die Wange zu geben, wüßte ich kaum noch etwas, das ich Ihnen empfehlen könnte, um Ihre Angst zu verringern. Sie könnten noch versuchen, bei sich selbst im Fußgewölbe einen Krampf hervorzurufen, sofern Sie zu den glücklichen Menschen zählen, die dies auf Kommando schaffen. Oder einige Male schmerzhaft an den Augenbrauenhaaren zu ziehen, ohne sie auszureißen. Wenn Ihnen solche masochistischen Handlungen nicht liegen, versuchen Sie in Ihrem Sitz heimlich Körperübungen zu veranstalten. Strecken Sie die Beine unter dem Vordersitz aus und spannen Sie Zehen, Füße, Waden, Oberschenkel und dann Gesäß. Dadurch werden Sie ein wenig aus dem Sitz gehoben. Anschließend entspannen Sie sich in umgekehrter Richtung, also vom Gesäß bis zu den Zehen. Tun Sie das gleiche mit Ihren Armen, die Sie über der Brust kreuzen, das heißt, spannen Sie Finger, Hände, Handgelenke, Unterarme, Oberarme, Schultern und entspannen Sie sie anschließend. Tun Sie das so lange, bis Sie außer Puste sind, oder bis Ihre Angst abnimmt. Achten Sie auf die Empfindungen in Ihren Muskeln, wenn Sie die einzelnen Muskelgruppen anspannen oder wieder entspannen. Erst Spannung und dann ein bleiernes, kribbelndes Gefühl. Wenn alles dies nichts bewirkt, drücken Sie die Ruftaste über Ihrem Sitz. Erklären Sie der Stewardess, daß Ihnen schlecht wird und daß Sie zum Klo müßten. Fragen Sie sie, ob sie Ihnen helfen könnte. Wenn sie sich erkundigt, warum Sie dieses Buch mitnehmen, sagen Sie ihr, Sie würden immer auf der Toilette lesen, wenn Ihnen schlecht wird. Machen Sie dann weiter und danken Sie ihr. Anschließend rücken Sie nach ORI 144 vor.

ORI 141 Schauen Sie zur Anzeige mit der Aufforderung, sich anzuschnallen. Leuchtet sie?

Antwort:

Wenn ja, fahren Sie fort. Wenn nicht, gehen Sie zurück zu ORI 131 und machen Sie von dort weiter, bis das Zeichen nicht mehr leuchtet. Kehren Sie dann zu dieser Instruktion zurück.

ORI 142 Schnallen Sie Ihren Gurt los – wenn Sie es nicht als erster tun, bekommen Sie große Schwierigkeiten –, stehen Sie auf und gehen Sie, nicht rennen, zum entferntesten Klo. Wenn Sie nicht wissen, wo es sich befindet, fragen Sie.

ORI 143 Wenn Sie vor der Toilettentür stehen, schauen Sie, ob das kleine Leuchtschild über der Tür anzeigt, ob die Toilette »frei« oder »besetzt« angibt.

Zeichen:

Wenn die Toilette frei ist, machen Sie weiter, ist sie dagegen besetzt, suchen Sie nach einem anderen Klo oder drehen Sie Däumchen, trommeln Sie mit dem Fuß auf den Boden und summen Sie dabei »So ein Tag so wunderschön . . .«, bis das »Frei«-Zeichen aufleuchtet.

ORI 144 Betreten Sie die Toilette. Waschen Sie Ihre Hände mit warmem Wasser und Seife. Achten Sie darauf, was Sie empfinden, wenn das Wasser über Ihre Haut läuft. Konzentrieren Sie sich sorgfältig darauf. Denken Sie an die Empfindung und beschreiben Sie sie für sich selbst in Worten, die Sie in die leeren Zeilen weiter unten niederschreiben können.

ORI 145 Trocknen Sie Ihre Hände. (Nicht an Ihrer Kleidung, sondern mit einem Papierhandtuch.) Achten Sie auf die Hautempfindung, wenn Sie sich mit dem Handtuch kräftig abreiben. Anschließend reiben Sie Ihre Hände leicht und schlenkern sie in der Luft, um auch die restliche Feuchtigkeit zu beseitigen. Was für ein Gefühl haben Sie dabei?

ORI 146 Schreiben Sie auf den leeren Zeilen nieder, wie sich das Wasser auf Ihren Händen angefühlt hat.

ORI 147 Halten Sie auf den leeren Zeilen fest, welche Empfindungen Sie bei dem kräftigen Abtrocknen Ihrer Hände hatten.

ORI 148 Schreiben Sie in die leeren Zeilen, wie es sich anfühlte, als Sie die Hände in der Luft bewegten, um sie zu trocknen.

ORI 149 Lassen Sie sich nun auf der Toilette nieder, schließen Sie die Augen und atmen Sie dreimal tief durch.

ORI 150 Atmen Sie nun dreißig Sekunden lang normal.

ORI 151 Wählen Sie eine Zahl zwischen 4 und 6.

ORI 152 Erheben Sie sich nun und drehen Sie sich um. Berühren Sie mit den Hacken die Toilettentür, beugen Sie sich nach vorn und stemmen Sie die Innenhandflächen gegen die Wand über dem Klo. Entspannen Sie Ihre Arme, bis Ihr Körper sich der Rückwand der Toilette nähert. Nun wollen wir einige Liegestütze machen, allerdings nicht auf dem Boden, sondern gegen die Wand. Oder wie nennt man solche Turnübungen? Sie erinnern sich doch noch an die Zahl, die Sie in der letzten Instruktion gewählt haben. Sie lautet entweder 4, 5 oder 6. Wie dem auch sei, nennen wir sie einfach X. Machen Sie aus der Position, die Sie eingenommen haben, X Liegestütze, doch nach jedem Liegestütz, mit der Nase kurz vor der Wand, ruhen Sie sich X Sekunden lang in dieser Stellung aus. Denken Sie an einen Schimpansen, zwei Schimpansen usw. Fangen Sie an.

ORI 153 Setzen Sie sich nun wieder auf die Klobrille.

ORI 154 Macht das nicht Spaß?
Antwort:

Wenn ja, verlassen Sie den Toilettenraum und begeben Sie sich wieder zu Ihrem Sitz. Wenn nicht, setzen Sie sich wieder auf das Klo.

ORI 155 Sie haben sich mit dem Hintern fest auf die Klobrille gepflanzt. Heben Sie nun Ihre Hände über den Kopf und richten Sie dabei die Augen auf Ihre Füße. Klappen Sie die Handinnenflächen nach unten und richten Sie die Finger Ihrer Hände gegeneinander. Zählen Sie langsam bis X und bewegen Sie die Hände aufeinander zu, bis die Fingerspitzen sich gerade berühren. Wenn Sie die Zahl X erreichen, drükken Sie die Finger gegeneinander.

ORI 156 Das ist alles nicht so einfach, wie es sich anhört. Strengt ganz schön an, nicht wahr?
Antwort:

Wenn ja, dann brauchen Sie nur ein wenig Übung, um Ihre Bewegungen perfekt zu koordinieren. Also machen Sie weiter. Wenn nicht, nun, es gibt immer ein schlaues Kerlchen, das stolz darauf ist, schon beim erstenmal alles richtig zu machen. Verlassen Sie also den Toilettenraum und setzen Sie sich wieder auf Ihren Platz.

ORI 157 Machen Sie die Übung noch einmal, bis sich die Fingerspitzen genau dann berühren, wenn Sie X sagen.

ORI 158 Jetzt noch einmal, aber diesmal nur mit den Zeigefingern.

ORI 159 Wie hoch ist Ihr SEU-Niveau jetzt?
Antwort:

Wenn es niedriger ist, kehren Sie zu Ihrem Platz zurück und beschäftigen Sie sich wieder mit ORI 127. Wenn Sie immer noch das Gefühl haben, die Flucht ergreifen zu müssen, machen Sie mit der nächsten Instruktion weiter.

ORI 160 Legen Sie die Innenflächen beider Hände auf Ihren Nacken. Beugen Sie sich vorsichtig nach vorn und stellen Sie fest, wie weit Sie sich vorwagen können, ohne mit dem Kopf gegen den Fußboden zu knallen oder von der Toilette zu fallen. Wenn Sie sich nach vorn beugen, versuchen Sie alle Luft aus Ihren Lungen zu pressen. Wenn Sie sich wieder aufrichten, atmen Sie mächtig ein.

ORI 161 Vollführen Sie die Übung Xmal und legen Sie jedesmal eine Pause von X Sekunden ein.

ORI 162 Sie wissen ja, wann immer Sie sich weniger ängstlich fühlen, können Sie zu Ihrem Sitz zurückkehren.

ORI 163 Während Sie weiter auf dem Klo sitzen, heben Sie ein Knie so hoch wie möglich, ohne sich freilich dabei einen Kinnhaken zu versetzen. Lassen Sie nun dieses Bein wieder runter und heben Sie dafür das andere, so hoch es geht. Lassen Sie auch dies Bein wieder sinken und heben Sie beide Beine, so hoch es möglich ist, während Sie unterdessen versuchen, Ihren Hintern auf dem Klo im Gleichgewicht zu halten. Wenn Sie Ihre Beine heben, atmen Sie dabei aus. Wenn Sie sie sinken lassen, atmen Sie tief ein.

ORI 164 Führen Sie diese Übungen Xmal aus und legen Sie jedesmal eine Pause von X Sekunden ein.

ORI 165 Wie lautet der Mädchenname Ihrer Mutter?
Antwort:

ORI 166 Zählen Sie die Buchstaben in ihrem Mädchennamen.
Anzahl der Buchstaben:

ORI 167 Zählen Sie diese Zahl zu Ihrer Zahl X hinzu.
Summe:

ORI 168 Zählen Sie diese Anzahl von Schimpansen rückwärts, also beispielsweise 12 Schimpansen, 11 Schimpansen, 10 Schimpansen usw.

ORI 169 Wenn Sie 1 Schimpanse erreicht haben, stehen Sie auf und kehren zu Ihrem Platz zurück, außerdem zu der ORI-Nummer, die Sie unter ORI 127 niedergeschrieben haben.

ORI 170 Welche Leckereien haben Sie mit an Bord gebracht, um sich zum Orientieren zu bringen und auf diese Weise den Abwehrreflex zu mildern? Haben Sie einige Ihrer Lieblingsspeisen von Zuhause mitgebracht?
Antwort:

Wenn ja, springen Sie zu ORI 177. Wenn nein, fahren Sie mit der nächsten Instruktion fort.

ORI 171 Konnten Sie auf dem Flughafen etwas Gutes zu essen finden und mit an Bord bringen?
Antwort:

Wenn ja, springen Sie zu ORI 177. Wenn nicht, lesen Sie die nächste Instruktion.

ORI 172 Konnten Sie überhaupt irgend etwas Eßbares mit an Bord nehmen?
Antwort:

Wenn ja, rücken Sie vor nach ORI 177. Wenn nicht, machen Sie weiter.

ORI 173 Können Sie sich von jemandem ein Bonbon geben lassen?
Antwort:

Wenn ja, springen Sie zu ORI 177. Wenn nicht, gehen Sie zur nächsten Instruktion.

ORI 174 Schauen Sie sich um. Sehen Sie jemanden, der auch in diesem Buch liest und etwas ißt, das er mitgebracht hat?
Antwort:

Wenn nein, machen Sie weiter. Wenn ja, gehen Sie zu dem Betreffenden, erklären Sie ihm, daß Sie beide das OR-Flugtraining durchführen, und fragen Sie, ob Sie ein wenig von dem Imbiß abkriegen können. (Versprechen Sie ihm oder ihr, daß Sie dafür das Dessert der Mahlzeit hergeben würden, das die Fluggesellschaft Ihnen serviert. Das ist auf jeden Fall schrecklich, so daß Sie gut darauf verzichten können.) Springen Sie dann zu ORI 177.

ORI 175 Haben Sie eins oder mehrere der mit schönen Bildern versehenen Kochbücher mit an Bord der Maschine gebracht?
Antwort:

Wenn ja, springen Sie zu ORI 188. Wenn nicht, fahren Sie fort.

ORI 176 Schauen Sie nach, ob in der Netztasche vor Ihren Knien Werbeschriften der Fluggesellschaft sind. Oder überhaupt Zeitschriften für Flugverkehr, mit all den Film- und Radioprogrammen und auch Firmenanzeigen, nach denen der von Schuldgefühlen geplagte Geschäftsmann seiner Frau, die daheim sitzt, etwas kaufen kann. Schauen Sie schnell nach einer einseitigen Anzeige der Lufthansa, der Air France, der Alitalia usw., auf der der Chef der Besatzung mit seinen Leuten hinter einem großen Festtisch mit allen möglichen Delikatessen steht. Können Sie solch eine Anzeige finden?
Antwort:

Wenn ja, springen Sie zu ORI 188. Wenn nicht, rücken Sie bis ORI 201 vor.

ORI 177 Gut, denken Sie nun an Ihre Lieblingsspeise. Lehnen Sie sich zurück und stellen Sie sich vor, Sie hielten sie in der Hand. Schließen Sie die Augen, strecken Sie sich aus und machen Sie es sich in Ihrem Sessel bequem. Malen Sie sich den kleinen runden Leckerbissen aus, den Sie gleich in den Mund stecken werden. Wie sieht er aus? Ist seine Oberfläche weich, schaumig, rauh, glatt? Und sein Inhalt, ist er hart, weich, leicht zu kauen, kremig, flüssig? Und seine Farbe? Wie schmeckt er, wenn Sie ihn in den Mund stecken? Mit starkem Beigeschmack, süß, scharf, körnig, mild, hefig, fleischig, fruchtig?

ORI 178 Öffnen Sie jetzt die Augen und nehmen Sie Ihren Leckerbissen aus Ihrem Versteck. Legen Sie ihn in Ihre Hand und schauen Sie ihn an. Sieht er aus, wie Sie ihn sich vorgestellt haben? Nehmen Sie ihn auf und riechen Sie daran. Riecht er so, wie Sie gedacht haben? Streichen Sie mit dem Finger über ihn hin? Fühlt er sich an, wie Sie geglaubt haben? Lecken Sie an Ihrem Finger, mit dem Sie ihn berührt haben. Schmeckt es so, wie Sie es sich gedacht haben?

ORI 179 Sehen Sie sich nun nach den anderen Leuten um. Haben sie solch einen Festschmaus, an dem sie sich orientieren können? Suchen Sie sich einen Menschen heraus, der nichts Besonderes tut. Was geht in ihm oder ihr vor? Ist es Sorge, Spaß, Langeweile? Schauen Sie ihm oder ihr ins Gesicht und suchen Sie die Gedanken zu lesen, die es widerspiegelt. Wenden Sie sich nun wieder Ihrem Leckerbissen zu. Nehmen Sie einen kleinen Bissen und lassen Sie den Geschmackseindruck in Ihrem Munde wirken. Schieben Sie den Bissen mit der Zunge von einer Seite zur anderen, von oben nach unten. Wie schmeckt er? Gut, ausgezeichnet, mies, durchschnittlich? Ordnen Sie diesen Bissen auf einer Zehn-Punkte-Skala all der anderen Leckerbissen ein, die Sie jemals zu sich genommen haben. Null ist scheußlich, zehn ist köstlich.

Geschmacksbewertung:

ORI 180 Rufen Sie die Stewardess oder die Flugbegleiterin und bitten Sie um ein Glas Mineralwasser. Wenn Sie das Glas erhalten haben, nehmen Sie einen kleinen Schluck und spülen den

Geschmack des Leckerbissens hinunter. Nehmen Sie nun einen weiteren Bissen. Lassen Sie ihn auf der Zunge kreisen. Bewerten Sie auch diesen zweiten Bissen auf der Zehn-Punkte-Skala.

Geschmacksbewertung:

ORI 181 Nehmen Sie einen weiteren Schluck Wasser, wischen Sie sich über den Mund und beißen Sie ein weiteres Stück von Ihrem Leckerbissen ab. Denken Sie daran, die Absicht dabei ist nur, daß Sie Ihre Flugangst verlieren, und nicht, daß Sie sich den Bauch vollschlagen. Achten Sie also auf jeden Krümel, den Sie sich in den Mund stecken. Schmecken Sie ihn langsam. Bewerten Sie seinen Geschmack.

Geschmacksbewertung:

ORI 182 Nehmen Sie noch einen Schluck Wasser und spülen Sie damit den Geschmack der Speise fort. Nehmen Sie nun einen weiteren Schluck Wasser in den Mund. Wie schmeckt er? Welche Empfindung haben Sie dabei im Mund?

Beschreibung des Mineralwassers:

ORI 183 Das ist harte Arbeit, nicht wahr? Ich wette, Sie haben sich bis jetzt noch nicht vorgestellt, wie kompliziert Essen sein kann.

Antwort:

Wenn ja, dann sind Sie auf dem Wege, ein Gourmet zu werden. Wenn nicht, dann haben Sie nur Spaß dabei, und daran ist auch nicht viel Schlimmes.

ORI 184 Nehmen Sie von Ihrem Leckerbissen vier weitere Geschmacksproben, denen Sie Schlücke Wasser zusetzen. Bewerten Sie jeden Bissen in nachfolgenden Leerzeilen.

Geschmack:

Wasser:

Geschmack:

Wasser:

Geschmack:

Wasser:

Geschmack:

ORI 185 Nun hören Sie auf, sich an Ihrem Leckerbissen zu erfreuen und ihn zu verspeisen. Behalten Sie den Nachgeschmack im Munde. Ist er nicht prima?
Antwort:

Wenn ja, nehmen Sie einen weiteren Bissen und machen Sie weiter wie bisher. Wenn nicht, packen Sie Ihr Schlemmermahl in Ihre Tasche, suchen Sie sich einen anderen Leckerbissen und kehren Sie zurück zu ORI 177.

ORI 186 Essen Sie die ganze Sache gemütlich auf und schauen Sie sich dabei nach den anderen Passagieren um, die sich zu Tode langweilen und sich zu beschäftigen suchen.

ORI 187 Wenn Sie fertig sind, kehren Sie zu ORI 127 zurück und stellen dort fest, woher Sie zuvor gekommen waren. Wenn Sie nach der Schlemmerei noch hungrig sind, sparen Sie sich trotzdem alle Nahrungsmittel, die Sie noch haben, für später auf, wenn Sie vielleicht wieder nervös werden. Kommen dann zu diesem Abschnitt zurück, der mit ORI 177 begonnen hat, und wiederholen Sie, was Sie soeben getan haben.

ORI 188 Nun, da sind Sie also. Angespannt in einem Flugzeug sitzend, nichts Konsumierbares zur Hand, das Sie sich in den Mund stecken könnten. Lassen Sie uns überlegen, was wir tun können, damit Sie weniger nervös werden, als Sie zur Zeit sind.

ORI 189 Stecken Sie Ihren Kugelschreiber oder Bleistift (mit dem sauberen Ende voran) in den Mund und saugen Sie leicht daran. Wenn Sie dies tun, werden Sie feststellen, daß Ihr autonomes Nervensystem den Unterschied zwischen etwas Eßbarem und einem Kugelschreiber nicht kennt. Wenn Sie irgend etwas in Ihren Mund stecken und daran saugen, sondern Sie vermehrt Speichel ab. Trockener Mund und Angst gehen Hand in Hand. Mit einem Mund, der Speichel absondert, kündigt das autonome Nervensystem an, daß es sich zu orientieren beginnt.

ORI 190 Während Sie weiter an Ihrem Speiseersatz lutschen, blättern Sie Ihre Publikationen (Kochbuch, Zeitschrift usw.) nach Essen durch. Suchen Sie sich das ansprechendste Bild heraus (oder nehmen Sie das einzige, das Sie finden können), das Bild, bei dem Sie das Gefühl haben, Ihre Augen träten Ihnen aus dem Kopf beim Anblick all der schönen Speisen auf dem Bild.

ORI 191 Welches ist das Hauptgericht (die Platte in der Mitte) des mit Speisen gedeckten Tisches? Nehmen Sie Ihr Schreibgerät aus dem Mund, schreiben Sie den Namen des Hauptgerichts auf und stecken Kugelschreiber oder Bleistift zurück in den Mund.
Antwort:

ORI 192 Wie viele verschiedene Gerichte sind abgebildet? (Fleischgerichte, Geflügel, Fischgerichte, Gemüse, Nachspeisen.) Zählen Sie die Gerichte.
Antwort:

ORI 193 Wie viele von diesen Speisen haben Sie vorher schon gegessen?
Antwort:

ORI 194 Suchen Sie sich aus dem Bild die am schmackhaftesten aussehenden Gerichte heraus und bewerten Sie die voraussichtlichen Gaumenfreuden.

Speise: *Bewertung:*

Speise: *Bewertung:*

Speise: *Bewertung:*

Speise: *Bewertung:*

Speise: *Bewertung:*

ORI 195 Schließen Sie die Augen, saugen Sie weiter an Ihrem Schreibgerät und stellen Sie sich vor, die Stewardess brächte Ihnen das beste Gericht. Malen Sie sich aus, daß sie aus der Speiseanrichte kommt, dann den Gang herauf, und alle anderen Passagiere orientieren sich an dem Schlemmermahl, das sie vor sich herträgt. Den Gang heraufkommend, erreicht sie Ihren Sitz. Riechen Sie den köstlichen Geruch des

Menüs, das Sie sich bestellt haben. Sie stellt es auf Ihren Klapptisch. Betrachten Sie es. Achten Sie auf Farbe, Beschaffenheit. Stellen Sie sich vor, Sie steckten einen Bissen in den Mund. Denken Sie an den Geschmack auf Ihrer Zunge. Sie kauen ihn sacht (nicht das Schreibgerät, an dem Sie weiterhin lutschen) und schlucken ihn in all seiner Güte und seinem köstlichen Geschmack hinunter.

ORI 196 Welche Farbe hatte die Speise, die Sie sich soeben vorgestellt hatten?
Farbe:

ORI 197 Wie roch sie? (Fleischig, fruchtig, scharf, würzig, mild, süß.)
Geruch:

ORI 198 Wie schmeckte sie?
Geschmack:

ORI 199 Wie sah die Stewardess aus, die Ihnen diese phantasierte Speise gebracht hat? (Klein, groß, sexy, unauffällig, schön, nett, salopp, drall, flachbrüstig?)
Antwort:

ORI 200 Kehren Sie nun wieder zu Ihrer Vorstellung zurück und machen Sie alles noch einmal mit dem Gericht Ihrer zweiten Wahl. Wiederholen Sie dies für alle fünf Gerichte, die Sie für sich ausgewählt haben. Wenn Sie damit fertig sind, kehren Sie zu ORI 127 zurück und schauen, von welcher Instruktion Sie zu diesem Abschnitt gekommen sind. Gehen Sie dorthin zurück und machen Sie weiter.

ORI 201 Haben Sie irgendwelche Sexlektüre und/oder Bildmaterial mit an Bord des Flugzeuges gebracht?
Antwort:

Wenn ja, springen Sie zu ORI 206. Wenn nicht, wenden Sie sich der nächsten Instruktion zu.

ORI 202 Haben Sie wenigstens ein Exemplar der *Bunten* im Zeitschriftenstand an Bord entdeckt?
Antwort:

Wenn ja, springen Sie zu ORI 236, wenn nicht, machen Sie weiter.

ORI 203 Schauen Sie noch einmal in die Netztasche vor Ihren Knien nach der Zeitschrift der Fluggesellschaft. Beim schnellen Durchblättern achten Sie auf Bilder von sexy aussehenden Leuten, die zum Teil ausgezogen sind.

ORI 204 Sind darin Bilder von sexy aussehenden Leuten, die ein wenig nackte Haut zeigen?
Antwort:

Wenn ja, springen Sie zu ORI 236. Wenn nicht, gehen Sie zur nächsten Instruktion.

ORI 205 Sind in der Zeitschrift irgendwelche Bilder von irgend jemandem, der zu dem von Ihnen bevorzugten Geschlecht gehört (oder auch Leute beiderlei Geschlechts) und der so aussieht, als wenn er in seinem Leben zumindest ein sexuelles Erlebnis gehabt hat?
Antwort:

Wenn ja, rücken Sie nach ORI 236 weiter. Wenn nicht, springen Sie trotzdem zu ORI 236 und benutzen Sie Ihre Phantasie.

ORI 206 Holen Sie eines Ihrer erotischen Bilderhefte hervor. Am besten eines von der Sorte, die so unverblümt sind, daß Sie kaum glauben können, daß solche Dinge heutzutage überhaupt erlaubt sind.

ORI 207 Wie lautet der Titel des Heftes, das Sie ausgewählt haben?
Titel:

ORI 208 Blättern Sie die Nacktbilderschau schnell durch und suchen Sie sich eine Bildfolge, die einen Text enthält, eine Geschichte, welche die Bilder begleitet, so daß Sie verstehen können, was die zwei (drei, vier . . . die ganze Gruppe) da vollführen.

ORI 209 Wie lauten die Seitenzahlen der Bilderfolge, die Sie sich ausgesucht haben?
Seite *bis Seite*

ORI 210 Studieren Sie die Bilder eins nach dem anderen. Nehmen Sie sich bei jedem Bild Zeit. Stellen Sie sich vor, Sie seien einer der Teilnehmer oder der Fotograf, der jede der Szenen zusammenstellt. Malen Sie sich in der Phantasie aus, Sie seien nicht ein Teilnehmer bei irgendeinem einzelnen Sexualgeschehen, sondern vielmehr ein Mitglied des Teams, das eine Pornobildfolge für eine Zeitschrift produziert. Um gute, glaubhafte, erstklassige Pornoschnappschüsse machen zu können, müssen Sie wissen, daß es darauf ankommt, mit Hilfe von Fotos, die zu den passenden Augenblicken im Verlauf der gesamten Handlung aufgenommen werden, eine allmähliche Steigerung der sexuellen Aktivitäten darzustellen. So stellen Sie mit sich als Teilnehmer eine Verbindung her von einem Foto der Bildfolge zum anderen und bilden sich dabei eine sexuelle Phantasie darüber, was zwischen den Schnappschüssen geschieht. Beschäftigen Sie sich damit so lange, bis Sie die ganze Sexbildreportage auf diese Weise durchgearbeitet haben.

ORI 211 Wie hoch liegt Ihr SEU-Niveau jetzt?
SEUs:

ORI 212 Liegt er deutlich unter dem Fluchtwunsch-Niveau?
Antwort:

Wenn ja, rücken Sie zu ORI 127 zurück und schauen Sie nach, von welcher Instruktion Sie dorthin gekommen sind, und machen Sie von diesem Punkt aus weiter. Wenn nicht, gehen Sie zur nächsten Instruktion.

ORI 213 Suchen Sie sich aus der oben erwähnten oder einer anderen Pornozeitschrift eine weitere Bildgeschichte aus.

ORI 214 Schreiben Sie die Seitenzahlen auf.
Seite *bis Seite*

ORI 215 Stellen Sie fest, wer nach Ihrer Meinung der wichtigste Sexteilnehmer ist. Studieren Sie ihn oder sie sorgfältig. Legen Sie die Zeitschrift dann mit dem Umschlag nach oben auf Ihren Schoß.

ORI 216 Welche Haarfarbe hat dieser Sexteilnehmer?
Haar:

ORI 217 Stimmen die Schamhaare damit überein?
Antwort:

ORI 218 Welche Augenfarbe hat der betreffende Darsteller?
Augen:

ORI 219 Welches ist das auffälligste Merkmal des Darstellers(in)? (Gesicht, Brust, Genitalien, Hintern?)
Merkmal:

ORI 220 Welche Art des Sexualverkehrs scheint der Darsteller(in) nach Ihrer Einschätzung der Bilder am meisten zu bevorzugen? (Koitus, Vorspiel, oraler Sex, analer Sex, Masturbation?)
Bevorzugter Sexualverkehr:

ORI 221 Welchen Sexualakt bevorzugen Sie selbst?
Bevorzugter Sexualakt:

ORI 222 Haben Sie die Absicht, dieses Buch einem Freund(in) zu leihen, wenn Sie damit durch sind?
Antwort:

ORI 223 Wie viele Bilder sind insgesamt in der Pornozeitschrift enthalten?
Zahl der Bilder:

ORI 224 Welches der Bilder hat Sie am meisten erregt (so daß sich Ihre Augen weiteten)?
Bildszene:

ORI 225 Schauen Sie sich im Flugzeug um. Welche Frau sieht der Frau (den Frauen) auf den Bildern am ähnlichsten?
ORI 226 Wie lautet ihre Sitznummer?
Sitznummer:

ORI 227 Sind Sie sicher, daß es nicht dasselbe Mädchen ist?
ORI 228 Welcher männliche Passagier sieht dem Mann (den Männern) auf den Bildern am ähnlichsten?
ORI 229 Welche Sitznummer hat er.
Sitznummer:

ORI 230 Sind Sie anatomisch ein Mann?
Antwort:

Wenn ja, fahren Sie fort. Wenn nein, rücken Sie nach ORI 233 vor.

ORI 231 Haben Sie während der sexuellen Phantasien und während des Orientierens auch nur eine momentane Erektion verspürt?
Antwort:

Wenn ja, dann sind Sie nicht mehr ängstlich, also kehren Sie zurück zu ORI 127 und springen Sie dann zurück zu der Instruktion, von der Sie gekommen sind. Wenn nicht, machen Sie mit der nächsten Instruktion weiter.

ORI 232 Wie hoch ist Ihr SEU-Niveau? Ist es unter die Fluchtmarke gerutscht?
Antwort:

Wenn ja, springen Sie zurück zu ORI 127 und kehren Sie von dort zu der Instruktion zurück, von der Sie gekommen sind. Wenn nicht, rücken Sie nach ORI 235 vor.

ORI 233 Sie müssen eine Frau sein. Haben Sie während der sexuellen Phantasien und während des Orientierens eine momentane Spannung in den Brustwarzen, in der Klitoris gespürt oder ein Feuchtwerden im Vaginalbereich?
Antwort:

Wenn ja, haben Sie keine panische Angst mehr, so daß Sie nach ORI 127 zurückkehren können. Dort stellen Sie fest, von welchem Punkt Sie gekommen sind und begeben sich dorthin. Wenn nicht, fahren Sie mit der nächsten Instruktion fort.

ORI 234 Ist Ihr SEU-Niveau unter der Fluchtmarke?
Antwort:

Wenn ja, springen Sie zurück zu ORI 127, stellen dort fest, von welcher Instruktion Sie dorthin gelangt sind, und kehren zu diesem Punkt zurück. Wenn nicht, gehen Sie zur nächsten Instruktion weiter.

ORI 235 Sie haben eine von zwei Wahlmöglichkeiten: (a) in Ihrem Sessel sitzenzubleiben und mit der Lektüre des Pornomaterials fortzufahren oder (b) mit Ihrer Pornozeitschrift zum Klo zu gehen und dort auf die Schnelle ein wenig Masturbation oder Selbststreicheln zu versuchen. Spotten Sie nicht. Die alten Römer verlegten sich auf Masturbation, wenn die Gallier an die Stadttore hämmerten und niemand sie vertreiben konnte. Sie hatten festgestellt, die Römer, meine ich, daß sie auf diese Weise ihre Angst milderten. Wenn Sie (b) wählen, vergewissern Sie sich, daß die Tür abgeschlossen ist, wenn Sie anfangen. In jedem Fall, wann immer Ihre Angst abnimmt, kehren Sie dorthin zurück, wo Sie sich befanden, ehe die Angst Sie packte.

ORI 236 Alles, was Sie für die sexuelle Orientierung an der Hand haben, sind einige Bilder von Leuten, die vielleicht halbwegs dezente Pornodarstellungen liefern. Macht nichts, etwas ist besser als überhaupt nichts. Nun müssen Sie Ihre Vorstellungskraft spielen lassen. Orientieren Sie sich an den Bildern, als wenn sie nur vorbereitende Schritte zur wirklichen Orgie Ihrer Wahl wären. Schauen Sie sich das erste Bild an und umgeben Sie es mit einer Phantasie. Wenn es sich beispielsweise um eine Gruppe von Flugstewardessen und Mitgliedern der Besatzung handelt, die Arm in Arm dahinschlendern – wohin gehen Sie mit dieser Zielstrebigkeit und Zuversicht? Was tun die Stewardessen in all den fremden Städten, so weit weg von Mami und zur Unterhaltung allein aufeinander oder auf die männlichen Besatzungsmitglieder angewiesen? Sie haben sicher schon von den Techtelmechteln zwischen Besatzung und Stewardessen gehört. Nun, dann stellen Sie sich vor, daß alle diese Leute einem sexuellen Treff zustreben. Schließen Sie dann Ihre Augen und schauen Sie zu, wie sie dahingehen, Schritt für Schritt, und malen Sie sich all die kleinen Einzelheiten in Ihrem Geiste aus. Beschäftigen Sie sich fünf Minuten damit und gehen Sie dann zur nächsten Instruktion weiter.

ORI 237 Welche Art von Unterwäsche tragen sie? (Büstenhalter oder nicht, Schlüpfer, Strumpfhosen, Slips, Shorts, T-Shirt: aus Seide, Baumwolle, Kunstseide, farbig, weiß, schwarz?) Wenn Sie es nicht wissen, ziehen Sie wieder Ihre Einbildungskraft zu Rate und finden Sie es heraus.
Antwort:

ORI 238 Welches sind die Maße der sexuell attraktivsten Stewardess bei der Orgie (ungefähre Zahlen)?
Maße:

ORI 239 Wie groß ist das sexuell attraktivste Mitglied der Besatzung bei der Orgie?
Größe:

ORI 240 Welche Haarfarbe hat sie (er)?
Haarfarbe:

ORI 241 Hat er (sie) Haare auf seiner (ihrer) Brust?
Antwort:

ORI 242 Wie spricht er (sie)? (Friesisch, Rheinländisch, Hessisch, Bayrisch?)
Akzent:

ORI 243 Welches scheint seine (ihre) bevorzugte sexuelle Aktivität zu sein?
Bevorzugte sexuelle Aktivität:

ORI 244 Welche Form der Erregung mag er (sie) am meisten?
Bevorzugte Erregungsform:

ORI 245 Hat er (sie) bereits einen Orgasmus bekommen?
Antwort:

ORI 246 Hat irgend jemand bereits einen Orgasmus bekommen?
Antwort:

ORI 247 Sind Sie durch Ihre Phantasie bereits in Erregung geraten? (Genitalempfindungen, Anschwellen der Brust, Vaginalfeuchtigkeit?)
Antwort:

Wenn ja, sind Sie nicht mehr ängstlich, also gehen Sie zurück zu dem Teil des Programms, den Sie verlassen haben, und machen Sie dort weiter. Wenn nicht, fahren Sie mit der nächsten Instruktion fort.

ORI 248 Liegt Ihr SEU-Niveau bei der Fluchtmarke?
Antwort:

Wenn ja, springen Sie zurück zu ORI 127. Wenn nein, geben Sie sich weiter Ihren sexuellen Phantasien hin, bis Sie sich sehr wohl fühlen, und springen Sie dann zurück zu der Instruktion, von der Sie gekommen sind, und machen Sie dort weiter.

Wie Sie Ihre Angst während der Landung verringern können

ORI 249 Sie haben Ihre Reise hinter sich, und nun kommt einer der Momente, der viele Luftreisende sehr nervös macht, nämlich die Landung. Wie halten wir während dieser Flugphase Ihre

Ängste niedrig, wie verringern wir Ihr Angstniveau? Ganz einfach, wir sorgen dafür, daß Sie sich auch während der Landung orientieren. Ich möchte, daß Sie diese simplen Instruktionen bis zu Ende lesen und sie in Erinnerung behalten. Dann, während der letzten fünf Flugminuten, während Ihr Pilot die Maschine zum Flughafen steuert, schließen Sie die Augen und orientieren sich am Inhalt der Instruktionen.

ORI 250 Stellen Sie sich die Landebahn vor, wenn Ihr Flugzeug an Höhe zu verlieren beginnt. Diese Landebahn ist nicht aus Asphalt oder Beton, sondern aus Schaumgummi. Stellen Sie sich vor, Ihre Schaumgummi-Landebahn unter Ihnen erstrecke sich über anderthalb Kilometer. Malen Sie sich das alles vor Ihren inneren Augen aus.

ORI 251 Bilden Sie sich ein, Sie könnten die Landebahn mit Ihrer Hand berühren. Stoßen Sie Ihren Finger hinein und fühlen Sie, wie tief und weich sie ist.

ORI 252 Bedecken Sie die Schaumgummi-Landebahn nun mit einer Matratze. Nehmen Sie sich eine, die Sie gut kennen, Ihre eigene daheim. Stellen Sie sich vor, sie hätte die gleiche Farbe und das gleiche Muster. Runde Ecken, Kanten usw. Nur diese Matratze erstreckt sich über die ganze Entfernung unter Ihnen. Malen Sie sich das genau aus.

ORI 253 Wenn Ihr Flugzeug zum Landen ansetzt, können Sie sehen, wie es langsam, langsam, langsam immer näher zur Landebahn-Matratze runterschwebt.

ORI 254 Stellen Sie sich vor, wie die Räder des Flugzeuges der Landebahn-Matratze immer näherkommen und ganz sachte über sie hinwegrollen.

ORI 255 Suchen Sie mit Hilfe der Geräusche, die Sie umgeben, und der Vibrationen des Flugzeuges den Zeitpunkt vorwegzunehmen, wenn die Flugzeugräder die Landebahn berühren.

ORI 256 Stellen Sie sich noch einmal vor, wie das Flugzeug nur Zentimeter über der Landebahn dahinschwebt und kurz vor der Berührung mit ihr steht.

ORI 257 Lassen Sie das Flugzeug genau zu dem Zeitpunkt vor Ihren inneren Augen landen, wenn Sie glauben, daß es gerade geschieht. Wenn Sie ein wenig zu schnell sind, wischen Sie das Bild fort und lassen Sie Ihr Flugzeug weiter dahinschweben, beinahe die Landebahn berührend. Dann schätzen Sie erneut, wann das Flugzeug niedergeht und versuchen Sie Ihre Vorstellung damit in Einklang zu bringen.

ORI 258 Wenn Ihr Flugzeug die Landebahn berührt hat, öffnen Sie die Augen und schauen Sie sich nach den anderen Passagieren um.

ORI 259 Versuchen Sie vorwegzunehmen, wann der Pilot die Bremsen betätigen wird – ein hoch pfeifender Ton und ein plötzliches Verlangsamen der Maschine.

ORI 260 Lehnen Sie sich in Ihren Sessel zurück, schauen Sie aus dem Fenster und beobachten Sie, wie die Maschine die Landebahn hinunter zum Flughafengebäude rollt.

ORI 261 Wenn Sie bald zurückfliegen möchten, nehmen Sie noch einmal das Flugtrainingsprogramm durch und konzentrieren Sie sich, wenn Sie können, auf die Programmteile, die Sie aus dem einen oder anderen Grund übersprungen haben. Gute Reise.

8.

Wie Sie sich mit Sonnenblumenkernen oder Erdnüssen, Papierkörben und Rückenreiben die Angst vor Höhe abtrainieren können

Die Angst vor hohen Plätzen mit steilen Abfällen mag uns als Spezies angeboren sein oder nicht. Doch panische Furcht vor Höhen, die unglaublich eingeschränkte Verhaltensweisen und an Schwachsinn grenzende sinnlose Gedanken hervorruft, ist uns sicher nicht angeboren. Diese Form von Angst, auch als Akrophobie bezeichnet, ist gelernt; jeder Zwischenfall, mit dem sie einhergeht, verstärkt nur ihre Intensität, bis sie zu einem Strick wird, der die betroffene Person fest an den Boden fesselt.

Angst vorm Fallen nimmt gewöhnlich die Form irrationaler panischer Angst an, die viele von uns in der Nähe eines Fensters in einem hohen Gebäude befällt. Auch wenn wir nicht in Panik geraten und uns nicht zurückziehen, so hören wir doch stumme Schreie, die tief aus unserem Innern aufsteigen. Manche von uns fühlen sich in der Nähe eines Fensters nur sicher, wenn sie unter dem Glasrahmen auf das Fenster zukriechen können. Oder wir machen, von einem Schock getroffen, hastig einen Schritt zurück, wenn vor einer Glaswand, die den Blick auf hundert Meter Tiefe freigibt, die Vorhänge beiseite gezogen werden. Wenn unser Geschäftsfreund uns auffordert, von seinem Büro im zwanzigsten Stock einen Blick auf seine wundervolle Stadt bei Nacht zu werfen, fühlen wir uns krank und schwach und suchen nach Entschuldigungen, denn wenn wir darauf eingingen, würden die phobischen Impulse freigesetzt und die primitiven Flure des Gehirns hinaufrasen, und dann hätten wir nur unsinnige Gedanken wie: »Eine Ecke des Gebäudes wird einstürzen, und dann stehe ich auf einer Kante, rudernd und schwankend über dem gräßlichen Abgrund. Ich werde drei Meter durch den Raum rutschen und gegen das zentimeterdicke Sicherheitsglas des Fensters stoßen. Es wird wie Eis zerbrechen und ich werde den Splittern nach in den leeren Raum stürzen.«

Sofern diese Beschreibung der Akrophobie Ihren eigenen Erfahrungen mit Höhen ähnelt, werden Sie glauben, es sei besonders schwierig, diese irrationale Furcht zu behandeln. Selbst die damit verbundenen Volksweisheiten sind furchterregend. Viele Menschen glauben allen Ernstes, wenn man im Traum von einer hohen Stelle abstürzt, müsse man vor dem Aufschlag erwachen, sonst werde man im Traum sterben. Es kann keine Frage sein, Akrophobie ist ein psychisches Problem, das den Betroffenen ernstlich beeinträchtigt. Doch schwer zu behandeln? Das hängt nur davon ab, wie Sie es anfangen.

Die Höhenangst ist in nur wenigen Sitzungen beseitigt worden, indem man den Patienten sich an einer Aufgabe der Hand-Augen-Koordinierung orientieren ließ. So nahmen beispielsweise zwei Mitglieder unseres Teams einen akrophobischen Patienten mit auf einen Balkon im ersten Stock unserer psychiatrischen Klinik in Long Beach. Der Balkon, etwa fünf Meter über dem Erdboden liegend, führte nach hinten hinaus, und man konnte von ihm aus in einen dämmrigen Hinterhof sehen, in dem eine Reihe von Abfalleimern stand. Während der ersten Sitzung wurde dem Patienten eine Tüte voll Sonnenblumenkerne ausgehändigt, und er erhielt die Instruktion, sich über die hüfthohe Balkonmauer zu lehnen und einen Sonnenblumenkern in den nächststehenden Abfalleimer zu werfen. Nachdem der Patient das Ziel ziemlich sicher traf, wurde ein Abfalleimer, der weiter entfernt stand, zum Ziel gewählt. Dann ein noch weiter entfernt stehender, der noch schwerer zu treffen war, und so weiter. In der zweiten Sitzung wurde das ganze Verfahren wiederholt, diesmal von einem Balkon im dritten Stockwerk. In der dritten Sitzung wurde der Patient mit seinen Sonnenblumenkernen auf das Dach des Hauses verfrachtet. Dort oben, mehr als dreißig Meter über dem Erdboden, übte der Patient sich erneut im Zielen und Treffen. Danach wurde ein hohes Geschäftshaus als phobischer Stimulus gewählt. Auf den verschiedenen Stockwerken lernte der Patient schnell, sich in der phobischen Situation an anderen Dingen zu orientieren, und verlor auf diese Weise seine Angst vor Höhen.

Bei meinem ersten Ausflug mit einem Patienten zu einem Hochhaus verlor auch ich meine unangenehmen Gefühle vor extremen Höhen, ein Unbehagen, das ich mir zusammen mit meiner Angst vorm Fliegen mehr als zwanzig Jahre zuvor zugezogen hatte. Während ich den Patienten instruierte, sich zu orientieren, tat ich das gleiche einen Schritt vor ihm, denn ich mußte herausfinden, an was der Patient sich als nächstes orientieren sollte. Doch der Patient und ich stiegen ohne Angst das Gebäude hinab.

»Na ja, das ist ja alles ganz gut und schön für Sie und Ihren Patienten«, werden Sie vielleicht einwenden, »doch wie soll ich das gleiche tun ohne Ihre wirkliche körperliche Anwesenheit?« Auf S. 226 ff. werde ich ein besonderes Programm erläutern, mit dessen Hilfe Sie Ihre Höhenangst überwinden können. Doch lassen Sie uns zunächst klären, womit wir es überhaupt zu tun haben.

Ist Ihre Angst realistisch oder unrealistisch?

Ehe Sie sich mit einem Programm zur Beseitigung Ihrer Phobie beschäftigen, möchte ich gern, daß Sie mir zwei Fragen beantworten. Erstens, vor was fürchten Sie sich, wenn Sie sich über dem Erdboden befinden? Mit anderen Worten, was möchten Sie ohne Angstgefühle tun können, wenn Sie Ihr Training hinter sich haben?

Lassen Sie mich erklären, warum Ihre Antwort so wichtig ist. Höhenangst kann rational oder irrational sein. Wenn mir jemand erklärt: »Ich kann Ihnen keinen gutbezahlten Job als Arbeiter im Hochbau geben«, dann würde ich sofort sagen, damit könne er mir gestohlen bleiben. Ich habe keine Lust, auf einem Eisenträger neunzig Stockwerke über dem Erdboden irgendwelche Balanceakte zu vollführen, auch wenn ich am Ende lernen könnte, keine Angst dabei zu verspüren. Auf der anderen Seite, nehmen wir an, ein Freund oder Kollege würde vorschlagen, wir könnten doch im »Henninger-Turm« -zig Stockwerke über Frankfurt am Main ein Glas Wein zu uns nehmen und den Rundblick genießen. Wenn ich mir dann sagen müßte: »Ich kann das nicht, ich werde dabei so verdammt nervös«, dann würde ich von einem phobischen Gefühl sprechen, und nicht von Vorsicht, die auf Realität beruht. Ich würde nämlich nicht vom »Henninger-Turm« runterfallen. Auch wenn ich es versuchte, ich würde kaum eine Möglichkeit finden, vom Turm zu springen.

Es ist also wichtig, sich klarzumachen, welchen Bestandteil der Angst man beseitigen möchte. Wenn Sie nur nervös werden, sobald Sie einen Hochbau-Job angenommen haben, *bei dem Sie abstürzen könnten,* sich aber völlig in Ordnung fühlen, wenn Sie auf der Aussichtsplattform des »Henninger-Turms« stehen, dann sind Sie in der gleichen Patsche wie jemand, der bei einem Zirkus anheuert und dem der Chef am zweiten Tag erklärt: »Nun geh mal schön in diesen Löwen- und Tigerkäfig und zeig den Leuten eine spannende Schau.« Sicher, man kann diesen Job bewältigen – indem man sich an ihm orientiert –, doch wir haben es hier nicht mit einer solchen Situation zu tun. Dieses Programm ist bestimmt für irrationale Ängste in Situationen, in denen Sie mit ziemlicher Sicherheit keinen Schaden erleiden. Es ist nicht für Leute, die ohne Netz über ein Seil gehen wollen.

Zweitens, ich möchte, daß Sie sich selbst die Frage stellen: »Wie sehr möchte ich von meiner Phobie loskommen?« Auch die Antwort auf diese Frage ist wichtig. Es bedarf schon einiger Anstrengung, um sich von einer Phobie zu befreien. Auch wenn ich mich nicht dafür verbürgen kann, ich bezweifle wirklich, daß Sie Ihre Phobie dadurch loswerden, indem Sie nur passiv dieses Buch durchlesen. Sie brauchen schon einige Zeit und Energie, um sich die Dinge sinnvoll zurechtzulegen und dann in die phobische Situation zu gehen, damit sie Ihre Angst davor verlieren. Wenn Sie bereit sind, das zu tun, lassen Sie uns zum Trainingsprogramm übergehen.

Trainingsprogramm gegen Höhenängste

Es ist zwar möglich, daß Sie mit diesem Buch in der Hand in irgendein Hochhaus gehen und Ihre nervösen Gefühle vor Höhen beseitigen, doch vernünftiger ist es, Ihnen das ganze Verfahren zu erleichtern, indem Ihnen möglichst viele Gelegenheiten geboten werden, in der phobischen Situation den Orientierungsreflex auszulösen, mit der Folge, daß Ihr Abwehrreflex auf ein Minimum reduziert wird. Mit einigen Vorbereitungen wird das Verfahren weniger störanfällig und zuverlässiger in seiner Wirkung.

Was benötigen Sie für die Arbeit mit dem Trainingsprogramm?

Vor Beginn müssen Sie sich über Ihr Ziel schlüssig werden. Wie hoch möchten Sie steigen und sich dabei noch wohl fühlen? Wenn es in Ihrer Stadt keine Bauwerke mit mehr als zehn Stockwerken gibt, dann hat es wenig Sinn, eine Reise zu einem Wolkenkratzer zu unternehmen, wenn Sie mit einiger Sicherheit nicht einmal gelegentlich ein solches Gebäude aufsuchen werden. So wählen Sie eine realistische Höhe, mit der Sie in Ihrem Alltagsleben regelmäßig konfrontiert werden. Für manche Leute ist dies der vierte Stock des Apartmenthauses, in dem sie wohnen. Für andere ist es das fünfzigste Stockwerk in einem Bankhochhaus. Rekonditionieren über fünfzig Stockwerke hin scheint vielleicht für Sie eine unlösbare Aufgabe zu sein, doch denken Sie daran, so wenig ein großer Unterschied besteht zwischen dem dritten und vierten Stockwerk, genauso wenig ist auch ein Unterschied zwischen dem dreißigsten und vierzigsten Stockwerk oder zwischen dem siebzigsten und neunzigsten. Je höher Sie kommen, desto schneller geht das Training.

Als nächstes müssen Sie schauen, wieviel Unterstützung Sie sich beschaffen können. Drei Mindestforderungen an Ihr Trainingsprogramm sollten sich eigentlich leicht erfüllen lassen. Die wichtigste, haben Sie einen Freund(in), der bereit ist, mit Ihnen an diesem Projekt zu arbeiten? Erinnern Sie sich, Dr. Brunhilda Ritter beseitigte bei ihren Patienten in nur wenigen Minuten Höhenängste, indem sie während der Rekonditionierungssitzung Körperkontakt aufrechterhielt, das heißt, den Orientierungsreflex auf Berührung auslöste. Bringen Sie Ihren Freund(in) dazu, das gesamte Trainingsprogramm mit Ihnen durchzugehen und mit Ihnen zusammen dieses Buch durchzulesen, damit er oder sie überhaupt versteht, was da vor sich geht. Es spielt nicht die geringste Rolle, was Ihr Freund persönlich oder theoretisch von Psychotherapie hält; auf Ihren Erfolg oder Mißerfolg hat das nur wenig oder gar keinen Einfluß. Alles, was Ihr Freund tun muß, ist, die Rolle des Auslösers Ihres Orientierungsreflexes zu übernehmen, indem er Sie berührt, instruiert, auf Dinge hinweist, damit Sie sich orientieren, und natürlich indem er Ihnen wohlgesonnen ist und Ihnen Zuversicht eingibt. Fast alle Menschen orientieren sich in einer erschreckenden Situation an der Unterstützung von Freunden.

Zweitens suchen Sie sich ein niedriges Gebäude, das mindestens drei Stockwerke und einen Zugang zum Dach besitzt und das von jedem Stockwerk aus Zugang nach draußen hat, also ein Fenster, das Sie öffnen können, einen Balkon, auf den Sie treten können, usw. Wenn Sie kein solches Gebäude oder nur ein ungeeignetes finden, dann tut es auch ein Treppenaufgang, der mindestens fünfzehn Meter hoch ist, steil abfällt und auf einer Seite ein Geländer hat. Das kann eine Feuertreppe sein, der Aufgang in einem Stadion, zu einer hohen Brücke usw.

Drittens suchen Sie sich ein relativ hohes Gebäude mit Fenster auf jedem Stockwerk, aus denen Sie hinaussehen können – und hinunter. Ein zehnstöckiges Gebäude wäre das Richtige. Die Fenster in solchen Gebäuden sind für gewöhnlich verriegelt, doch das ist ganz gut so. Sie brauchen ja nichts aus den Fenstern zu werfen. Das Gebäude braucht auch nicht unbedingt einen Aufzug zu haben. Sie gehen nur von einem Stockwerk zum nächsten. Außer daß Treppensteigen eine gute körperliche Übung ist, gibt es Ihnen auch etwas zu tun, und das verhindert, daß Sie zwischen den Instruktionen zur Orientierung nur ängstlich werden.

Wie Sie wahrscheinlich schon gemerkt haben, besteht das Trainingsprogramm aus zwei Teilen: im ersten Teil benutzen Sie ein niedriges Gebäude, im zweiten ein hohes, vielstöckiges. Wenn Sie kein dreistöckiges Gebäude finden können, klappt es auch mit einem Treppenhaus, einer Feuertreppe usw., doch Sie müssen die Gesamthöhe in drei Abschnitte einteilen, entsprechend der Höhe des zweiten und dritten Stockes und des Dachbodens. Die Treppenstufe ist üblicherweise 18 bis 19 Zentimeter hoch, das heißt, wenn Sie fünfzehn Stufen steigen, so entspricht das etwa der Höhe eines Stockwerks. Wenn es also in Ihrem Programm für das niedrige Gebäude heißt, zum nächsten Stockwerk hinaufzusteigen, dann nehmen Sie einfach fünfzehn Stufen, um den gleichen Effekt zu erzielen.

Um dieses Trainingsprogramm erfüllen zu können, müssen Sie einige Dinge mit sich nehmen. Das Wichtigste sind ein Notizblock und ein Bleistift, einige Pfennigstücke, drei Papierkörbe oder kleinere Abfalleimer und ein Paket gesalzene Sonnenblumenkerne oder Erdnüsse. Diese dienen zwei Zwecken: Sie sind Geschosse, die Sie in die Papierkörbe werfen sollen, und außerdem können Sie auf ihnen auch herumkauen.

Sie können auch getrocknete Wassermelonenkerne, Pistazien oder Mandelkerne benutzen, doch die sind teurer und auch besser zu essen als zu werfen. Die Kerne und die Papierkörbe brauchen Sie nur für das niedrige Gebäude. Vielleicht möchten Sie auch einige andere Dinge mitnehmen, Dinge, die Ihnen helfen, in einer unangenehmen Situation Ihren Orientierungsreflex auszulösen, also etwas zu essen, am besten einen Leckerbissen, oder etwas zum Anschauen, wie ausgesprochen scharfes Pornomaterial. Mit beidem haben Sie ausgezeichnete Möglichkeiten, Ihren Orientierungsreflex auszulösen. Wenn Sie die Wirkungen von Nahrung und Sexreizen noch verstärken wollen, dann essen Sie sechs Stunden vorher nichts oder haben Sie einen Tag vor Eintritt in Ihr Trainingsprogramm Sexualverkehr.

Bevor Sie Ihr Trainingsprogramm beginnen, sollten Sie am besten das Kapitel über Angst vorm Fliegen lesen. Auch wenn Flugzeuge Ihnen keine Angst bereiten, Dinge, die Ihren Orientierungsreflex auslösen, sind bei Flugzeugen und hohen Gebäuden gleich. Wenn Sie das Kapitel lesen, sind Sie vielleicht auf Ihr Programm besser vorbereitet.

Wie Sie in niedrigen Gebäuden Ihre Angst verringern können

ORI 1 Gibt es irgendwelche körperlichen Gründe, warum Sie eine angsterregende Situation meiden sollten?
Antwort:

Wenn nicht, machen Sie weiter. Wenn doch, wenn Sie etwa an einer chronischen Erkrankung der Herzkranzgefäße oder an zu hohem Blutdruck leiden, gehen Sie zu Ihrem Hausarzt, zeigen Sie ihm dieses Programm und bitten Sie ihn, die Instruktionen, die mit irgend etwas Körperlichem zu tun haben – Gehen, Klettern, Essen – so zu modifizieren, wie es Ihre körperliche Kondition verträgt.

ORI 2 Wenn Sie und Ihr Freund die Vorarbeit geleistet und Örtlichkeiten ausgesucht haben, wo Sie Ihrer Angst ausgesetzt werden können, fahren Sie mit dem Programm fort.

ORI 3 Stellen Sie einen Ihrer Papierkörbe direkt unter das Fenster oder den Balkon im zweiten Stock, von wo Sie auf ihn hinabsehen können. Den zweiten Korb stellen Sie einen halben Meter vor den ersten, den dritten einen Meter vor den zweiten.

ORI 4 Während Ihr Freund Sie leicht am Arm führt – es ist nicht notwendig, Sie hineinzuzerren –, betreten Sie das Gebäude, steigen die Treppe zum zweiten Stock hinauf und gehen zum Fenster oder zum Balkon. Achten Sie darauf, daß Fenster oder Balkon, die Sie gewählt haben, eine hüfthohe Fensterbank, Außenwand oder Geländer haben, über die Sie sich lehnen können.

ORI 5 Während Ihr Freund weiter Ihren Arm hält, am besten mit Haut-zu-Haut-Kontakt, schauen Sie von Ihrem Standort im zweiten Stock nach draußen. Schreiben Sie in Ihren Notizblock, was Sie so sehen: Leute, drei Apartmenthäuser, einen schlafenden Hund, fünf parkende Autos, in der Ferne ein Flugzeug, vierzehn Bäume, eine Gruppe nackter Leute, die im Schlafzimmer der Wohnung genau gegenüber irgend etwas treiben, usw. Zeichnen Sie dann auf, was Sie sehen. Einfache grobe Skizzen von Sonntagsmalern genügen vollauf.

ORI 6 Lehnen Sie sich jetzt über die Fensterbank und schauen Sie auf die drei Körbe hinab.

ORI 7 Während Ihr Partner(in) Sie mit der Hand weiterhin an irgendeiner Stelle des Körpers berührt, nehmen Sie einen Ihrer Sonnenblumenkerne heraus, lecken das Salz ab – Salz läßt Sie Speichel absondern, und ein Mund, der Speichel absondert, befiehlt dem autonomen Nervensystem, sich zu orientieren – und zielen auf den Papierkorb, der Ihnen am nächsten steht.

ORI 8 Werfen Sie den Sonnenblumenkern in den Korb.

ORI 9 Haben Sie ihn getroffen?
Antwort:

Wenn ja, holen Sie weitere Sonnenblumenkerne hervor, lecken das Salz ab und werfen sie in Richtung des Korbes, bis Sie fünfmal hintereinander getroffen haben. Wenn nicht, machen Sie das gleiche wie unter ja.

ORI 10 Haben Sie bereits fünfmal hintereinander den Korb getroffen? (Sie wissen ja, Sie können nur den Arm ausstrecken und den Kern in den Korb fallen lassen).
Antwort:

Wenn ja, machen Sie weiter. Wenn nicht, gehen Sie zurück zu der vorigen Instruktion, bis Sie fünf Treffer hintereinander geschafft haben.

ORI 11 Machen Sie nun das gleiche mit dem zweiten Korb. Lecken Sie die Sonnenblumenkerne ab und werfen Sie sie nach dem zweiten Korb. Wenn Sie fünfmal hintereinander getroffen haben, gehen Sie zur nächsten Instruktion weiter.

ORI 12 Macht das nicht Spaß?
Antwort:

Wenn ja, machen Sie weiter. Wenn nicht, wer hat Ihnen erzählt, Psychotherapie mache Spaß? Machen Sie trotzdem weiter.

ORI 13 Wiederholen Sie das ganze Spiel mit Korb Nummer drei. Wenn Ihnen drei Treffer hintereinander gelungen sind, gehen Sie zur nächsten Instruktion weiter.

ORI 14 Wie fühlen Sie sich jetzt? Ist Ihr SEU-Niveau sehr hoch? (Wenn Sie nicht wissen, was ein SEU-Niveau ist, blättern Sie zurück zu ORI 4 in Kapitel 7 und kehren Sie nach hierher zurück, wenn Sie die Angaben über die SEUs gelesen haben.)
Antwort:

Wenn nicht, springen Sie zu ORI 17. Wenn ja, machen Sie mit der nächsten Instruktion weiter.

ORI 15 Haben Sie außer den Sonnenblumenkernen noch irgend etwas zu essen mitgebracht?
Antwort:

Wenn ja, nehmen Sie einige Bissen und kauen Sie sie so langsam wie möglich, bis Ihre SEUs sich verringert haben. Springen Sie dann zu ORI 17. Wenn nicht, machen Sie weiter.

ORI 16 Bitten Sie Ihren Partner, er solle Ihnen Rücken und Schultern reiben, während Sie sich mit den Ellbogen auf die Balkonwand oder auf die Fensterbank lehnen. Wenn Ihre SEUs geringer werden, machen Sie weiter.

ORI 17 Versuchen Sie die Treppe zum nächsten Stockwerk hinaufzusteigen, während Ihr Freund(in) Ihre Hand, Ihren Arm usw. hält. Wenn Sie dort angekommen sind, gehen Sie zum Fenster, Balkon usw. und schauen auf Ihre Papierkörbe hinab.

ORI 18 Wiederholen Sie die gleiche Prozedur wie im zweiten Stock. Nehmen Sie einen Sonnenblumenkern, lecken Sie ihn ab und werfen Sie ihn nach Korb Nummer eins. Nach fünf Treffern machen Sie das gleiche mit Korb zwei. Nach vier Treffern in diesen Korb nehmen Sie sich Korb drei vor. Wenn Sie dreimal hintereinander getroffen haben, gehen Sie zur nächsten Instruktion weiter.

ORI 19 Wie ist Ihr SEU-Niveau? Hoch?

Antwort:

Wenn nicht, rücken Sie zu ORI 22 vor. Wenn doch, machen Sie weiter.

ORI 20 Haben Sie noch irgendwelche Nahrungsmittel übrig?

Antwort:

Wenn ja, essen Sie sie langsam, bis Ihre SEUs auf ein angenehmes Niveau sinken, und rücken Sie dann nach ORI 22 vor. Wenn nicht, gehen Sie zur nächsten Instruktion weiter.

ORI 21 Haben Sie irgendwelche erotischen Bilder oder Hefte bei sich?

Antwort:

Wenn ja, holen Sie eins hervor, suchen Sie sich das deutlichste Bild aus, ein Bild, bei dessen Anblick Sie Stielaugen bekommen und bei dem Sie unwillkürlich sagen: »So was können sie doch gar nicht zeigen!« Orientieren Sie sich so lange an den erotischen Details, bis Ihre SEUs nachlassen, und springen Sie dann zu ORI 22. Wenn nicht, bitten Sie Ihren Partner, Ihnen Rücken und Schultern zu reiben, während Sie sich mit den Ellbogen auf das Geländer oder die Fensterbank lehnen, bis Ihre SEUs zurückgehen. Dann machen Sie weiter.

ORI 22 Können Sie auf das Dach steigen?

Antwort:

Wenn ja, machen Sie weiter. Wenn nicht, rücken Sie nach ORI 26 vor.

ORI 23 Verläuft um das Dach eine Mauer, so daß Sie dahinter sitzen oder stehen können, ohne befürchten zu müssen, vom Dach zu stürzen?
Antwort:

Wenn ja, machen Sie mit der nächsten Instruktion weiter. Wenn nicht, vergessen Sie das Dach und springen Sie zu ORI 26.

ORI 24 Wiederholen Sie auf dem Dach die gleiche Prozedur, die Sie im zweiten und dritten Stockwerk durchgeführt haben. Lekken Sie die Kerne ab und werfen Sie sie hinunter, bis Sie in Korb eins fünf Treffer hintereinander, in Korb zwei vier und in Korb drei drei Treffer nacheinander erzielt haben. Wenn Sie das geschafft haben, machen Sie weiter.

ORI 25 Nehmen Sie für einige Minuten auf dem Dach Platz und bitten Sie Ihren Partner, Ihnen einige Instruktionen zur Orientierung zu geben. Dabei handelt es sich um ein einfaches Spielchen. Er oder sie zeigt auf etwas, das zwischen »da und dort« liegt, und Sie müsssen danach Ausschau halten. Es kann ein Hund sein, der die Straße entlang läuft, eine besondere Anordnung von Fenstern in einem Haus oder in einer Wohnung, ein ungewöhnliches Auto, das in einer Gasse parkt, usw. Dann orientieren Sie sich an Ihrer Umgebung, schauen nach ungewöhnlichen Dingen oder Veränderungen aus und berichten dies Ihrem Partner, bis Sie seine oder ihre Beobachtung getroffen haben. Dann wechseln Sie die Rollen, Sie suchen sich etwas Auffälliges heraus, und Ihr Partner versucht es herauszufinden. Machen Sie das mindestens fünf Minuten lang. Dann gehen Sie zur nächsten Instruktion weiter.

ORI 26 Gehen Sie nun treppab zum Erdgeschoß.

ORI 27 Verlassen Sie das Gebäude mit Ihrem Partner, schauen Sie sich um und betrachten Sie es.

ORI 28 Nun gehen Sie wieder ins Gebäude hinein und steigen Sie all die Treppen zusammen hinauf, aber diesmal hält Ihr Partner Sie nicht am Arm.

ORI 29 Verspüren Sie jetzt Angst?
Antwort:

Wenn nicht, machen Sie weiter. Wenn doch, bleiben Sie stehen, wenn Sie sich nervös fühlen, und bitten Sie Ihren Partner, Ihren Arm zu reiben, bis Sie sich wohl fühlen. Dann gehen Sie zur nächsten Instruktion weiter.

ORI 30 Wenn Sie das Dach erreicht haben, gehen Sie (wenn möglich) mit Ihrem Partner eine Minute lang herum und steigen Sie dann wieder hinunter.

ORI 31 Gehen Sie nach draußen, lassen Sie Ihren Partner dort stehen und steigen Sie die Treppenabsätze einen nach dem anderen hinauf. In jedem Stockwerk gehen Sie ans Fenster oder auf den Balkon, rufen Hallo und winken Ihrem Partner zu. Auf dem Dach tun Sie das gleiche. Dann steigen Sie wieder hinab.

ORI 32 Wie fühlen Sie sich? Fühlen Sie sich einigermaßen wohl in einem dreistöckigen Gebäude?
Antwort:

Wenn ja, fahren Sie fort. Wenn nicht, warten Sie drei bis sieben Tage und durchlaufen Sie das Programm für niedrige Gebäude noch einmal.

ORI 33 Haben Sie das Gefühl, Sie könnten gleich auf ein hohes Gebäude steigen und Ihr Trainingsprogramm fortsetzen?
Antwort:

Wenn nicht, gehen Sie nach Hause oder in Ihr Büro zurück. Entspannen Sie sich, nehmen Sie etwas zu trinken, schwatzen Sie mit Freunden über Ihr Erlebnis, gehen Sie zum Essen, belohnen Sie sich, was immer dazu notwendig ist, verabreden Sie dann erneut mit Ihrem Freund, daß Sie sich zwischen morgen und einer Woche von jetzt an in der Vorhalle Ihres hohen Gebäudes treffen werden. Wenn ja, gehen Sie zum hohen Gebäude und lesen Sie die erste Instruktion des Programms.

Wie Sie in hohen Gebäuden Ihre Angst verringern können

ORI 1 Gehen Sie in die Vorhalle des Gebäudes. Gehen wir davon aus, daß Sie oder Ihr Partner sich im Gebäude umgesehen haben und daß es dort in jedem Stockwerk Fenster gibt, aus denen Sie hinausschauen können.

ORI 2 Haben Sie eine Lieblingsspeise mitgebracht?
Antwort:

Wenn ja, machen Sie weiter. Wenn nicht, nehmen Sie sich ein paar Minuten Zeit und schauen Sie nach, ob es in dem Gebäude ein Restaurant oder eine Imbißstube gibt, wo Sie sich etwas zu essen besorgen können, am besten etwas, das Sie mögen. Wenn Sie seit sechs bis acht Stunden nichts gegessen haben, können Sie ruhig alles nehmen, was es gerade gibt. Hunger führt dazu, daß wir uns auch an dem miesesten Essen orientieren, das wir normalerweise nicht mal einem Hund anbieten würden, und das essen wir sogar.

ORI 3 Haben Sie irgendwelches Sexmaterial mitgebracht?
Antwort:

Wenn ja, machen Sie weiter. Wenn nicht, schauen Sie sich nach dem obligaten Zeitungsstand in der Nähe um und kaufen Sie sich etwas.

ORI 4 In welche Höhe (welches Stockwerk) müssen Sie steigen, um Angst zu verspüren?
Antwort:

ORI 5 Ganz gleich, welches Stockwerk Sie angegeben haben, fangen Sie mit dem zweiten an, schauen Sie aus einem Fenster und stellen Sie fest, ob Sie sich ängstlich fühlen. Wenn dem so ist, gehen Sie zur nächsten Instruktion weiter. Wenn nicht, gehen Sie jeden Treppenabsatz hinauf und schauen Sie aus einem Fenster, und zwar so lange, bis Sie Angst verspüren, und gehen Sie dann zur nächsten Instruktion weiter. Wenn Sie sich in einem Wolkenkratzer mit dreißig oder mehr Stockwerken befinden und es Ihr Ziel ist, sich ganz oben wohl zu fühlen, wenn Sie dort ein Getränk zu sich nehmen oder auch nur herumsitzen, dann müssen Sie Ihren Orientierungsreflex nicht auf jedem Stockwerk rekonditionieren. Steigen Sie nach dem zehnten Stock in einen Fahrstuhl (sofern Sie nicht auch eine Fahrstuhl-Phobie haben) und fahren Sie in den fünfzehnten Stock, um dort an Ihrem Orientierungsreflex zu arbeiten. Das wiederholen Sie in jedem fünften Stock, das heißt im zwanzigsten, fünfundzwanzigsten, dreißigsten, fünfunddreißigsten usw.

ORI 6 Begeben Sie sich ein Stockwerk tiefer.

ORI 7 Sind am Himmel irgendwelche Wolken?
Antwort:

Wenn ja, machen Sie weiter. Wenn nicht, rücken Sie nach ORI 9 vor.

ORI 8 Schauen Sie aus einem Fenster dieses Stockwerks zum Himmel. Bitten Sie Ihren Partner, nach Wolken zu suchen, die wie Gesichter und Gestalten aussehen. Dann soll er oder sie Ihnen beispielsweise sagen: »Da ist eine Wolke, die sieht aus wie Onkel Willi. Siehst du sie?« Orientieren Sie sich dann am Himmel und halten Sie nach dieser besonderen Wolke Ausschau. Wenn Sie sie gefunden haben, sucht Ihr Partner eine andere. Tun Sie dies zwei Minuten lang oder bis Sie sich wohl fühlen.

ORI 9 Bitten Sie Ihren Freund(in), er (sie) solle Sie instruieren, sich an Gebäuden in der Nähe zu orientieren. Er oder sie soll Ihnen Fragen stellen wie: »Wie viele Stockwerke hat das mittelhohe weiße Gebäude? Wie viele Fenster sind in jedem Stockwerk des schwarzen Gebäudes? Schau zwischen den beiden Gebäuden dort hindurch. Zähl fünf Straßenkreuzungen ab. Welches Geschäft liegt an jener Ecke? Wie viele Leute halten sich in jenem Büro da drüben auf, im fünften Stockwerk, das achte Fenster von links?«

ORI 10 Tun Sie dies drei Minuten lang oder bis Sie sich dabei ziemlich wohl fühlen.

ORI 11 Gehen Sie jetzt zehn Schritte zurück und schildern Sie in groben Zügen den Blick durch den Fensterrahmen.

ORI 12 Gehen Sie zum nächsten Stockwerk hinauf, und dabei berührt Ihr Partner einen Körperteil von Ihnen. Wenn Sie sich ungemütlich fühlen, nehmen Sie einen Bissen zu sich, essen sehr langsam und schmecken Sie jeden Krümel. Bitten Sie Ihren Partner, er solle Ihnen leicht über den Rücken streicheln, bis Sie sich wieder wohl fühlen.

ORI 13 Gehen Sie noch einmal zum Fenster, und diesmal suchen Sie sich etwas heraus, an dem Ihr Partner sich orientieren soll: an einem Reklameschild, drei Volkswagen in einer Reihe auf der Straße, eine dicke Dame oder fetter Herr, die den Gehsteig hinuntergehen, usw. Halten Sie nach ungewöhnlichen Dingen Ausschau. Tun Sie dies zwei Minuten lang oder bis Sie sich wohl fühlen, und gehen Sie zum nächsten Stockwerk hinauf.

ORI 14 Wiederholen Sie die gleiche Prozedur wie auf dem vorherigen Stockwerk. Wenn Sie sich unbehaglich fühlen, fordern Sie Ihren Partner auf, Ihnen den Rücken zu reiben – oder wo Sie es sonst mögen – und knabbern Sie an Ihren Leckerbissen, bis es Ihnen gut geht. Gehen Sie dann noch einmal zum Fenster und orientieren Sie sich wieder am Straßenverkehr. Bringen Sie damit zwei Minuten zu oder bis Sie sich besser fühlen. Gehen Sie dann zehn Schritte zurück und beschreiben Sie den ein wenig veränderten Ausblick, den Sie durch den Fensterrahmen haben.

ORI 15 Gehen Sie zum nächsten Stockwerk hinauf. Halten Sie auch hier das gleiche Verfahren ein wie auf dem Stockwerk darunter. Schauen Sie jedoch diesmal nach, ob Sie ein Fenster mit einem anderen Ausblick finden. Spazieren Sie einige Minuten durch die Gänge und Korridore. Anschließend gehen Sie zu dem Fenster. Auch wenn Sie sich ängstlich fühlen, holen Sie jetzt eine Ihrer erotischen Zeitschriften – oder daheim angefertigte Polaroid-Fotos – hervor und betrachten diese Sexualauslöser eingehend. Je nach der Beziehung, die Sie zu Ihrem Partner haben, bitten Sie ihn, er oder sie solle Sie in irgendeiner Weise berühren, die sexueller Natur ist. Wenn Sie eine rein platonische Beziehung zu ihr oder ihm haben, genügt auch ein bloßes Rückenstreicheln und -reiben. Ihr Partner soll diesen Kontakt zwei Minuten aufrechterhalten, während Sie aus dem Fenster schauen und sich dann wieder Ihren Erotika widmen – oder behalten Sie dies so lange bei, bis Sie sich wohl fühlen. Gehen Sie dann zehn Schritte zurück, um wieder den Blick nach draußen zu beschreiben.

Das übrige Programm entspricht dem, was Sie bereits absolviert haben. Einen Treppenabsatz rauf, einen Blick umher; wenn Sie sich ängstlich fühlen, orientieren Sie sich durch Suchspielchen, Nahrung, Sex, Körperkontakt, Rückenreiben, während Sie die ganze Zeit darauf achten, was um Sie herum geschieht und was sich auf dem Erdboden abspielt. Tun Sie all dies, bis Sie sich besser fühlen. Steigen Sie dann so viele Treppen hinauf, wie nötig sind, damit Sie wieder nervös werden, und gehen Sie all die OR-Auslöser noch einmal durch.

Um Ihre Ängstlichkeit gering und Ihren OR hoch zu halten, können Sie noch etwas Weiteres tun, nämlich Pfennigstücke gegen die Fensterscheiben des Gebäudes werfen. Das klingt albern, aber das ist auch die phobische Reaktion

Ihres autonomen Nervensystems. Pfennigstücke werfen ist eine Aufgabe der Hand-Augen-Koordination und eine der besten Möglichkeiten, den Orientierungsreflex auszulösen und aufrechtzuerhalten. Wenn Sie Angst vor Flugzeugen haben, besteht die beste Möglichkeit zur Überwindung dieser Angst darin, das Flugzeugfliegen zu lernen – eine Koordination von Hand, Fuß und Auge. Haben Sie Angst vor Aufzügen, ist die beste Möglichkeit, mit dieser Angst fertigzuwerden, das Erlernen der Fahrstuhlführung, der Bedienung eines handgesteuerten Fahrstuhles und das Üben weicher, genauer Stopps auf jedem Stockwerk. Wenn Sie sich vor sukkutanen (unter die Haut) Injektionen fürchten, verlieren Sie diese Angst am besten, wenn Sie lernen, Spritzen zu geben – wobei Sie mit einer Banane oder mit einer Apfelsine üben –, wiederum eine Aufgabe der Hand-Augen-Koordination. Aus dem Blickwinkel unserer Alltagserfahrungen ist all dies durchaus sinnvoll. Beispielsweise fallen frischgebackene Ärzte oder Krankenschwestern häufig in Ohnmacht oder werfen gar den ganzen Kram hin, wenn sie im Notfallraum ihr erstes Verkehrsunfallopfer sehen. Drei Monate später sieht die Sache dann ganz anders aus, weil sie gelernte Fertigkeiten der Hand-Augen-Koordination anwenden, die sie in der gleichen Situation, die ihnen vorher Angst einflößte, zum Orientieren anhält. Dann können Sie regelmäßig Aussprüche wie die folgenden hören: »Danke. Machen Sie mir einen Strammen Max . . . mit viel Senf«, während sie eifrig beschäftigt sind, das Leben eines ähnlichen Unfallopfers zu retten.

Doch bei der Überwindung Ihrer Höhenängste ist es ein wenig schwieriger zu lernen, wie man ein Gebäude, einen Berg oder einen Telefonmasten »operiert«. Sie tun überhaupt nichts, sondern stehen nur da, schauen feindselig vor sich hin und lauern Sie an. Sie können lernen, Fensterscheiben zu reinigen, während Sie an einem Seil vor der Außenwand eines Gebäudes hin und herschwingen. Das ist ganz klar eine gelernte Koordinationsaufgabe. Doch aus ganz verständlichen Gründen haben Sie dazu vielleicht nicht die geringste Lust. Viel praktischer ist, Routineaufgaben der Hand-Augen-Koordination innerhalb des Gebäudes durchzuführen, auch wenn das mit dem Gebäude selbst nichts zu tun hat. Das haben Sie und Ihr Partner mit den Sonnenblumenkernen und den Papierkörben in dem niedrigen Gebäude praktiziert. Das gleiche Ergebnis, nämlich Auslösung des OR, wird eintreten, wenn Sie mit Münzen gegen die Fensterscheiben in jedem Stockwerk eines hohen Gebäudes werfen. Und es ist obendrein einfacher zu bewerkstelligen. Sie brauchen dazu keine aufwendige Apparatur, sondern nur ein paar Münzen. Machen Sie mit Ihrem Partner daraus ein Spiel. Stellen Sie fest, wer von Ihnen der Fensterscheibe ständig am nächsten kommt, und spielen Sie dieses Spiel in jedem Stockwerk. Stellen Sie sich in drei Meter Entfernung auf und werfen Sie die Münzen genau unter die Scheibe. Dabei orientieren Sie sich an der Wand und an Ihrer Aufgabe zur Koordinierung von Hand und Augen, während Sie gleichzeitig aus dem Fenster schauen, was Sie ja so nervös macht. Werfen Sie mindestens vier Runden Münzen, wenn möglich auf jedem Stockwerk, auf dem Sie anhalten.

Wenn Sie in Ihrem Gebäude bis zum einhundertsten Stockwerk klettern wollen, werden Sie unter Umständen nicht in der Lage sein, diese Aufgabe in einer Trainingssitzung zu bewältigen. Nach etwa einer Stunde – oder anderthalb, wenn Sie viel körperliches Standvermögen haben, um die Treppenstufen hinaufsteigen zu können – hören Sie auf und legen eine wohlverdiente Pause ein. Hören Sie auch auf, wenn es dunkel wird, während Sie noch das Programm durchlaufen. Für Ihren Orientierungsreflex ist es viel besser, wenn Sie an dem Trainingsprogramm bei Tage arbeiten, wenn um Sie herum Hunderte von Dingen geschehen. Kehren Sie zu einer zweiten oder dritten Sitzung zurück und genießen Sie den Blick aus den Fenstern am Abend.

9.

Wie Sie sich mit Tonbandgeräten, Pfennigen und Liegestützen die Angst vor Fahrstühlen und Autos wegtrainieren können

Wenden wir uns nun der Frage zu, was Sie tun können, um sich von der Angst vorm Fahren in geschlossenen Apparaten, die sich in gerader Linie auf und abbewegen, zu befreien. Ich möchte gleich zu Anfang betonen, die beste Möglichkeit, dieses Problem zu »kurieren«, besteht darin, sich über das Fahrstuhlfahren zu informieren und es aktiv zu üben, also den Fahrstuhl auf jedem Stockwerk weich und genau anzuhalten, die Tür zu öffnen und zu schließen, zu warnen: »Achten Sie darauf, wohin Sie treten«, usw. Schauen Sie sich um, ob Sie einen hilfreichen Fahrstuhlführer finden können, der Ihnen in seiner Freizeit beibringt, wie man so ein Ding bedient. Vielleicht kann jemand aus Ihrem Büro Ihnen dabei helfen. Erklären Sie Ihre mißliche Lage und sagen Sie ihm oder ihr, was nach Ihrer Meinung richtig wäre, um das Problem zu lösen. Wenn das nicht geht, halten Sie sich an dieses OR-Trainingsprogramm.

Lassen Sie uns zunächst fragen, ob Sie tatsächlich eine Fahrstuhl-Phobie haben oder ob Sie sich vor etwas fürchten, das Sie an das Fahrstuhlfahren erinnert. Viele Patienten, die erklären, sie hätten Angst vor Fahrstühlen, sind in Wirklichkeit klaustrophobisch, das heißt, sie haben Angst vor kleinen geschlossenen Räumen. Wie können Sie das selbst feststellen? Ganz einfach! Gehen Sie daheim in Ihre Toilette, schließen Sie die Tür und warten Sie ab, ob Sie nervös werden. Wenn Sie keine Angst verspüren, jedoch in einem Fahrstuhl nervös werden, haben Sie mit ziemlicher Sicherheit eine einfache unkomplizierte Fahrstuhl-Phobie. Wenn Sie jedoch sowohl in der Toilette wie im Fahrstuhl ängstlich werden, haben Sie eine Klaustrophobie und vielleicht auch eine Fahrstuhl-Phobie. Wenn Sie feststellen, daß Sie ein wenig klaustrophobisch sind, gehen Sie erst das Trainingsprogramm für geschlossene Räume auf S. 281 durch, ehe Sie mit dem Fahrstuhlprogramm beginnen. Dadurch wird Ihre Arbeit im Fahrstuhl einfacher und weniger angsterregend.

Auf jeden Fall ist das Programm gegen die Fahrstuhl-Phobie einfach; und es hat die Angst vorm Fahren in geschlossenen, mechanisch bewegten Räumen wiederholt in nur zwanzig Minuten beseitigt. Wie bei allen Trainingsprogrammen sorgen Sie dafür, daß ein Freund(in) Sie begleitet, das gesamte Programm mit Ihnen durchgeht und Ihnen Schritt für Schritt die Instruktionen zur Auslösung des Orientierungsreflexes gibt.

Halten Sie erst ein wenig Ausschau, ehe Sie einen Fahrstuhl wählen. Suchen Sie einen, der wenig benutzt wird. Beim ersten Mal ist es am besten, wenn Sie einen automatischen Fahrstuhl benutzen und wenn nur Sie und Ihr Partner(in) sich darin befinden. Apartmenthäuser in Frankfurt oder München eignen sich häufig gut für solche Zwecke, vor allem Gebäude mit nicht mehr als fünf Stockwerken. Wenn es ein automatischer Fahrstuhl ist, wird er in den Abendstunden, nach dem Abendessen, nur selten benutzt. Wenn Ihr Bürogebäude einen Fahrstuhl hat, besprechen Sie die Situation mit dem Hausverwalter, erläutern Sie ihm dieses Programm und fragen Sie ihn, ob Sie den Fahrstuhl nach Arbeitsschluß benutzen können. Denken Sie daran, vorher den Wachmann zu informieren, was Sie da treiben, denn es kann sein, daß Sie Unannehmlichkeiten mit Streifenbeamten kriegen, die zwar schon viele Entschuldigungen gehört haben, warum jemand etwas Ungewöhnliches tut, denen Ihre jedoch allzu phantastisch klingt.

Auch wenn Sie gegenüber Fahrstühlen vielleicht nur »geringfügige« Ängste empfinden, rate ich Ihnen doch, davon abzusehen, die wilde Phobie daheim sozusagen mit einem einzigen Schuß zu erlegen. Für alle Phobien, von leichteren Irritationen bis zu schweren Ängsten, gilt nun einmal, sich von Anfang an Vorteile zu verschaffen suchen. Nehmen Sie Dinge mit sich, die Sie veranlassen, sich zu orientieren. Haben Sie in einem Fahrstuhl jemals ein schönes Stück Apfelstrudel gegessen? Haben Sie in einem Fahrstuhl jemals ein großes farbiges Faltblattfoto von Brigitte Bardot oder von Marlon Brando betrachtet? Haben Sie schon einmal in einem sich bewegenden Fahrstuhl einen jener phantastisch schönen französischen Modeschals anprobiert, während ein Freund(in) einen Spiegel für Sie hielt? Haben Sie schon einmal in einem Fahrstuhl ein Rechenproblem zu lösen versucht, sofern Ihnen das überhaupt liegt? Sich an einer Denksportaufgabe die Zähne ausgebissen? Dies sind Beispiele für Beschäftigungen, die Ihren nichtwillentlichen Orientierungsreflex auslösen und in Tätigkeit halten, und auf diese Weise gegenkonditionieren Sie gleichzeitig Ihren gelernten Abwehrreflex.

Vor allen Dingen nehmen Sie einen Freund oder eine Freundin mit in den Fahrstuhl. Das ist am wichtigsten. Denken Sie daran, daß schon eine einfache Berührung Sie mit ziemlicher Sicherheit dazu bringt, sich zu orientieren. Als nächstes nehmen Sie etwas Verlockendes zu essen mit, desgleichen sexuell getönte Lektüre, sei es harte Pornographie mit oder ohne eindeutigen Fotos, sei es ein zurückhaltenderer Liebesroman, je nachdem was Sie am meisten erregt. Nehmen Sie ferner einen batteriegetriebenen Taschenrechner mit, mit dem Sie Rechenaufgaben lösen können, während Sie im Fahrstuhl auf und abfahren. Weiter empfiehlt es sich, einen kleinen batteriegetriebenen Kassettenrekorder mit Ihrer Lieblingstanzmusik mit in den Fahrstuhl zu nehmen. Haben Sie jemals in einem Fahrstuhl getanzt? Schließlich nehmen Sie noch Ihr Scheckheft und die jüngsten Rechnungen mit, um sie während der Fahrt zu begleichen. Wenn Sie alle diese Hilfsmittel zur Hand haben und Ihre Fahrstuhlsuche beendet ist, gehen Sie zum Fahrstuhl-Trainingsprogramm über.

Trainingsprogramm für Fahrstühle

Wie Sie Ihre Angst vor Fahrstühlen in niedrigen Gebäuden verringern können

ORI 1 Gehen Sie in das niedrige Gebäude mit Fahrstuhl, nachdem Sie die Erlaubnis eingeholt haben, den Fahrstuhl so lange zu benutzen, wie es notwendig ist.

ORI 2 Rufen Sie nach dem Fahrstuhl, indem Sie den »Rauf«-Knopf drücken.

ORI 3 Zählen Sie von dem Zeitpunkt, da Sie den Knopf betätigen, die Sekunden, bis der Fahrstuhl ankommt und seine Tür sich öffnet.

ORI 4 Schreiben Sie die verstrichene Zeit auf.
Zeit:

ORI 5 Gehen Sie in den Fahrstuhl.

ORI 6 Bitten Sie Ihren Freund, irgendeinen Stockwerkknopf zu drücken.

ORI 7 Wenn Sie wissen, welches Stockwerk Ihr Freund gewählt hat, lehnen Sie sich mit dem Gesicht zur Knopftafel gegen die Wand, wobei Sie die Hände mit den Innenflächen flach aufdrücken.

ORI 8 Quadrieren Sie in Gedanken die Zahl des gedrückten Stockwerkknopfs (nehmen Sie sie mit sich selbst mal, das heißt, 2 × 2, 4 × 4, usw.)
Antwort:

ORI 9 Vollführen Sie nun diese Zahl von Liegestützen an der Wand (oder wie nennt man sowas in dieser Stellung?), indem Sie die Arme beugen und wieder strecken.

ORI 10 Wenn Sie damit fertig sind, warten Sie, bis der Fahrstuhl auf dem Stockwerk hält, das Ihr Partner gewählt hat.

ORI 11 Wenn der Fahrstuhl hält und die Tür sich öffnet, bleiben Sie drin.

ORI 12 Bitten Sie Ihren Begleiter, Ihnen den Arm, den Rücken oder die Schultern zu reiben, bis die Tür sich wieder von selbst geschlossen hat.

ORI 13 Wenn niemand hereingekommen ist, nehmen Sie einen Bissen von Ihrer Lieblingsspeise und essen Sie ihn langsam.

ORI 14 Wenn niemand den Fahrstuhl ruft, er also weder rauf- noch runtergeht, bitten Sie Ihren Freund, er solle je nach Laune ein anderes Stockwerk wählen.

ORI 15 Wiederholen Sie das gleiche Verfahren wie vorhin, während Sie dabei weiterhin langsam essen. Achten Sie auf die Zahl des betätigten Stockwerkknopfes, kubieren Sie die Zahl im Kopf (multiplizieren Sie sie dreimal mit sich selbst, das heißt $5 \times 5 \times 5 = 125$) und dividieren Sie sie dann durch Ihr Alter, bis Sie eine ganze Zahl erhalten.

Antwort:

ORI 16 Wenn der Fahrstuhl im gewünschten Stockwerk hält und die Tür sich öffnet, bleiben Sie im Innern und stecken Ihren Leckerbissen fort.

ORI 17 Wenn niemand einsteigt und der Fahrstuhl auch nicht zu einem anderen Stock gerufen wird, warten Sie, bis die Tür sich schließt, und rücken Sie dann zu ORI 20 vor.

ORI 18 Wenn jemand einsteigt, fahren Sie mit zu dem Stockwerk, das der Eingestiegene wählt. Prägen Sie sich die Zahl des Stockwerks ein und teilen Sie sie durch die beiden letzten Zahlen Ihres Geburtsjahres. Während Sie zu dem gewünschten Stock fahren, legt Ihr Freund(in) seine (ihre) Hand auf Ihre Schulter und Sie lösen dabei die Rechenaufgabe. Dann gehen Sie zur nächsten Instruktion weiter.

ORI 19 Wenn der Fahrstuhl noch in ein anderes Stockwerk gerufen wird, machen Sie während der Fahrt dorthin die Zahl von Liegestützen, die den Stockwerken entspricht, an denen Sie vorbeifahren. Wenn der Fahrstuhl auf dem Stockwerk stehenbleibt, gehen Sie zur nächsten Instruktion weiter.

ORI 20 Bis jemand einsteigt oder der Fahrstuhl in ein anderes Stockwerk gerufen wird, nehmen Sie einige Pfennige zur Hand. Sie und Ihr Partner werden eine Aufgabe zur Hand-Augen-Koordination durchführen. Sie beide stellen sich mit dem Rücken an eine der beiden Seitenwände. Werfen Sie abwechselnd Pfennige so nahe wie möglich an die gegenüberliegende Wand. Sie müssen nicht nur richtig einschätzen, wie genau Sie Ihre Münzen zu werfen haben, sondern auch, wie kräftig Sie werfen müssen, damit sie von der Wand abprallen und dennoch so nahe wie möglich liegenbleiben. Üben Sie dies zwei Minuten lang oder bis Sie nicht mehr nervös darüber sind, daß der Fahrstuhl stehenbleibt. Gehen Sie dann zur nächsten Instruktion über.

ORI 21 Sind Sie und Ihr Freund(in) sexuell aneinander interessiert?
Antwort:

Wenn ja, machen Sie weiter. Wenn nicht, rücken Sie nach ORI 29 vor.

ORI 22 Haben Sie Ihren Kassettenrekorder mit Ihrer Lieblingstanzmusik dabei?
Antwort:

Wenn ja, stellen Sie ihn ein und springen Sie zu ORI 26. Wenn nicht, machen Sie mit der nächsten Instruktion weiter.

ORI 23 Bitten Sie Ihren Partner(in), Ihnen sein (ihr) Lieblingsstück zu nennen.

ORI 24 Versuchen Sie beide, ob Sie es singen, summen oder pfeifen können.

ORI 25 Während Sie Ihre eigene Musik machen, wählen Sie ein anderes Stockwerk, das so weit wie möglich von dem jetzigen entfernt liegt. Drücken Sie den Knopf.

ORI 26 Wenn sich die Tür zu schließen beginnt, wagen Sie und Ihr Partner ein Tänzchen. Tanzen Sie einen Foxtrott, einen Walzer, einen Mambo, eine Rumba oder einen Jitterbug, sofern Sie können. Denken Sie daran, daß alle diese Tänze Körperkontakt verlangen. Wenn Sie keinen von den genannten Tänzen kennen, stellen Sie fest, ob Ihr Partner Ihnen einen beibringen kann. Wenn auch Ihr Partner keinen der Tänze beherrscht, tanzen Sie während der Fahrt zu dem von Ihnen gewählten Stockwerk einen engen Boogie, wobei Sie sich von Zeit zu Zeit mit Ellbogen und Hintern berühren.

ORI 27 Wenn bei diesem Halt niemand zusteigt, fahren Sie zu dem Stockwerk zurück, von dem Sie gekommen sind, und setzen Sie Ihren Tanz fort. Halten Sie sich damit mindestens zehn Minuten auf oder bis jemand zu Ihnen in den Fahrstuhl steigt.

ORI 28 Wenn jemand zusteigt, wiederholen Sie die Prozedur, die Sie vorhin durchgeführt haben. Prägen Sie sich diesmal das gewählte Stockwerk ein, dividieren Sie seine Zahl durch das Alter Ihrer Mutter und warten Sie, bis der oder die Eingestiegene den Fahrstuhl wieder verläßt. Unterdessen reibt Ihr Partner Ihre Schulter.

ORI 29 Wiederholen Sie nun das Pfennigwerfen – doch diesmal, während der Fahrstuhl fährt. Drücken Sie einen Stockwerkknopf, warten Sie, bis der Fahrstuhl sich in Bewegung setzt, und fangen Sie an. Wenn der Fahrstuhl anhält, wiederholen Sie die Prozedur noch einmal. Tun Sie das zehn Minuten lang.

ORI 30 Gehen Sie zurück zu ORI 6 und gehen Sie das gesamte Programm für niedrige Gebäude mit Fahrstuhl noch einmal durch oder machen Sie weiter, bis Sie sich in dem Fahrstuhl völlig behaglich fühlen.

ORI 31 Wie fühlen Sie sich jetzt? Entschlossen genug, um mit dem zweiten Teil des Programms fortzufahren?
Antwort:

Wenn ja, machen Sie mit dem Programm für hohe Gebäude weiter. Wenn nicht, legen Sie eine wohlverdiente Ruhepause ein. Vielleicht wollen Sie und Ihr Freund sich ein paar Getränke oder ein gutes Essen gönnen, vielleicht einen lustigen Film anschauen oder ein wenig Spaß an der Freud haben. Dann beginnen Sie mit dem Hochhaus-Programm in den nächsten Tagen.

Wie Sie Ihre Angst vor Fahrstühlen in Hochhäusern verringern können

ORI 1 Verabreden Sie mit Ihrem Partner ein Treffen in der Vorhalle des Gebäudes, das Sie ausgewählt haben.

ORI 2 Ehe Sie zu dem Hochhaus gehen, besorgen Sie sich ein paar kleine Kieselsteine und nehmen Sie sie mit.

ORI 3 Wenn Sie Ihren Freund begrüßt haben, gehen Sie zum nächstgelegenen Fahrstuhl.

ORI 4 Bevor Sie in den Fahrstuhl steigen, stecken Sie in jeden Schuh einen Kieselstein. Lassen Sie die Steine während der gesamten Dauer des Trainingsprogramms dort, als Quelle körperlicher Stimulierung, um bei jedem Ruck des Aufzugs und bei jedem Schritt, den Sie tun, Ihren OR auszulösen.

ORI 5 Besitzt Ihr Gebäude eine Tiefgarage oder ein Kellergeschoß? Wenn ja, machen Sie weiter. Wenn nicht, rücken Sie nach ORI 8 vor.

ORI 6 Drücken Sie den »Runter«-Knopf. Verlassen Sie in der Garage mit Ihrem Freund den Fahrstuhl und marschieren

Sie dort mit ihm eine Minute lang flott umher. Erzählen Sie ihm oder ihr, Sie hätten dabei das Gefühl, auf Kieseln zu gehen. Gehen Sie dann zum Aufzug zurück.

ORI 7 Lassen Sie nun den Fahrstuhl fünfmal zwischen Vorhalle und Keller oder Garage hin- und herfahren. Zwischen den Fahrten verlassen Sie den Fahrstuhl, einmal in der Garage und einmal in der Vorhalle, und gehen mit Ihrem Freund einige Minuten lang schnell umher. Steigen Sie mit Ihrem Freund nur dann in den Fahrstuhl, um zur Garage oder zur Vorhalle zu gelangen, wenn die Kabine frei ist. Während jeder Fahrt rauf und runter lehnen Sie sich mit dem Handteller gegen eine Wand und drücken dagegen. Ihr Partner nennt eine Zahl zwischen eins und fünf, und er oder sie fordert Sie auf, die Zahl zu quadrieren oder zu kubieren. Anschließend vollführen Sie diese Zahl von Liege- (oder Steh-)Stützen gegen die Wand, während der Fahrstuhl in Bewegung ist. Nach fünf Fahrten rauf und fünf Fahrten runter mit jeweils Pausen dazwischen gehen Sie zur nächsten Instruktion weiter.

ORI 8 Nun geht's auf Fahrt rauf bis zur Spitze des Gebäudes – oder zumindest so hoch, wie Sie sich wohl fühlen. Steigen Sie in der Vorhalle mit Ihrem Freund in den Fahrstuhl, und Sie selbst drücken den Knopf für das höchste Stockwerk.

ORI 9 Wenn die Tür sich schließt, machen Sie für einen Augenblick die Augen zu und suchen herauszufinden, ob Sie fühlen oder hören können, wann der Fahrstuhl sich in Bewegung setzt. Dann öffnen Sie die Augen, wenn Sie ganz sicher sind, daß Sie nach oben fahren. Bitten Sie Ihren Freund, Ihnen Rükken, Arm und Schulter zu reiben, während der Fahrstuhl rauffährt.

ORI 10 Wenn Sie das Gefühl haben, Ihre Angst nehme rapide zu, drücken Sie den Knopf zum nächsten Stockwerk und steigen Sie dort aus. Tun Sie dies wegen der Stärke Ihrer Angst, kann es sein, daß Sie auch Angst vor Höhen und nicht nur vor Fahrstühlen haben. Es lohnt die Mühe, das Fahrstuhltrainingsprogramm für einige Minuten zu unterbrechen, um dies herauszufinden. Gehen Sie zum nächsten Fenster und schauen Sie über die Stadt. Empfinden Sie Angst, weil Sie sich so hoch über dem Erdboden aufhalten?
Antwort:

Wenn ja, fahren Sie hinab und nehmen Sie sich vor, das Trainingsprogramm gegen Höhenangst auf S. 226 ff. durchzuarbeiten, ehe Sie mit dem Programm für Fahrstühle weitermachen. Wenn Sie das andere Programm hinter sich haben, kehren Sie zu ORI 8 dieses Programms zurück und setzen Sie Ihre Beschäftigung damit fort. Wenn aber nicht, gehen Sie zur nächsten Instruktion weiter.

ORI 11 Waren auf der Fahrt nach oben viele andere Menschen mit im Fahrstuhl?

Antwort:

Wenn nicht, springen Sie zu ORI 13. Wenn doch, sind Sie vielleicht ein wenig ängstlich in Menschenmengen, vor allem in engen Räumen, und so lassen Sie uns dies herausfinden, indem wir uns der nächsten Instruktion zuwenden.

ORI 12 Drücken Sie den »Rauf«- und den »Runter«-Knopf und warten Sie auf den Fahrstuhl. Wenn viele Menschen an Bord sind, warten Sie, bis ein relativ leerer Fahrstuhl kommt, gleich ob er nach oben oder nach unten fährt. Steigen Sie ein und fahren Sie entweder in den obersten Stock oder ganz nach unten. Achten Sie auf Ihre Reaktion, sobald jedesmal, wenn der Aufzug hält, mehr Menschen zusteigen. Wenn Ihre Angst stärker wird, je mehr Menschen einsteigen, dann haben Sie womöglich eine Agoraphobie, Angst vor dem Marktplatz (wo man gewöhnlich die meisten Menschen zur gleichen Zeit antrifft), also Platzangst. Wenn dies der Fall ist, beschäftigen Sie sich mit dem Abschnitt über Agoraphobie, S. 295 ff., nachdem Sie dieses Programm abgeschlossen und dabei nur relativ leere Fahrstühle benutzt haben. Werden Sie sich nun darüber im klaren und entscheiden Sie sich für das restliche Programm, wie viele Menschen Sie in diesem Fahrstuhl nervös machen. Wenn diese Zahl von Menschen eingestiegen ist, steigen Sie einfach aus. Wenn Sie anschließend das restliche Training schnell hinter sich bringen, werden Sie wahrscheinlich wenig phobische Reaktionen auf Fahrstühle, aber recht deutliche auf das Eingezwängtsein in Menschenmengen zeigen. Es liegt an Ihnen, ob Sie etwas gegen Ihre Agoraphobie tun wollen. Zumindest werden Sie nach diesem Programm wieder in der Lage sein, in Fahrstühlen zu fahren, vorausgesetzt, sie sind nur wenig besetzt.

ORI 13 Also gut, Sie sind weder phobisch gegenüber Höhen noch gegenüber dem Aufenthalt in Menschenmengen. Ihr Problem scheint nur die Benutzung von Fahrstühlen zu sein. Na gut. Es ist leichter, gegen eine Phobie anzuarbeiten, als gleichzeitig mehrere Angstquellen gegenzukonditionieren. Rufen Sie wieder nach dem Fahrstuhl, indem Sie den »Runter«-Knopf betätigen.

ORI 14 Der Fahrstuhl kommt an, und Sie und Ihr Freund steigen ein. Ihr Freund soll zwanglos einen Arm um Ihre Schultern legen.

ORI 15 Sagen Sie Ihrem Freund, er solle Ihre Schulter leicht massieren, an der Stelle, wo seine Hand Sie berührt. Wenn Ihr Freund 1,50 Meter und Sie 1,80 Meter groß sind, dürfte das einige Schwierigkeiten bereiten, und in diesem Fall wird Ihr Freund sich mit Rücken und Hüften begnügen müssen.

ORI 16 Schließen Sie die Augen, ehe die Tür sich zuschiebt. Versuchen Sie anhand von Geräuschen und Empfindungen zu erraten, wann der Fahrstuhl sich in Bewegung setzt. Halten Sie Ihre Augen geschlossen, und wenn Sie spüren, daß der Fahrstuhl anhält, sagen Sie Ihrem Freund, in welchem Stockwerk Sie sich nach Ihrer Meinung jetzt befinden. Wenn die Tür sich schließt, zählen Sie im Kopf die Sekunden, bis Sie das Gefühl haben, daß der Fahrstuhl anhält, und schätzen Sie, wie viele Stockwerke Sie passiert haben. Tun Sie dies so oft, wie der Fahrstuhl auf seiner Fahrt zum Erdgeschoß in den einzelnen Stockwerken anhält. Steigen Sie im Erdgeschoß aus und gehen Sie zwei Minuten lang umher. Dann kehren Sie zum Fahrstuhl zurück.

ORI 17 Drücken Sie den »Rauf«-Knopf.

ORI 18 Warten Sie, wenn möglich, bis Sie in einen vollbesetzten Fahrstuhl einsteigen können. Er wird öfter anhalten als ein leerer.

ORI 19 Steigen Sie ein, und sorgen Sie dafür, daß Ihr Freund Sie dabei weiterhin berührt. Sie fahren bis zu dem Stockwerk, auf dem der letzte Fahrstuhlbenutzer aussteigt. Halten Sie sich dabei an die gleiche Prozedur wie beim Runterfahren, das heißt, Ihr Freund reibt Ihnen Arm, Schulter usw., und Sie schließen die Augen, sobald Sie eingestiegen sind, und drehen sich dann zur Tür herum. Versuchen Sie an die Rückwand des Fahrstuhls zu kommen. Nur anhand der Geräusche des Fahrstuhls und Ihrer Empfindungen suchen Sie festzustellen, wann der Aufzug hält, wann er sich in Bewegung setzt. Wenn Sie in dem Stockwerk angekommen sind, in dem der letzte Mitreisende aussteigt – und das kann durchaus das oberste Stockwerk sein –, steigen auch Sie aus.

ORI 20 Wenn möglich, gehen Sie geschwind zwei Minuten lang herum und rufen dann wieder nach dem Aufzug, indem Sie den »Runter«-Knopf betätigen.

ORI 21 Wenn der Fahrstuhl angekommen ist und Sie eingestiegen sind, drücken Sie den Knopf für das Erdgeschoß.

ORI 22 Haben Sie Ihre noch nicht beglichenen Rechnungen und einen elektronischen Taschenrechner mitgebracht?
Antwort:

Wenn ja, fahren Sie mit der nächsten Instruktion fort. Wenn nicht, rücken Sie nach ORI 31 vor.

ORI 23 Wissen Sie, wie man einen Taschenrechner bedient?
Antwort:

Wenn ja, rücken Sie nach ORI 25 vor. Wenn nicht, machen Sie weiter.

ORI 24 Fragen Sie Ihren Freund, wie man einen Taschenrechner bedient, und lesen Sie die Betriebsanleitung durch. Lösen Sie eine einfache Rechenaufgabe: $2 \times 3 = 6$.

ORI 25 Lösen Sie eine einfache Dividierungsaufgabe:
$9 : 2 =$

ORI 26 Lösen Sie eine einfache Additionsaufgabe:
$33 + 12 =$

ORI 27 Lösen Sie eine einfache Subtraktionsaufgabe:
$65 - 13 =$

ORI 28 Lösen Sie eine einfache Additions- und Subtraktionsaufgabe:
$14 + 12 + 24 - 3 - 7 + 40 =$

ORI 29 Rechnen Sie eine ähnliche Reihe von Additionen und Subtraktionen, doch diesmal mit Dezimalstellen:
$3{,}58 + 7{,}99 + 243{,}22 - 15{,}01 - 33{,}40 - 33{,}40 - 3{,}22 - 18{,}99 =$

ORI 30 Holen Sie jetzt Ihr Scheckheft und Ihre Rechnungen hervor und begleichen Sie die Schulden. Wenn Sie das Erdgeschoß erreichen, ehe Sie damit fertig sind, drücken Sie den Knopf für den obersten Stock und fahren wieder rauf. Fahren Sie so lange auf und ab, bis Sie Ihre Rechnungen beglichen haben. Wenn Sie das getan haben, gehen Sie zur nächsten Instruktion weiter.

ORI 31 Haben Sie irgendwelche Speisen mitgenommen?
Antwort:

Wenn ja, wenden Sie sich der nächsten Instruktion zu. Wenn nicht, rücken Sie nach ORI 33 vor.

ORI 32 Steigen Sie wieder in den Fahrstuhl, ob er rauf- oder runterfährt, spielt dabei keine Rolle, lehnen Sie sich gegen die Rückwand und knabbern Sie an dem mitgebrachten Essen. Achten Sie darauf, wie es schmeckt. Achten Sie auf das Wasser, das Ihnen im Mund zusammenläuft. Stellen Sie fest, ob Ihr Mund feucht oder trocken ist. Wenn er trocken ist, steigen Sie auf dem nächsten Stockwerk aus und suchen sich etwas zu trinken. Nehmen Sie einige tüchtige Schlucke, beginnen Sie wieder zu essen und kehren Sie zum Fahrstuhl zurück. Achten Sie weiter auf Ihre Speise, auf ihren Geschmack und ob sie Ihnen das Wasser im Mund zusammenlaufen läßt. Wenn Ihr Mund wieder trocken wird, steigen Sie auf dem nächsten Stockwerk aus, suchen sich etwas zu trinken, nehmen einige kräftige Schlucke, beginnen wieder zu essen und gehen zum Fahrstuhl zurück. Tun Sie dies so lange, bis Sie Ihr Essen verzehrt haben oder bis Ihr Mund genügend Speichel absondert, wenn Sie einen Bissen hineinstecken, *während Sie dabei im Fahrstuhl fahren.* Denn wenn Sie genügend Speichel haben, ist es sehr wahrscheinlich, daß Sie sich im Fahrstuhl einigermaßen wohl fühlen.

ORI 33 Wenn Sie am Ende dieses Programms immer noch einige Restängste haben, sobald Sie im Fahrstuhl sind, gehen Sie das gesamte Programm für das Training in hohen Gebäuden eine Woche später noch einmal durch. Dort steigen Sie diesmal immer dann, wenn der Fahrstuhl hält, vier Treppenarme hinauf. Steigen Sie dann wieder in den Fahrstuhl – Ihre Beine, Ihr Rücken und Ihre Brustmuskeln werden Ihnen ausreichend Protestsignale senden, die Sie *veranlassen,* sich zu orientieren.

Trainingsprogramm für Autos

Autophobie, was ist das, was nicht?

Manche von uns haben angelernte Ängste vor Autos und vor dem Autofahren. Manchmal machen uns nicht Autos und Autofahren nervös, sondern etwas anderes, etwas, das geschieht, wenn wir im Auto sitzen oder darin fahren. So wurde mir beispielsweise eine Frau in mittleren Jahren zur Behandlung ihrer Autophobie überwiesen. Sie hatte keine stärkere Autophobie als ich. Sie war von ihrem Mann geschieden, hatte nur wenig Selbstvertrauen und litt unter massiven Ängsten wegen ihres vierzehnjährigen Sohnes. Außer bei seinem Schulbesuch hielt sie ihn praktisch wie einen Gefangenen zu Hause fest. Sie erklärte ganz offen, immer wenn ihr Sohn nicht bei ihr sei, habe sie Angst, er könne in Schwierigkeiten geraten, könne verletzt, verkrüppelt, getötet oder in den Abendstunden nach der Schule von irgendeinem fünfzehnjährigen Flittchen verführt werden. Folgerichtig stieg ihre Angst ins Unermeßliche, wenn sie ohne ihren Sohn irgendwohin fahren mußte. Das gleiche geschah, wenn sie in einen Bus stieg, um eine Freundin zu besuchen.

Ihr Psychiater erklärte ihr, sie litte unter einer Phobie vorm Autofahren. Das stimmte jedoch nicht. Ihre Sorge um den Sohn, ihre Angst, er könne Opfer eines Mißgeschicks werden, ließ sie den Kontakt zur Realität verlieren. Nach all den Informationen, die ich von ihr erhielt, tat ihr Sohn lediglich all die üblichen Dinge, die Jungen in seinem Alter halt tun. Er sprach und flirtete mit Mädchen, spielte nach der Schule Fußball und suchte an den Geselligkeiten der Schule teilzunehmen. Und warum behandelte seine Mama ihn dann als psychologischen Krüppel? Während der sechs Wochen, die ich mit ihr über das Problem sprach, wurde beiden, der Patientin und mir, eines ganz deutlich. So lange sie weiterhin die sich selbst auferlegte Rolle der überfürsorglichen Krankenschwester spielte, die ihren »hilflosen« Sohn »versorgen« mußte, würde sie viel zu beschäftigt sein, um sich noch um andere Lebensbereiche kümmern zu können. Und gerade in diesen Bereichen war ihre Angst am größten. Soweit sie wußte, fühlte sie sich am ängstlichsten, wenn sie von ihrem Sohn fortfahren sollte. Nach ihrer Analyse des Problems hatte sie eine Autophobie entwickelt, weil diese Furcht dafür sorgte, daß sie in der Nähe ihres Sohnes bleiben und sich um ihn kümmern konnte. Seltsam genug, sie war zwar bereit, sich klarzumachen, von wem sie fortfuhr (von ihrem Sohn), aber nicht, sich vor Augen zu halten, wen sie treffen würde. Fast immer, wenn sie von großer Angst befallen wurde, war sie auf dem Weg entweder zu einem Liebhaber, bei dem sie sich nicht allzu wohl fühlte, oder aber zu wohlmeinenden Freunden, die sie auf unangenehme Weise drängten, sie, die Freunde, zu besuchen.

Ich bin sicher, die Tatsache, daß der Psychiater ihr Problem als Autophobie etikettierte, hat Freud auf der großen Couch im Himmel so aufgebracht, daß er sich mit einem hörbaren Seufzer herumdrehte. Mit seiner Analyse von Mamas Problem hat sich der Psychiater auf zweifache Weise von der Wirklichkeit entfernt. Die Patientin war zwar in ihrem Auto ängstlich, doch ihre Angst kreiste in Wahrheit um ihren Sohn. So hätte es wenig Sinn gehabt, ihre »Autophobie« zu behandeln, wenn sie in Wahrheit an einer »Sohnphobie« litt. Richtig? Falsch! Ihre Angst bezog sich weder auf ihr Auto noch auf ihren Sohn. Sie galt vielmehr *ihrem eigenen gesellschaftlichen Leben,* das sie immer, wenn sie ihm nachging, von ihrem vermeintlichen Dummkopf von Sprößling, der dringend ihrer Fürsorge bedurfte, fortzog. Das war nun wirklich ein hübscher Trick, der sie daran hinderte, sich klarzumachen, worunter sie eigentlich litt – unter anderen Leuten.

Zum Glück war die Zeit dieser Mama gekommen. Sie hatte die Nase voll von ihren Ängsten in und außerhalb von Autos, von den Sorgen, die sie sich wegen ihres Sohnes machte – der, so argwöhnte sie tief im Innern, ein ganz gewöhnlicher Teenager mit ganz gewöhnlichen Problemen war –, und vor allem hingen ihr die ständigen depressiven Phasen zum Halse heraus, Phasen, die mit ihrer Gewohnheit zu tun hatten, sich selbst als Verliererin einzuordnen, ein Etikett, das sich immer wieder bewahrheitete, wie eine sich selbst erfüllende Prophezeiung.

Mit meinem Ansporn und ihrer Motivation, sich zu ändern, mühte sie sich zwei weitere Monate ab und zwang sich, neue Dinge an sich in Erfahrung zu bringen. Sie gewann neue Freunde, fand einen neuen Liebhaber und begann sich neuen Aktivitäten zu widmen. Ihre »Phobie« wurde nicht behandelt. Nach zweimonatiger *Behandlung ihres Problems* sozialer Isolierung konnte sie ohne Angst pausenlos Auto fahren. Überflüssig zu sagen, daß auch ihr Sohn sich in dieser neuen Situation wohler fühlte.

Der springende Punkt an dieser Geschichte ist natürlich, daß die Frau *dachte,* sie hätte eine Phobie gegenüber Autos, dies jedoch gar nicht stimmte. Und es wäre sinnlos gewesen, hätte man versucht zu veranlassen, daß sie sich orientierte, denn sie litt gar nicht unter einer gelernten Angst vor Autos, die man hätte beseitigen müssen. Sie hatte Angst wegen ihres Lebensstils und der negativen Folgen, die damit für sie verbunden waren. Sie lernte sich in diesem Bereich mit neuen Freunden, neuen Aktivitäten und einem neuen Sexualpartner zu orientieren, und anschließend verschwanden ihre Ängste. Wenn Sie also in Autos – oder in irgendeiner anderen Situation – ängstlich und nervös werden, versuchen Sie zunächst herauszufinden, warum Sie wirklich nervös sind. Wenn Sie in der Lage der genannten Frau sind, führt keinerlei Behandlung, gleich ob Selbsthilfe, professionelle oder sonstige, zur Beseitigung einer Phobie, die Sie in Wahrheit gar nicht haben.

Wenn Sie nach gründlicher Prüfung trotzdem noch der Meinung sind, sie hätten eine Phobie gegenüber Autos, werden Sie sicherlich eingehender und genauer darüber nachdenken wollen, was Sie in Angst versetzt. Um dies herauszufinden, hat es wenig Sinn, wenn Sie sich allgemeine Fragen nach dem *Warum* und *Was* stellen, Fragen wie »Warum habe ich Angst?« oder »Wovor habe ich Angst?« Die üblichen nutzlosen Antworten, die Sie auf diese Weise erhalten, lauten etwa: »Ich könnte mich verletzen ... oder umkommen ... die Fassung verlieren ... ohnmächtig werden ... oder mich lächerlich machen ... oder gar zeigen, daß ich Angst habe.« Besser ist es da, sich Fragen nach dem *Wann* und *Wo* zu stellen, wann und wo Sie ängstlich werden. Dann werden Sie wahrscheinlich Antworten wie die folgende bekommen: »Nur wenn ich mit hoher Geschwindigkeit bei dichtem Verkehr auf der Autobahn fahre, aber nicht wenn ich auf der Landstraße nach Hause zurückfahre.«

Vielleicht haben einige Ihrer Ängste einen realen Hintergrund und sind durchaus nicht phobisch. Vielleicht sind Sie sich in gefährlichen Situationen Ihrer Fahrtüchtigkeit zu sicher. Vielleicht sind Ihre Fahreigenschaften, um es einmal kraß zu sagen, in den meisten Verkehrssituationen ziemlich mies. Wenn dies der Fall ist, dann empfehle ich Ihnen dringend, noch einmal eine Fahrschule aufzusuchen. Machen Sie entweder einen Anfängerkursus mit, um grundlegende Kenntnisse und Fertigkeiten aufzufrischen, oder belegen Sie einen Kursus für Fortgeschrittene, um Dinge zu lernen wie doppelt kuppeln, Gänge überspringen, runterschalten, Powerslide, bei hoher Geschwindigkeit auf einer zweispurigen Straße wenden und zurückfahren, ohne anhalten zu müssen. Wenn Sie all dies einigermaßen geschickt zuwege bringen und dennoch auf der Autobahn oder einer Schnellstraße in Angst und Schrecken geraten, würde ich sagen, daß Sie in dieser Situation phobisch sind.

Wenn Sie ein versierter Fahrer sind *und dies auch wissen* und dennoch Angst vorm Fahren haben, würde es sich für Sie lohnen, wenn Sie einige Zeit darauf verwendeten, Ihre Phobie loszuwerden. Eine Möglichkeit wäre, einen professionellen Verhaltenstherapeuten um Hilfe zu bitten; er würde *mit Ihnen in das Auto steigen* und mittels seiner Kenntnisse und therapeutischen Erfahrungen für Sie ein Verhaltensprogramm entwerfen. Wenn diese Möglichkeit nicht in Frage kommt, können Sie mit Unterstützung eines Freundes oder einer Freundin das in diesem Abschnitt skizzierte allgemeine Orientierungsreflex-Programm versuchen. Das Programm ist nicht eigens in detaillierte Instruktionen aufgegliedert, weil kein Programm vorhersehen kann, was geschehen wird, wenn Sie im Auto fahren. Auch wäre es für Sie ein wenig schwierig, Auto zu fahren und dabei zu lesen. So gliedert sich das Programm in fünf allgemeine Schritte: Fahren auf Nebenstraßen; Fahren auf städtischen Hauptstraßen mit geringem Verkehr; Fahren auf städtischen Hauptstraßen mit starkem Verkehr; Fahren auf Schnellstraßen mit wenig Autoverkehr; Fahren auf Schnellstraßen mit starkem Verkehr.

Bei der Vorbereitung für dieses Programm wäre es zunächst einmal vorteilhaft, mit Ihrem Freund eine Versuchsfahrt zu unternehmen und festzustellen, wann und wo die Angst auftritt. Fahren Sie anfangs auf Nebenstraßen. Schauen Sie zu, wie es sich dort mit Ihrem SEU-Niveau verhält.* Suchen Sie sich dann eine Hauptstraße mit wenig Verkehr aus, anschließend eine Hauptdurchgangsstraße mit starkem Verkehr. Als nächstes stellen Sie fest, wo eine Schnellstraße mit leichtem und dann eine mit starkem Verkehr ist. Während der Autofahrt sagen Sie Ihrem Freund, was *an der Situation* Sie nervös macht. Beispielsweise erklärte ein früherer Patient, daß ihm vorher nicht klar gewesen sei, daß er nur auf Nebenstraßen mit spielenden Kindern wirklich nervös geworden sei. Mehrere Jahre zuvor hätte er beinahe einen kleinen Jungen überfahren, der plötzlich vor seinem Auto aufgetaucht sei, um einen Ball zu holen. Dieses Erlebnis hatte ihn völlig konfus gemacht. Wie sich herausstellte, brauchte er nur einige wenige Sitzungen mit Orientierungsaufgaben, das heißt Autofahrten auf Nebenstraßen, die Kinder zum Spielen benutzten, und seine Angst war verschwunden. Fahrten auf Schnellstraßen oder in starkem Autoverkehr waren gar nicht notwendig. Überprüfen Sie also

* Siehe ORI 4, Kapitel 7, S. 144.

gemeinsam mit einem Freund Ihre Angst und finden Sie heraus, ob Ihre Angst mit irgendwelchen besonderen Situationen zusammenhängt, mit Situationen, die *nichts mit dem Autofahren im allgemeinen zu tun haben.*

Ein Ergebnis Ihrer Testfahrt, das Sie vielleicht überrascht, wird sein, daß Sie wahrscheinlich nicht so starke Angst wie gewöhnlich verspüren. Das kommt daher, daß Sie in die phobische Situation mit einer *genauen Aufgabe* gehen.

Hier nun einige allgemeine Vorbereitungen auf das Programm. Erstens, essen Sie mindestens sechs Stunden vor der Sitzung nicht. Sie können dann Essen mitnehmen und beim Autofahren zu sich nehmen, damit Sie sich auf diese Weise orientieren. Am besten nehmen Sie Ihr Lieblingsessen mit, aber auch jede andere Speise, die Ihren Hunger stillt, tut es. Zweitens, tragen Sie unbequeme Kleidungsstücke: einen Hüfthalter, einen engen Büstenhalter, einen engen Gürtel, enge Hosen, ja sogar Schuhe mit Kieselsteinen drin. All diese Dinge lösen Körperreize aus – Druck, Kneifen, Zwicken, Stechen, Reizungen usw. –, an denen sich Ihr autonomes Nervensystem orientiert. Wenn Sie zu Hause keinen Hüftgürtel finden können, rollen Sie die Säume Ihrer Unterhose oder Ihres Schlüpfers zu drei Seilen zusammen – eins um die Hüften, zwei um die Beine. Dann ziehen Sie Unterhose oder Schlüpfer so hoch wie möglich, daß sie zwischen den Gesäßbacken einschneiden. Bei diesem Verfahren wird Ihr peripheres (körperliches) Nervensystem Ihrem Großhirn wie Ihrem autonomen Nervensystem eine ganze Weile lang signalisieren, daß da unten etwas Neues und Ungewöhnliches vor sich geht. Wenn Sie bei guter Gesundheit, aber nicht in Form sind, wäre es sicherlich hilfreich, wenn Sie ungefähr zehn Minuten lang auf der Stelle liefen, ehe Sie das Haus verlassen und sich mit dem Trainingsprogramm beschäftigen. Wenn Sie in guter Form sind, vollführen Sie einige Übungen, die Sie seit längerer Zeit nicht getan haben. Das führt zu Muskelkater, und Ihre Muskeln werden bei jeder Bewegung protestieren, die das Autofahren von Ihnen verlangt, und auf diese Weise die Wahrscheinlichkeit erhöhen, daß Ihr Orientierungsreflex ausgelöst wird.

Nehmen Sie einen batteriebetriebenen Kassettenrekorder mit sich. Verwenden Sie einige Tage zuvor etwa eine Stunde darauf, die folgenden Reihen von Zungenschnalzern oder Fingerschnipsern auf Band zu nehmen und zwischen jeder Gruppe von Lauten etwa dreißig Sekunden Pause einzulegen: 3–6–5–7–2–2–4–6–3–7–5–8–2–9–2–4–4–3–6–7–4–3–7–8–2–6–7–8–9–4–6–9–9–6–3–4–5–3–7–2–4–6–3–2–4–8–5–9–3–4–7–9–3–5–2–7–3–6–4–8–9–5–2–5–7–8–9–4–3–6–5–2–5–6–7–5–4–7–3–8–9–6–4–5–8–2–4–2–8–4–7–3–2–6–8–4–3–6–7–6–. Sie können dies einfach so tun, daß Sie die für jede Signalgruppe erforderliche Zahl von Lauten mit den Fingern leicht gegen das Mikrophon schnippen. Fangen Sie an mit dreißig Sekunden Stille, dann geben Sie drei deutliche Zungenschnalzer oder Fingerschnipser von sich; dreißig Sekunden Stille; dann sechs Schnalzlaute; dreißig Sekunden Stille; fünf Schnalzer usw. Bei der Einhaltung der dreißig Sekunden Pause brauchen Sie nicht unbedingt genau zu sein. Ein Zeitraum zwischen 25 und 35 Sekunden reicht für unsere Zwecke aus. Tatsächlich wäre es auch nicht schlecht, zwischen den einzelnen Lautgruppen Pausen von einigen fünfzehn Sekunden einzulegen. Sie brauchen auch für den Fall, daß Ihnen mitten in der Bandaufnahme Fehler unterlaufen, nicht noch einmal ganz von vorn anfangen. Es macht überhaupt nichts, wenn Sie nur die falsche Zahl von Lauten löschen oder ein zufälliges Geräusch aufnehmen, etwa ein Hüsteln oder die Toilettenspülung. Damit wird das Aufnahmeprogramm genauso gut funktionieren, vielleicht sogar besser, wenn es mit ein wenig natürlicher Unregelmäßigkeit gespickt ist.

Die Bandaufnahme ist ein Mittel zur Auslösung des Orientierungsreflexes, ein Mittel, dessen Sie sich auf der Straße bedienen. Je nach Zahl der Schnalzlaute, die Sie hören, werden Sie verschiedene Aufgaben erledigen. Wenn Sie das Programm benutzen, fangen Sie nicht jedesmal mit dem Anfang an, sondern betätigen Sie vor dem Abspielen den schnellen Vorlauf, so daß das Band jeweils an einer anderen Stelle einsetzt. Anderenfalls werden Sie in der Mitte des Trainingsprogramms die ersten zehn Zahlengruppen Ihrem Gedächtnis eingeprägt haben und sich nicht mehr an ihnen orientieren.

Wenn Sie auf der Schnellstraße in Aufregung geraten, beginnen Sie das Gegenkonditionieren am besten auf Nebenstraßen, wo Sie wahrscheinlich nicht viel Angst verspüren. Dann fahren Sie auf die Hauptstraßen, auf verkehrsdichte Stadtstraßen und schließlich, nach diesen Erfahrungen, auf die Schnellstraße, um sich dort zu orientieren. Sie könnten natürlich auch gleich auf die Autobahn gehen und dort mit der Arbeit beginnen, doch die Erfolgschancen wären geringer. Desgleichen, wenn Sie auf Nebenstraßen eine Sitzung bei geringer Angst absolvieren und dann für die Heimfahrt die Autobahn nehmen, ohne zuvor auf ihr gearbeitet zu haben, werden Sie mit einiger Sicherheit den therapeutischen Effekt jener ersten Sitzung aufs Spiel setzen. Denken Sie daran, diese Therapieform verlangt keinen Heroismus, sondern nur gute Gewinnchancen und Vorteile. Das Motto des OR-Trainings lautet: »Alles, was ich möchte, ist ein unrechtmäßiger Vorteil.«

Ehe Sie das Programm benutzen, noch einige weitere Vorsichtsmaßregeln. Es ist notwendig, daß Sie sich während der Fahrt auf andere Dinge als die Straßenverhältnisse einstellen und sich an ihnen orientieren. Überflüssig zu sagen, daß beim Autofahren Unfälle geschehen können und auch geschehen, *doch ich sage es trotzdem.* Wenn Sie also beispielsweise jemand sind, der es nicht vertragen kann, wenn während des Autofahrens das Radio spielt, weil es Sie davon ablenkt, auf die Straße zu achten, dann taugt dieses Programm nicht für Sie. Statt dessen sollten Sie wegen Ihres Problems dringend einen Verhaltenstherapeuten aufsuchen.

Wenn Sie sich doch entschließen, das Programm anzuwenden, denken Sie daran, daß die Instruktionen allgemeiner Natur sind. Sie befolgen Sie nur, wenn damit keine Gefahren verbunden sind. Sie können eine Instruktion stets verändern und etwa aus Gründen der Bequemlichkeit und der Verkehrssicherheit statt der zweiten die dritte Abfahrt benutzen. Das Programm wird genauso gut funktionieren, wenn Sie es je nach Lage der Dinge statt wortwörtlich interpretieren. *Tun Sie nichts, was gefährlich oder eine echte Tölpelei ist, ganz gleich, wozu die Instruktion Sie nach Ihrer Meinung anhält.* Tatsächlich kann dies sogar eine gute allgemeine Verhaltensregel für das Autofahren sein, sobald Sie erst einmal Ihre Autophobie losgeworden sind.

Wie Sie Ihre Angst vorm Autofahren auf Nebenstraßen verringern können

Denken Sie daran, dies ist ein allgemeines Programm. Ihr Partner und Sie werden es in den Einzelheiten ausfüllen müssen, damit es in den verschiedenen Verkehrssituationen, denen Sie begegnen, seine Wirkung entfalten kann. Bitten Sie Ihren Partner(in), zu einer Nebenstraße in dem ausgewählten Bezirk zu fahren. Prüfen Sie Ihre Kleidung, ob sie Ihnen ein Maximum an Stimulierung bietet, und überzeugen Sie sich, daß Sie nicht vergessen haben, ein wenig Nahrung mitzunehmen. Wenn Sie es doch vergessen haben, halten Sie an einer der nächsten Imbißstuben oder Gaststätten an der Straße und bestellen Sie sich ein belegtes Brot und ein alkoholfreies Getränk für die Fahrt im Wagen. Vergewissern Sie sich, daß Sie die Bandaufnahmen mit den Fingerschnalzern bei sich haben. Schalten Sie den Kassettenrekorder ein und stellen Sie ihn auf eine angenehme, klar verständliche Lautstärke. Wenn möglich, stellen Sie den Apparat auf das Armaturenbrett vor dem Lenkrad. Auf diese Weise würden Sie Ihren Kopf nicht alle dreißig Sekunden mechanisch zu dem Rekorder wenden. Fangen Sie nun an, die Straße hinaufzufahren. Achten Sie während der *ganzen* Zeit, die Sie fahren, darauf, was Ihr Freund tut. Er oder sie soll eine Hand auf Ihrer Schulter liegenlassen und sie sanft drücken und wieder loslassen. Achten Sie auch auf die Bandaufnahme mit den Fingerschnalzern. Zählen Sie jede Gruppe von Schnalzern mit und prägen Sie sich die Zahl ein, während Sie auf die nächste Gruppe von Geräuschen warten. Wenn Sie an eine Kreuzung kommen, und die Zahl, die Sie sich gemerkt haben, ist vier oder niedriger und gerade, fahren Sie nach rechts (wenn möglich). Ist die Zahl sechs oder darüber und gerade, biegen Sie nach links ein (wenn möglich). Weiter geradeaus (wenn möglich) fahren Sie, wenn die Zahl ungerade ist. Wenn Sie beim Zählen oder beim Einbiegen einen Fehler machen, wird Ihr Partner Sie korrigieren, wenn Sie die Kreuzung hinter sich haben. Halten Sie Ihre Geschwindigkeit bei 25 Stundenkilometern oder weniger. Beim Zählen der Schnalzlaute orientieren Sie sich bewußt an der Richtung, in die Sie fahren. Geben Sie Ihrem Partner während der Fahrt ständig Erklärungen und Beschreibungen: »Da vorn an der Straße parken eins, zwei, drei . . . elf Autos. Auf unserer Straße kommen uns zwei Wagen entgegen. Ich muß hier mit der Geschwindigkeit runter, um nach links einzubiegen . . .« Das tun Sie fünfzehn Minuten lang und kehren dann zu Ihrem Ausgangspunkt zurück, wenn Sie nicht bereits in die allgemeine Richtung fahren. Tun Sie genau das gleiche wie zuvor, doch nehmen Sie ein wenig zu essen hervor und knabbern Sie daran, während Sie die Straße hinunterfahren. Erzählen Sie Ihrem Partner, wie es Ihnen schmeckt. Wenn Sie etwa eine halbe Stunde gefahren sind, halten Sie auf der rechten Straßenseite an, schalten den Rekorder aus und lassen Ihren Partner zurückfahren.

Wie Sie Ihre Angst vorm Autofahren auf unbelebten Hauptstraßen verringern können

Bestimmen Sie Straße und Zeitpunkt im voraus, so daß Sie sicher sein können, daß die Straße relativ verkehrsfrei sein wird, wenn Sie sie benutzen. Genau wie beim Programm für die Nebenstraßen bereiten Sie sich auch jetzt vor und denken an

Nahrung, Kleidung, Körperübungen, Kassettenrekorder und Partner. Schalten Sie den Rekorder ein und achten Sie auf die Schnalzgeräusche. Beginnen Sie die Fahrt auf der Nebenstraße und biegen Sie nach Norden in die Hauptstraße ein, wenn sie in Nord-Südrichtung verläuft, und nach Westen, wenn sie von Osten nach Westen führt. Mit der Zahl von Schnalzlauten, die Sie für sich gezählt haben, biegen Sie innerhalb der nächsten drei Häuserblocks (wenn möglich) nach links ein, wenn die Zahl sechs oder darüber und gerade ist. Biegen Sie (wenn möglich) nach rechts ab, wenn die Zahl vier ist oder weniger und gerade. Fahren Sie (wenn möglich) weiter geradeaus, wenn die Zahl ungerade ist. Wenn Sie gewendet haben und wieder auf einer Nebenstraße fahren, soll die nächste Gruppe von Schnalzlauten, die Sie zählen, darüber entscheiden, ob Sie, wieder auf der Hauptstraße, in die gleiche oder die entgegengesetzte Richtung fahren. Wenn die Zahl gerade ist, fahren Sie in die entgegengesetzte Richtung, wenn sie ungerade ist, fahren Sie in die gleiche Richtung wie zuvor. Um zurück auf die Hauptstraße zu kommen, können Sie jede Richtung wählen, die Sie wollen. Fahren Sie fünfzehn Minuten lang auf der Hauptstraße, kehren Sie dann um und lenken Sie Ihren Wagen in die entgegengesetzte Richtung, um die gleiche Prozedur zu wiederholen. Knabbern Sie in den folgenden fünfzehn Minuten an Ihrem Essen. Wenn auch diese fünfzehn Minuten vorüber sind, fahren Sie an den Straßenrand und lassen Ihren Partner nach Hause fahren.

Wie Sie Ihre Angst vorm Autofahren auf belebten Hauptstraßen verringern können

Wählen Sie die Zeit für Ihre Sitzung so aus, daß auf der Straße mäßiger bis starker Verkehr herrscht. Das Programm für diesen Abschnitt ist identisch mit den zwei vorherigen, mit der Ausnahme, daß Sie in den ersten fünfzehn Minuten keine Bandaufzeichnung benutzen.

Fahren Sie von der Nebenstraße auf die Hauptstraße. Die Richtung bleibt Ihnen überlassen. Nehmen Sie die weniger problematische, die für gewöhnlich die nach rechts ist. Dann soll Ihr Partner sich ein bestimmtes Auto heraussuchen, was für eins, spielt keine Rolle. Sie sollen feststellen, welches er gewählt hat. Er nennt Ihnen die Zahl der Leute, die darin sitzen, oder die Farbe des Autos oder auch das Fabrikat, und Sie sollen danach durch die Windschutzscheibe oder in den Rückspiegeln Ausschau halten. Wenn Sie glauben, Sie hätten es entdeckt, weisen Sie Ihren Partner darauf hin. Dann picken *Sie* sich ein Auto heraus, und Ihr Partner hat nach ihm Ausschau zu halten.

Wenn Sie damit fertig sind, biegen Sie (wenn möglich) an der nächsten oder übernächsten Kreuzung nach links ab, fahren einmal um den Häuserblock herum und ordnen sich in den Verkehr ein, der in die entgegengesetzte Richtung fließt. Wiederholen Sie das Spiel des Autofindens. Dann biegen Sie (wenn möglich) an der nächsten oder übernächsten Kreuzung erneut nach links ab, fahren einmal um den Häuserblock und reihen sich wieder in den entgegengesetzten Verkehrsfluß ein. Fahren Sie nun in die Richtung sieben Minuten lang (sofern möglich). In dieser Zeit sollen Sie auf der langsamen Fahrspur fahren und dabei von Ihrem Essen zu sich nehmen. Nach den sieben Minuten biegen Sie von der Hauptstraße ab, fahren wieder um den Block herum und schlagen anschließend die entgegengesetzte Richtung ein. Suchen Sie sich wieder einen Platz in der langsamen Fahrkolonne und essen Sie gemächlich. In den letzten fünfzehn Minuten schalten Sie wieder den Kassettenrekorder ein und hören sich die Fingerschnalzer an. Beim Anhören der Reihe von Schnalzlauten bewegen Sie Ihren Körper leicht hin und her, oder Sie heben Ihre Schultern, strecken Ihr linkes Bein aus oder lassen Ihren Kopf leicht kreisen. Zählen Sie gleichzeitig die Schnalzer, die Sie hören. Wenn die Zahl gerade ist, teilen Sie Ihrem Freund mit, welche Empfindungen Ihre unbequeme Kleidung bei Ihnen auslöst. Wenn die Zahl ungerade ist, erklären Sie Ihrem Freund, welche Empfindungen Sie aufgrund Ihres Muskelkaters verspüren. Nach den fünfzehn Minuten biegen Sie in eine Nebenstraße ein und lassen dann Ihren Freund nach Hause fahren.

Wie Sie Ihre Angst vorm Autofahren auf unbelebten Autobahnen verringern können

Fahren Sie auf eine Schnellstraße oder Autobahn, wenn dort nur relativ wenig Verkehr herrscht. Alle Vorbereitungen für dieses Programm sind mit den vorherigen identisch: Kleidung, Nahrung, Kassettenrekorder, Körperübungen usw. Bitten Sie Ihren Freund, Sie auf eine Seitenstraße zu fahren, in die Nähe der Auffahrt, die Sie sich vorab ausgesucht haben. Fahren Sie in die Richtung, die Ihnen beliebt. Wenn Sie auf der Autobahn sind, schalten Sie den Rekorder ein und fangen an, die Schnalzlaute zu zählen. Wenn Sie die nächste Ausfahrt passiert haben, achten Sie auf die nächsten beiden Gruppen von Lauten. Nehmen Sie die beiden Zahlen miteinander mal und teilen Sie Ihrem Partner das Ergebnis mit. Wenn das Produkt beider Zahlen größer als dreiundvierzig oder genau diese Zahl ist, bleiben Sie auf der Autobahn und wiederholen die ganze Prozedur noch einmal, wenn Sie die nächste Ausfahrt passieren. Wenn das Produkt zweiundvierzig oder kleiner ist, fahren Sie bei der nächsten Ausfahrt ab (sofern das ohne Gefahr geht). Fahren Sie zur nächsten Auffahrt in der entgegengesetzten Richtung, benutzen Sie wieder die Autobahn und wiederholen Sie die ganze Prozedur. Machen Sie dieses Spielchen des Zählens und Multiplizierens ungefähr fünfzehn Minuten lang.

Während der nächsten Fünfzehn-Minuten-Periode fahren Sie sieben Minuten lang in eine Richtung. Wenn Sie bis zum Ende der halbstündigen Sitzung noch sieben Minuten Zeit haben, fahren Sie von der Autobahn runter und wieder rauf, und zwar in der entgegengesetzten Richtung. Nehmen Sie während dieser letzten fünfzehn Minuten Ihr Essen hervor und knabbern Sie langsam daran. Sorgen Sie dafür, daß das Essen für die ganze Zeit auf der Autobahn reicht. Achten Sie wieder auf die Schnalzlaute von Ihrem Rekorder. Bei jedem Lautabzählen bewegen Sie Ihren Körper, strecken sich aus, drehen sich langsam usw. Wenn die jeweilige Zahl ungerade ist, beschreiben Sie die Muskelempfindungen Ihrem Freund, das heißt die Empfindungen, die von Ihrem Muskelkater ausgehen. Ist die Zahl dagegen gerade, beschreiben Sie die Empfindungen aufgrund Ihrer unbequemen Kleidung. Wenn die fünfzehn Minuten um sind, fahren Sie zur nächsten Abfahrt, biegen in eine Nebenstraße ein und lassen Ihren Freund heimfahren.

Wie Sie Ihre Angst vorm Autofahren auf belebten Autobahnen verringern können

Wie bei dem vorherigen Autobahn-Programm suchen Sie auch jetzt die passende Zeit und Straßenstrecke aus, am besten dieselbe Strecke, nur diesmal mit starkem Verkehrsaufkommen. Die Vorbereitungen sind auch diesmal gleich. Wegen des starken Verkehrs auf der Straße planen Sie statt der dreißig Minuten dieses Mal eine volle Stunde Arbeit ein. Auf der Autobahn wird Ihre Aufgabe darin bestehen, die Fahrspuren je nachdem, was die Bandaufnahme Ihnen sagt, zu wechseln. Schalten Sie den Rekorder ein und fangen Sie an, sich an den Schnalzern zu orientieren. Beginnen Sie mit dem Abzählen, sobald Sie die nächste Ausfahrt passiert haben. Zählen Sie wiederum zwei aufeinanderfolgende Lautgruppen. Ziehen Sie die kleinere Zahl von der größeren ab. Wenn der Rest zwei oder kleiner ist, wechseln Sie zur rechten Fahrspur über, sobald Sie dies ohne Gefahr für sich und andere tun können. Wenn die Restzahl drei oder vier beträgt, bleiben Sie, wenn möglich, auf der Spur, die Sie jetzt befahren. Ist der Rest fünf oder mehr, wechseln Sie nach links, sobald dies ohne Risiko möglich ist. Wenn Sie die Fahrspur gewechselt haben (oder auch nicht), beginnen Sie wiederum die nächsten beiden Lautfolgen abzuzählen. Tun Sie dies fünfzehn Minuten lang, dann verlassen Sie die Autobahn, fahren zur nächsten Abfahrt und steuern in die Richtung, aus der Sie gekommen sind.

Wiederholen Sie dieselbe Prozedur wie in den ersten fünfzehn Minuten, doch diesmal sollen Sie es für Geld tun. Jedesmal, wenn der Rekorder Ihnen die Anweisung gibt, nach rechts zu wechseln, muß Ihr Partner Ihnen zehn Pfennig gegeben, oder auch einen Fünfziger oder eine Mark, je nachdem wie reich Sie beide sind. Auf der anderen Seite, jedesmal, wenn Sie nach links überwechseln, müssen Sie Ihrem Partner die vereinbarte Summe zahlen. Ihr Partner soll über die Gewinne und Verluste auf einer der leeren Seiten am Schluß des Buches eine Aufstellung machen. Beschäftigen Sie sich fünfzehn Minuten damit, dann fahren Sie die nächste Abfahrt runter, schlagen die andere Richtung ein und kehren auf die Autobahn zurück.

Während der nächsten fünfzehn Minuten holen Sie Ihr Essen hervor und nehmen es langsam zu sich, aber nur, wenn die Zahl auf dem Kassettenrekorder gerade ist. Wenn Sie beim Abzählen zu einer ungeraden Zahl kommen, soll Ihr Partner an dem Essen knabbern. Fahren Sie mit dem Verkehr auf der Autobahn, weder schnell noch langsam. Zur gleichen Zeit halten Sie beide nach Polizisten Ausschau. Der erste, der einen sieht und »Bulle« ruft, bekommt von dem anderen zwei Mark. Am Schluß des dritten Fünfzehn-Minuten-Abschnittes fahren Sie von der Autobahn runter und nehmen die nächste Auffahrt in die entgegengesetzte Richtung.

In den letzten fünfzehn Minuten orientieren Sie sich an den Fahrzeugen vor Ihnen. Machen Sie Ihrem Freund gegenüber bei jedem offensichtlichen Fahrgeschick oder -ungeschick anderer Autofahrer entsprechende Bemerkungen. Lassen Sie die Kassette Ihres Rekorders zurücklaufen, bis etwa die Hälfte des Bandes abzuspielen ist. Beginnen Sie die einzelnen Lautfolgen zu zählen, nicht die Zahl der Schnalzer in jeder Lautgruppe. Wenn Sie dreißig Folgen gezählt haben, nehmen Sie die nächste Abfahrt und begeben sich nach Haus.

10.

Wie Sie sich durch Lesen, Phantasieren und tiefes Atmen die Angst vor Tieren wegtrainieren können

Angst vor Tieren, etwa vor Hunden, Katzen, Pferden, Haifischen, Schlangen, Spinnen und Insekten, werden als leichtere Phobien angesehen, denn wenn wir wollen, können wir unser Alltagsleben so einrichten, daß wir so gut wie nie mit solchen angstauslösenden Reizen in Kontakt kommen. Für viele Menschen mit solch leichten Phobien kommt jedoch die Zeit, da sie den phobischen Objekten nicht aus dem Wege gehen können. Ihr Nachbar von nebenan kauft sich eine deutsche Dogge (oder vielleicht auch nur einen Pudel), und dann steht sie da jeden Morgen und hält den Kopf über Ihren Zaun. Oder Sie möchten eine Urlaubsreise in die italienischen Alpen machen, und Ihr Freund erzählt Ihnen lachend von Schlangen, auf die er während des gleichen Urlaubs vor einem Jahr beinahe getreten wäre. Oder Sie haben seit sechs Jahren einen geplanten Sommerurlaub in Hawaii immer wieder verschoben, weil Ihnen bei dem Gedanken schwindelig wurde, daß vor der Küste von Maui »jaws« (Haie) ausgerechnet auf Sie lauerten.

Warum haben viele von uns leichtere Ängste wie diese, Ängste, die nur selten unsere Aktivitäten einschränken? Die einfachste Vermutung beruht auf der Verhaltenstheorie: Wir hatten in der Vergangenheit eine oder mehrere unangenehme Erfahrungen mit Tieren oder Situationen, entweder wirkliche oder sehr stark phantasierte. Zum Beispiel hatte ich selbst ständig unangenehme Gedanken an Haie, als ich vor der kalifornischen Küste tauchte. Und es gab überhaupt keinen vernünftigen Grund für meine Befürchtungen. Angriffe von Haien, vor allem auf Taucher mit Atemgeräten, sind dort so selten, daß sie praktisch nicht zählen. Selbst wenn ich unter Wasser einem Hai begegnet wäre, hätte er mich wahrscheinlich nicht angegriffen. Haie sind notorische Feiglinge und leicht zu erschrecken – jedenfalls nach Berichten erfahrener Taucherfreunde, die entweder aktive Angehörige von Spezialeinheiten der US-Marine oder von der Marine ausgebildete wissenschaftliche Kollegen waren. Dennoch fühlte ich mich häufig unwohl, vor allem wenn ich an der Reihe war, die anderen zu beobachten, wenn sie die unglaublich reichen Hummergründe in den tiefen Gewässern vor La Jolla befischten. Wenn es keinerlei Gefahr gäbe, fragte ich für gewöhnlich, warum sollte ich denn sechs Meter über ihnen schwimmen? Und nach was sollte ich Ausschau halten? Lediglich routinemäßige Sicherheitsvorkehrungen, beruhigten sie mich. Das ist bei allen Tauchausflügen so, Sicherheit hat Vorrang und dies Zeug.

Ich wußte nicht einmal, warum ich eigentlich nervös war. Bis zu jener Zeit hatte ich niemals einen großen Hai gesehen, ausgenommen in Kinofilmen.

Wenn ich mich mit dieser Angst an einen Analytiker der alten Freudschen Schule gewandt hätte, ich bin sicher, er hätte mir etwa folgendes erklärt: »Herr Dr. Smith, Sie leiden unter einem ungelösten Ödipus-Komplex mit Kastrationsängsten. Die Höhlen am Meeresgrund sind die Vagina Ihrer Mutter, nach der Sie immer noch begehren, und der Hai ist Ihr Vater. Sie haben Angst, daß der Hai Ihr Dingsda abbeißt. In Ihrem Fall ist eine gründliche Analyse angezeigt.«

Angst vor Tieren: teils Realität, meistens Unwissen

Die Frage zu stellen: *Warum werde ich bei bestimmten Tieren nervös?* ist weniger produktiv, als sich zu fragen: *Wie kann ich meine Nervosität loswerden?* In der Realität kann das »Warum« all dieser Dinge schlicht und einfach darin liegen – wie im Falle meiner Nervosität vor Haien –, daß mangelnde Vertrautheit mit dem gefürchteten Tier negative Vorstellungen und Gefühle ins Kraut schießen läßt.

Schauen wir uns beispielsweise die Schlangenphobie an. Bei Leuten, die erklären, sie hätten Angst vor Schlangen, handelt es sich in den meisten Fällen um Frauen. Ja, das stimmt, auch wenn Sie an der Universität ein Mädchen gekannt haben, das sich eine Boa constrictor als Haustier unterm Bett gehalten hat. Warum haben mehr Frauen als Männer Angst vor Schlangen oder behaupten es jedenfalls? Der Schlangenangst liegt kein Instinkt zugrunde. Wir werden nicht damit geboren. Kinder spielen sofort mit Schlangen und zeigen keinerlei Furcht vor ihnen. Die Schlangenangst taucht zum größten Teil erst nach der Pubertät auf. Es gibt verschiedene Theorien darüber, warum das so ist. Die Freudsche Erklärung liegt auf der Hand. Die Schlange repräsentiert den Phallus, und von Frauen wird angenommen, sie hätten Furcht davor. Auf der anderen Seite macht die klassische analytische Theorie einen großen Wirbel um den sogenannten Penisneid, der angeblich die weibliche Psyche beherrscht. So könnte man auch vermuten, daß die Frauen, statt Schlangen zu meiden, sie vielmehr sammeln, um ihren Wunsch nach einem Penis zu befriedigen. So weit die Freudsche Deutung.

Eine weitere Theorie darüber, warum Frauen angeblich Schlangen fürchten, geht dahin, daß kleine Mädchen auf soziale Weise lernen, sich wie Mädchen zu verhalten. Zu diesem weiblichen Lebensstil gehört es, so zu tun, als ob sie durch irdische Dinge wie Spinnen, Schlangen und Sex abgestoßen würden. Nach dieser Theorie sind diese Ängste nicht wirkliche Ängste, sondern lediglich konformes Verhalten.

Eine Variante dieser Theorie behauptet, wir alle hätten Angst vor Schlangen, doch nur Frauen sei es erlaubt, sie zu äußern. Mit anderen Worten, Männer sind genauso ängstlich, doch sie zeigen es nicht. Tatsächlich sagt diese Theorie, daß Sie phobisch sind, wenn Sie sich verhalten, als wenn Sie Angst hätten. Und wenn Sie die Angst nicht zeigen – oder sich nicht gestatten, sie zu zeigen –, dann sind Sie auch nicht phobisch. Auch diese Theorie hilft uns nicht weiter. Ich habe bis heute noch keinen Patienten getroffen, dem ich oder irgend jemand sonst einfach damit geholfen hätte, daß man ihm erklärt: »Zeigen Sie keine Angst, und Sie sind nicht phobisch.«

Eine dritte Theorie ist vielleicht hilfreicher. Diese Theorie erklärt, daß die meisten Männer nicht soviel Angst vor Schlangen haben wie die meisten Frauen, weil Männer ihr Leben lang dafür belohnt werden, daß sie die Initiative ergreifen; mit anderen Worten, sie orientieren sich an Schlangen, als ob es ein augenblickliches Problem wäre, für das sie eine Lösung finden werden, und betrachten sie nicht als Schlange an sich. Wenn Sie eine Klapperschlange in den Vorgarten eines Mannes setzen und ihn auffordern, sich ihrer zu entledigen, dann bestehen gute Aussichten, daß ihm etwas Prächtiges einfällt, wie er dies bewerkstelligen kann, und daß er sich dabei an frühere Erfahrungen erinnert, in denen er sich mit seinen Händen betätigt hat. Nur so zum Spaß habe ich Leute in meinen verschiedenen Therapiegruppen gefragt, wie sie sich gegenüber einer solchen hypothetischen Schlange verhalten würden. Mit wenigen Ausnahmen haben die Frauen Antworten gegeben wie: Ich würde meinen Mann, Vater, Freund, Nachbarn, die Polizei, den Tierschutzverein usw. anrufen. Die Männer dagegen warteten mit direkten Lösungen auf, wie dazu eine Hacke, Schaufel, Harke, Latte usw. zu benutzen, mit dem Auto darüber zu fahren, sie mit dem Wasserstrahl des Gartenschlauchs zu verjagen. Ein Luftfahrtingenieur hatte einen originellen Vorschlag. Er meinte, das Beste sei, die Schlange mit einem Karbondioxid-Feuerlöscher einzusprühen und auf diese Weise einzufrieren. Dann könnte man hingehen, sie mit einem Hammer auf den Kopf schlagen und zuschauen, wie sie in Stücke zerspringt wie Glas.

Es liegt folglich auf der Hand, daß eine Möglichkeit, Ihre Angst vor phobischen Dingen zu reduzieren, darin besteht, Ihr Wissen über das angsteinflößende Ding aktiv zu vermehren. Freilich, ich empfehle Ihnen nicht, ein männliches, aufgabenorientiertes Trainingsprogramm zu absolvieren, bei dem Ihnen beigebracht wird, wie man am besten mit Schlangen umgeht – auch wenn ein solches Training Ihnen keineswegs schaden würde. Ich rate Ihnen vielmehr, sich gründlich mit dem phobischen Tier zu beschäftigen, seine Gewohnheiten und seinen Lebensraum zu studieren, das Aussehen der verschiedenen Tiere, ihre genetische Geschichte usw., und dazu sowohl Bücher zu Rate zu ziehen, wie auch die betreffenden Tiere im Tierheim oder im Zoo zu beobachten.

Mit meiner Angst vor Haien habe ich mich schwergetan. Tatsächlich habe ich mich sogar vom Ozean zurückgezogen und bin fast zehn Jahre lang nicht auf ihn hinausgefahren. Immer habe ich mir eingeredet, dafür sei nur der Arbeitsdruck an der Universität verantwortlich, die Anforderungen meiner Forschungstätigkeit, die Arbeit allgemein, die klinische Ausbildung und was weiß ich. Aber tief im Innern habe ich jedesmal ein sehnsüchtiges Gefühl verspürt, wenn ich gesehen habe, wie ein Schiff mit Tiefseetauchern oder Fischern aufs Meer hinausfuhr. Bis auf den heutigen Tag weiß ich nicht genau, was dazu geführt hat, daß ich das Sporttauchen nach und nach aufgegeben habe. Vielleicht war der Grund eine Kombination von Nervosität vor Haien und dem Erfolgsstreben der Mittelschicht. Und ich weiß auch heute noch nicht, warum die beiden möglichen Gründe für meinen Rückzug vom Ozean etwa zur gleichen Zeit ihre Wirkung einbüßten. Meine Nervosität vor Haien verlor ich im gleichen Jahr, in dem meine klinische Ausbildung zu Ende ging. Seither ist meine alte Passion für den Ozean wieder aufgeblüht, und zwar in einem Maße, daß meine Frau mißvergnügt wird, wann immer sie zur Sprache kommt.

Tief Durchatmen, ein weiterer OR-Auslöser

Wie bin ich meine Nervosität vor Haien losgeworden? Durch ein Jahr gründlicher Psychoanalyse? Nein, sondern in drei Minuten Inhalationstherapie während meiner Zugehörigkeit zum Zentrum für Verhaltenstherapie in Beverly Hills. Inhalationstherapie ist ein anderer Name für künstlich herbeigeführte Hypoventilation, die dem Körper vorgaukelt, er habe soeben, ohne dabei zu atmen, eine Treppe erklommen und sei sie wieder hinabgestiegen. Verwechseln Sie bitte nicht *Hypo*ventilation (*Unter*atmen oder Blutazidose) und *Hyper*ventilation (*Über*atmen oder Blutalkalose). Die erstere führt zu einem Übermaß an Kohlendioxyd im Blutstrom, ein Zustand, der eintritt, wenn wir körperliche Übungen betreiben oder den Atem so lange wie möglich anhalten. Hyperventilation dagegen wird bei manchen Leuten durch Angstgefühle hervorgerufen, die erste Fluchtreaktionen auslösen. Der betreffende Mensch atmet dann einfach zuviel. Doch er macht sich nicht aus dem Staube, um auf diese Weise Energie zu verbrauchen und die körperliche Ordnung wiederherzustellen. Statt dessen sitzt er oder sie einfach nur da, als wenn nichts geschehen wäre, und atmet weiterhin schwer. Das führt zu einem verringerten Kohlendioxyd-Gehalt im Blut und zu nachfolgenden Schwindelgefühlen. Die gebräuchlichste und wirksamste klinische Methode zur Reduzierung der Hyperventilation besteht darin, Ihnen eine Papiertüte über den Kopf zu stülpen. Das erhöht die Menge an Kohlendioxyd, die mit jedem Atemzug wieder in die Lungen gesogen wird, bis schließlich das erforderliche Gleichgewicht von Kohlensäure im Blut wiederhergestellt ist.

Künstlich herbeigeführte Hypoventilation macht klugen Gebrauch von unserem Anpassungsreflex, der übermäßige Mengen an Kohlendioxyd aus unserem Körper entfernt. Kohlendioxyd ist das Nebenprodukt von Sauerstoff und Blutzucker (eine Kohlenstoffverbindung), die sich in unserem Körper verbinden und die Energie liefern, die wir benötigen. Wenn wir schwere körperliche Arbeit verrichten oder auch nur für kurze Zeit treppauf, treppab laufen, beginnen wir heftig zu atmen, weil unser autonomes Gehirn dem übrigen Nervensystem signalisiert, daß wir in unseren Lungen und in unserem Blutkreislauf zuviel Kohlendioxyd haben. Daher atmen wir automatisch schnell und tief, um mehr Sauerstoff aufzunehmen und mehr Kohlendioxyd abzusondern. Dieser Kreislauf schnellen Atmens kann innerhalb von ein, zwei Sekunden künstlich herbeigeführt werden, indem man eine besondere Luftmischung einatmet, die eine höhere Konzentration an Kohlendioxyd als normal besitzt. Der Prozentsatz an hinzugefügtem Kohlendioxyd liegt gerade über der Menge, welche die automatisch ablaufende Körperreaktion der Hypoventilation auslöst.

Nun, sich einer Inhalationstherapie, auch als Ausbildungsspaß, zu unterziehen, ist schon ein Erlebnis. Nach zwei Atemzügen mit der Spezialmischung hatte ich das Gefühl, einen Herzanfall zu bekommen. Mein Atem gehorchte mir nicht mehr. Ich prustete und keuchte etwa dreißig Sekunden lang, und dann wurde mein Atem von selbst wieder normal. Sie können mir glauben, ich war keineswegs entspannt, im Gegenteil: *Ich war erschöpft,* sowohl im Muskel- wie im Atmungsbereich. Ich hatte fürchterliche Angst. Mein Körper und meine Gliedmaßen wurden von prickelnden Empfindungen überspült, die erst zwei Minuten nach Inhalation des Luftgemischs abklangen. Während dieser Zeit fragte mich mein Lehrer und Kollege Dr. Zev Wanderer, was mich in der Vergangenheit nervös gemacht hatte. Ich erzählte ihm von den Haien, und er forderte mich auf, ich solle mir vorstellen, daß ich im Meer schwimme und ein Hai auf mich zukommt. Allen Ernstes, ich konnte mir in diesem kurzen Augenblick prickelnder Spannung überhaupt nichts vorstellen, was mich erschrecken könnte. Ich dachte an einen Hai, wie er auf mich zukommt und mich im Wasser umkreist, und ohne meinen Geist zur Tätigkeit zu zwingen, sah ich, wie meine Hand sich ausstreckte und die Nase des Hais berührte. In meiner Vorstellung war die Nase weich und flaumig, wie die eines kleinen Kälbchens. Damit war dies Kapitel meiner Angst vor Haien abgeschlossen. Seit jener Zeit bin ich häufig in der Nähe von Haien gewesen, und dabei habe ich weder gespürt, wie kalte Schauer meinen Rücken hinunterliefen, noch Nervosität oder Angst empfunden. Aber ich habe bis heute noch nicht ein einziges Mal das Verlangen gespürt, die Nase eines Hais zu berühren und zu fühlen, ob sie weich und flaumig ist!

Dieses Beispiel künstlich herbeigeführter Hypoventilation kann man in Verbindung mit dem Orientierungsreflex sehen. Wir wissen, daß schweres Atmen – die krampfartigen Atemzüge am Beginn einer Hypoventilation – mit dem Orientierungsreflex gekoppelt ist. Tiefe Atemzüge lösen ziemlich zuverlässig den OR aus, hingegen normales Atmen keineswegs. Wir haben diesen Vorgang im psychophysiologischen Labor tausende Male beobachtet.

Tiefes Atmen und willentliche Muskelbewegungen zur Auslösung des Orientierungsreflexes kann man in seinem privaten Bereich durchführen, wo man keine Sorge zu haben braucht, daß man auf andere komisch wirkt, und kann auf diese Weise seine Angst dämpfen. Bei leichteren Tierphobien kann man einen Großteil der Behandlungsarbeit im Privatbereich erledigen, denn man muß sich dabei auf einen Ersatz für wirkliche phobische Situationen verlegen. Lebewesen wie Haie, Schlangen, Spinnen sind für die meisten von uns nicht ohne weiteres zu beschaffen. An ihre Stelle werden Sie Bilder setzen müssen, Lektüre, Ihre Vorstellungskraft usw. Es spielt keine besondere Rolle, welches bestimmte Objekt oder welche Handlung Sie in Angst versetzt. Das Verfahren zur Angstminderung ist das gleiche. Teilen Sie Ihr Programm in zwei Teile ein. Studieren Sie zuerst die Ursache Ihrer Phobie in der Bibliothek oder zu Hause. Gehen Sie anschließend dorthin, wo die phobischen Objekte zu besichtigen sind: Tierheime, Hundezwinger, Reitschulen, Zoos, naturgeschichtliche Museen, Aquarien, der Ozean.

Wie Sie Ihre Angst vor dem gefürchteten Tier verringern können

Das Programm gegen die Tierphobie ist ziemlich einfach, es besteht aus folgenden Schritten.

1. Schätzen Sie Ihr SEU-Niveau (siehe Kapitel 7, S. 144) ein, indem Sie sich vorstellen, Sie schlügen ein Buch auf über das Tier, vor dem Sie sich fürchten. Auf den ersten Seiten erblicken Sie ein mehrfarbiges Bild des betreffenden Tiers. Wenn Sie dabei so nervös werden, daß Sie das Gefühl haben, gleich in Ohnmacht zu fallen, bitten Sie einen Freund, er solle Ihnen in der Bibliothek eine Reihe bebilderter Bücher über das Tier besorgen. Wenn Sie feststellen, daß Sie bei dem Gedanken an das Tier relativ ruhig bleiben, besorgen Sie sich die Bücher selbst. Wählen Sie sowohl Bücher aus, die Informationen über das Tier bieten, wie auch solche, die sich auf Illustrationen oder Photographien beschränken.
2. Wenn Sie sich die Bücher beschafft haben, nehmen Sie sich vor, eine Woche lang jeden Tag mindestens eine oder zwei Stunden (vielleicht brauchen Sie viel weniger) darauf zu verwenden, die Bücher zu studieren. Beginnen Sie mit Seite 1 und machen Sie sich bei der Lektüre Notizen. Zeichnen Sie mit Bleistift auf einem kleinen Malblock jede Illustration oder Photographie ab. Wenn Sie feststellen, daß Sie das Abzeichnen mit freier Hand nur unvollkommen beherrschen, üben Sie es und suchen Sie es im Verlauf der Beschäftigung mit dem Buch zu verbessern.
3. Damit Sie sich vergewissern können, daß Ihr Übungsprogramm bei Tieren anschlägt, blättern Sie das ganze Buch durch und stellen Sie bei jedem Bild des Tieres Ihr SEU-Niveau fest, und zwar ehe Sie zu lesen beginnen und das phobie-erzeugende Tier abzeichnen. Wenn Sie das Abzeichnen und das Lesen des informierenden Begleittextes beendet haben, überprüfen Sie anhand der Bilder des Buches noch einmal Ihr SEU-Niveau. Gehen Sie auf diese Weise das ganze

Buch durch. Danach gehen Sie zum Anfang des Buches zurück und bewerten die Bilder noch einmal, um festzustellen, um wieviel niedriger das SEU-Niveau diesmal ist, das heißt, nachdem Sie gelernt haben, sich an ihnen zu orientieren.

4. Wenn Sie schon beim Betrachten der Bilder in starke Angst- oder Panikgefühle geraten, zeichnen Sie das Tier oder lesen Sie den betreffenden Text oder tun Sie irgend etwas, was Sie auch dazu veranlaßt, sich zu orientieren. Besorgen Sie sich eine leicht zu beschaffende Kleinigkeit zum Essen, etwas Salziges oder Säuerliches, wie Orangen, Pflaumen, Apfeltorte, Weintrauben, gesalzene Nüsse oder Fleischhappen usw. Wenn Sie feststellen, daß Ihre Angst sich steigert, stecken Sie einen Bissen in den Mund und beginnen Sie zu essen, aber achten Sie auch darauf, wie es schmeckt, während Sie sich das phobische Objekt anschauen. Wenn Sie bemerken, daß Ihr Mund trocken ist, greifen Sie nach einem Glas Wasser oder Sprudel, das Sie vorsorglich in der Nähe aufgestellt haben.
5. Wenn Sie das Gefühl haben, Ihre Angst werde immer stärker, legen Sie das Tierbild vor sich auf den Boden und vollführen Sie eine Reihe von körperlichen Übungen, während Sie weiterhin das Bild anschauen: Übungen wie Liegestütz, Kniebeuge, Rumpfbeuge usw. Tun Sie dies mindestens zwei Minuten lang, und Sie werden feststellen, daß Sie auch in Gegenwart Ihres Phobie-Objektes automatisch tief atmen. Sie können auch nur tief atmen, um Ihr Nervensystem zu zwingen, sich zu orientieren, doch ohne Gymnastikübungen werden Sie unter Umständen feststellen, daß Sie hyperventilieren – zuviel atmen – und aufgrund dessen Schwindelgefühle haben. Eine einfache Methode, Hyperventilation zu vermeiden, besteht darin, bewußt und mit Absicht zuviel zu atmen. Mit anderen Worten, halten Sie den Atem so lange an, bis Sie in der oberen Luftröhre ein unfreiwilliges »Erstikkungs«-Gefühl haben. Das wird etwa 15 bis 30 Sekunden dauern. Wenn Sie diesen unangenehmen Protest Ihres auto-

nomen Nervensystems verspüren, warten Sie noch fünf Sekunden und beginnen dann wieder zu atmen. Sie werden bemerken, daß Sie ohne eigenes Zutun tiefe Atemzüge nehmen, und zwar aufgrund eines Körperreflexes, der dafür sorgt, das Übermaß an Kohlendioxyd aus Ihrem Blutkreislauf zu beseitigen. Wenn Sie bei phobischen Angstzuständen auf diese Weise eine Hyperventilation herbeiführen, werden Sie sich orientieren und damit Ihre Angst mildern.

Wenn Sie niemals versucht haben herauszufinden, welche Empfindungen Sie haben, wenn Sie die Luft anhalten, beschränken Sie Ihre Versuche des Atemanhaltens auf etwa 30 Sekunden höchstens. Physiologische Labors, die willentliche Hypoventilation untersucht haben, sind zu überraschenden Befunden gekommen. Sportler, die unter Wasser schwimmen, können ihren Atem knapp über zwei Minuten anhalten, ehe der nicht-willentliche Reflex zur Beseitigung von Kohlendioxyd im Blut außer Kraft gesetzt wird. Anschließend können die Taucher ihren Atem unbegrenzt lange anhalten, allerdings machen sie bald schlapp – wenn sie den Atem weiter anhalten – und sinken bei dem Versuch, durch die Wand des Schwimmbeckens zu schwimmen, langsam zu Boden. Wie in allen Dingen des Lebens lassen Sie auch hierbei den gesunden Menschenverstand zu seinem Recht kommen. Wenn Sie irgendwelche Probleme mit den Atemwegen haben, also etwa ein Lungenemphysem, suchen Sie Ihren Arzt auf und lassen Sie sich raten, wie Sie diese aktive Methode zur Reduzierung phobischer Ängste benutzen können.

6. Beim zweiten Schritt Ihres »Bibliotheksstudiums« gehen Sie die Reihe der Bilder durch, die Sie sich von Ihrem Phobie-Tier besorgt haben, und zu jedem Bild lassen Sie sich eine Geschichte einfallen, in der Sie und das Tier vorkommen. Notieren Sie die groben Umrisse jeder Phantasiegeschichte auf der Rückseite der Zeichnung, die Sie nach dem Bild angefertigt haben. Die Geschichte wird Ihre Orientierung an

dem phobie-auslösenden Tier verstärken, wenn Sie in die Fabel dreierlei aufnehmen: (1) Der Aufenthaltsort des Tieres – Borneo, der Zoo von Frankfurt am Main, Ihr Hausgarten; (2) wie Sie mit dem Tier in Kontakt gekommen sind – zufällig, beruflich, zusammen mit anderen Menschen, aus Neugier usw.; und (3) wie Sie andere Leute über die Eigenarten und Merkmale des Tieres informieren – über seinen Platz in der ökologischen Nahrungskette, seinen Nutzen für die Tierwelt und für die Menschheit, seine gefährlichen Eigenschaften, seine phantasierten Attribute usw. Setzen Sie bei der Erfindung Ihrer Geschichte Ihre ganze Kreativität ein und stellen Sie sich vor, Sie seien die Hauptfigur, eine Figur, die auch ein wenig von einem Helden oder einer Heldin hat. Verwenden Sie dabei all Ihr Wissen, das Sie sich bei Ihrem Bibliotheksstudium erworben haben. Schreiben Sie auf die Rückseite Ihrer Zeichnung nicht einen ganzen Roman nieder, sondern nur ein knappes Erzählgerüst dessen, was Sie sich ausgedacht haben.
Nach der fünften oder sechsten Geschichte mögen Sie sich vielleicht sagen: »Mein Gott, was ist das langweilig und blöde. Ich erzähle ja immer wieder die gleiche Geschichte.« Wenn Sie sich dies sagen, denken Sie zurück an Ihre Reaktion auf das erste Bild in dem Bibliotheksbuch und vergleichen Sie Ihre Angstgefühle bei diesem Anblick mit den jetzigen Gefühlen von Langeweile vor dem ganzen Thema. Danach sind Sie bereit für die zweite Hälfte des Trainingsprogramms mit Tieren, für die Arbeit mit lebenden Tieren.

7. Stellen Sie fest, wo Sie in Ihrem Wohngebiet oder in der Nähe das Tier aufsuchen können, vor dem Sie phobische Ängste haben. Das kann unter Umständen sehr einfach sein, wenn es sich beispielsweise um ein Tierheim, einen Hundezwinger, einen Bauernhof mit Pferden oder um eine Reitschule im Stadtwald handelt. Manche Tiere sind jedoch schwieriger aufzufinden. Haie beispielsweise sind in Mitteleuropa nur selten anzutreffen. Vielleicht müssen Sie dann

warten, bis ein Film über Haie in Ihre Stadt kommt oder bis ein Lichtbilder-Vortrag über sie im Museum für Naturgeschichte Ihrer Stadt gehalten wird. Auch die Arbeit mit Spinnen ist, logistisch gesehen, nicht immer einfach. Des weiteren scheint es überhaupt keine Norm dafür zu geben, wie man sich gegenüber Spinnen und anderen Insekten verhalten »sollte«. Wie sieht eine nicht-phobische Reaktion gegenüber der Spinne aus? Ich bin geradezu versucht zu fragen: »Warum?«, wenn Sie mir erklären sollten, daß Sie keine Angst verspüren möchten, wenn eine Spinne Ihren nackten Arm heraufkriecht. Einige Forscher haben dieses Kunststück als dramatische Demonstration dafür benutzt nachzuweisen, daß ihr antiphobisches Training wirkt. Doch ganz offen gefragt: Wer braucht so etwas? Ich bin der Meinung, Sie sind nicht phobisch, wenn Sie Spinnen mit einer aufgerollten Zeitung oder mit einem Insektenspray ins Jenseits befördern können und anschließend ruhig Ihren Tagesgeschäften nachgehen. Wie andere Lebewesen auch haben Sie Ihre Territorialrechte, ganz gleich, was das östlich angehauchte ausgemergelte Literaturestablishment dazu sagt.

8. Wenn Sie Ihren Zwinger, Stall, Zoo oder Ihr Aquarium geortet haben, verschaffen Sie sich einen schnellen Überblick über die jeweiligen Gegebenheiten. Fragen Sie einen dort Beschäftigten nach den verschiedenen Arten, Unterarten und Einzelexemplaren Ihres phobischen Tieres, denen Sie an dem jeweiligen Ort begegnen können. Zeichnen Sie vor Eintritt in den Stall oder Käfig von einem Fenster oder einer Tür aus, wenn möglich, einen Lageplan der Anlage. Bedienen Sie sich dann wieder Ihrer Vorstellungskraft und erfinden Sie eine Geschichte über jede der Tierarten und -unterarten, die Sie dort besichtigen können. Wenn Sie das Gefühl haben, Ihre Geschichten langweilen Sie, betreten Sie die Tieranlagen und sehen Sie sich die Bewohner aus der Nähe an. Gehen Sie von Stall zu Stall oder Käfig zu Käfig und fertigen Sie Zeichnungen von den Insassen an. Grämen Sie sich nicht, wenn Ihre

Zeichnungen wie Strichmännchen aussehen, die ein stockbesoffener Picasso hingekritzelt hat. Versehen Sie das jeweilige Tier, das Sie zeichnen, mit so vielen Einzelheiten wie möglich. Danach haben Sie unter Umständen das Bedürfnis, den Tierwärter zu fragen, ob Sie die Tiere streicheln können, vor allem wenn es sich um Hunde oder Pferde handelt. Erläutern Sie dem Wärter oder Angestellten Ihr Problem und sehen Sie zu, ob er oder sie Ihnen ein sanftes Tier zeigt, das Sie berühren können.

9. Denken Sie bei Ihren Ausflügen daran, Orientierungshilfen wie schmackhafte Speisen usw. mitzunehmen. Denken Sie auch daran, wie zuvor tief zu atmen, wenn Ihre Angst in Gegenwart von wirklichen Lebewesen ansteigt.

11.

Wie Sie Ihre Angst vor geschlossenen Räumen und offenen, belebten Plätzen mit Hilfe von Sex, Gehstöcken und Muskelkater überwinden können

Sich zwischen vier kleinen Wänden wie in einer Falle zu fühlen und dann von Wellen panikartiger Furcht überschwemmt zu werden, erscheint uns ziemlich albern. Doch nicht anders sind viele der anderen Schreckgefühle, die wir unterwegs auflesen und in Seele und Gedächtnis einpflanzen.

Ich kann mich noch genau erinnern, wie mein jüngerer Bruder Phil einmal einen Ball unter die hölzernen Stufen vor unserem Haus rollen ließ und sich dann, als er ihn darunter hervorholen wollte, den Kopf zwischen Stufen und Erdboden einklemmte. Er geriet in schreckliche Angst. Ich schaffte es, ihn zu beruhigen, und half ihm dann dabei, sich auf dem selben Wege, wie er darunter gekrochen war, wieder zurückzuarbeiten. Dann wollte ich ihm meine Überlegenheit in schwierigen Situationen vorführen, indem ich in die gleiche verdammte Lage geriet wie er, als ich meinerseits versuchte, den Ball unter den Treppenstufen hervorzuklauben. Phil rief unseren Nachbarn zu Hilfe, und der befreite mich mit einer Brechstange. Ich erinnere mich an die panikartige Furcht, die in mir aufstieg, als ich unter dem Treppenaufgang gefangen war. Ich fühlte mich auch keineswegs wohler, als Vater nach Hause kam und fragte: »Was ist denn mit der Treppe da passiert?«

Wenn ich auch von jenem Vorfall nicht die geringste Spur einer Klaustrophobie zurückbehalten habe, so denke ich doch sehr oft daran zurück, und jedesmal erfüllt mich ein Schaudern. Sowohl meine Panikgefühle zu jener Zeit wie auch die Verlegenheit, die mich überkam, nachdem ich befreit worden war, sind typische Reaktionen, von denen viele phobische Patienten berichten. Viele von ihnen erklären, ihre Angst habe zum Teil mit dem Gedanken zu tun, was geschehen werde, wenn sie erneut in die gefürchtete Situation geraten. *Ich werde meine Angst zeigen. Vielleicht fangen meine Hände unkontrolliert zu zittern an. Oder ich werde im Gesicht kalkweiß. Wenn ich in Panik komme, habe ich das Gefühl, sterben zu müssen . . . oder als bekäme ich einen Herzanfall. Und wenn ich mich vor anderen so verhalte, wie dumm und lächerlich werde ich dann aussehen.* Solche Äußerungen geben die Panikgefühle in einer phobischen Situation nur unvollkommen wieder, die erschrekkenden Gefühle, die mit einem heftig schlagenden Herzen einhergehen, mit Lungen, die kaum genug Luft bekommen können, mit Magenschmerzen, weichen Knien, zitternden Händen, Schwindel- und Ohnmachtsgefühlen. Einige Patienten erklären, es seien in Wirklichkeit nicht die Dinge in einer phobischen Situation, die bei ihnen unangenehme Empfindungen auslösen, sondern vielmehr ihre Reaktionen auf die Situation. Sie haben Angst vor der Angst; Angst vor Panikreaktionen, vor dem Aussetzen ihres Verstandes, vor einer Situation, in der ihnen niemand helfen kann.

Was ist Klaustrophobie, was nicht

Schauen wir uns in diesem Kapitel zwei unterschiedliche Situationen an, in denen Menschen Panikgefühle bei sich erleben: geschlossene Räume und offene Plätze. Manche Leute suchen Hilfe, weil sie sich unwohl fühlen, wenn sie in kleine geschlossene Räume gehen sollen. Dahinter mag eine Klaustrophobie stehen oder auch nicht. In manchen Fällen werden solche Ängste durch irgend etwas an dem Raum ausgelöst und nicht dadurch, daß er geschlossen ist. So suchte mich beispielsweise einmal eine Zahntechnikerin auf, die über Klaustrophobie in der Dunkelkammer ihrer Klinik klagte, die sich aber in ihrem kleinen Weinkeller daheim niemals ängstlich fühlte. Wie sich herausstellte, fühlte sie sich unwohl, aber nicht von Panik erfüllt, wenn sie die Röntgenbilder von Zähnen entwickeln sollte. Sie war sich nicht sicher, daß sie dies richtig tun könnte. Ihre Angst hatte nichts mit dem kleinen geschlossenen Raum zu tun, sondern nur mit dem, was sie in einem solchen Raum, der Dunkelkammer, anfertigen sollte. Die »Heilung«? Sie absolvierte einen Photographie-Kurs für Fortgeschrittene, zog Röntgenlehrbücher zu Rate und erkundigte sich ausführlich bei anderen Röntgentechnikern. So verlor sie ihre »Klaustrophobie«.

Wenn Sie glauben, Sie seien klaustrophobisch, suchen Sie zunächst, ehe Sie etwas dagegen unternehmen, herauszufinden, ob an dem, was Sie in geschlossenen Räumen tun, etwas dran ist, was Sie in Angst versetzt. Wie in dem Fall der besagten Zahntechnikerin hat es wenig Sinn, Ihre Angst vor dem Eingeschlossensein zu bearbeiten, wenn Sie in Wirklichkeit etwas ganz anderes fürchten. Wenn Sie klaustrophobisch sind, geraten Sie in große Angst, wenn Sie daheim in ein kleines Zimmer gehen und anschließend die Tür von außen zugeschlossen wird. Wenn Sie unter diesen Bedingungen nicht ängstlich werden, so sind Sie wahrscheinlich nicht klaustrophobisch, das heißt, Sie müssen sich nach einer anderen Quelle für Ihre Angst umsehen. Wenn Sie in dem Zimmer Angst verspüren, besteht die »Kur« darin, sich während des Aufenthalts dort zu orientieren. Das folgende Kurzprogramm soll Sie dazu bringen, sich zu orientieren, während Sie eingeschlossen sind, so daß Sie auf diese Weise Ihre angelernte Angsthaltung durchbrechen können.

Wie Sie Ihre Angst vor geschlossenen Räumen verringern können

ORI 1 Suchen Sie sich in Ihrer Wohnung ein kleines Zimmer aus. Schaffen Sie für kurze Zeit alle Kleider, Koffer, Spielzeuge usw. hinaus.

ORI 2 Versichern Sie sich der Hilfe eines wohlgesonnenen Freundes, der vorübergehend Ihr »Gefängnisaufseher« und/oder Helfer sein soll.

ORI 3 Ehe Sie anfangen, verwenden Sie ein wenig Zeit darauf, Trainingshilfen zu sammeln: etwas Porno-Material der harten Sorte, mit oder ohne Bilder, oder auch nicht ganz so hartes, Liebesromane, kurz: was immer Sie sexuell anturnt. Besorgen Sie sich Ihre Lieblingsspeisen und legen Sie sie in den Eisschrank mit einem Zettel daran: »Hände weg. Nur für das Training!« Wenn Sie ein Hobby oder ein starkes Interesse an irgend etwas haben, beschaffen Sie sich etwas Material über das Hobby oder das Interesse: entweder Lektüre, eine Tonbandkassette oder eine reale Sache. Wenn Sie eine Frau sind, kramen Sie einen Ihrer alten Hüfthalter hervor – sofern Sie jemals einen getragen haben – oder einen Ihrer alten, engen, unbequemen Büstenhalter. Sind Sie ein Mann, holen Sie ein Paar enger Schuhe hervor, die Sie richtig hassen. Auch eine enge, unbequeme Hose, die kneift, wenn Sie sich hinsetzen, wäre nicht schlecht.

ORI 4 Essen Sie, wenn möglich, sechs bis acht Stunden vor Beginn Ihrer Sitzung nichts.

ORI 5 Wenn Sie soweit sind, stellen Sie einen kleinen Tisch in der Nähe des Zimmers auf und legen Sie darauf Ihre OR-Hilfen: Essen, Sex-Lektüre, Hobby-Gegenstände, enge Kleider usw.

ORI 6 Im Zimmer selbst stellen Sie einen schlichten Stuhl mit gerader Rückenlehne auf, ob aus Metall, Holz oder Rohr. Sorgen Sie nicht für mehr Bequemlichkeit, indem Sie ein Kissen auf die Sitzfläche legen.

ORI 7 Gehen Sie in das Zimmer, lassen Sie die Tür offen und nehmen Sie Platz. Ziehen Sie sich nackt aus und holen Sie sich dann die unbequemen Kleider, um sie im Zimmer anzulegen. Wenn Sie schüchtern sind, machen Sie sich klar, was Sie mehr ängstigt: Anziehen in einem Zimmer mit offener oder mit geschlossener Tür. Je nachdem, lassen Sie die Tür auf oder schließen Sie sie.

ORI 8 Nachdem Sie sich die unbequemen Kleider angelegt haben – und sich vergewissert haben, daß sie auch tatsächlich unbequem sind –, nehmen Sie sich das sexuell stimulierende Material vor. Wählen Sie etwas aus, das bereits einmal dazu geführt hat, daß Ihr Atem sich änderte, Ihre Genitalien sich regten und Ihre Pupillen sich weiteten. Setzen Sie sich auf den Stuhl und beschäftigen Sie sich fünf Minuten lang mit den härtesten Stellen, die Sie erwischen können. Schließen Sie dann die Tür halb. Langen Sie nach einem Ihrer Leckerbissen. Knabbern Sie daran, während Sie weitere fünf Minuten in Ihrem Sexmaterial lesen. Schließen Sie die Tür ganz, nachdem Sie sich einen weiteren Leckerbissen gegriffen haben. Scharfen Sex studierend und an Ihrem Essen knabbernd, sollten Sie eine halbe Stunde lang auf dem Stuhl im Zimmer sitzen.

ORI 9 Bringen Sie Ihre Hilfsmittel nach draußen, schließen Sie die Tür und setzen Sie sich wieder auf den Stuhl. Schalten Sie dann das Licht aus und nehmen Sie für weitere fünf Minuten Platz. Zählen Sie die Sekunden, indem Sie vor sich hinsagen: ein Schimpanse, zwei Schimpansen, drei Schimpansen usw., bis Sie bei 300 Schimpansen angekommen sind. Sind Sie ängstlich?

Antwort:

Wenn nicht, rücken Sie nach ORI 11 vor. Wenn doch, sind Sie vielleicht noch ein wenig klaustrophobisch oder haben Angst vor der Dunkelheit. Wie dem auch sei, gehen Sie das Programm noch einmal durch und benutzen Sie dabei Ihre Leckerbissen, Sex- und Hobby- oder Interessen-Material. Schalten Sie diesmal das Licht zuerst aus und schließen Sie die Tür in sechs Schritten, jedesmal etwas mehr, und legen Sie zwischen zwei Schritten eine Orientierungspause von fünf Minuten ein.

ORI 10 Wenn die Tür ganz geschlossen ist, zählen Sie bei ausgeschaltetem Licht 300 Schimpansen ab. Sind Sie immer noch ein wenig ängstlich?

Antwort:

Wenn nicht, gehen Sie zu ORI 11 weiter. Wenn ja, wiederholen Sie die letzte Fünf-Minuten-Phase bei spaltbreit geöffneter Tür. Setzen Sie sich so mit dem Rücken zu dem Türspalt, daß Sie Ihre Lektüre lesen und an Ihrem Essen knabbern können. Prüfen Sie dann Ihr SEU-Niveau bei geschlossener Tür. Wiederholen Sie diesen Programmschritt so oft, wie es nötig ist, um auch den letzten Rest Ihrer Nervosität zu beseitigen.

ORI 11 Bitten Sie Ihren Freund, Sie in dem Zimmer einzuschließen, bei eingeschaltetem Licht, aus dem Haus zu gehen und nach fünf Minuten zurückzukehren, um Sie freizulassen. Ehe er oder sie Ihrer Bitte nachkommt, holen Sie sich Leckerzeug, Sex-Material und Hobby- oder Interessen-Dinge in das Zimmer. Wenn Sie sich niedergesetzt haben, tun Sie dreierlei: bis 300 Schimpansen zählen, Ihr Sex-Material lesen oder sich mit Ihrem Hobby beschäftigen und von Ihren Leckerbissen essen.

ORI 12 Wenn Ihr Freund zurückkommt, gehen Sie aus dem Zimmer und plaudern mit ihm über irgendwelche Dinge. Dann bitten Sie Ihren Freund, Sie für einen Zeitraum von fünfzehn Minuten einzuschließen. Orientieren Sie sich an Sex, Hobbys und dem Abzählen von 900 Schimpansen.

ORI 13 Wenn Ihr Freund zurückkehrt, gehen Sie aus dem Zimmer, wandern ein wenig in der Wohnung herum und recken und strecken sich, um sich anschließend wieder für eine halbe Stunde einsperren zu lassen. Während dieser Zeit gehen Sie wieder alle Orientierungsprozeduren durch. Jetzt müssen Ihre engen Kleider Sie fast umbringen. Orientieren Sie sich an all dem Zwicken und Zwacken Ihrer Kleidung.

ORI 14 Wieder draußen, warten Sie einen Tag und gehen dann erneut in das Zimmer, schließen die Tür ab und bemalen die Wände mit der Farbe Ihrer Wahl.

ORI 15 Am dritten Tag setzen Sie sich in das frisch gestrichene Zimmer und lesen fünfzehn Minuten lang in der Zeitung.

Dieses Orientierungsreflex-Programm ist ursprünglich von meinem Kollegen Dr. Zev Wanderer am Zentrum für Verhaltenstherapie in Beverly Hills entwickelt worden. Zev gestaltete freilich alles viel einfacher. Der Patient wurde mit seinem Einverständnis in ein Zimmer der Klinik eingeschlossen. Er oder sie saß eine Stunde lang auf einem mit Segeltuch bespannten Stuhl und hatte laut Instruktion zwischen den rund dreihundert Porno-Büchern der verschiedenen Gattung eins herauszusuchen, das ihn oder sie sexuell stimulierte. Bei Patienten, die damit einverstanden waren, ist diese Methode sehr erfolgreich gewesen. Für gewöhnlich brauchte der Patient nur eine oder zwei Stunden in dem Zimmer zuzubringen und sich am Sex zu orientieren, um seine oder ihre Klaustrophobie loszuwerden.

Agoraphobie: Die Angst vor weiten Plätzen – nicht wahr?

Klaustrophobie (die Angst vor verschlossenen Räumen) und Agoraphobie (die Angst vor großen weiten Plätzen) haben theoretisch oder praktisch nichts miteinander zu tun. Während die Klaustrophobie ziemlich gut definiert ist und sich leicht beseitigen läßt, gibt es bei der Agoraphobie so viele Definitionen und Behandlungsmethoden, wie Patienten darunter leiden. Manche Patienten mit einer Agoraphobie erklären, sie könnten großflächige Felder nicht ertragen, andere wieder sagen, sie fühlten sich in überfüllten Einkaufsläden psychisch blockiert und in Panik versetzt. Manche geraten auf städtischen Straßen in Aufregung, während wieder andere sich fürchten, an hohen Gebäuden vorbeizugehen. Viele von diesen Patienten erklären, ihre unangenehmen Gefühle würden dann ausgelöst, wenn sie sich mit großen Menschenmengen in Restaurants, Theatern, Flughäfen, Bahnhöfen und dergleichen aufhielten. Über die Ängste, von denen agoraphobische Patienten berichten, können wir nur eine einzige vernünftige Verallgemeinerung aufstellen, nämlich daß diese Gefühle allesamt außerhalb ihrer Wohnungen auftreten. Eine genauere Beschreibung der Agoraphobie – wenn es denn tatsächlich eine einzige Phobie ist und nicht eine Ansammlung von Phobien oder überhaupt etwas ganz anderes – wäre: *Angst davor, von zu Hause fort zu sein,* oder *davor, daß etwas geschieht, wenn man nicht zu Hause ist.* Nun, das ist ein viel zu dickes Stück menschlichen Lebens, als daß man es kurz und knapp als Agoraphobie bezeichnen könnte. Dieses Etikett ist wahrscheinlich nicht viel sinnvoller als all die anderen, die von Klinikern in so großer Fülle benutzt werden, um die Agoraphobie zu beschreiben.

Die agoraphobische Hausfrau

Der typische agoraphobische Patient ist erwachsen, weiblich, verheiratet, im Haushalt tätig und hat nur wenige Interessen außerhalb. Doch wir finden bei dem typischen agoraphobischen Patienten noch weitere auffällige Merkmale, die auf ein Glied in der Entstehungskette der Agoraphobie hindeuten und uns erkennen lassen, wie wir dagegen angehen können. Der typische agoraphobische Patient gehört der Mittelschicht an und ist Weißer. Frauen von Minderheiten der westlichen Gesellschaft scheinen weniger empfänglich für Agoraphobie zu sein als ihre relativ wohlhabenden weißen Geschlechtsgenossinnen. Ich bin ganz sicher, das hat nichts mit Vererbung und Hautfarbe zu tun. Frauen aus Minderheiten haben aufgrund ihrer sozialen Umwelt und ihrer wirtschaftlichen Nachteile eine viel größere Menge an Streß zu ertragen als weiße Frauen, sowohl was ihre Entwicklungsjahre wie ihr Erwachsenenleben angeht. Über die Auswirkungen von Streß haben wir eine Menge gelernt, als wir die schrecklichen Folgen deutscher Konzentrationslager bei den Überlebenden untersuchten. Während der Inhaftierung in diesen Lagern nahmen die Anzeichen schlechter psychischer Gesundheit wie Phobien, Zwänge und fixe Ideen ab und verschwanden gar. Nur die Psychosen, so scheint es, sind vom Streß der deutschen Konzentrationslager unberührt geblieben. Neurotische Störungen – die ich hier als angelernte Störungen interpretiere – lösten sich plötzlich auf, wenn sie das Überleben der Insassen gefährdeten.

Es ertragen, bis die Angst nachläßt

Frauen in unserer Gesellschaft sind nicht deswegen anfälliger für die Agoraphobie, weil sie weiß sind, sondern weil ihr Leben als Angehörige der Mittelschicht und ihr relativer Wohlstand es ihnen gestatten, phobisch zu werden. Der Lebensstil von Frauen der unteren sozio-ökonomischen Schichten, ob von weißen Frauen oder Angehörigen einer Minderheit, erlaubt ihnen mit ziemlicher Sicherheit nicht, agoraphobisch zu werden. Agoraphobie scheint Frauen, die für ihren Lebensunterhalt arbeiten *müssen,* nicht zu befallen. Mit wenigen Ausnahmen sind Agoraphobiker Leute, für deren Unterhalt andere sorgen, für gewöhnlich arbeitende Eltern oder Ehepartner, oder die daheim arbeiten können, so daß es ihnen leicht fällt, Geschäftszentren und Menschenmengen zu meiden. Denken Sie darüber mal eine Minute nach. Was glauben Sie, wäre die typische Reaktion eines, sagen wir, Hafenarbeiters, der nach seiner Knochenarbeit auf den Docks nach Hause kommt und kein Essen vorfindet, weil seine Frau erklärt, sie habe Angst gehabt, zum Einkaufen zu gehen? Ich nehme an, er würde sie vor die Wahl stellen: »Wovor hast du mehr Angst, vor mir oder vor dem Laden?« Und sie würde zum Einkaufen gehen. Auf diese direkte Art und Weise hätte der Ehemann seiner Frau die Motivation gegeben, sich einer Selbsthilfe-Version der Behandlungsmethode zu unterziehen, die Fachleute »Implosionstherapie« nennen.* Bei einer Behandlung nach dieser Methode willigt der Patient ein, sich in die phobische Situation zu begeben und dort bis zu acht Stunden zu bleiben, gleichgültig, wie ängstlich er oder sie wird. Am Ende verschiedener solcher Sitzungen erklären Patienten, die es ertragen und durchstehen,

* Implosionstherapie ist der etwas seltsame Name für eine Behandlungsmethode, bei der der Patient von Angst *überflutet* wird. Das heißt ganz einfach, daß wir uns nicht an die Phobie des Patienten heranschleichen, wie es Mary Cover Jones bei dem kleinen Peter getan hat, als sie das weiße Kaninchen ins Behandlungszimmer brachte. Stellen Sie sich das so vor, als würfe man einen Patienten mit einer Wasserphobie ins tiefe Wasser eines Schwimmbeckens, anstatt ihm oder ihr zu erlauben, sich Schritt für Schritt ins flache Wasser zu wagen. Wie der Name andeutet, sind Psychotherapeuten von heute immer noch so verliebt in Ideen, die aus der Physik des achtzehnten Jahrhunderts stammten, wie die Nachfolger von Freud. Etwas zur Implosion zu bringen, bedeutet, den äußeren Druck auf es so zu verstärken, bis es in sich selbst zusammenfällt (etwas Ähnliches geschieht mit einem Unterseeboot, wenn es so tief taucht, daß der Wasserdruck seine Wände zusammenpreßt). Explosion ist das Gegenteil von Implosion (das Unterseeboot explodiert, wenn jemand in seinem Innern eine Dynamitladung zündet). Psychotherapie hat nur wenig mit der Physik des achtzehnten Jahrhunderts zu tun. Die Theorie, daß die Angst dermaßen ansteigen kann, daß sie die Phobie zur Implosion bringen kann, ist Sextaner-Denken – doch die als Implosion bezeichnete Methode ist eine der besten klinischen Behandlungsmethoden.

sie empfänden zwar quälende Ängste, aber nichts, womit sie nicht fertig würden. Und je länger die Patienten in der agoraphobischen Situation verharren, um so besser wirkt die Methode.

Wenn der OR zur Beseitigung von Phobien eingesetzt werden soll, dann muß er durch diese Methode in irgendeiner Weise ausgelöst werden. Doch woran soll sich der Patient in all den Stunden auf den Stadtstraßen orientieren?

Lassen Sie mich ein kleines Szenario für die Behandlung der Agoraphobie entwerfen. Der Patient willigt ein, in die Stadt zu gehen, einzukaufen oder nur in den bevölkerten Straßen herumzuwandern, und zwar acht Stunden lang. Am Morgen geschieht nichts weiter, als daß er ängstlich wird. Doch dann um elf Uhr beginnt der Patient zu bemerken, daß zwei Dinge die phobische Angst überlagern: einmal Hunger und dann müde Füße und Beine sowie der schmerzende Rücken. Während der nächsten Stunden orientiert sich der Patient in der phobischen Situation an diesen Körperempfindungen, statt nur physiologisch auf die Angst zu reagieren. Dann nimmt der Patient, immer noch in der phobischen Situation, ein Mittagessen zu sich und verwendet darauf eine Stunde. Um ein Uhr heißt es für den Patienten, der sich ein wenig ausgeruht hat, zurück auf die Straße. Der Nachmittag ist eine Fortsetzung des Morgens, die Angst verstärkt sich, bis der Körper zu protestieren beginnt, diesmal stärker als zuvor. Um drei Uhr sind die Signale, die der Patient von seinem Körper über die Müdigkeit und Schmerzgefühle erhält, stärker als die Angstsignale, die von der bevölkerten Stadt und ihren Straßen ausgehen. In den nächsten beiden Stunden löschen diese starken Orientierungsreflexe die Angst vor breiten Straßen, Marktplätzen und Menschenmengen aus. All dies wird nach meiner Meinung während der Prozedur des Gegenkonditionierens geschehen.

Obwohl ich natürlich nicht in das Nervensystem des Patienten hineinschauen und Ihnen garantieren kann, daß diese Art der OR-Erzeugung eintritt, möchte ich doch wetten, daß es dazu kommt. *Muskelspannungen und Körperreize sind OR-Auslöser, die agoraphobische Gefühle übertönen.* Wenn Sie das Gefühl haben, für Ihren Geschmack sei diese Analyse der Behandlung ein wenig zu simpel und blauäugig, betrachten Sie einige andere Dinge, die auf der Hand liegen und nicht zu übersehen sind, weil sie uns gleichsam ins Gesicht springen.

Bei Aerophobie wirkt die Implosion nicht. Woher wissen wir das? Aus Berichten erster Hand von Patienten, die diese Methode ausprobiert haben, ehe sie sich einer professionellen Behandlung unterzogen. Viele dieser Patienten versuchen es über Stunden in der Luft auszuhalten, und alles, was ihr Mut ihnen einbringt, sind weitere Angstgefühle, bis sie sich entschließen, das Fliegen ganz aufzugeben. Warum zeigt diese bei sich selbst angewandte Implosionstherapie keine Wirkung? Die meisten Flüge sind zu bequem und zu kurz. Der einzige mir bekannte Flug, der genügend unangenehme Körperempfindungen mit sich bringt, ist die Strecke von San Francisco nach Sydney in Australien, die ich selbst geflogen bin. Für diesen Flug mit seinen verschiedenen Zwischenstationen braucht man fast vierundzwanzig Stunden. Nach achtzehn Stunden in der Luft ohne die Möglichkeit zu schlafen, protestiert Ihr Körper so heftig, daß ein aerophobischer Impuls nicht die Spur einer Chance hat, bis zu Ihrem autonomen Nervensystem vorzudringen.

Schauen wir uns die Ergebnisse einer anderen relativ erfolglosen Methode der Behandlung von Phobien an, nämlich die Drogenbehandlung. Valium, in erster Linie ein muskelentspannendes Mittel, ist die am häufigsten verschriebene und benutzte Droge auf dem heutigen Arzneimittelmarkt, mit Ausnahme des gewöhnlichen Aspirins. Allein aufgrund dieser statistischen Angabe können wir annehmen, daß dies Mittel wenig geeignet ist, Phobien zu beseitigen. Es wird von so vielen Menschen eingenommen, daß man erwarten könnte, daß die Zahl der phobischen Patienten rapide sinkt, wenn es tatsächlich phobische Reaktionen zu »heilen« vermöchte. Doch weder von Laien noch von Fachleuten liegen Anhaltspunkte dafür vor, daß dies geschieht. Vor einigen Jahren wurde Valium als ein schnell wirkender Ersatz für die zur Gegenkonditionierung phobischer Ängste benutzte progressive Entspannung verwandt. Das war ein totaler Reinfall. Nach meiner Vermutung ist ein muskelentspannendes Mittel zur Behandlung von Phobien völlig unangebracht, da doch gerade Muskelspannungen und Körperreize *dazu beitragen,* Ängste zu verringern, weil das autonome Nervensystem sich daran orientiert und damit verhindert, daß man von Angst überschwemmt wird. Eine Droge, die wirken soll, müßte etwa die Eigenschaft einer Tetanus- oder Typhusinjektion haben, das heißt, sie müßte dazu führen, daß der Patient sich über Stunden hin ganz und gar elend fühlt. Das wäre eine billige chemische Methode zur Reduzierung gelernter Ängste.

Diese Erörterungen über das Warum und Wie der Agoraphobie sind nichts als müßiges theoretisches Geschwätz. Doch es hat einiges für sich, die Agoraphobie als Einstellung zu betrachten, die man wie jede andere Phobie lernen und folglich auch wieder »verlernen« kann. Bei einigen Patienten mag die Angst, die wir als Agoraphobie bezeichnen, nicht nur eine einzige Phobie sein, sondern gleichsam ein Bündel verschiedener spezifischer Phobien. Auf der anderen Seite kann für viele agoraphobische Patienten das eigentliche Problem nicht in einer speziellen Angstreaktion in überfüllten Theatern, Straßen oder Kaufhäusern liegen, sondern vielmehr in einer allgemeinen Angst oder nervösen Besorgnis, sie könnten von einem schweren »Anfall panikartiger Angst« betroffen werden, wenn sie sich außerhalb der Privatsphäre ihres Zuhauses aufhalten. Viele Patienten, allerdings nicht alle, berichten, ihre agoraphobische Reaktion beginne mit einem Anfall von Panik, und zu diesem Zeitpunkt wäre ihnen überhaupt nicht klar, aus welchem Grunde. Es handele sich einfach um ein, allerdings sehr starkes, panikartiges Gefühl. Einige befürchten dann, sie seien schwer krank oder würden gleich sterben. Andere halten es für einen Herzanfall.

Auf diese Wahrnehmung reagieren die davon Betroffenen recht unterschiedlich. Einige verlassen ihre Wohnung nicht mehr. Andere reisen nur in ihren Privatautos, weil sie sich in ihnen sicher fühlen. Manche wieder unternehmen nur eine Reise, wenn entlang der Route Freunde oder Verwandte wohnen. Sie haben dann die Vorstellung, sie könnten an diesen »sicheren« Orten Zuflucht nehmen, wenn sie unterwegs von einem Panikanfall überrascht werden. Kürzlich hatte ich eine Frau in der Sprechstunde, die immer nur dann von panischer Angst erfaßt wurde, wenn sie vor der Kasse in einem Kaufhaus in der Schlange stehen mußte. Sie war ein Golffan, und sie hatte das Gefühl, Schlangestehen im Kaufhaus sei eine der wenigen Gelegenheiten, zu denen sie nicht ihren Schläger mitnehmen und einige Schläge (auf Hand-Augen-Koordination beruhende OR-Auslöser) ausführen konnte. So liegt es bei den Patientenberichten auf der Hand, daß *für einige Leute* eine Agoraphobie nicht eine bestimmte Angst vor Menschenmengen, vor freien Flächen, öffentlichen Gebäuden und Straßen darstellt, sondern vielmehr *eine nervöse Befürchtung, sie könnten unter solchen Umständen einen erschreckenden und demütigenden Anfall panischer Angst erleiden.*

Lassen Sie mich ein hypothetisches Beispiel dafür geben, in welchem Maße diese nervöse ängstliche Einstellung, diese Furcht vor einem Panikanfall, das Leben eines Menschen einschneidend verändern kann. Es war einmal ein steinreicher Industrieboß namens Howard Hughes. Einige Leute behaupteten gar, er sei der reichste Mann der Welt gewesen. Hughes wurde in eine wohlhabende Familie geboren, und als sein Vater an den Folgen eines Herzanfalls verschied, der ihn überraschend in seinen fünfziger Jahren dahinraffte, trat er das Erbe eines Ölbohrgeräte herstellenden Industriekonzerns an. Howard übernahm die Geschäfte seines Vaters und tat Erstaunliches, um seinen Wohlstand zu mehren, tat es in den meisten Fällen aufgrund seiner eigenen Initiative, das heißt, er fragte andere nur um Rat, wenn es unbedingt notwendig war. Für

Howard Hughes lief alles blendend, bis er in das Alter kam, in dem der tödliche Herzanfall seinen Vater ereilt hatte. Es hieß, Hughes habe lange über die Möglichkeit nachgebrütet, ob sein Vater nicht aufgrund genetischer Probleme in seiner Blutsverwandtschaft in so jungen Jahren dahingerafft worden sei. Bei seiner verschlossenen Art – mit anderen nichts zu besprechen – und bei seiner Besorgnis über seine Gesundheit und Lebenserwartung kam für Hughes, was unvermeidlich kommen mußte: Alle normalen Beschwerden, Herzklopfen und Blähungen (die die meisten von uns in diesem Alter gelegentlich erleben und nicht weiter beachten) deutete er als erste Anzeichen der gesundheitlichen Störung, die seinen Vater umgebracht hatte. Die Fehldeutung, die darin lag, daß er glaubte, seine normalen körperlichen Protesterscheinungen würden ihn töten, leitete einen Prozeß ein, der schließlich in Anfällen panikartiger Angst mündete. Soweit bekannt, hat Hughes niemandem sein Problem anvertraut oder von seinen Angstanfällen erzählt. Wir wissen aber, daß er ein typisches agoraphobisches Verhalten zeigte, das heißt, er blieb so lange wie möglich in seinen eigenen vier Wänden. Einige Leute hielten sein Verhalten für den Ausdruck von Verfolgungswahn, von Paranoia. Andere glaubten, er sei ein wohlhabender Egozentriker, der sich verrückt benehme, einfach weil er es sich leisten könne. Seine Reichtümer gestatteten ihm, sich mit seiner Agoraphobie einigermaßen einzurichten, und hinderten ihn unglücklicherweise daran, Hilfe zu suchen. Er konnte sich den Luxus leisten, sich im Freien nur im Innern eines Fahrzeuges aufzuhalten, ja er konnte sich sogar ständig persönliche Assistenten halten, die ihn in allem unterstützten und ihn zwischen Hotel und Auto in einem Sessel oder in einer Sänfte hin und hertrugen. Wenn ihn dabei panikartige Angst überfiel und er sogar ohnmächtig wurde, wer hätte da behaupten können, er sei von Angst geschüttelt, während er da saß oder lag? Howard Hughes phobische Angst wegen seiner Gesundheit erweiterte sich auch zu krankhaften Gedanken über seine angebliche körperliche

Anfälligkeit für Infektionen, zu Gedanken, die mit entsprechenden Verhaltensweisen einhergingen. Seine Verhaltensweisen gleichen denen anderer Leute mit ähnlichen irrationalen Ängsten vor Krankheitserregern, das heißt, er trug ständig Handschuhe und kapselte sich vor möglichen Trägern von Erregern ab, indem er darauf bestand, mit ihnen nur per Telefon zu verkehren, oder von ihnen forderte, sie sollten ebenfalls weiße Handschuhe tragen.*

Die Geschichte von Howard Hughes ist reine Hypothese. War Hughes tatsächlich ein Agoraphobiker? Nach den Einzelheiten über sein Privatleben zu urteilen, die an die Öffentlichkeit gelangt sind, war er es wahrscheinlich. Und wenn er agoraphobisch war, dann lassen alle jene Geschichten, die wir über ihn gehört haben, mit einiger Sicherheit erkennen, daß er alles tat, was seinen Zustand nur verschlimmern konnte: Meiden der phobischen Situation, anderen Leuten aus dem Wege gehen und nicht über seine persönlichen Sorgen und Ängste sprechen, Meiden von Muskelanspannungen und von Orientierung daran in der phobischen Situation und wahrscheinlich auch Verwendung von Drogen zur Dämpfung seiner Ängste.

Soziale Ängste und Panikgefühle in Straßen

Was weiß ich aufgrund meiner Erfahrung bei der Arbeit mit Patienten über die Agoraphobie? Ich sehe zwei Dinge, die vielen Leuten zu schaffen machen: eine Kombination aus allge-

* Bei einer Reihe von Patienten ließ sich die Phobie vor Infektionen relativ schnell dadurch beseitigen, daß man sie aufforderte, sich Situationen mit Krankheitserregern vorzustellen, die sie nicht erschreckten, und sich dann allmählich an Situationen heranzuarbeiten, die sie mit stärkerer Angst erfüllten. Bei einem Patienten erwies es sich als notwendig, daß er sich vorstellte, wie nur ein einziger Krankheitserreger in einen Wasserbehälter am anderen Ende der Stadt fiel, ehe er es als angenehm empfinden konnte, seine Hand unter den Wasserhahn zu halten und das Wasser, das er trinken wollte, nicht abzukochen. Von diesem Zeitpunkt an sprachen seine irrationalen Ängste vor Ansteckung und sein zwanghaftes Reinlichkeitsverhalten ziemlich schnell auf Verhaltensmethoden an.

meinen sozialen Ängsten vor Menschen und Ängsten vor Dingen und Orten außerhalb der eigenen vier Wände. Wenn Sie oder ich das Haus verlassen, haben wir eins oder beide Dinge zu tun: uns in Gesellschaft zu bewegen und besondere Situationen aufzusuchen. Wir treffen Menschen, sprechen mit ihnen, scherzen mit ihnen, unterhalten uns mit ihnen, bestrafen sie, beziehen uns auf sie, machen Geschäfte mit ihnen, arbeiten mit ihnen, gehen sogar essen mit ihnen außerhalb unserer Wohnung. Und wir tun all dies in den Straßen unserer Stadt, auf Marktplätzen, in Bürohäusern, Theatern, Kaufhäusern, Haltestellen von Verkehrsmitteln – also an all jenen Orten, von denen Agoraphobiker in vagen Begriffen als den Auslösern ihrer Ängste sprechen. Wenn Sie agoraphobische Neigungen haben, kann ich Ihnen einen vernünftigen Behandlungsplan empfehlen: Achten Sie auf Ihre Gefühle sowohl beim Umgang mit Menschen – auch mit Fremden – wie auch bei dem jeweiligen Ort, wo Sie mit ihnen umgehen. Sie können dann unter Umständen zweierlei dagegen tun: gegen Ihre sozialen Ängste angehen wie auch gegen Ihre phobischen Reaktionen auf Menschenmengen, Marktplätze, Straßen usw.

Soziale Ängste sind allgemeine Ängste, und sie sind mit Trainingsmethoden gegen Ängste, die für spezifische Phobien entwickelt wurden, nicht ohne weiteres zu beseitigen. Nach meiner Erfahrung werden soziale Ängste in erster Linie durch einen Mangel an Selbstbehauptung bei dem einzelnen hervorgerufen. Es bedürfte eines weiteren Buches*, um im einzelnen zu beschreiben, wie wir soziale Ängste erwerben und unsere Selbstsicherheit einbüßen. Kurz, unsere persönlichen Unsicherheitsgefühle führen dazu, daß wir zu schnell und zu häufig aufgeben, wenn wir anderen Menschen sagen sollen, was wir wünschen. Unsere Angst vor persönlicher Kritik nötigt uns dazu, daß wir uns gleichsam in ein Gehäuse zurückziehen. Der schlichte Mangel an grundlegenden Kenntnissen über soziale

* Siehe Manuel J. Smith, *When I Say No, I Feel Guilty*, New York 1975.

Kommunikation und Konversation hält uns soziale Belohnungen vor. Und vielleicht am wichtigsten für den agoraphobischen Patienten, unsere Angst vor gesellschaftlichen Fehlschlägen und Fehlern beeinträchtigt unsere soziale Freiheit und Motivation. Zu der Sozialangst des Agoraphobikers gehört allemal die Furcht davor, gesellschaftliche Fehler zu machen, lächerlich zu erscheinen und Verlegenheit zu zeigen. Der Patient weiß, wenn er in der Öffentlichkeit von Panikgefühlen erfaßt wird, verspürt er heftiges Herzklopfen, schwitzt oder fröstelt, läuft im Gesicht rot an oder wird totenbleich, bekommt zittrige Hände oder weiche Knie; vielleicht fällt er sogar in Ohnmacht. Abgesehen davon, daß er sich das Unerfreuliche dieser Extremsituation vorher vergegenwärtigt – also Angst vor der Angst hat –, scheint der typische Patient(in) unfähig, mit dem Gedanken fertig zu werden, er könne vor anderen Leuten krank oder hilflos erscheinen oder vor ihnen einfach eine Szene machen. Für gewöhnlich hat der Patient das Gefühl, ein einziger Anfall von panikartiger Angst außerhalb seiner Wohnung könne den Aufenthalt draußen so unangenehm machen, daß es nicht der Mühe lohnt, auch nur einen Versuch zu unternehmen. Daher ist es für solche Patienten von großer Hilfe, wenn sie lernen, sich mit der Möglichkeit abzufinden, sich in einer Gesellschaft auch einmal merkwürdig zu verhalten, das heißt, eine Einstellung zu kultivieren, die sich mit den Worten ausdrücken läßt: »So gerate ich halt gelegentlich in Panik. Was soll's! Haben wir nicht alle unsere Probleme?«

Ihr Mangel an Selbstsicherheit verführt einige agoraphobische Patienten auch dazu, sich ihrer phobischen Gefühle als soziale Krücken zu bedienen. Solche Patienten benutzen ihre Ängste als eine Art Hebel, um ihre Ehepartner und Familien dazu zu zwingen, bestimmte Dinge für sie zu tun. Dieser Nebeneffekt läßt sich in die Worte kleiden: »Was können Sie von einem Menschen mit einer Phobie schon erwarten? Ich kann das einfach nicht. Das mußt du für mich tun.« Diese Form des Lohns für eine phobische Verfassung führt dazu, daß der

Patient zu einem »Rollstuhl«-Phobiker wird, der »offensichtlich« behindert ist und auf besondere Rücksicht seitens der Menschen um ihn angewiesen ist. Nach einer kleinen Dosis Selbstbehauptungstraining entdeckt der Patient in der Regel, daß es viel einfacher ist und viel weniger anstrengt, um die gleiche Hilfe zu bitten – und sie zu erhalten –, ohne eine Phobie als Entschuldigung zu benutzen.

Wenn Sie agoraphobisch sind, was können Sie tun, um Ihre Angstgefühle wirksam zu beseitigen? Zuerst müssen Sie sich von Ihren Ängsten davor befreien, das Haus zu verlassen und in die Stadt zu gehen. Danach können Sie Ihre sozialen Ängste bearbeiten und lernen, im Umgang mit anderen Menschen selbstsicherer zu werden. Die beste und schnellste Methode ist die Implosionstherapie, bei der Sie sich vornehmen, für mindestens vier Stunden hintereinander in der erschreckenden Situation auszuhalten. Doch es gibt noch eine härtere und leichtere Methode. Die härtere besteht darin, in die Stadt zu gehen und sich passiv von all den Dingen, die Sie in Angst versetzen, bombardieren zu lassen. Die leichtere – und klügere – Methode wäre, sich ein eigenes Programm zusammenzustellen und systematisch die Zahl der Dinge zu vermehren, an denen Sie sich orientieren können, während Sie sich in Straßen, Menschenmengen und auf Marktplätzen aufhalten.

Schauen wir uns nun einige Richtlinien an, mit deren Hilfe das Trainingsprogramm so kurz und wirksam wie möglich gestaltet werden kann.

Wie Sie Ihre Angst außerhalb des Hauses verringern können

1. Diese Richtlinien zum Orientierungsreflex-Training sollen Ihnen dabei helfen, Ihre Ängste vor der Stadt mit all ihren dicht bevölkerten Straßen, Plätzen, Kaufhäusern, Theatern und Restaurants zu verringern. Es kann eine Hilfe sein, ob Sie nun in der Öffentlichkeit panische Angst empfinden oder

nicht, denn der Angstauslöser, die Stadt, ist für beide Formen der Agoraphobie gleich. Das heißt, in beiden Fällen, ob Sie in panische Angst geraten oder nicht, folgen Sie den vorgeschlagenen Richtlinien, um sich auf diese Weise an Plätzen, die für Sie phobieauslösend sind, zu orientieren.

2. Bestimmen Sie Ihr SEU-Niveau*, wenn Sie aus der Haustür gehen. Wenn Sie an diesem Punkt Panikgefühle verspüren, teilen Sie das Grundprogramm in mindestens ein halbes Dutzend Zwischenstufen auf, die allmählich zu dem am meisten mit Furcht besetzten Teil führen, das heißt, wenn Sie sich tatsächlich in die von Menschen bevölkerte Stadt begeben. Statt sich gleich in der Stadt von Ängsten überfluten zu lassen, tun Sie es schrittweise: zuerst gehen Sie vors Haus, dann für etwa fünfzehn Meter längs der Straße oder des Weges nach der einen oder anderen Seite Ihres Hauses, dann zwei, drei, vier, fünf usw. Blocks von Ihrer Wohnung entfernt, und dies wiederholen Sie so lange, bis Sie inmitten einer Menschenmenge auf irgendeinem Platz Ihre Funktionsfähigkeit aufrechterhalten können.
3. Nehmen Sie sich vor, daß Sie, *was immer auch geschehen mag*, bis zu der festgesetzten Stunde nicht aufgeben werden.** Das heißt, Sie verharren in der phobischen Situation, selbst wenn Sie befürchten, gleich ohnmächtig zu werden, albern auszusehen oder so schwach zu werden, daß Sie sich in die Hose machen. Wenn Sie sich dieses Versprechen nicht geben, wird das OR-Programm mit einiger Sicherheit keinerlei Wirkung bei Ihnen haben. Es gibt nur eine abgeänderte Verpflichtung zum Ausharren, die genauso wirksam ist, die jedoch eine Menge mehr Zeit beansprucht. Sehen Sie sich Richtlinie 11 an.
4. Vor jedem Ausflug ins Freie betreiben Sie eine halbe Stunde

* Siehe Kapitel 7, Seite 144.

** Acht Stunden pro Sitzung scheinen die besten Resultate zu ergeben; jede Zeit unter vier Stunden ist offensichtlich nicht effektiv.

lang Körpergymnastik. Diese Empfehlung ist nun entscheidend wichtig, wenn das Programm so schnell und so effektiv wie möglich wirken soll. Wenn tatsächlich müde Beine, Füße und Rückenmuskeln dazu führen, daß die phobische Implosion eintritt, dann werden Sie doch sicher wünschen, die Sache richtig zu machen und obendrein noch etwas für Ihre Gesundheit zu tun. Denken Sie an das Motto des OR-Verhaltenstrainings: »Alles was ich wünsche, ist ein unrechtmäßiger Vorteil.« Durchlaufen Sie also vor jedem Ausflug all die üblichen Körperübungen: Laufen auf der Stelle, Kniebeugen, Liegestütze, Rumpfbeuge, Hüftkreisen usw. Ziehen Sie Ihren Vorteil aus Ihrer sitzenden Lebensweise: Wenn Sie die genannten und andere Übungen machen, ehe Sie sich ins Freie wagen, dann ist das gleichbedeutend mit einem dreistündigen Spaziergang durch die Straßen der Stadt. Warum wollen Sie dort Ihre Zeit zubringen, um Ihre Muskeln anzustrengen, wenn Sie den gleichen Effekt im privaten komfortablen Bereich Ihres Hauses oder Ihrer Wohnung erzielen können? Wenn Sie körperlich gut in Form sind und regelmäßig Sport treiben (Ich vermute, Sie sind es nicht, denn ich habe bisher keinen einzigen Patienten getroffen, dem körperliche Betätigung nicht gut getan hätte.), dann machen Sie zur Stärkung Ihrer Bein- und Rückenmuskeln einige Übungen, die Sie gewöhnlich nicht absolvieren, wie etwa Yoga-Training. Wenn Sie das zuvor noch nie getan haben, wette ich, daß Sie noch einige Stunden danach einen schönen Muskelkater haben werden.

Nach Beendigung der Übungen lassen Sie sich bis auf Ihre normale Körpertemperatur abkühlen und ruhen sich dann in einem kühlen Eckchen Ihrer Wohnung aus, bis Sie das Gefühl haben, ein wenig steif zu sein. Wenn Sie bemerken, daß Ihr Körper protestiert, wenn Sie sich bewegen, haben Sie den richtigen Zeitpunkt erreicht, um Ihre Implosionssitzung zu beginnen. Sie orientieren sich dann automatisch an Ihrem Körper, der gegen Ihren plötzlichen Wunsch, wieder

ein aktiver Mensch zu werden, heftigen Protest einlegt. Vielleicht möchten Sie auch klugerweise ein Maximum an Vorteil gegenüber Ihrer Phobie erreichen. Dann sollten Sie etwa eine Woche vor Ihrem geplanten Trainingsausflug ins Freie Gymnastikübungen machen, um Ihren Körper zu ermüden, und dann festzustellen, wieviel Zeit Ihre Muskeln brauchen, um sich wieder abzukühlen sowie steif zu werden und zu schmerzen. Die Zeit, die dazu nötig ist, hängt von der Art von Übungen und von Ihrer allgemeinen körperlichen Verfassung ab. Vielleicht stellen Sie fest, daß mehrere Stunden vergehen, ehe Ihre Muskeln heftig protestieren, wenn Sie sich bewegen. Es wäre gescheit, die Übungen am Morgen zu machen und abzuwarten, was tagsüber mit Ihnen geschieht. Wenn Sie sich abends damit beschäftigen, werden Sie wahrscheinlich Mühe haben, Schlaf zu finden, weil Ihr Körper so schmerzt. Wenn Sie wegen irgendeiner körperlichen Störung in Behandlung sind, wäre es angebracht, Ihren Arzt zu fragen, in welchem Ausmaß Sie sich körperlich betätigen können. Besprechen Sie das Problem mit ihm oder ihr, erläutern Sie dieses Programm und die Notwendigkeit körperlicher Betätigung, und lassen Sie sich sagen, welche Änderungen und Einschränkungen zu empfehlen sind.
Denken Sie daran, welche Änderungen Sie auch vornehmen, Sie machen es Ihrem autonomen Nervensystem leichter, wenn Sie *Bedingungen herstellen, die Sie zwingen,* sich in der phobischen Situation *automatisch zu orientieren.* Und die beste Möglichkeit, dies zu erreichen, liegt darin, Ihre Muskeln vorher anzustrengen.

5. Stellen Sie sich eine Aufgabe, ehe Sie vor die Tür treten. Während Sie auf den Straßen herumlaufen, müssen Sie mindestens drei Orte aufsuchen. Wählen Sie sich auch drei Plätze als Ersatzaufgaben aus, sofern die Möglichkeit besteht, daß Sie keine Plätze mehr haben, die Sie aufsuchen können, noch ehe Ihre Zeit um ist. Wenn Sie ein verändertes, in einzelne Schritte aufgeteiltes Programm benutzen, suchen

Sie sich bestimmte Plätze und Dinge aus, die Sie bei jedem Programmschritt aufsuchen oder tun können. Es ist besser, wenn Sie nicht ziellos herumrennen und die Wahl der phobischen Orte nicht dem Zufall überlassen.

6. Wenn Sie in die Stadt gehen, fangen Sie mit Örtlichkeiten an, die normalerweise Ihr Interesse erregen würden, wären Sie nicht phobisch: Konzerthallen, Museen mit Sonderausstellungen, Parks, in denen Künstler ihre Werke ausstellen. Wenn Sie dann nach Ihrem Arbeitsplan noch Zeit haben, gehen Sie zu Sehenswürdigkeiten, die weniger interessant sind, wie etwa Flughäfen und Bahnhöfe.
7. Je nachdem, was Sie bereits tun, sollten die übrigen Richtlinien mit Ihrer Arbeitsweise in den Straßen übereinstimmen. Wenn Sie beispielsweise bereits mit einem Freund(in) in der Stadt umherwandern können, tun Sie es jetzt allein. Wenn Sie aufgrund Ihrer Angst, unter allen Umständen in Panikgefühle zu stürzen, nicht reisen können, nehmen Sie zu der ersten Sitzung einen vertrauenswürdigen Freund (oder Freundin) mit. Ihr Ehepartner macht Sie womöglich ängstlich. Ihr Freund kann mit Ihnen über alles reden, nur nicht über Ihre Phobie, und sollte Sie mit der Hand berühren, wenn Ihre Angst sich verstärkt. Die Gegenwart eines Freundes steigert Ihr Wohlbefinden und Ihre Zuversicht angesichts von Befürchtungen wie: »Was wird geschehen, wenn ich in Ohnmacht falle?« Ihr Freund wird natürlich aufpassen, daß Sie nicht ohnmächtig werden, indem er Ihnen sagt, Sie sollten sich hinsetzen, Ihren Kopf zwischen die Knie nehmen und ihn nach oben drücken, während er oder sie ihn nach unten preßt. Dadurch wird der Blutdruck in Ihrem Gehirn gewaltsam gesteigert, so daß Sie daran gehindert werden, in Ohnmacht zu fallen. Als Ergebnis der bloßen Gegenwart Ihres Freundes werden Sie mit einiger Sicherheit auch gar nicht in Ohnmacht fallen, ganz gleich, wie hoch Ihr Angstniveau ist.
8. Bitten Sie Ihren Freund, Sie bei der ersten Sitzung in der

Stadt im Auto herumzufahren. Wie viele Agoraphobiker haben Sie vielleicht das Gefühl, das Auto sei eine Erweiterung Ihrer Wohnung, ein Platz, an dem Sie vor Ängsten sicher sind. Wenn Sie zu der ersten Sitzung keine private Transportmöglichkeit haben, nehmen Sie sich vor, während der vier Stunden zu einem menschenreichen Zentrum hin und zurück zu wandern. Da Wandern im Rahmen dieses Programms sehr wichtig ist, spielt es keine große Rolle, ob Sie zu den belebten Plätzen hinwandern oder nach dort transportiert werden, um anschließend weiterzugehen.

9. Wenn Sie das Gebiet um Ihre Wohnung nur selten verlassen, benutzen Sie während der ersten Trainingssitzung all die OR-Auslöser, die andere agoraphobische Patienten entdeckt haben. Nehmen Sie einen Beutel mit süßen oder sauren Bonbons oder eine Tüte voll Erdnüsse mit. Stecken Sie sich während der ganzen Übung fortwährend etwas in den Mund, damit Ihr Nervensystem sich daran orientieren kann. Nehmen Sie zum ersten Ausflug auch einen Spazierstock, einen Schirm, einen Kinderwagen, einen Gepäck- oder Einkaufskarren mit. All diese mechanischen Gerätschaften zwingen Sie zum Einsatz der Hand-Augen-Fuß-Koordination. Alle erfordern, daß Sie sich beim Gehen auf sehr einfache Weise orientieren. Nehmen Sie Ihre Monatsrechnungen und Ihr Scheckheft mit und begleichen Sie Ihre Verpflichtungen auf einer Parkbank, in einem Restaurant oder in einer von Menschen erfüllten Hotelhalle. Diese geistige Aufgabe wird Sie dazu zwingen, sich in der furchtbesetzten Situation zu orientieren. Allmählich, im Zuge Ihrer Fortschritte, lassen Sie die OR-Hilfen beiseite, bis Sie schließlich bei der letzten Übung in der Lage sind, sich auf den belebten Straßen nur an sich selbst und an all den Sie umgebenden Aktivitäten in Läden, Treffpunkten usw. zu orientieren.

10. Ziehen Sie sich unbequeme Kleidungsstücke an, wenn Sie in die Stadt gehen. Tragen Sie enge, unbequeme Büstenhalter,

Hüftgürtel, Hosen usw. Solche Kleidungsstücke rufen körperliche Empfindungen hervor, die automatisch dazu führen, daß Sie sich orientieren.

11. Wenn Sie ehrlich feststellen, daß es Ihre Kräfte übersteigt, sich vorzunehmen, mindestens vier Stunden hintereinander in der angstauslösenden Situation auszuharren, werden Sie vielleicht eine Variante der Implosionstherapie ausprobieren wollen, eine Variante, die zwar genauso gut wirkt, aber mehr Zeit beansprucht. Bei diesem veränderten Programm willigen Sie ein, sich so weit von zu Hause zu entfernen, wie es Ihnen möglich ist, ohne dabei Angst zu spüren. Wenn Sie ängstliche Gefühle entwickeln, kehren Sie spornstreichs wieder um. Zu Hause warten Sie, bis Ihr Angstpegel gesunken ist, und dann wagen Sie sich sofort wieder hinaus. Dieser Prozedur unterziehen Sie sich mindestens vier Stunden täglich. Wenn Sie ehrlich das Gefühl haben, nicht mehr allzu starke Angstgefühle zu haben, wenn Sie sich außerhalb Ihrer Wohnung aufhalten, gehen die Ausflüge ineinander über: Sie bringen mehr Zeit außerhalb als innerhalb Ihrer Wohnung zu. Aus diesem Grunde wird diese Behandlung als eine Variante der Implosionsmethode angesehen. Sie werden vielleicht auch bemerken, daß diese Abänderung Sie die ganze Zeit zum Gehen veranlaßt, mit Ausnahme der kurzen Ruhepausen daheim. Und wenn Sie möchten, daß diese Methode noch schneller wirkt, werden Sie zwischen den Ausflügen in Ihrer Wohnung umherlaufen und sich nicht auf dem Sofa ausstrecken.
12. Es ist nun an der Zeit, Ihnen einen wichtigen Tip zu geben, wie Sie mit Ihren agoraphobischen Gefühlen fertig werden können. Außerhalb Ihrer Wohnung verspüren Sie Angst; selbst die hier kurz umrissenen Anregungen werden Sie nicht gänzlich davor bewahren. Sich einen Muskelkater zuzulegen und Dinge mitzunehmen, die Sie dazu bringen, sich zu orientieren, damit können Sie lediglich Ihre Gewinnchancen erhöhen. Denken Sie daran, das Motto des Orientie-

rungsreflex-Trainings lautet: »Alles, was ich möchte, ist ein unrechtmäßiger Vorteil.« Doch auch wenn Sie all dies tun, wird die Angst, die Sie außerhalb Ihrer Wohnung empfinden, nicht völlig verschwinden, und wenn Sie in Panik geraten, *finden Sie sich damit ab.* Gehen Sie nicht mit Gewalt dagegen an, sondern sagen Sie sich nur: »Schon wieder ein Angstanfall. Mein Nervensystem ist völlig durchgedreht, und da stehe ich nun.« Ich bin nicht agoraphobisch, und dennoch werde ich außerhalb meiner Wohnung häufig nervös (und innerhalb genauso). So werden auch Sie Ihre Angst nicht einfach wegwischen können. Gute Gefühle stellen sich auch nicht sofort ein, nur wenn man dieses Programm durchläuft. Sie kommen später, genauso wie bei uns allen, indem wir mit anderen Leuten außerhalb unseres Zuhause Umgang pflegen. Betrachten Sie also Ihre gefühlsmäßigen Erwartungen mit Mißtrauen. Angesichts von Menschenmengen, Straßen und Marktplätzen nicht phobisch zu sein, heißt noch lange nicht, sich bei all diesen Dingen gut oder glücklich zu fühlen. Es heißt zunächst einmal nur, daß Sie in der Lage sind, sich mit anderen Leuten abzugeben, ohne gleich in Panik zu geraten. Machen Sie sich die Realität der Welt klar, in der wir leben, und vergegenwärtigen Sie sich einen Cartoon von Gahan Wilson, sofern Sie ihn nicht kennen: Darauf stehen mehrere Menschen, gekleidet in Engelsgewänder und mit Heiligenscheinen versehen, im Himmelsinnern. Einer schaut sich das Panorama des aufplatzenden Putzes an. Ein »m« in dem Hinweisschild »Das ist der Himmel« ist auf den Boden gefallen. Einer der Engel stochert in seinen Zähnen, ein anderer schaut, die Hände in den Taschen, sehnsüchtig zum Himmelseingang. Dann sagt er zu seinem Mitengel: »Irgendwie dachte ich, das wäre hier größere Klasse.« Die Einkaufsstadt außerhalb unserer Wohnung ist so ähnlich wie der Cartoon von Gahan Wilson. Irgendwie denken wir alle, sie sei größere Klasse, als sie in Wirklichkeit ist.

12.

Orientierung an Sexualität und Orgasmus

Wenn wir uns vergegenwärtigen, daß unser Organismus darauf eingerichtet ist, sich an den Dingen der Umwelt zu orientieren, dann scheinen schon von der Definition her die Worte »sexuell« und »Phobie« in sich gegensätzlich und folglich nicht miteinander vergleichbar zu sein. Nun, wenn es tatsächlich so wäre, könnte das Leben viel einfacher sein! Leider spielen sexuelle Phobien, denen gelernte Angst zugrunde liegt, bei vielen Sexualproblemen, mit denen Menschen psychotherapeutische Kliniken aufsuchen, eine große Rolle. *Diese Phobien können wie alle anderen behandelt werden.* Dies ist von den verschiedenen Psychotherapieschulen nicht immer erkannt worden. Ich möchte mich zwar bei den klassischen Freudianern alter Schule nicht lange aufhalten, doch es muß hier erwähnt werden, daß diese äußerst rigiden Analytiker über viele Jahre hin allerlei Fehlinformationen zu dem Thema verbreitet haben. »Rühren Sie nicht an die Phobie«, warnten sie, »denn sie ist nur symptomatisch für etwas, was dahinter auf der Lauer liegt.« In Wahrheit meinten sie damit: »Wenn Sie mit der Phobie herumspielen, holt Sie der schwarze Mann.« Diese übervorsichtige, diese Hände-weg-Haltung war, wie sich von selbst versteht, das Ergebnis mangelnder Informiertheit über das Thema Sexualität. Doch da diese Haltung von der seinerzeit angesehensten Psychotherapieschule an den Tag gelegt wurde, kann es nicht überraschen, daß die Untersuchung von Sexualproblemen über viele Jahre hin als Betätigungsfeld von Neurologen in Affen- und Ratten-Labors, von Mönchen mit Dispens vom Vatikan, von Sammlern klassischer Kunst und von einigen akademischen Spinnern mit einer auf dieses Gebiet fixierten Persönlichkeit angesehen wurde. Erst als Masters und Johnson in den sechziger Jahren ihre Untersuchungen über die sexuellen Funktionen und Fehlfunktionen veröffentlichten, wurde allgemein zur Kenntnis genommen, daß es neben der Ausschau nach einem libidinösen schwarzen Mann unter der klassischen analytischen Couch noch eine andere Behandlungsmethode bei Sexualproblemen gibt.

Um diese Zeit wurde auch eine neue Therapie, die Verhaltenstherapie bei Sexualproblemen entwickelt, in deren Verlauf sich der Patient unter kontrollierten Bedingungen sexuell betätigt. Obwohl diese Methode bei vielen Problemen gute Erfolge zeigte, ließen sich anfangs auch die Verhaltenstherapeuten, wie zuvor die Analytiker alten Schlages, zu enthusiastischen Übertreibungen in ihrer Einschätzung der Behandlungsmöglichkeiten hinreißen. Infolgedessen und wegen der Einfachheit der verhaltenstherapeutischen Methoden wurden viele Sexual-»Kliniken« eröffnet, die von Amateuren geführt wurden – und innerhalb weniger Jahre wieder geschlossen, freilich nicht aufgrund rechtlicher Kontroversen mit örtlichen Behörden, denn diese standen und stehen der auf Treu und Glauben beruhenden Behandlung sexueller Schwierigkeiten ziemlich aufgeschlossen und wohlwollend gegenüber. Ein bedeutender Kliniker auf diesem Gebiet, der an der Universität von Los Angeles tätig ist, äußerte die Vermutung, nach wenigen Jahren seien so viele Fachleute ausgebildet worden, daß die Amateure in dem Geschäft nicht mehr hätten mithalten können. Trotzdem gibt es einen großen Bedarf an derartigen Kliniken. Wenn wir der von William Masters und Virginia Johnson geschätzten statistischen Größenordnung sexueller Fehlfunktionen Glauben schenken können, dann hat rund ein Viertel der amerikanischen Bevölkerung sexuelle Probleme gehabt, hat sie zur Zeit und wird sie in Zukunft haben. Das scheinen genug Menschen mit Problemen zu sein, um ein weiteres Viertel der Bevölkerung als Therapeuten beschäftigen zu können. Was die Zahlen betrifft, so erscheint die Behauptung, die Profis verdrängten die Amateure, nicht stichhaltig zu sein. Meine Vermutung geht dahin, daß viele der von Amateuren geführten Kliniken deswegen ihre Pforten geschlossen haben, weil sie erkennen mußten, daß die Verhaltensmethoden – die allein sie kannten oder zu kennen glaubten – bei Patienten mit sexuellen Problemen, die nicht als Phobien anzusehen sind, keinerlei Wirkung zeigten. Nach meiner Ansicht – und dies ist nur eine Vermutung meinerseits – erkannten die als sexuelle Ersatzpartner tätigen Amateure, daß sie bei Patienten, die nicht phobisch waren, ein erhebliches Quantum ihrer Arbeitszeit nicht als Sexualtherapeuten, sondern als Prostituierte zubrachten. Und das wollten sie verständlicherweise nicht. Sie wollten sexuelle Ersatzpartner sein, doch keine Prostituierten. Wissenschaftlich erforschte Sexualität ist eine Sache, Sex, für den man bezahlt wird, eine andere. Zwar gehen viele Sexualprobleme, mit denen Menschen in die psychotherapeutischen Kliniken kommen, auf gelernte Angst zurück, doch ein großer Teil solcher Probleme hat seine Ursachen auch in Wut auf den Partner, und die erfordert eine völlig andere Behandlung.

Lassen Sie mich ein Beispiel dafür angeben, was geschehen kann, wenn wirksame Verhaltensmethoden eingesetzt werden, ohne daß der Therapeut wirklich weiß, welches sexuelle Problem er behandelt, Wut oder Angst. Vor einigen Jahren überwachte (supervisierte) ich einen therapeutischen Fall, mit dem sich drei graduierte Studenten an der Universität von Los Angeles beschäftigten. Der Patient, ein Ehemann, erklärte, er sei bei seiner Frau impotent. Die Frau stimmte der Selbstdiagnose ihres Mannes zu. Wir trugen die Fakten dieser Fallgeschichte zusammen, analysierten sie und erarbeiteten einen Behandlungsplan, der auf dem verhaltenstherapeutischen Teil der von Masters und Johnson entwickelten Methoden beruhte. Das Ehepaar war sehr kooperativ, absolvierte all die routinemäßigen Verhaltensübungen und sprach mit uns jede Woche über seine praktischen Sitzungen und deren Ergebnisse. Doch der Erfolg blieb aus! Das war (entschuldigen Sie den Kalauer) herzlich dünn! Bei anderen Patienten führten die gleichen therapeutischen Übungen innerhalb weniger Wochen zu dramatischen positiven Veränderungen. Am Ende zweier Monate fruchtloser therapeutischer Bemühungen fanden wir den Grund für das Scheitern heraus. Eines Tages erschien der Ehemann bei uns und bat um eine nicht vorgesehene Sitzung ohne seine Frau, und bei dieser Gelegenheit erschien die Fallgeschichte in einem völlig anderen Licht. Während der Zeit, in der er bei seiner Frau »impotent« gewesen war, hatte er regelmäßigen Sexualverkehr mit seiner Sekretärin gehabt, und einen Tag vor dieser Sitzung hatte sie ihm gestanden, sie sei in anderen Umständen. Diese kurze Mitteilung setzte einen Schlußpunkt hinter die Behandlung seiner angeblichen Impotenz. In Einzel- wie in Sitzungen mit seiner Frau hatte er jedesmal, wenn wir eine entsprechende Frage stellten, bestritten, seine Impotenz beschränke sich auf seine Frau.

Während der letzten Sitzung beschäftigten wir uns erneut mit den physiologischen Einzelheiten seines Verhaltens gegenüber seiner Frau, und da sah die Sache nun doch ganz anders aus. Das Problem schien nicht in Erektionsschwäche bei passender Gelegenheit, sondern in mangelndem Interesse bei passender Gelegenheit zu liegen. Die Verhaltensmethoden zeigten deshalb keine Wirkung, weil der Patient nicht unter einem von Angst verursachten Verhaltensproblem litt, sondern vielmehr unter einem Motivationsproblem, dem eheliche Konflikte mit seiner Frau zugrunde lagen. Er hegte ihr gegenüber eine unterdrückte, passive Wut und wollte in Wirklichkeit gar keinen Sexualverkehr mit ihr haben. Nach der letzten Therapiesitzung lehnte der Patient unser Angebot ab, zusammen mit seiner Frau die Ehekonflikte zu bearbeiten, und wir sahen die beiden nicht mehr wieder.

Was hat nun dieses Beispiel eines nicht verhaltensbedingten Wutproblems mit dem Schließen von amateurhaft geführten Sexualkliniken zu tun? Wie, glauben Sie, würde eine Ersatzpartnerin reagieren, wenn sie an eine ähnliche Fallgeschichte wie die des erwähnten Ehemannes – mag die Ehefrau nun an der Behandlung teilnehmen oder nicht – geriete, wenn also in der ersten Sitzung, die der sexuellen Rekonditionierung dient, kein Anzeichen von Sexualproblemen sichtbar würde, und auch in der zweiten Sitzung nicht? Wie lange würde es nach einer Reihe von Sexualakten mit diesem Patienten im Namen der »Heilung« seiner sexuellen Schwierigkeiten dauern, bis die Therapeutin das Gefühl hätte, sie biete nicht Sexualtherapie, sondern Sex gegen Entgelt an?

Ich habe dieses Beispiel gewählt, um Ihnen zu zeigen, daß es zwar sexuelle Phobien die Menge gibt, daß aber neben der Angst auch andere Gründe zu sexuellen Schwierigkeiten führen können. Die bei Angst eingesetzten Methoden eignen sich nun einmal nicht für Probleme, die nicht auf Angst zurückgehen. Wenn Sie oder jemand, der Ihnen nahesteht, sexuelle Probleme haben, wie können Sie wissen, was vermutlich dahinter steht und was man dagegen tun kann? Ehe wir diese Frage kurz beantworten, lassen Sie uns für einen Augenblick auf die Informationen eingehen, auf denen die professionelle Behandlung sexueller Probleme beruht.

Wir kennen drei bewährte Behandlungsmodelle bei Sexualproblemen: das Angstmodell (wie es von Verhaltenstherapeuten angewandt wird), das Wutmodell (wie es von traditionellen »Gesprächs«-Therapeuten praktiziert wird) und das Mischmodell (eine Kombination von Angst- und Wutmodell, wie es für die Praxis von Masters und Johnson typisch ist). Kliniker, die ein oder alle drei Modelle erfolgreich anwenden, gehen davon aus, daß die Sexualprobleme, die sie behandeln wollen, zweierlei Merkmale aufweisen. Erstens nehmen sie an, daß die Probleme nicht durch eine körperliche oder neurologische Beeinträchtigung, durch eine Verletzung oder durch ein Trauma verursacht worden sind. Vor Behandlungsbeginn wird häufig ein Neurologe konsultiert, wenn die Krankengeschichte des Patienten Hinweise auf die genannten Verursachungsfaktoren erkennen läßt. Zweitens gehen die Kliniker davon aus, daß sexuelle Schwierigkeiten das Ergebnis irgendeiner Form psychologischen Lernens sind, das sich auf dem Wege negativer Erfahrungen mit der Sexualität oder mit Sexualpartnern vollzieht. Schauen wir uns kurz an, was jedes dieser Behandlungsmodelle über Sexualprobleme aussagt, und kehren wir dann zu dem Angstmodell zurück, einem Modell, das sich ausschließlich mit Sexualphobien befaßt, und gehen in aller Ausführlichkeit auf dieses Modell ein.

Das Angstmodell der Behandlung sexueller Probleme

Das therapeutische Angstmodell beruht auf der physiologischen und klinischen Beobachtung, daß es im Zustand von Angst unmöglich ist, Sexualverkehr auszuüben. Das Angstmodell hat, einfach ausgedrückt, zum Inhalt, daß wir kein sexuelles Vergnügen haben können, wenn uns gleichzeitig die Sorge drückt, das Finanzamt könne darauf kommen, daß wir die Einkommenssteuererklärung des letzten Jahres ein wenig »frisiert« haben.

In den letzten zwei Jahrzehnten haben klinische Forscher eine Anzahl sexueller Schwierigkeiten festgestellt und isoliert, die sich mit Hilfe des Angstmodells erfolgreich behandeln lassen. Bei Männern zeigen sich diese Probleme in Form von:

1. Impotenz bei einer Sexualpartnerin, aber keinerlei Probleme hinsichtlich sexueller Erregung oder Potenz in anderen Situationen, etwa bei allein ausgeführter Masturbation. Die Impotenz äußert sich entweder durch Erektionsschwäche vor dem Sexualverkehr oder durch Erektionsverlust während des Vorspiels oder bei irgendeiner Form von Sexualverkehr.

2. Vorzeitige Ejakulation, die für gewöhnlich definiert wird

als vollständige Ejakulation innerhalb einer Minute nach der Penetration oder als Ejakulation vor dem Verkehr mit oder ohne volle Erektion während des Vorspiels.

Mit Angst zusammenhängende Sexualprobleme bei Frauen sind:

1. Vaginismus, das *unwillkürliche* Schließen oder Zusammenziehen des Vaginalsphinkter (des Ringmuskels an der Vaginaöffnung), wodurch der Sexualverkehr unmöglich wird.

2. Ausbleiben des Orgasmus entweder bei einem bestimmten Sexualpartner, mit dem es in dieser Hinsicht zuvor keine Probleme gegeben hat, oder mit jedem Sexualpartner, obwohl es in einer anderen Situation, etwa bei allein ausgeführter Masturbation, regelmäßig zum Orgasmus kommt.

Bei der Anwendung des Angstmodells besteht die allgemeine Strategie darin, Sexualität oder sexuelle Reize in kleinen Dosen einzuführen, während gleichzeitig etwas anderes abläuft: für gewöhnlich ein freundschaftliches Gespräch mit einem möglichen oder früheren Sexualpartner, wobei die körperliche und sexuelle Stimulierung über einen gewissen Zeitraum hinweg und auf verschiedene Weise allmählich verstärkt wird. All dies löst, keineswegs zufällig, den Orientierungsreflex des Patienten aus. Diese Form der Angstbehandlung kann mit guter Erfolgsaussicht innerhalb relativ kurzer Zeit, das heißt innerhalb von Wochen bis zu wenigen Monaten, sexuelle Schwierigkeiten beseitigen.

Das Wutmodell der Behandlung sexueller Probleme

Die zweite wichtige Methode der Behandlung sexueller Probleme besteht in der Anwendung des Wutmodells. Bei diesem Modell wird davon ausgegangen, daß dem Problem nicht Angst, sondern Wut auf den männlichen bzw. weiblichen Lebenspartner, den Ehepartner oder den Liebhaber zugrunde liegt. Das Sexualproblem, so wird angenommen, tritt für gewöhnlich nicht im Bett, auf der Couch oder auf dem Bärenfell auf oder wird dort gelernt, sondern während der Alltagskonflikte zwischen zwei Menschen, die zusammenleben. Das Problem liegt in ungelöster, gewöhnlich passiver Wut auf den Sexualpartner. Sie entwickelt sich im Laufe der Zeit zu einem geheimen Groll, in den all die Bösartigkeiten und Seitenhiebe eingehen, die man sich gegenseitig antut, während man versucht, Konflikte wegen der Frage, wer was, wann und warum tut, für sich zu »entscheiden«. Der Groll, der bei der Behandlung dieser Art von Sexualproblemen zum Ausbruch kommt, steht im allgemeinen nicht in Beziehung zur Sexualität. Einer der Partner hat sich im Laufe der Zeit vom anderen zurückgezogen und bespricht oder tut mit ihm oder ihr keinerlei private Dinge mehr, einschließlich der Sexualität. Im Gegensatz zu den vielfältigen Zeichen der durch Angst erzeugten sexuellen Schwierigkeiten nimmt in solchen Fällen die Häufigkeit sexueller Kontakte mit dem Partner über einen Zeitraum von Monaten oder Jahren allmählich und langsam ab. Die Häufigkeit sexueller Kontakte sinkt in der Regel nicht auf den Nullpunkt, sondern bewegt sich über lange Zeiträume zwischen Null und niedriger Frequenz. Dieses Absinken der Häufigkeit ist zusammen mit den sozialen Problemen der Sexualpartner der einzige Hinweis auf sexuelle Schwierigkeiten, die auf Wut zurückgehen.

Der oben (siehe Seite 305 ff.) angeführte Fall des Ehepaares, mit dem sich die graduierten Studenten der Universität von Los Angeles beschäftigten, läßt die genannten Merkmale sexuellen Grolls erkennen. Der Patient klagte über Impotenz, hatte aber keinerlei Probleme, mit seiner Sekretärin am Arbeitsplatz regelmäßige und längerdauernde sexuelle Beziehungen zu unterhalten. Die Probleme mit seiner Frau waren nicht plötzlich entstanden. Sie entwickelten sich nicht einmal innerhalb weniger Wochen oder Monate, um schließlich dazu zu führen, daß infolge von Erektionsschwäche in Gegenwart seiner Frau der Sexualverkehr mit ihr unmöglich wurde. Vielmehr geschah dies allmählich innerhalb einer Reihe von Jahren, und dabei zeigten sich keinerlei Schwierigkeiten sexueller Art, die ich bei der Darstellung des Angstmodells angeführt habe. Wenn er mit seiner Frau Sexualverkehr hatte, führte er ihn ohne Schwierigkeiten aus. Sein wirkliches Problem bestand darin, daß die Häufigkeit des Sexualverkehrs über einen längeren Zeitraum hin bis auf nahe Null absank. Andere Theoretiker und Praktiker der sexuellen Verhaltenstherapie, selbst so bekannte wie Zev Wanderer, Joseph Wolpe und William Masters, sie alle haben die Schwierigkeiten bei der Behandlung sexueller Fehlfunktionen in Fällen hervorgehoben, die mit Wut oder auch Mangel an Fürsorge zusammenhängen, vor allem wenn dies vor Behandlungsbeginn nicht erkannt wird.

Die auf dem Wutmodell beruhende Behandlung ist nicht so geradlinig und einfach wie die in Fällen sexueller Angst eingesetzte Behandlung. Für gewöhnlich wird ein Paar in eine traditionelle »Gesprächs«-Therapie genommen, und man hofft dabei, daß diese Explorierung es den Patienten gestattet, ihre Konflikte zu bearbeiten, ohne daß sie den Versuch unternehmen, durch Seitenhiebe, Manipulationen, persönliche Kränkungen, Kräche, Streitereien und damit verbundene Kränkungen um jeden Preis zu »gewinnen«. Eine Bereicherung des gesprächstherapeutischen Instrumentariums stellen die jüngst entwickelten Trainingsprogramme zur Stärkung positiver Einstellungen (*assertive training programs*) dar, bei denen die Paare systematisch dazu angeleitet werden, gütlich miteinander auszukommen, ihre Zusammenleben nicht mit Beschimpfungen und sonstigen verbalen Attacken zu belasten und persönliche Kränkungen weitgehend zu unterlassen.

Das Mischmodell der Behandlung sexueller Probleme

Das Mischmodell, die dritte Methode der Behandlung sexueller Probleme, geht davon aus, daß sexuelle Fehlfunktionen auch dann entstehen können, wenn gleichzeitig Angst und Wut vorhanden sind. Für die Praxis spielt es dabei keine Rolle, welches der beiden Gefühle zuerst aufgetaucht ist. Durch Angst hervorgerufene sexuelle Schwierigkeiten und Störungen beim Sexualverkehr können zur Quelle ehelicher Konflikte werden, die sich auch außerhalb des Schlafzimmers bemerkbar machen und zu Ärger und Wut führen. Auf der anderen Seite können sich ehelicher Ärger und Groll, die auf Konflikte zurückgehen, die nichtsexueller Natur sind, auch im Bett störend auswirken und Angst vor sexuellem Versagen hervorrufen – eine sich selbst erfüllende Prophezeiung (*self-fulfilling prophecy*). Welchen Weg diese Gefühle auch einschlagen, das gleichzeitige Vorhandensein von Wut und Angst hat zur Folge, daß sexuelle Schwierigkeiten sich erheblich verkomplizieren. Das Mischmodell sucht zugleich mit Wut- und Angstproblemen fertig zu werden, allerdings mit unterschiedlichen Mitteln, mit Beratungsgesprächen zur Verhinderung von Wut und Verhaltensprogrammen gegen Angst. Der Patient hat wenig davon, wenn man nur einen Aspekt seines Problems bearbeitet und nicht auch den anderen. Wenn man nur den Angstanteil behandelt, dürfte das trotzdem mit ziemlicher Sicherheit verhindern, daß erfolgreiche Sexualkontakte zustande kommen. Wird nur etwas gegen die Wut getan, kommt es auch weiterhin nicht zu Sexualverkehr, und dies dürfte zur Quelle neuer Wut werden.

Das hier besprochene Modell weist nachdrücklich daraufhin, daß zur Behebung sexueller Schwierigkeiten ein *kooperativer Sexualpartner* absolut notwendig ist. Unter Umständen ist es freilich nicht so einfach, einen wahrhaft kooperativen Partner für die Verhaltenstherapie bei Sexualproblemen zu finden. Ein Partner kann zwar nach außen hin kooperativ erscheinen, doch seiner Teilnahme an der Therapie können verborgene Motive zugrunde liegen, und solche geheimen Beweggründe sind wahrscheinlich für die gelegentlichen Fehlschläge der Sexualtherapie verantwortlich. Der sogenannte kooperative Partner leidet nämlich womöglich selbst unter sexuellen Schwierigkeiten und ist auf diesem Gebiet unsicher. Für einen solchen Menschen kann ein sexuell gestörter Partner weniger bedrohlich sein als ein voll funktionsfähiger, der Gott weiß für welche komplizierten, anspruchsvollen Dinge vorschlagen könnte. Prostituierte sind im allgemeinen nicht sonderlich kooperativ. Sie sind in erster Linie daran interessiert, Geld dafür zu kassieren, daß sie möglichst viele, schnell wirkende Tricks anwenden. Jede Verringerung ihrer »Produktionsrate« zu Zwecken der »Therapie« findet weder bei den Frauen selbst noch bei ihren Zuhältern große Zustimmung. So ist es im allgemeinen nicht ratsam, aus dem Lager der Prostituierten sexualtherapeutische Partner zu rekrutieren, es sei denn, sie werden von einem erfahrenen Therapeuten überwacht, von einem Therapeuten, der bereit ist, als Beobachter an der eigentlichen sexualtherapeutischen Sitzung teilzunehmen. Eine wütende oder unzufriedene Ehefrau oder ein Ehemann in gleicher Verfassung dürften kaum kooperative Partner sein, es sei denn, sie haben erkannt, daß sie in das fragliche Sexualproblem verwickelt sind. Was ist aber mit Gelegenheitspartnern, mit Partnern für eine Nacht oder ähnlichen? Patienten, die diesen Weg versuchen, berichten nur selten von Erfolgen. Der mir von Patienten vermittelte allgemeine Eindruck läßt sich dahingehend zusammenfassen, daß schnell entflammte, kurzfristig interessierte Sexualpartner das Problem des jeweiligen Patienten nicht sonderlich ernst nehmen, denn ihnen ist nur an der eigenen sexuellen Befriedigung und nur für den Augenblick gelegen.

Bei der Behandlung von Männern wie Frauen wegen der verschiedensten Sexualprobleme konnte ich einige eher beiläufige klinische Beobachtungen hinsichtlich der Frage von kooperativen und nichtkooperativen Partnern beim Sexualtraining machen. Sie mögen nicht repräsentativ sein, doch es sind Beobachtungen, denen persönliche Erfahrungen zugrunde liegen, und was immer sie auch wert sein mögen, ich möchte sie hier erwähnen. Ein Mensch, der jünger ist als dreißig und älter als 45, ist mit einiger Sicherheit ein kooperativer Partner. Partner im Alter zwischen dreißig und 45 sind mit großer Wahrscheinlichkeit nicht in solchem Maße kooperativ; allerdings kann ich mir Ausnahmen vorstellen. Ein Partner, der ein wenig über dem Problem steht, der das jeweilige Problem nicht als persönlichen Affront empfindet, es aber dennoch gern gelöst sehen möchte, dürfte mehr Kooperation als andere zeigen. Ein Partner, der nicht mit eigenen sexuellen Problemen zu tun hat, übt auf den Patienten keinen Druck aus und ist folglich für die Therapie gut geeignet. Ein Partner, der in seinen Erwartungen und Bewertungen flexibel ist, bedeutet eine große Hilfe.

Ich erinnere mich an die Frau eines impotenten, homosexuellen Pädophilen, die mir offen erklärte, es sei ihr lieber, ihr Mann mache sich an kleine Jungen heran, als daß er sie mit einer anderen Frau betrüge. Wie zu erwarten, war seine Behandlung so kurzlebig wie ihre Erwartungen an seine Treue. Das vielleicht allen gemeinsame Merkmal erfolgreicher kooperativer Partner ist ihre Fähigkeit, dem Patienten zu vermitteln, daß sein Sexualproblem sie nicht nervös macht und beunruhigt, so als hätten sie dies längst alles hinter sich und fänden daran nichts Angsterregendes mehr.

Das Mischmodell enthält in verfeinerter fortschrittlicher Form einen Ratschlag, den Patienten im Verlauf einer allgemeinen Psychotherapie für gewöhnlich dann erhalten, wenn sie sexuelle Schwierigkeiten erwähnen: »Versuchen Sie es unter anderen Umständen und/oder mit einem anderen Partner.« Mit diesem kleinen Wink gibt der traditionelle Therapeut zu erkennen, daß er aufgrund praktischer Beobachtung weiß, daß bei sexuellen Schwierigkeiten der Reiz des Neuen fehlt oder sich hinter ihnen negative Gefühle verbergen, die mit der Frage zu tun haben, wo und/oder mit wem der Sexualverkehr sich abspielt. Die von Therapeuten häufig vorgebrachte Äußerung, an Sexualproblemen und ihrer Behandlung sei überhaupt nichts Geheimnisvolles, erhält besonderes Gewicht durch Fälle spontaner Heilung. Die meisten Therapeuten haben in ihrer Fallsammlung Beispiele für solche »Selbstheilungen« und berichten genüßlich über sie.

Das Sexualproblem eines Patienten, in dessen Fall ich vor einigen Jahren zu Rate gezogen wurde, und die Geschichte seiner »Heilung« sind ein klassisches Beispiel für diese klinische Anekdotensammlung. Der Patient, ein Arbeiter Mitte vierzig, mit Namen Bill, war zwanzig Jahre mit derselben Frau verheiratet. Im dritten Ehejahr hatte er zunächst vorzeitige Ejakulationen und wurde anschließend impotent. Im fünften Ehejahr unternahm er eine zweiwöchige Dienstreise nach San Francisco. Im Flugzeug lernte er eine Stewardeß kennen, die offensichtlich Gefallen an ihm fand. Sie gingen am ersten Abend zusammen essen und am zweiten ins Bett. In seiner Verlegenheit erklärte Bill ihr, er sei kein großer Liebhaber und habe auf sexuellem Gebiet einige Schwierigkeiten. Und ihre Antwort auf seine Vorwarnung? »Das macht gar nichts. Wir können auch so unseren Spaß haben.« Genau das war auch der Fall. Nach einer Woche waren für Bill vorzeitige Ejakulation und Impotenz keine Probleme mehr, wenn er mit der Stewardeß im Bett war. In der zweiten Woche vergnügten sich die beiden ohne jegliche Schwierigkeiten bei all den verschiedenen Sexualpraktiken. Nach den zwei Wochen kehrte Bill zu seiner Frau zurück und machte die Feststellung, daß er auch mit ihr im Sexuellen keine Probleme zu haben schien. Doch in den sich anschließenden zwei Wochen hatte er die vorzeitige Ejakulation und am Ende auch die Impotenz bei seiner Frau wieder gelernt.

Fünfzehn Jahre später fragte Bill mich, ob er mit seiner Frau nicht ein Verhaltensprogramm durcharbeiten könne und ob dabei nicht die gleichen Ergebnisse erzielt werden könnten, die sich seinerzeit bei der Stewardeß gezeigt hätten. Ich fragte ihn, ob seine Frau daran interessiert sei, an einem solchen Programm teilzunehmen, und ob sie eine kooperative Partnerin sein werde. Bill dachte einige Augenblicke nach und verneinte dann die Frage. Er zweifele, daß seine Frau daran interessiert sei! Doch anschließend fragte er mich, ob er nicht mit einer Ersatzpartnerin verhaltenstherapeutisch arbeiten und die Auswirkungen auf den Sexualverkehr mit seiner Frau übertragen könne. Darauf meinte ich, solange sich in seiner Ehebeziehung nichts ändere, würde ich mit ihm jede Wette eingehen, daß er mit dem Programm Schiffbruch erleide. Ich erinnerte ihn daran, was geschehen war, als er vor zwanzig Jahren ohne irgendwelche sexuellen Schwierigkeiten die Ehe eingegangen war, und was sich ereignet hatte, als er vor fünfzehn Jahren frei von seinen Sexualproblemen aus San Francisco zu seiner Frau zurückgekehrt sei. Er dachte eine Weile darüber nach und erklärte mir dann mit einem Anflug von Traurigkeit, in Wahrheit bestehe das ganze Problem in seiner Beziehung zu seiner Frau. Nach diesen Worten schien er einen Entschluß gefaßt zu haben, der ihn wieder aufheiterte. In Zukunft werde er viele Urlaubsreisen allein nach San Francisco unternehmen. Unverkennbar hatte Bill sein Problem durchschaut, ein Problem, das darin bestand, daß er keinen kooperativen Partner hatte, keinen Partner, der nicht bei dem sexuellen Lernprozeß eigene Zwecke verfolgte – denn er entschied sich für die einfachere Lösung, nämlich eine neue Partnerin zu finden (Angstmodell), und nicht für die schwierigere, das heißt, sich auch mit seiner Frau auseinanderzusetzen (Mischmodell). Eingedenk dieser Unterscheidung, wollen wir uns in aller Ausführlichkeit einen Fall anschauen, der die Grundlage für die Anwendung des Angstmodells bei der Behandlung von Sexualproblemen beleuchtet.

Sexuelles Versagen: eine in uns angelegte Reaktion des autonomen (vegetativen) Nervensystems

Als Cedric zum erstenmal zu mir kam, war er 24 Jahre alt und hatte in den letzten drei Jahren, seit seiner Entlassung aus der US-Marine, keine Erektion mehr gehabt. Er war während seines Militärdienstes impotent geworden, nachdem er zuvor mit mehreren Frauen befriedigende sexuelle Beziehungen gehabt hatte. Sein einziges negatives sexuelles Erlebnis vor seiner Impotenz hatte er als Kind gehabt. Damals hatte ihn seine

Mutter bestraft, als sie ihn beim Onanieren überrascht hatte. Obwohl Cedric von seinen Eltern niemals hatte hören müssen, wie es die Bienen und Vögel treiben, hatte er aufgrund ihrer Einstellung doch das Gefühl, »mit dem Sex stimmt irgend etwas nicht«.

Im letzten Jahr seines Dienstes bei der US-Marine war er in Italien stationiert und lebte dort mit einem italienischen Mädchen zusammen. Bis zu dieser Zeit hatte er nie sexuelle Probleme mit Frauen gehabt. Im ersten halben Jahr hatte er mit dem von ihm ausgehaltenen Mädchen offensichtlich auch für beide Seiten befriedigende sexuelle Beziehungen. Doch dann trat in ihrem Verhältnis eine Änderung ein. Cedric konnte nicht genau sagen, wie es dazu gekommen war, doch seine Partnerin begann sich immer häufiger darüber zu beklagen, er kümmere sich nicht mehr soviel um sie wie früher, er sei nicht mehr so oft mit ihr zusammen, beweise ihr nicht mehr wie früher seine Zuneigung . . . Cedric protestierte, er bestritt, daß er sie nicht mehr möge, doch das wollte seine Partnerin offensichtlich nicht hören, denn in den letzten zwei Monaten ihrer Beziehung begann sie *ihn während des Sexualverkehrs zu kritisieren.* Er erinnerte sich, daß sie damit anfing, Bemerkungen zu machen wie: »Du bist nicht so gut wie Charlie« (der Seemann, mit dem sie vorher zusammengelebt und der sie ausgehalten hatte) oder: »Du bist ja überhaupt kein Mann, ein kleiner Junge könnte es besser als du.« Diese und ähnliche Kränkungen wurden seinem männlichen Ego zugefügt. Nachdem er sich zwei Wochen lang solche Äußerungen habe anhören müssen, habe sich, so Cedric, die Dauer seines Sexualverkehrs mit ihr erheblich verkürzt. Nach etwa einem Monat habe er noch während des Verkehrs die Erektion verloren. Und am Ende der beiden letzten Monate habe er in ihrer Gegenwart überhaupt keine Erektion mehr bekommen. Da sei ihm aufgegangen, daß er diese Frau so dringend brauchte wie weitere vier Jahre Marinedienst.

Während der nächsten drei Monate versuchte er Sexualverkehr mit anderen Frauen aufzunehmen. Einen Monat, nachdem er seine Partnerin verlassen hatte, griff er sich eine Prostituierte auf. Bei ihr verlor er die Erektion kurz nach der Penetration und bekam sie auch nicht wieder. Noch einen Monat später versuchte er es erneut mit einer Prostituierten, doch bei ihr war er völlig impotent. Für gut die nächsten drei Jahre bestand seine sexuelle Tätigkeit ausschließlich in Masturbation. Während dieser Zeit begann er sich ernstlich Sorgen darüber zu machen, ob er überhaupt jemals wieder eine Erektion haben werde. Als er zu mir kam, hatte er auch dann keine Erektion mehr, wenn er zu masturbieren versuchte.

Cedrics Fallgeschichte wirkt wie aus einem Lehrbuch über Sexualphobien abgeschrieben. Im Laufe von zwei Monaten war er im Bett von einer Sexualpartnerin und von ihren angsterregenden Äußerungen über seine Potenz zur Impotenz konditioniert worden. Während der nächsten zwei Monate wurde dieses negative Lernen durch Cedrics Angst, er könne beim Sexualverkehr mit Frauen versagen, noch verstärkt, und diese Angst führte genau zu dem, was er befürchtete, zum Ausbleiben einer potenten sexuellen Reaktion. Nun, in einer Therapie, die Verhaltensmethoden einsetzte, um den Orientierungsreflex auszulösen, konnte Cedric wieder verlernen, was er gelernt hatte. Doch ehe wir uns der Frage zuwenden, wie Cedrics Orientierungsreflex seine Sexualphobie beseitigte, wollen wir uns kurz anschauen, wie es möglich war, sein nicht dem Willen unterworfenes Nervensystem so zu konditionieren, daß er nur noch Gleichgültigkeit gegenüber der Sexualität empfand, und daß diese Konditionierung weitgehend in der Art und Weise erfolgte, in der Pawlows Hunde darauf konditioniert wurden, zur Fütterungszeit beim Klang der Schritte ihrer Wärter verstärkt Speichel abzusondern.

Wir könnten annehmen, Cedric sei aufgrund seiner Selbstzweifel in sexuellen Dingen konditionierbar gewesen, und diese Zweifel seien ihm durch die Einstellung seiner Eltern gegenüber seinen kindlichen sexuellen Experimenten und durch die Bestrafung für diese seine Handlungen eingepflanzt worden.

Doch es führt in die Irre, wenn man das Problem auf diese Weise angeht. Ich habe den starken Verdacht, daß auf dieser Erde noch nie ein Mensch, ob Mann oder Frau, gelebt hat, der sich seiner Sexualität, seiner erotischen Anziehungskraft, seiner Erregbarkeit oder Potenz völlig sicher gewesen wäre. Alle Anzeichen – klinische, literarische, historische – stützen diese Auffassung. Die Erfahrung sexueller Selbstzweifel ist universell. So trägt es wenig bei zum Verständnis darüber, wie wir Sexualphobien lernen, wenn wir sie Selbstzweifeln zuschreiben. Außerdem geht ein solcher Erklärungsversuch der eigentlichen Frage aus dem Weg, die da lautet: Warum haben wir offensichtlich allesamt diese Zweifel? Darauf gibt es nur eine sinnvolle Antwort: *Weil der Grund für diese Zweifel in unser autonomes Nervensystem eingegeben ist.*

»Das mag für Dinge wie Atmen und Schlafen zutreffen«, werden Sie vielleicht einwenden, »doch wollen Sie wirklich behaupten, wir seien genetisch darauf angelegt, sexuelle Ängste zu empfinden? Wollen Sie tatsächlich behaupten, daß sie weder ein Anfall von Angst, ein Zufall, noch das Ergebnis einer Persönlichkeitsstörung sind, sondern die unmittelbare Folge unserer angeborenen Anlage?« Mit solchen Gedanken haben Sie absolut recht. Wir haben sexuelle Phobien, weil wir darauf angelegt sind, sie zu haben. Ich mache Ihnen keinen Vorwurf, wenn sie es nur schwer fassen können, daß Mutter Natur vor Jahrmillionen so boshaft war. Doch betrachten wir die Anhaltspunkte für diese Behauptung, und treffen Sie dann Ihre Entscheidung.

Wenn wir den neurologischen Fakten menschlicher Sexualität, die wir Physiologen und Sexualforschern verdanken, Glauben schenken können, dann sind unsere sexuellen Reaktionen Regeln unterworfen (sexueller Reaktionszyklus); sie sind einfach, zielgerichtet und laufen ein wenig mechanisch ab. Den gesamten Sexualakt bis hin zum Orgasmus kann man sich in drei Phasen unterteilt vorstellen: Erregung, Plateau und Orgasmus. Wählen Sie irgendein Maß, um anzugeben, wie wir sexuell erregt werden, sie stellen immer fest, daß es in der Anfangsphase zu einem schnellen Anstieg sexueller Erregung kommt (siehe die Darstellung im Anhang des Buches auf S. 385). Dieses Gefühl sexueller Erregung geht bei Männern wie bei Frauen einher mit verstärkter Blutzufuhr in die Genitalien. Während der Erregungsphase strömt Blut in die Genitalien und führt bei Männern zur Peniserektion und bei Frauen zu erhöhter Blutfülle im Vaginalgewebe, einschließlich des rudimentären Penis, der Klitoris. Die Erregungsphase kann von einigen Sekunden bis zu einigen Minuten dauern. Nach dieser Phase spielt sich die sexuelle Erregung auf ein niedrigeres stabileres Niveau ein, und wir erreichen die Plateauphase. Die Phase kann von wenigen bis vielen Minuten dauern. Wenn schließlich die Orgasmusphase eingeleitet wird, erreicht die Sexualerregung erneut einen Höhepunkt, und bei Frauen ist dies mit einem weiteren starken Ansteigen der Blutzufuhr in das Vaginalgewebe verbunden.*

»Gut«, werden Sie sagen, »da haben Sie nun in technischen Begriffen beschrieben, wie ich mich bei der Liebe verhalte. Doch was haben Sie mir erklärt, was ich nicht bereits wüßte?«

* Nebenbei gesagt, wissen wir über sexuelle Funktionen und Fehlfunktionen bei Männern erheblich mehr als bei Frauen. Dieses Versäumnis in der Geschichte der Sexualforschung geht auf zwei höchst praktische Gründe zurück. Erstens liefert der Mann dem Forscher ein offensichtlich einfaches Mittel zur Messung der Höhe sexueller Erregung: das Vorhandensein oder Nicht-Vorhandensein einer Erektion oder eines Zustandes zwischen diesen beiden Polen. Beim Mann kann man nur durch Hinschauen erkennen, ob er zum Sexualverkehr fähig ist oder nicht. Bei der Frau hingegen ist das nicht so einfach. Was soll man bei einer Frau messen, wie soll man es messen und wie kann man überhaupt wissen, ob die Frau außer dem, was sie in ihren Worten andeutet, noch ein Problem hat?

Zweitens, die Leiter von Universitäten und Forschungszentren beobachten voller Mißtrauen Mitarbeiter, die in ihren Labors Experimente mit der Vagina anstellen. Die Professoren erklären ihren Vorgesetzten ständig: »Das dient der Forschung und Lehre«, während die Vorgesetzten insgeheim denken: »Ihr tut das nur des Spaßes wegen, und daraus wird noch ein großer Skandal entstehen.« So stammen die meisten über sexuelle Probleme und deren Behandlung zusammengetragenen Informationen aus Fallgeschichten von Männern, und zwar ganz einfach deshalb, weil man mit Männern leichter arbeiten kann.

Um Ihnen antworten zu können, muß ich erst noch eine andere Frage stellen: Welche Teile des autonomen Nervensystems aktivieren und kontrollieren jede dieser drei Phasen sexueller Erregung und des Sexualverkehrs? »Nun, natürlich der dem ›Vergnügen‹ dienende Teil des autonomen Nervensystems«, werden Sie antworten. Das stimmt nicht ganz. Die Erregungsphase steht unter der Kontrolle des parasympathischen, des dem Vergnügen dienenden Teils des Nervensystems. Das leuchtet ein, denn Erregung macht Spaß. Die Plateauphase steht ebenfalls unter dem Einfluß des »Spaß«-Teils. Auch das leuchtet ein, denn wenn wir uns lieben, fühlen wir uns wohl. Der »Spaß«-Teil kontrolliert die Blutzufuhr zum Penis und zur Vagina, und das ist auch notwendig – jedenfalls beim Mann –, wenn wir den Sexualakt fortsetzen wollen. Doch wie ist es mit der Orgasmusphase, mit ihrem Höhepunkt an Lust und Vergnügen? Auf den ersten Blick will es uns einleuchtend erscheinen, daß der »Spaß«-Teil unseres autonomen Nervensystems auch hier die Kontrolle ausübt ... *Falsch!* Die orgasmische Phase – in der nach Meinung vieler von uns die höchste Lust liegt – steht unter dem Einfluß des »Angst«-Teils unseres autonomen Nervensystems.

»Aber diese verrückte Einrichtung ergibt doch überhaupt keinen Sinn«, werden Sie vielleicht sagen. »Wollen Sie etwa damit sagen, die Sexualität sei nicht dazu eingerichtet, von Anfang bis Ende Vergnügen zu bereiten, sondern mit ihr sei auch Angst verbunden? Welch ein blödsinniger Gedanke!«

Dem stimme ich völlig zu. Ich erinnere mich, als ich dies herausfand, an die Verlegenheit und das Schamgefühl, das ich empfand, als ich zum erstenmal nicht auf Kommando Sexualverkehr zustande brachte. Nach meiner damaligen Auffassung mußte ich – oder »er« – sein wie der alte Comic-Held Captain Phallus – »Zack« und auf geht's –, und ich verfluchte Gott, Mutter Natur, das evolutionäre Planungskomitee oder wer immer verantwortlich war für diese unsinnige, verschwenderische, ja kriminelle Einrichtung, der ich da ausgeliefert war.

Auf der anderen Seite suchte ich die Situation unbefangen und sachlich zu betrachten. Dieses verrückte System ist die Erklärung dafür, warum der Mann nach der Ejakulation automatisch seine Erektion verliert. Ich fühlte mich viel wohler, als ich an einer Hand abzählen konnte, wie oft in meinem Leben ich nach der Ejakulation noch einen erigierten Penis gehabt hatte. An der Einrichtung konnte ich sogar einige, wenn auch zweifelhafte, Vorteile erkennen. Der Angst-Teil unseres Nervensystems, der am Schluß des Sexualverkehrs ins Spiel kommt, bewahrt den Mann auch vor einem Problem, denn sonst würde er anschließend mit einem Höcker herumlaufen, der ihn ganz schön in Verlegenheit brächte. Außerdem, wenn wir genetisch so angelegt sind, daß wir während des Sexualverkehrs durch den entsprechenden Teil des Gehirns für Angst empfänglich werden, ist sexuelles Versagen in Wahrheit gar nicht mein eigenes Verschulden oder? Der Grund liegt nicht darin, daß an meiner Persönlichkeit oder meinem Sexualverlangen etwas nicht stimmt oder fehlt, sondern es liegt in äußeren unglücklichen Umständen. So sagte ich mir beim nächsten Mal, als es sexuell wieder einmal nicht klappte: »Mach dir keine Sorgen, mein Selbst. Du verhältst dich nur in genauer Übereinstimmung mit den vor Jahrmillionen im Evolutionsplan festgelegten konstanten Größen.« Das war auch nicht sonderlich hilfreich und beruhigend. Warum hat er, sie oder es uns das angetan? In der physiologischen Einrichtung unserer sexuellen Reaktionsweise sah ich immer noch keinen Sinn. Je mehr ich darüber nachdachte, desto mehr beschäftigte mich die Frage nach dem *Warum.* Welch einer höheren Absicht diente es, uns in sexuelle Angst zu versetzen, indem in unserem autonomen Nervensystem eine grundlegende mechanische Verknüpfung hergestellt wird? Das muß doch von irgendeinem Nutzen sein. Denn alles andere am Entwurf des Menschen hat ja auch funktionale Bedeutung.

Eine sichere Antwort habe ich noch nicht, doch die mich am meisten faszinierende Spekulation geht dahin, daß unsere Sexualneurologie mit ihrem »Angstschalter« sich evolutionär so ausgebildet hat, daß sie besser als jede mögliche andere Einrichtung mit unserer sonstigen physischen und psychischen Ausstattung zusammenpaßt: mit unserer Körpergröße, unserem Verhalten, unserem Großhirn, und daß sie vor allem unsere übermäßige Beschäftigung mit sexuellen Dingen ausgleicht.

Die sexuelle Neurologie einer Spezies, einschließlich der unsrigen, hängt von ihrer Gesamtausstattung ab, von ihrem Tun, ihrer Leistung im Kampf mit der Umwelt, ihrer körperlichen Stärke und deren Grenzen, ihrer Größe, ihrer Intelligenz usw. Lassen Sie mich dies mit einem einfachen Beispiel ein wenig erläutern, einem Beispiel, das sich auf eine andere Spezies, nämlich das Kaninchen, bezieht. Das auffälligste Merkmal der Sexualität des Kaninchens ist Schnelligkeit. Und dieses schnell erledigte sexuelle Geschäft hängt mit der Ausstattung des Kaninchens zusammen, vor allem mit seiner geringen Körpergröße. Wenn man beobachtet, wie zwei Kaninchen sich paaren, ist man zunächst einmal überrascht darüber, wie schnell sie die Sache hinter sich bringen. Nach einem Minimum an Vorspiel besteigt der Bock das Weibchen, vollführt rund 15 bis 30 Sekunden so schnelle stoßende Bewegungen, als ob er aus dem Häuschen geriete, fällt nach der Ejakulation sofort zu Boden und zittert und windet sich einige Sekunden lang wie in einem epileptischen Anfall. Dann springt er bezeichnenderweise mit einem Ruck auf und rennt häufig noch einige Meter vom Ort des Sexualgeschehens fort.

Das Sexualverhalten der Kaninchen ist ziemlich stereotyp. Die Einfachheit des Ablaufs ist immer wieder zu beobachten. Es scheint eine Art Instinktverhalten zu sein, das in das Nervensystem des Kaninchens eingeprägt ist. Warum sage ich das? Frage: Wie oft haben Sie gesehen, daß ein Kaninchenbock sich nach dem Sexualverkehr eine Zigarette anzündete und in der Kaninchensprache erklärte: »Das war ja herrlich, das müssen wir gleich noch mal probieren.« Das werden Sie nicht erleben, denn das Kaninchen ist darauf angelegt, den Sexualverkehr schnell hinter sich zu bringen und sich dann um andere Dinge zu kümmern, etwa darum, am Leben zu bleiben.

Warum ist ein Kaninchen so konstruiert? Weil das sexuelle Nervensystem des Kaninchens seinem Körper und den Grenzen seines Körpers entspricht. Um dieses Ergebnis von Jahrmillionen evolutionärer Entwicklung in die richtige Perspektive rücken zu können, wollen wir uns für einen Augenblick in die Position eines Mitglieds vom evolutionären Planungskomitee versetzen.

Nehmen wir an, Mutter Natur habe Ihnen und mir aus dem großen himmlischen Verwaltungsgebäude ein Memo geschickt, in dem es heißt, Sie und ich seien vorübergehend dem evolutionären Planungsunterausschuß zugeordnet, der die Details einer sexuellen Konstruktion für eine neue Spezies mit folgenden ökologischen Merkmalen ausarbeiten solle:

»Bei dem Entwurf handelt es sich um ein vegetarisch lebendes Tier, das Gräser der verschiedensten Art in hochwertiges Protein verwandelt. Es soll sehr zahlreich sein und die Kontinente bevölkern. Einer Vielzahl anderer Tiere soll es als Nahrung dienen, so Wölfen, Füchsen, Raubvögeln usw., die auf große Mengen leicht beschaffbaren Proteins angewiesen sind. Daraus folgt, unser Tier darf nicht zuviel Geschick darin entwickeln, seinen Feinden zu entkommen, denn damit wäre bei der Jagd eine zu große Energieausgabe verbunden. Daher muß das Tier relativ klein sein, ungefähr dreißig Zentimeter lang und ein Viertel dieser Länge hoch, denn nur so ist gewährleistet, daß seine Feinde keine vergeblichen Kämpfe führen müssen und ihnen auf diese Weise Mahlzeiten verlorengehen. Gebt ihm große Ohren, mit denen es im hohen Gras gut hören kann, und lange Hinterbeine, die ihm dabei helfen, das Gleichgewicht zu behalten, wenn es aufsitzt, um die Gefahr zu erkennen, und ihm beim Fortlaufen die notwendige Kraft verleihen. Wegen der notwendig geringeren Körpergröße gebt ihm als sein natürliches Mittel der Selbsterhaltung Schnelligkeit bei der Flucht. Dieses Urbild soll *rabitus rabitus vulgaris* heißen oder kurz ›Kaninchen‹.

Macht Euch an die Arbeit!

Mami.«

Wie sollen wir es bewerkstelligen, für dieses schmackhafte, kleine, wehrlose, schnelle Tier ein sexuelles Nervensystem zu entwerfen? Ein Nervensystem, das auf lange Sicht zu den beschriebenen Merkmalen paßt? Zunächst einmal machen wir es fruchtbar und lassen es die Erde bevölkern. Bei dieser neuen Spezies gehen wir dabei so vor, daß wir ihr nicht die jahreszeitlich gebundenen Paarungsinstinkte anderer Tiere geben. Das Männchen soll jederzeit sexuell ausgerichtet sein. Das Weibchen soll sofort wieder sexuell empfänglich sein, sobald es Junge geworfen hat. Ein das ganze Jahr über anhaltendes sexuelles Interesse und große Gebärfähigkeit werden dafür sorgen, daß die Spezies sich munter fortpflanzt und die Erde bevölkert.

Doch ihr starker Sexualtrieb wirft ein Problem auf. Wenn wir ihren Sexualtrieb zum beherrschenden machen, so daß sie sich so oft wie möglich paart, was geschieht, wenn Männchen und Weibchen sich unter unsicheren Umständen begegnen? Wenn wir ihr einen so starken Orientierungsreflex hinsichtlich sexueller Reize eingeben, kann dies nicht dazu führen, daß Gefahrensignale abgeblockt werden, wie es, wie wir wissen, bei anderen Reizen der Fall ist? Was ist mit Situationen, in denen das männliche und das weibliche Kaninchen gefressen werden, wenn sie sich zu lange beim Sexualverkehr aufhalten? Mißachten sie die Gefahrensignale und erklären: »Zum Teufel damit, das evolutionäre Planungskomitee meint, dies hier sei viel, viel wichtiger«? Das klingt nicht nach einer intelligenten Planungstheorie. In Herden lebende Tiere könnten damit durchkommen. Sie sind von Angehörigen ihrer eigenen Art umgeben und paaren sich für gewöhnlich einmal im Jahr. Doch die Angehörigen dieser neuen Spezies sind auf sich gestellt und paaren sich so oft im Jahr wie möglich. Ein sexuell aktiver Kaninchenbock kann sich theoretisch 365 Mal im Jahr paaren, sofern ihm genügend neue Weibchen über den Weg laufen.

Will man die in sich widersprüchlichen Bedürfnisse des Kaninchens, sich sowohl an sexuellen Dingen wie auch an Gefahren zu orientieren, miteinander in Einklang bringen, bietet sich folgende Lösung an: Sexualität mit etwas zu verbinden, was das Kaninchen ausgezeichnet kann, nämlich hohe Geschwindigkeit zu erreichen. Warum sollten wir es in der Sexualität nicht genauso schnell machen wie auf den Beinen? Ein starker, an Sexualität orientierter Trieb, der die Wahrnehmung von Gefahren ausschaltet, kann in seiner Wirkung dadurch gemildert werden, daß der Sexualakt nur einige Sekunden dauert, eine Art urzeitliches »Hallo, Detlev ... rums ... bums ... danke, Fräulein«. Wir können also die Spezies auf Sexualität einstellen, um eine hohe Geburtenrate zu gewährleisten, und den Sexualakt kurz halten, um die Gefahr zu verringern, daß das wehrlose Paar umgebracht und aufgefressen wird, weil es während des Sexualaktes ein Raubtier in der Nähe nicht beachtet.

Mutter Natur hielt sich an den eminent praktischen Gedanken, der in dem alten Witz »Wie machen es die Igel? Sehr vorsichtig!« zum Ausdruck kommt, und entwickelte für das Kaninchen ein sexuelles Verhaltensmuster, das dem oben geschilderten hypothetischen ziemlich nahekommt. Das Sexualverhalten des Kaninchens entspricht nach Art und Weise vorzüglich den Erfordernissen seines Körpers und seiner Umwelt.

Sie werden vielleicht einwenden, das alles sei reine Spekulation. Mag sein, daß es weit übers Ziel hinausschießt, doch denken Sie einen Augenblick darüber nach. Wie oft haben Sie beobachtet, daß ein Elefantenbulle das Kopulationsverhalten von Kaninchen nachahmte? Können Sie sich wirklich vorstellen, daß ein vier Tonnen schweres Tier mit seiner Partnerin nur zwischen 15 und 30 Sekunden Sexualverkehr hat und anschließend ohnmächtig zu Boden stürzt? Wenn ich Mitglied seines evolutionären Planungskomitees gewesen wäre, hätte ich dafür gesorgt, daß es, wann immer, wo immer und so lange wie nötig seinen Spaß haben kann.

Was ich sagen will, ist dies: Die sexuellen Mechanismen der Spezies müssen mit ihren anderen evolutionär entwickelten und dem Überleben dienenden Verhaltensweisen übereinstimmen. Ein kleines und wehrloses Tier wird sich nicht lange in einer von Raubtieren bewohnten Umwelt behaupten können, wenn es für alle sicht- und hörbar das mit lautem Getöse einhergehende, voller Stolz zur Schau gestellte Sexualverhalten des Elefantenbullen annähme, sonderlich wenn dieses Verhalten mehr als einmal im Jahr an den Tag gelegt wird. Ungeachtet dessen, wie wir uns sexuell zuweilen fühlen, wir sind weder Kaninchen noch Elefanten. Doch was sind wir? Wichtiger noch, welche Art tierischer Ausstattung besaßen wir vor Jahrmillionen, als unser sexuelles Nervensystem auf evolutionärem Wege mit ihr in Übereinstimmung gebracht wurde? Waren wir klein und wehrlos oder prahlten wir mit unserer körperlichen Kraft? Nach den stichhaltigsten Belegen und Theorien, die wir Anthropologen, Paläontologen und anderen Wissenschaftlern verdanken, ist unser erster menschenähnlicher Vorfahre vor zwei bis fünf Millionen Jahren aufrecht durch die Savannen Afrikas gegangen. Er war nur wenig größer als ein Meter zwanzig und wog höchstens an die 75 Pfund, wenn er völlig durchnäßt war. Wir nennen diesen Vorfahren *Australopithecus africanus* oder den aufrecht gehenden südafrikanischen Affen. Der Australopithecus hatte etwa die Größe eines heutigen gesunden Jungen von zehn Jahren. Das heißt, Australopithecus rangierte weder in der Größenordnung des furchtsamen Kaninchens noch waren er oder sie vor Angriffen von Raubtieren sicher, die zu jener Zeit lebten.

Wir wollen uns nun wie beim Beispiel des Kaninchens überlegen, welches sexuelle Nervensystem das evolutionäre Planungskomitee entworfen hätte, um unseren frühen Vorfahren bei ihrem Kampf ums Überleben zu helfen. Als neue Spezies waren wir nicht sehr zahlreich, und obwohl wir selbst Raubtiere waren, standen wir in der aggressiven Hackordnung der damaligen Zeit nicht an sonderlich hoher Stelle. Wie das Kaninchen sollten wir darauf angelegt sein, im Gegensatz zu Tieren, die in Herden oder Rudeln leben oder besonders stark sind, die Sexualität nicht nur einmal im Jahr, sondern so häufig wie möglich zu genießen, damit die Spezies wächst und gedeiht. Doch wir waren nicht so klein und so wehrlos, daß wir uns als einzelne oder als Paar nicht verteidigen konnten, indem wir unseren Angreifern zeigten, daß wir keine billig zu beschaffende Mahlzeit waren. Wären wir aber völlig in dem Sexualakt aufgegangen, hätten wir uns nur an ihm orientiert und so alles um uns vergessen, dann hätten wir in der Tat ein leicht zu beschaffendes Mahl abgegeben. Diese Überlegung wäre vor allem für unsere frühen Vorfahren wichtig gewesen, denn wie wir mußten sie überall und jederzeit zur Sexualität bereit sein. Die Tag für Tag vorhandene sexuelle Empfänglichkeit von Mann und Frau macht uns anfällig für Gefahren. Eine für unser Überleben entscheidende Frage lautete also: Wie konnte die sich entfaltende Spezies eine während des häufig vollzogenen Sexualaktes mechanisch wirkende Schutzvorrichtung erwerben?

Für das evolutionäre Planungskomitee bot sich als eine Lösung an, den männlichen Australopithecus mit der sexuellen Geschwindigkeit von Kaninchen auszustatten. Das hätte sich bewähren können, allerdings mit einem wesentlichen Nachteil. Einige Kaninchen sind sexuell langsamer als andere, und solche durch Mutation entstandenen Angehörigen der Spezies werden von Mutter Natur ausgesondert und beseitigt. Bei den wirklich langsamen Artgenossen ist die Wahrscheinlichkeit, während des Sexualaktes überrascht und umgebracht zu werden, erheblich höher als bei den schnelleren. So sorgt der Prozeß der natürlichen Auslese dafür, daß die schnellen sich mehr vermehren als die langsamen Kaninchen. Und das vermutliche Ergebnis? Überwiegend Kaninchen, die sich schnell paaren.

Doch der Australopithecus war ein denkendes Lebewesen. Er konnte eine Wahl treffen, selbst in schwierigen Fällen. Wie lange hätte beispielsweise Fräulein Australophithecus gebraucht, um herauszufinden, daß der schnelle Australopithecus von der Höhle nebenan sich so beeilte – daß es mit ihm überhaupt keinen Spaß machte? Doch Hannes Australopithecus, der unten am Fluß hauste, der nahm sich Zeit. Dieser verflixte Kerl brachte es doch fertig, daß ein Mädchen sich bei der ganzen Sache richtig wohl fühlte. So hätte die natürliche Auslese bei unserer Spezies dazu geführt, daß kaninchenhafte Schnelligkeit als Mittel sexueller Konkurrenz fallengelassen worden wäre.

Welche andere Alternative aber hatte das evolutionäre Planungskomitee? Wahrscheinlich eine Menge, die es allesamt ausprobierte. Doch eine Alternative zeichnete sich durch eine gewisse Eleganz und Einfachheit aus. Machen wir bei Australopithecus nicht den *gesamten* Sexualakt zum Vergnügen. Man braucht das tatsächlich nur in der ersten Phase der Sexualität, vor allem dann, wenn das Männchen eine Erektion haben muß, um penetrieren und kopulieren zu können. Aktivieren wir also den für Angst zuständigen Teil des autonomen Nervensystems erst dann, wenn man angesichts von etwas Gefährlichem, etwas Furchtauslösendem oder – heutzutage – etwas Angsterregendem den Sexualakt schnell beenden möchte. Wie ist das zu bewerkstelligen? Ganz einfach. Sorgen wir dafür, daß die Orgasmus-Phase vom Angst-Teil des autonomen Nervensystems gesteuert wird. Um uns zu veranschaulichen, was damit erreicht wird, stellen wir uns vor, wie zwei unserer frühen Vorfahren sich paarten. Sie befinden sich an einem etwas abgelegenen Ort und haben wirklich Spaß miteinander, als ein großes haariges Wesen oder dergleichen mit entsprechendem Knurren, Fauchen und Zähnefletschen über sie herfällt. Durch dieses Ereignis wird automatisch die Fluchtreaktion ausgelöst, die das Paar auseinandertreibt. Neurologisch gesehen, herrscht nun nicht mehr, wie noch einen Augenblick zuvor, Vergnügen an sexueller Aktivität. Bei beiden, beim Mann wie bei der Frau, tritt nun der Teil des Nervensystems auf den Plan, der die Reaktionen Kampf und Flucht kontrolliert, und sie haben die

Wahl, entweder anzugreifen, sich aggressiv zu verteidigen oder die Flucht anzutreten. Und welches sind die Folgen dieser Koppelung von sexueller Orgasmusphase und dem Teil des Nervensystems, der mit Angst zu tun hat? Wann immer eine Gefahr auftaucht, wird der Sexualakt sofort abgebrochen, und zwar ohne Orgasmus. Es führte zu nichts, zwei abgeschlaffte Hominiden dazu bringen zu wollen, sich einem angreifenden Raubtier zu stellen.

Doch die Natur hat sich noch einen weiteren geschickten Dreh einfallen lassen. Wenn während des Sexualaktes das Kampf-Flucht-System eingeschaltet wird, ejakuliert der Mann »vorzeitig« in die Frau, und damit wird automatisch die Wahrscheinlichkeit einer Schwangerschaft erhöht, ganz gleich wie der Kampf oder die Jagd zwischen Eindringling und Mann ausgeht. Bei einer neu auftauchenden, zahlenmäßig relativ kleinen Spezies wäre die automatische Schwängerung von großem Vorteil. Wie gesagt, eine höchst elegante Planung.

Wenn wir in Betracht ziehen, daß die aus Vergnügen und Angst bestehende grundlegende neurologische Ausstattung unserer Vorfahren das Ergebnis einer Konditionierung sein könnte, haben wir vielleicht eine Erklärung dafür, warum die Sexualität für gewöhnlich eine Privatangelegenheit gewesen ist – abgesehen von einigen denkwürdigen, auf die Zivilisation zurückgehenden Ausnahmen, wie etwa die in der Bibel beschriebenen Orgien oder heutige Gruppensex-Veranstaltungen. Wenn ein unvorsichtiges Paar sich in der vorzeitlichen Umwelt – oder auch in der unserer Tage – wahllos miteinander einließe, wo immer und wann immer es gerade Lust dazu verspürte, dann hätte es nicht lange gedauert, und weite öffentliche Plätze hätten zu negativen Verhaltensmerkmalen geführt: »Verdammt noch mal, Australo! Jedesmal, wenn wir es hier draußen versuchen, schnüffelt uns einer nach, und bei mir ist Schluß. Suchen wir uns einen Platz, wo wir ungestört sind. Wie wär's bei dir?« Und stellen wir uns vor, daß diese negative Erfahrung ziemlich häufig – vor allem während der Erregungsphase – auftritt, die

Erfahrung also, daß während des Sexualverkehrs das Angstsystem ausgelöst wird, dann haben wir eine Vorstellung von der gelernten sexuellen Fehlfunktion, die wir bei Männern als vorzeitige Ejakulation und Impotenz und bei Frauen als sexuelle Frigidität bezeichnen. Genau dies erlebte Ced, unser Patient, mit seiner Freundin. Er war auf eine sexuelle Phobie – Impotenz – konditioniert worden, und dies nicht aufgrund seiner Selbstzweifel, sondern weil sein früher Vorfahre, der *Australopithecus africanus,* sich im Verlauf der Evolution dahin entwikkelt hatte, unter bestimmten Umständen sexuell phobisch zu sein, um auf diese Weise die Aussicht zu vergrößern, daß seine Spezies überlebte.

Das Verlernen der Impotenz

Wie wurde Ced durch Einsatz des Orientierungsreflexes von seiner Impotenz geheilt? Mein Kollege Zev Wanderer und ich nahmen Ced ins Irv-Maltzman-Laboratorium an der Universität von Los Angeles und stellten für ihn einen Trainingsplan zusammen. Ced hatte keine kooperativen Partnerinnen. Wir konnten ihm unsere Dienste nur knapp zwölf Wochen anbieten, denn das akademische Jahr ging schnell zu Ende, und im Sommer ruht an der Universität die Arbeit. Was sollten wir also tun? Die Antwort darauf wurde uns von der Zwangslage diktiert. Ced berichtete uns, er masturbiere gelegentlich, um zu sehen, ob er eine Erektion bekomme. So beschlossen wir, ihn an einen physiologischen Polygraphen – dies der Phantasiename für einen Lügendetektor – anzuschließen. Wir verwandten ein besonderes photoelektrisches Gerät, das mit seinem Penis verbunden wurde, um damit kleinste Veränderungen der Blutmenge zu messen. Mit den Informationen, die wir auf diese Weise erhielten, konnten wir Ced je nach dem Zustand seiner Erektion oder dem Fehlen einer Erektion von einem Augenblick zum anderen positives Feedback geben; der Orientierungsreflex wird nämlich von positiven Dingen ausgelöst. Die Veränderungen seiner Erektion, die wir mit dem genannten Gerät messen konnten, waren so gering, daß wir sie normalerweise gar nicht bemerkt hätten. Da Ced sich mit dem Zustand seiner Erektion beschäftigte – an ihm orientiert war –, hatte das Feedback ein positiver gegenkonditionierter Reiz zu sein, der seine phobische Angst außer Kraft setzen würde.

Wir hatten keine Frau zur Verfügung, mit deren Hilfe wir Ced hätten rekonditionieren können, und so benutzten wir, was wir zur Hand hatten: eine Serie von über 100 35-mm-Farbdias, die Frauen in verschiedenen sexuellen Posen zeigten. Wir fingen an mit kommerziellen Werbephotos für Büstenhalter und Slips und gingen dann über zu Nahaufnahmen des Vaginalbereichs. Die Dias wurden über Ceds Schultern hinweg in einen ruhigen Behandlungsraum projiziert, wo unser Klient nicht abgelenkt wurde durch all die elektronischen Gerätschaften.

Unter diesen Lernbedingungen konnten wir Ced über Mikrophon und Kopfhörer für geringfügige erektile Reaktionen loben. Wir konnten auch bei jedem Dia positive Einstellungen fördern und Wirkungen verstärken, an denen Ced sich orientieren konnte, indem wir etwa sagten: »Mann-o-mann . . . schau dir das Mädchen an. Die hat doch nun wirklich zwei süße Sexualobjekte.« Und so weiter.

Die Ergebnisse dieses Sexualtrainings in den beiden ersten Sitzungen wurden mit einem Polygraphen aufgezeichnet. Eine sich nur langsam verändernde Linie zeigte an, in welchem Maße sich das Blutvolumen in Ceds Penis änderte. Außerdem verlief die Linie während der ganzen Trainingssitzung ziemlich unregelmäßig, das heißt, das Blutvolumen in Ceds Penis schwankte auf und ab, als ob das autonome Nervensystem sich nur schwer darüber schlüssig werden konnte, ob Ced eine Erektion haben sollte oder nicht. Eine andere Schnörkellinie gab an, wieviel Blut unterdessen dem Gehirn zugeführt wurde, genauer: dem temporal-cephalen Hirnbereich, der das rechte Auge mit Blut versorgt. Das schnelle Auf-und-ab der Kurve war auf die von jedem Herzschlag ausgehende Pulsstärke in dem genannten Hirnbereich zurückzuführen. Bei den im Laboratorium von Irv Maltzman durchgeführten Forschungen hatte sich kurz zuvor herausgestellt, daß die in diesem Hirnbereich gemessene Pulsbreite (Plateau) ein guter Indikator für die relative Dominanz des tonischen oder langfristigen Orientierungsreflexes (weiter Puls) und des tonischen Abwehrreflexes (schmaler Puls) ist. Wie wir erkennen konnten, war Ceds Puls kurz nach dem Anblick des ersten Dias, das eine Frau zeigte, fast zweieinhalbmal so schmal wie zuvor. Sein Nervensystem produzierte einen tonischen konditionierten Abwehrreflex, eine phobische Reaktion, auf die weiblichen Reize. Als wir erkannten, was da in ihm vorging, unterbrachen wir die Sitzung, und ich begab mich in den Behandlungsraum, um mit ihm zu sprechen. Er erklärte, er sei nervös geworden, und darauf sagte ich, er solle jedesmal von 100 rückwärts zählen, wenn zwischen den Farbdias ein leeres Dia eingelegt werde. Ced tat, wie ihm gesagt, und wir setzten die Sitzung fort. Als er sich an meine Anweisung hinsichtlich des leeren Dias hielt, schien sich während der restlichen Sitzung seine Pulsbreite nicht zu vergrößern, doch sie wurde auch nicht kleiner. In dieser ersten Sitzung mußten wir uns mit einem Unentschieden begnügen. Auf die phobischen Reize, die wir ihm boten, reagierte er zwar nicht positiv, doch seine negative phobische Reaktion wurde dadurch gering gehalten, daß wir ihn veranlaßten, sich in der Situation an anderen Dingen zu orientieren. Was in der nächsten Sitzung eine Woche darauf geschah, ist ein faszinierendes Beispiel dafür, daß man nicht weiß, was sich in der klinischen Forschung abspielen wird. Während der Woche waren Irv und ich noch einmal Ceds Polygraphaufzeichnung durchgegangen, und was uns dabei auffiel, freute uns. Dann stellte Irv eine verwirrende Frage: Woher wollten wir eigentlich wissen, daß Ced ausgerechnet bei den Dias, die Frauen zeigten, einen Abwehrreflex produzierte? Wir hatten für seine Reaktion überhaupt keine Vergleichsmöglichkeiten. So ergänzte ich die Diaserie für die nächste Sitzung mit einer Handvoll typischer Touristenphotos, die in Hawaii und in Europa aufgenommen worden waren. Diese Bilder sollten vor den Dias mit Frauen gezeigt werden.

Zur festgesetzten Zeit hielten wir mit Ced die zweite Rekonditionierungssitzung ab, und ich will Meier heißen, wenn Irv nicht recht hatte, freilich nicht so, wie wir uns das vorgestellt hatten. Als Ced gerade dabei war, sich die Touristenphotos anzuschauen, Bilder, die nichts mit Frauen zu tun hatten, begann sich seine Pulsbreite langsam zu verringern und zeigte damit an, daß sein Nervensystem erneut phobisch reagierte, diesmal allerdings auf Küsten- und Landschaftsbilder, die von Hawaii und Europa stammten. Das ergab nicht den geringsten Sinn. Ich unterbrach die Sitzung erneut und begab mich ins Behandlungszimmer, um mit Ced zu sprechen. Spontan erklärte er, er sei nervös geworden, und der Grund für seine Aufregung seien die am Meeresstrand aufgenommenen Bilder. Ced sagte, als die Impotenz sich bemerkbar gemacht habe, sei er in der US-Navy gewesen, und Strand und Küste erinnerten ihn an seine Zeit in der Marine. Als er an die Marine gedacht habe, sei ihm seine Freundin eingefallen, der er das ganze verdammte Problem verdanke, und da sei er wütend geworden. Ich forderte Ced auf, die Touristenbilder schleunigst zu vergessen. Anschließend zeigten wir ihm wieder die Bilder von Frauen. Doch diesmal sollte er jedesmal, wenn auf der Leinwand zwischen zwei Frauen ein leeres Dia erschien, die Pulsfrequenz in seinem Zeigefinger, der mit dem photoelektrischen Gerät verbunden war, zu zählen versuchen. Wir brauchten einige Sekunden, um den Druck des Pflasters an seinem Finger so zu regulieren, daß er den Puls – die vom Orientierungsreflex ausgelösten Körperempfindungen – gerade noch spüren konnte, und dann begannen wir von neuem.

Diesmal sahen wir etwas Dramatisches. Die Veränderungen in seiner anfänglich schwachen Erektion waren nicht so unregelmäßig wie zuvor. Ihr Charakter hatte sich gewandelt, sie waren langsamer und progressiver geworden; es waren eher fließende Veränderungen, ganz anders als das schnelle Auf und Ab vorher. Dieser Wandel dauerte während der restlichen Gegenkonditionierungssitzungen an. In der zweiten Sitzung erkannten wir auch zum erstenmal unmittelbare Anhaltspunkte für einen Abwehrreflex, der mit einer Abnahme der Erektion einherging. Wenn man nach dem zweiten Frauen-Dia (F2) vierundzwanzig (24) Sekunden weiterzählt, erkennt man eine starke Abnahme (Kurvenanstieg) des Blutvolumens im Finger und an der Schläfe, Zeichen für einen Abwehrreflex. Genau zu diesem Zeitpunkt läßt die zu einer Erektion im Penis führende Blutzufuhr nach und hört schließlich auf, was zur Folge hat, daß Ceds Penis seine Erektion verliert. An diesem Punkt war die auf dem Orientierungs- und dem Abwehrreflex beruhende Phobietheorie nicht länger graue Theorie, sondern Tatsache geworden.

Für eine Sitzung wurde eine Therapeutin ausgewählt und zur Mitarbeit gewonnen. Sie sollte an meiner Stelle Ced positives Feedback geben und Kommentare formulieren wie: »Ich wette, dies wird dich in Schwung bringen, Ced« oder »Auf sie hast du offensichtlich stark reagiert. Sehr gut, Ced.« Angesichts seiner sexuellen Lebensgeschichte waren wir sicher, daß positives Feedback sexueller Natur von einer Frau für ihn zweifellos etwas Neues sein würde.

Die entscheidende Wende kam in der vierten Sitzung. Während der ganzen Konditionierungsphase produzierte Ced in Reaktion auf die Dias von Frauen starke Erektionen und verlor sie anschließend genauso schnell. Da ich befürchtete, er habe irgendeine merkwürdige religiöse Einstellung oder eine Persönlichkeitsstörung, über die er bis dahin noch nicht gesprochen hatte, fragte ich ihn, was während der Sitzung mit seinen Erektionen geschehen sei. Er erklärte mir, der Klebestreifen, der dazu benutzt werde, das Meßinstrument mit seinem Penis zu verbinden, ziehe recht schmerzhaft an seinen Schamhaaren, wenn sein Penis stärker eregiere. Jedesmal, wenn der Schmerz eine bestimmte Stärke erreiche, verliere er die Erektion, und der

Kreislauf beginne von neuem. Erektion-Schmerz-Erektionsverlust – dieser Kreislauf setzte sich im Verlauf der Sitzung immer wieder selbst in Gang. Als wir von Ceds Schmerzen erfuhren, benutzten wir eines der üblichen Kondome; wir schnitten die Spitze ab und erhielten auf diese Weise ein breites »Gummiband«, welches das Meßgerät an Ceds Penis festhielt. Um die neue Vorrichtung zu prüfen, veranlaßte ich Ced, sie ohne Dias auszuprobieren. Über Kopfhörer erklärte ich ihm, er solle sich einige Minuten lang sexuell aufregende Frauen vorstellen. Dann gab ich ihm die Anweisung, seine Phantasien abzubrechen und statt dessen an Baseball oder Autorennen usw. zu denken. Jedesmal, wenn ich ihn aufforderte, an Frauen zu denken, bekam er eine volle Erektion, aber sobald ich ihn anhielt, an etwas anderes zu denken, verlor sich seine Erektion.

Nach diesem kurzen Behandlungsprogramm – innerhalb von insgesamt sechs Stunden Konditionierung – war Ced in der Lage, einfach dadurch, daß er an Frauen dachte, eine Erektion zu produzieren. Dazu brauchte er keine Dias, keine Kommentare, kein Feedback, ja nicht einmal eine Therapeutin mehr.

Können wir sagen, daß dieses Training unter Laborbedingungen mit Hilfe von Dias, die sexuell anregend wirkten, zu Sexualverkehr mit wirklichen Frauen überleitete? Der erste Hinweis, daß dem so war, stammte von Ced selbst: eine Woche nach der letzten Übungssitzung suchte er mich auf, mit einem breiten Grinsen auf dem Gesicht. Ced war in seinen planmäßigen Bus eingestiegen, um nach Hause zu fahren, und kurz darauf war ein hübsches junges Mädchen zugestiegen und hatte sich neben ihn gesetzt. Während er sich an ihrer Schönheit und an ihrem sexuell anregenden Äußeren orientierte und ihrer beider Hüften sich gelegentlich berührten, stellte er innerhalb von Minuten fest, daß er ohne es zu wollen eine maximale Erektion produzierte, nur aufgrund der Tatsache, daß er eine Weile neben dem Mädchen im Bus saß. Seine Erektion war von solcher Stärke und Dauer, daß er seine Haltestelle um mehr als einen Kilometer verpaßte. Nachdem das Mädchen ausgestiegen war, mußte er noch mehrere Häuserblocks lang warten, ehe er sich aufrichten und den Gang hinuntergehen konnte, ohne daß die Mitfahrenden seine Erektion bemerkten. Einige Monate später ließ Ced mich wissen, daß er mit mehreren Mädchen Sexualverkehr unterhielt.

Das Verlernen von Orgasmushemmungen

Ceds Geschichte ist geradezu erstaunlich, wenn man bedenkt, daß er nach über dreijähriger Impotenz in nur sechs Stunden währendem Training des Orientierungsreflexes seine sexuelle Potenz wiedererlangte. Doch sein Fall vermag uns wenig Auskunft darüber zu geben, wie die Behandlung sexueller Phobien im allgemeinen aussieht, das heißt ohne den Einsatz eines mit elektronischen Geräten vollgepackten Laboratoriums. Kann ein solches Gegentraining auch außerhalb des Laboratoriums durchgeführt werden? Wirkt es auch bei Frauen? Und bei anderen Sexualphobien? Ehe wir diese Fragen beantworten, wollen wir uns kurz zwei weitere Fälle von sexueller Phobie anschauen, nämlich den Fall von Gail, die keinen Orgasmus bekam, und den von Boris, der impotent und schwul war. Sehen wir, welcher Behandlungsweg in diesen Fällen eingeschlagen wurde.

Als Gail meine Hilfe suchte, war sie 32 Jahre alt, hatte ein fünf Jahre altes Kind, war geschieden, traf sich regelmäßig mit einem Freund und war unfähig, einen Orgasmus zu bekommen. Als ich ihre Krankengeschichte aufnahm, erklärte sie, bei der Masturbation gelange sie regelmäßig zum Orgasmus, habe aber beim Sexualverkehr mit einem Mann noch nie einen sexuellen Höhepunkt bekommen. Unter diesen Umständen war die Behandlung relativ einfach und konnte systematisch durchgeführt werden, jedenfalls dachte ich das seinerzeit. Lassen wir Gail also bis zum Orgasmus masturbieren und bringen wir dann allmählich, im Laufe einer gewissen Zeit, einen Mann ins Spiel. Zunächst einmal wäre der Mann lediglich Mann und kein Sexualpartner. Dann könnte er oder auch ein anderer Mann die Rolle des Liebhabers übernehmen. Ich entschloß mich, die erstgenannte therapeutische Rolle des Mannes selbst zu spielen, nämlich den männlichen Stimulus zu liefern. Wenn Gail dann in der Lage wäre, in meiner als Stimulus wirkenden Gegenwart einen Orgasmus zu bekommen, könnte ihr Freund alles übrige übernehmen. Zu den Therapiesitzungen trafen wir uns bei mir zu Haus, und zwar aus drei Gründen: Erstens, es bestand keine Notwendigkeit – jedenfalls glaubte ich dies –, physiologische Aufzeichnungsgeräte zu verwenden, um das Problem herauszufinden, unter dem Gail litt. Es war klar, daß sie androphobisch war; das ist die klinische Bezeichnung für Fälle, in denen jemand Angst hat, sich in Gegenwart eines anderen Menschen, hier eines Mannes, sexuell zu betätigen. Zweitens, um Gail davon zu überzeugen, daß ich nur ein männlicher Stimulus und kein Sexualpartner war, würde meine Frau sich im Haus aufhalten, während wir ihre Fehlfunktion rekonditionierten. Drittens, die Universität war zu jener Zeit nicht mit einem Bett ausgerüstet, das man für Zwecke der Sexualtherapie hätte verwenden können (dieser Mangel ist inzwischen behoben).

Wir einigten uns auf folgenden Therapieplan: Während der Anfangsphase sollte Gail nicht mit ihrem Freund verkehren. Der Freund sollte erst dann wieder Sexualverkehr mit ihr haben, wenn sie in meiner Gegenwart einen Orgasmus bekommen hätte. Über eine Anzahl von Sitzungen hin sollte Gail sich ausziehen, sich auf das Bett im Gästezimmer legen und bis zum Orgasmus masturbieren, während ich draußen sitzen würde, zuerst bei geschlossener Tür, dann bei teilweise geöffneter und schließlich bei weit offener Tür; später würde ich im Türrahmen sitzen, dann im Zimmer und zu guter Letzt neben dem Bett. Gail würde beim Masturbieren mit ihren Fingern oder mit einem Vibrator abwechselnd die Klitoris und den gesamten Genitalbereich stimulieren, und außerdem sollte sie die sexuell empfindlichen Nervenenden in der Vagina mit einer Banane reizen, um auf diese Weise einen erigierten Penis zu simulieren.

Das würde Gails Androphobie beseitigen, dachte ich. Doch ich fügte noch etwas hinzu, sozusagen als letzte Zutat, nämlich eine Sitzung, in der ich ihre Hand oder ihren Arm halten würde, damit die Gegenwart eines Mannes die Kluft zwischen »da sein« und »in Kontakt miteinander sein« überbrückte. Dem Himmel sei Dank für diesen Nachgedanken!

Gail und ich hielten uns bei dem Therapieverfahren genau nach Plan. Anfangs war sie ziemlich schüchtern und verlangte, ich solle sie nicht beachten, wenn die Tür teilweise geöffnet war. Ich erklärte ihr, daß ich nur dasitze und meine Einkommensteuererklärung ausfüllte, was ich auch tatsächlich tat. Im Fortgang der Sitzungen wurde sie immer ungezwungener und fühlte sich ganz behaglich, während sie in meiner Gegenwart nackt dalag und wir darüber sprachen, was sich bei ihr ereignet hatte oder was sie tun könnte, um bei der Masturbation die sexuelle Erregung zu steigern. In der letzten Sitzung rückte ich ganz nah an das Bett, setzte mich auf die Kante und hielt ihre Hand, während sie masturbierte. Ich sprach zum erstenmal mit ihr, während sie masturbierte, und regte an, sie solle an die sexuellen Gefühle in ihren Genitalien denken. Nach einigen Minuten forderte sie mich auf, ihre Hand loszulassen und ihre Schultern zu streicheln, damit sie beide Hände benutzen könne. Ich folgte ihrer Aufforderung, und eine Minute später erschlaffte sie und meinte: »Es hat geklappt.« Ich gratulierte ihr, und wir begannen darüber zu sprechen, was sie am Abend des darauffolgenden Tages mit ihrem Freund zu tun gedenke. Wir kamen überein, einige weitere Sitzungen durchzuführen, damit der Orgasmus bei dem neutralen Mann und der Verkehr mit dem sexuellen Partner eine Zeitlang nebeneinander herlaufen könnten. In der darauffolgenden Woche kam Gail noch einmal und erklärte die Therapie für beendet. Sie schaute mich verlegen an und sagte: »Ich habe Sie angelogen, habe es einfach nicht über mich gebracht, Ihnen die Wahrheit zu erzählen.« »Wieso haben

Sie gelogen?« fragte ich sie. »Als ich Ihnen sagte, daß ich einen Orgasmus bekomme, wenn ich masturbiere. Vor jenem Abend, an dem Sie meine Hand gehalten und meine Schulter gestreichelt haben, bin ich nie in meinem Leben zum Orgasmus gekommen.« Dieses Geständnis, nun, diese beiläufige Information hat mich ganz schön auf die Palme gebracht, wie Sie sich vorstellen können.

Soviel zur traditionellen, wohlgeplanten Verhaltenstherapie, wie ich sie seinerzeit genau nach Schema betrieb. Tatsächlich ist der therapeutische Umgang mit Männern und Frauen, die überhaupt nie einen Orgasmus bekommen, eine Angelegenheit, die klappen kann oder auch nicht, je nach Lage der Dinge. *Niemand,* weder Verhaltenstherapeuten, Freudianer, Eklektiker, Gestalt- oder Sextherapeuten, wissen im Grunde, was sie da tun, wenn sie Leute behandeln, die keinen Orgasmus bekommen. Es gibt nicht einmal eine halbwegs passable Theorie darüber, wie man therapeutisch vorgehen soll, wenn man es mit Fällen zu tun hat, in denen völlige Anorgasmie besteht, das heißt, in denen auf keinerlei Weise ein Orgasmus erreicht wird. In solchen Fällen kann man wirklich nur sagen: »Sorgen wir dafür, daß Sie sich entspannen ... keinen Druck ausüben ... lassen Sie sich Zeit ... und sorgen wir dafür, daß Sie alles mitmachen, was wir anderen tun, um uns sexuell zu vergnügen. Vielleicht können wir damit etwas erreichen.« Wenn Gail mir gesagt hätte, sie bekomme überhaupt keinen Orgasmus, hätte ich sie irgendwohin überwiesen, wo man zumindest *glaubte,* zu wissen, was man tut, wenn man einen solchen Fall therapiert.

Die einzig annehmbare psychologische Erklärung dafür, warum Leute keinen Orgasmus bekommen, kann nur sein, daß ein in früherer Zeit gelerntes Angstgefühl gegenüber der Sexualität das entsprechende System aktiviert, noch ehe sie zum Orgasmus kommen, oder irgend etwas in dieser Richtung. Warum hatte Gail Angst – und sie war tatsächlich ängstlich – vor Sexualität und Masturbation? Ich weiß es nicht. Ich kann nur vermuten, daß ihre Mutter oder ein anderer Erwachsener, mit dem sie in der Kindheit zu tun hatte, dafür verantwortlich ist. Wahrscheinlich wurde sie, in durchaus wohlmeinender Absicht, dafür bestraft, daß sie als Kind an ihren Genitalien spielte. Wenn ich zu wetten hätte, welches der Grund für ihre Angst war, ich würde den eben genannten angeben. Doch wie gesagt, wenn wir den Grund kennen, warum wir Sexualängste haben, ist damit noch nicht der Weg gewiesen, wie wir sie beseitigen können. Gails Mutter und Vater hätten versuchen können, ihrer Tochter in intensiven Gesprächen zu erklären: »Wir hatten wirklich nicht die Absicht, dir die Sexualität zu vermiesen, als du noch klein warst. Wir lieben dich und möchten, daß du in jeder Hinsicht glücklich bist, auch in sexuellen Dingen. Wir wollten nur, daß du dich in dieser Beziehung so verhältst, wie es sich schickt, wie jeder zivilisierte Mensch. Du brauchst keine Angst zu haben. An der Sexualität ist wirklich nichts Schlechtes.« Solch gutes Zureden hätte auf Gails autonomes Nervensystem etwa die Wirkung, als ließe eine Maus während des 500-Meilen-Autorennens von Indianapolis einen gehen.

Was war der Grund dafür, daß Gail in jener letzten Therapiesitzung zum erstenmal einen Orgasmus bekam? Auch das weiß ich nicht genau, doch ich möchte wetten, daß es etwas damit zu tun hatte, daß ich ihre Hand, ihren Arm und ihre Schulter berührte, und daß ich auch mit meiner Vermutung recht habe, daß Gail vor allem an die Sexualempfindungen dachte, die von der Vagina und der Klitoris ausgehen. All diese Dinge setzten einen Orientierungsreflex in Gang, der sie veranlaßte, gegen ihre Angst vor der Sexualität anzugehen. Nach Ende der Behandlung sprachen Gail und ich noch eine Weile über ihre vergeblichen Versuche, einen Orgasmus zu bekommen. Wir stellten einige vage und phantastische Theorien darüber auf, warum es ihr beständig mißlungen war, zum Orgasmus zu kommen, doch es stellte sich heraus, daß sie sich beim Masturbieren und beim Sexualverkehr auf bezeichnende Weise verhalten hatte. Statt sich auf die Empfindungen, die beim Sexualverkehr auftauchten, zu konzentrieren und sich »auf sie einzustimmen«, dachte Gail ständig an Telephonnummern, Nummernschilder von Autos und Hausnummern, und diese Zahlen addierte und subtrahierte sie, während sie sich sexuell betätigte. Das ist zwar ein Orientieren, freilich an Dingen, die nicht zum Orgasmus führen. Zum Orgasmus zu kommen ist ein relativ einfacher und mechanischer Vorgang. Doch es ist kein passives Verhalten wie im Flugzeug fliegen. Man kann seine gelernte Angst vorm Fliegen reduzieren und sich ganz behaglich im Flugzeugsitz zurücklehnen. Aber man kann dennoch das Fliegen in einem Flugzeug niemals richtig genießen. Gewiß kommt man nie zu einem Orgasmus, wenn man in 10 000 Meter Höhe nur so dasitzt. Die meiste Zeit ist das Fliegen ziemlich langweilig. Zum Orgasmus zu kommen ist kein so rein mechanischer Vorgang, daß wir ihn ignorieren könnten wie der Pilot, der die Selbststeuerung, den Autopilot einstellt, um sich zu den Passagieren zu begeben und mit ihnen zu plaudern. Wir müssen uns zumindest ein wenig auf die Sexualität einstellen, wenn wir zum Orgasmus kommen wollen. Gail hatte gelernt, ihre Angst vor sexuellen Empfindungen dadurch zu mildern, daß sie es vermied, sich während sexueller Betätigung auf diese Empfindungen zu konzentrieren. Sie stellte ihr System auf Autopilot und verließ – dies soll kein Wortspiel sein – das Cockpit, indem sie sich an anderen Dingen orientierte, an Zahlen, an Mathematik und an Autonummernschildern. Dies ist das gleiche, als wollte man mit geschlossenen Augen über ein hochgespanntes Drahtseil gehen. Sicher, man würde weniger Angst davor haben abzustürzen. Doch man würde niemals die andere Seite erreichen.

So ist zumindest für einige von uns die Unfähigkeit, zum Orgasmus zu kommen, die Folge davon, daß wir den Orientierungsreflex während sexueller Tätigkeit mißbrauchen, um auf diese Weise sexuelle Ängste zu mildern. »Doch wenn Phobien gelernt werden«, so werden Sie sich vielleicht fragen, »und es in der phobischen Situation nur darauf ankommt, sich zu orientieren, was spielt es für eine Rolle, wie wir uns orientieren, sofern nur die Angst reduziert wird?«

Im ersten Teil des Buches habe ich geschildert, wie mein Collegekumpel Fred meine Angst vorm Fliegen dadurch beseitigte, indem er mir beibrachte, wie man fliegen sollte. In diesem Zusammenhang habe ich auch erklärt, Fred hätte mir beibringen können, wie man während des Fluges mit drei Orangen jongliert, und das Ergebnis wäre das gleiche gewesen: meine Phobie wäre verschwunden. Doch während des Fluges mit drei Orangen zu jonglieren hätte mir nicht die Lust am Fliegen beschert. Beim Sex will man sich auch nicht so angenehm fühlen. Ich glaube – und bei diesem Thema kann ich für mich selbst große Autorität beanspruchen –, daß man dabei mehr empfinden möchte, als sich nur behaglich und entspannt zu fühlen.

Ein bei jeder Gelegenheit gegebener Ratschlag des gesündesten Menschenverstandes gibt uns an, woran wir uns während sexueller Betätigung orientieren sollen, um zum Orgasmus zu gelangen. »Lassen Sie sich gehen«, raten erfahrene Frauen Anfängerinnen, »akzeptieren Sie sich und Ihre sexuellen Gefühle.« Vor der neuen Frauenbewegung hieß es auch häufig: »Geben Sie sich ihm hin.« Seit kurzem gilt es als fortschrittlicher zu sagen: »Lernen Sie Ihren Körper und seine Empfindungen kennen.« Der Inhalt all dieser vom gesunden Menschenverstand diktierten praktischen Ratschläge läßt sich auch mit anderen Worten ausdrücken: »Orientieren Sie sich bei sexueller Betätigung, um so Ihre Angst zu mildern, aber orientieren Sie sich an sexuellen Dingen: Phantasien, Streicheln. Achten Sie auf Ihre Empfindungen und auf Teile Ihres Körpers, selbst auf Ihre Atemzüge und auf Ihren Herzschlag.«

Gibt es neben solchen praktischen Ratschlägen weitere Möglichkeiten, sich während sexueller Betätigung zu orientieren, um sich die ganze Sache ein wenig zu erleichtern? Sicher, doch diese Möglichkeiten entsprechen vielleicht nicht Ihrem persönlichen Lebensstil. Auch der Einsatz von Lederutensilien und sadomasochistischen Techniken beruht auf dem Orientierungsreflex. »Das ist ja wirklich ein bißchen verrückt«, mögen Sie sich sagen. Doch *verrückt* ist ein Werturteil, das wir allesamt für uns selbst fällen müssen. Denken Sie daran, wir sind alle so eingerichtet, daß wir lernen, etwas zu mögen, auch enge Kleidung und ein wenig Schmerz bei sexueller Betätigung. Wie funktioniert das im neurologischen Sinne? Lederutensilien oder die engen Kleider, die von ihren Liebhabern bei Sextätigkeiten getragen werden, sind beide eine Quelle ständiger körperlicher Stimulierung – ein Generator für den Orientierungsreflex – und ein Angstverringerer. Ledergerätschaften wecken den auf Berühren gerichteten Orientierungsreflex, und dieser Reflex scheint sich langsamer als viele andere zu erschöpfen. Masochismus und die Zufügung leichten Schmerzes – im allgemeinen an den Sexualorganen – sind beide eine Quelle sexueller Stimulierung und ein Angstmilderer. Sie können sich das schwer vorstellen? Dann möchte ich Ihnen über Boris erzählen.

Boris wurde vor etwa sieben Jahren an mich überwiesen, weil er im Großraum von Los Angeles keinen Psychologen oder Psychiater finden konnte, der ihn behandelt hätte. Er gab seine Suche auf, nachdem er sich mit vier Therapeuten herumgestritten hatte, die ihn und seinen Zustand nicht behandeln *wollten*, und außerdem von sechs weiteren, die mit seinem Fall nichts zu tun haben wollten, telephonische Absagen erhalten hatte. Warum wollten sie mit seinem Fall nichts zu tun haben? Weil Boris impotent war, masochistisch, homosexuell und überdies schwul bleiben wollte. Ich weiß nicht, ob die therapeutische Einstellung hinsichtlich der Frage, ob man bei solch »amoralischen« Problemen Hilfe gewähren soll, heute noch genauso negativ ist wie vor sieben Jahren, doch ich weiß, daß nur sehr wenige Kliniken sich mit einem solchen Problem beschäftigen. Boris kam schließlich zu mir, weil er bei einer Geselligkeit einen homosexuellen Psychiater getroffen hatte, der ihm andeutete, vielleicht sei ich in der Lage, ihm zu helfen.

Als Boris und ich zu klären versuchten, was in seinem Fall

getan werden könne, fand ich nur sehr wenig, mit dem sich arbeiten ließ. Boris war jung, Mitte zwanzig. Er hatte zu anderen Homosexuellen keine feste Beziehung. Zur Behandlung seiner Impotenz ließ sich die Methode von Masters und Johnson nicht verwenden, weil Boris keinen kooperativen homosexuellen Partner hatte, mit dem er hätte arbeiten können. Schlimmer noch, Boris hatte große Schwierigkeiten, durch Masturbation zum Orgasmus zu kommen. Er war ein komplexer, schwieriger Behandlungsfall, nicht wegen seiner Homosexualität oder der damit zusammenhängenden moralischen Fragen. Seine Situation machte die Behandlung schwierig.

Masochistische Impotenz und der Lügendetektor

Ich sprach mit Boris eine Weile über diese deprimierenden Dinge, und dann vertraute er mir an, wie er zum Orgasmus kam. Seine Darstellung ließ mir keine Wahl, als zu versuchen, sein Problem auf jede nur mögliche Weise zu klären und zu behandeln. Die von Boris regelmäßig benutzte Methode, zum Orgasmus zu kommen, bestand darin, seine Urethra zu stimulieren, das heißt die Harnröhre, durch die Urin und Sperma abfließt, und er benutzte beim Masturbieren die verschiedensten Gegenstände, so etwa die Minen von Kugelschreibern, Holzstäbchen und sogar einen aus Gummi hergestellten Spielzeugwurm, den er in einem Modewarenladen gekauft hatte. Diese Technik der Selbststimulierung ist durchaus nicht so ausgefallen, daß nur Boris sie benutzte. Seit Jahrhunderten ist sie in Mittel- und Osteuropa unter der Bezeichnung »heißer Stab« bekannt. Doch Boris ging über die europäische Tradition hinaus, denn während er masturbierte, um zum Orgasmus zu gelangen, steckte er den Stab ganz in den Penis hinein und drückte ihn bis in den Bereich der Prostatadrüse, wo die weiße Samensubstanz hergestellt wird. Zwei Monate, ehe er mich aufsuchte, geriet der Gummiwurm in seine Blase und mußte von einem Urologen entfernt werden. Der Arzt riet ihm, sich an einen Psychotherapeuten zu wenden. Boris schlug den Rat sechs Wochen lang in den Wind. An jenem Tag versuchte er wieder zu masturbieren. Doch diesmal benutzte er als »heißen Stab« ein kurzes gläsernes Stäbchen, wie man es zum Umrühren von Martini-Cocktails verwendet. Er brauchte knapp eine Stunde, um das Stäbchen wieder herauszubekommen, und lag dabei ausgestreckt auf seinem Bett. Dieser Vorfall erschreckte ihn, wie er mir sagte. Und erst mich, beim bloßen Zuhören. Hätte Boris sich in jener Stunde nach vorn gebeugt, sich hingehockt, einen Krampf oder Magenschmerzen bekommen, wäre das Glasstäbchen mit ziemlicher Sicherheit durch die Wand der Harnröhre gedrungen, und wenn eines der großen Blutgefäße in diesem Körperbereich getroffen worden wäre, hätte er vielleicht noch zwanzig bis dreißig Minuten zu leben gehabt.

Nachdem ich mir seine Geschichte angehört hatte, nahmen Boris und ich eine therapeutische Beziehung auf, die drei Jahre dauern sollte. In den ersten drei Monaten sprachen wir nur über seine Lebensgeschichte, unterhielten uns darüber, wie er im allgemeinen mit Problemen fertig wurde und welche Art von Mensch er war. Erstaunlich genug, war Boris psychisch relativ gesund. Er schien von ernsten neurotischen Ängsten oder Depressionen frei zu sein. Auch litt er nicht unter Süchten oder anderen Zwängen. Er wollte nur auf die gleiche Art und Weise wie seine Freunde sexuell leistungsfähig sein. Ansonsten fiel Boris nicht aus dem Rahmen des Gewöhnlichen. Er hatte das College absolviert und arbeitete nebenbei, um Rechtswissenschaft studieren zu können. In seiner Lebensgeschichte fand sich keinerlei Anhaltspunkt dafür, was sein Problem verursacht hatte und wie man dagegen angehen konnte. Boris hatte mir versprochen, in der Zeit, in der wir seine Lebensgeschichte durchforschten, zur sexuellen Stimulierung keine Martini-Stäbchen, Bleistifte, dünne Schraubenzieher oder irgend etwas anderes, das im Haus herumlag, zu benutzen. Er versuchte zu masturbieren – und suchte auch sexuellen Kontakt zu seinen homosexuellen Freunden –, um sein sexuelles Verlangen zu befriedigen. Alle meine Anregungen und Vorschläge schienen wirkungslos zu sein. Dann rief Boris mich eines Tages, offensichtlich in großer Aufregung, an und erklärte, er habe herausgefunden, auf welche Weise er jederzeit mit Erfolg masturbieren könne. Er drehe dann nur an seinen Hoden, bis sie zu schmerzen anfingen. Ich meinte warnend, das sei zwar möglicherweise nicht so gefährlich wie das Benutzen eines Martini-Stäbchens, aber werde ihn sicherlich genauso erschrecken, wenn er sich dabei verletze. Boris gab nichts auf meine Warnungen und meinte zuversichtlich, er wisse schon, was er tue. Zu diesem Zeitpunkt war ich entschlossen, bei Boris jede nur mögliche Verhaltenstechnik auszuprobieren, um ihm neben der Methode, sich selbst zu verletzen, noch eine andere Form sexueller Befriedigung zu verschaffen. Ich machte ihm den Vorschlag, bei ihm die gleiche Technik anzuwenden, die bereits bei Ced, dem heterosexuellen Impotenten, positiv gewirkt hatte. Boris war einverstanden, vermochte aber nicht einzusehen, was ihm diese Art der Behandlung helfen könne. Das sah ich auch nicht. Doch ich griff eben nach einem Strohhalm.

Um die lange Geschichte abzukürzen, wir wandten bei Boris im Maltzman-Laboratorium das genannte Verfahren an und benutzten dabei eine Auswahl von 35-mm-Dias mit Männern, die wir uns in einem Porno-Shop für Homosexuelle besorgt hatten. Wir verwandten auf das Verfahren zwölf Wochen, wobei Boris sich sexuellen Phantasien über die Männer auf den Dias hinzugeben versuchte und ich ihm für teilweise Erektionen, die der Polygraph verzeichnete, positives Feedback verabreichte.

Die zwölf Behandlungswochen waren ein kompletter Reinfall. Es geschah nicht das geringste. Nichts, außer daß wir regelmäßig beobachten konnten, daß Boris seine stärksten Erektionen beim Anblick von Schwarzen und bei Chicanos (nach den USA eingewanderte Puertoricaner) hatte. Als ich am

Ende einiger Sitzungen auf diesen Punkt hinwies, stellte Boris dies vehement in Abrede. Nach bester klinischer Art gab ich nur Hm-Laute von mir und dachte bei mir: »Was zum Teufel weiß der schon? Wenn der Polygraph anzeigt, daß er beim Anblick von Schwarzen und Chicanos erregt wird, dann ist das halt so. Warum soll ich mich mit diesem Streithammel anlegen?« Rückblickend kann ich erkennen, daß wir seine masochistische Impotenz in sechs Monaten hätten erfolgreich kurieren können, wenn ich mich mit ihm herumgestritten hätte. Drei Wochen, nachdem wir die Feedback-Behandlung aufgegeben hatten, verschwand Boris, ohne eine Anschrift zu hinterlassen, unter der man ihn hätte erreichen können. Drei Monate darauf rief er mich an und bat um einen Gesprächstermin. Ich willigte ein. Bei unserer Begegnung erklärte er mir, daß er in der Woche zuvor im Krankenhaus wegen einer Verletzung an den Hoden behandelt worden sei. Bei seiner letzten Masturbation hatte er es zu weit getrieben, und zum Zeitpunkt unseres Gesprächs war nicht einmal geklärt, ob seine Hoden entfernt werden müßten oder ob doch mit einer Heilung zu rechnen sei. Klar war nur, daß Boris nunmehr motiviert war, sich alles aufmerksam anzuhören, was ich ihm zu sagen hatte.

»Erstens, keinerlei sexuelle Hilfsmittel mehr.«

»Einverstanden.«

»Zweitens, auf keinen Fall mehr an den Hoden oder anderen Körperteilen so manipulieren, bis sie schmerzen.«

»Ganz klar.«

»Drittens, lassen Sie uns nun darüber sprechen, warum Sie so wütend auf mich waren, als ich Ihnen erklärte, beim Anblick von Schwarzen und Chicanos gerieten Sie am stärksten in sexuelle Erregung.«

Boris sah mich verzweifelt an, als wenn er sagen wollte, warum ich ausgerechnet diese Frage stellen müßte, und ließ dann durchblicken, warum er mich so anschaute: »Ich bin nicht so einer. Ich möchte mit denen nichts zu tun haben. Ich bin zwar schwul, aber nicht so schwul.«

Mir ging plötzlich auf, daß ich vielleicht den Schlüssel zu seinem Problem gefunden hatte, und so fuhr ich ihn an: »Boris, Sie sind so schwul wie nur was. Sie sind ein konservativer Schwuler aus der höheren Mittelschicht. Sie haben sogar Nixon gewählt. Weiß Ihre Mutter eigentlich, daß Sie schwul sind? Natürlich nicht, natürlich weiß sie das nicht. Sie sind ja auch ihr lieber kleiner Junge, der eifrig studiert, damit sie eines Tages von ihm sagen kann: ›Das ist mein Sohn, er ist Rechtsanwalt!‹ Mit welchen Schwulen treffen Sie sich eigentlich? Ganz klar, mit anderen Mittelschicht- Schwulen von der Schwulen-Riviera von Laguna. Sind Sie jemals dabei erwischt worden? Kein Stück. Sie klappern die Schwulen-Bars ab und nehmen jeden mit, den Sie erwischen können. Sie gehen nie in eine Schwulen-Bar, nur um einen netten lustigen Abend zu verbringen. Wovor fürchten Sie sich am meisten? Daß die Leute Sie einen *warmen Bruder* nennen könnten. Homosexuell oder schwul zu sein, das stört Sie nicht, nur das Mittelschicht-Schimpfwort warmer Bruder, das mögen Sie gar nicht. Sie unterscheiden sich in keiner Weise von den alten Mittelschicht-Jungfern vom Lande, die den Gedanken nicht ertragen können, jemand könne auch nur annehmen, sie hätten sexuelle Gefühle. Sie stecken mittendrin im Mittelschicht-Mief, das hält man ja im Kopf nicht aus!«

Nach diesem Ausbruch fühlte ich mich schon wesentlich wohler. Augenscheinlich Boris auch, denn er lächelte mich an und meinte: »Ich vermute, Sie möchten, daß ich sexuelle Chancen wahrnehme, von denen meine Mami nichts erfahren darf?« Da hatte er recht. Von nun an hatte Boris so zu masturbieren, wie es Männer ohne Schwierigkeiten für gewöhnlich tun, und dabei sollte er von Schwarzen und Chicanos phantasieren. Außerdem sollte er in Hollywood Schwulen-Bars aufsuchen, damit dort bekannt würde, daß er schwul war. Boris tat das auch, stellte aber fest, daß seine sexuellen Annäherungsversuche bei Schwulen nicht viel besser als vorher ausgingen, doch er fühlte sich wenigstens wohler in seiner Haut und mit seinem Schwulsein. Nachdem er sich etwa drei Monate lang an diesen neuen sexuellen Lebensstil gehalten hatte, kam Boris eines Tages zu mir und grinste mich an: »Ich hab's geschafft«, erklärte er, »es fiel mir anfangs schwer, aber er war so attraktiv, daß ich nicht widerstehen konnte.« Zum erstenmal in seinem Leben hatte Boris erfolgreiche sexuelle Beziehungen zu einem anderen Menschen gehabt. Ich gratulierte ihm und fragte beiläufig: »War es ein Chicano?« Boris schaute mich verlegen an und bejahte dann die Frage. Seit jenem ersten Mal hat Boris inzwischen viele Male mit anderen Schwulen, vor allem Osteuropäern, erfolgreichen Sexualverkehr gehabt.

Nun, was ist das Entscheidende an der Geschichte von Boris? Ganz einfach! Ich und, soweit ich das sagen kann, jeder andere Vertreter der professionellen therapeutischen Gemeinde von Los Angeles, wir alle wußten nicht, was wir für Boris tun, wie wir ihm helfen könnten. Es ergab sich, daß der Schlüssel für die Behandlung seines Problems in seinem nicht vom Willen gesteuerten Orientierungsreflex lag. Er orientierte sich sexuell an Schwarzen und Chicanos, doch er konnte – oder wollte – es nicht wahrhaben. Als wir herausfanden, was ihn am meisten erregte (Chicanos), war er, wenn auch zögernd, bereit, diese sexuelle Information dazu zu verwenden, seine Angst vor dem Sexualverkehr mit einem anderen Menschen zu überwinden. Sobald er dieses erste Hindernis hinter sich hatte, war er in der Lage, sich sexuell wie viele Schwule und Normale zu verhalten. Manchmal war der Sexualverkehr für ihn großartig, manchmal nur leidlich. Am wichtigsten jedoch, er konnte ein gefahrloses Sexualleben führen, weil er wußte, was ihn am meisten erregte, und weil er dieses Wissen in Handlungen umsetzte.

Sexueller Orgasmus: An was man sich orientiert, das bekommt man auch

Die drei geschilderten Fälle, die von Cedric, von Gail und von Boris, hatten ein Problem gemeinsam, nämlich Angst vor Sexualität und ihren Umständen. Und die erfolgreiche Behandlung dieser Fälle war dadurch möglich, daß auf unterschiedliche Weise gegen diese Angst vorgegangen wurde. Bei jeder dieser Vorgehensweisen wurde jedoch der Orientierungsreflex angesprochen. Wenn Sie ein mit Angst verbundenes Sexualproblem haben, können Sie Ihren Orientierungsreflex dazu verwenden, Ihr Problem zu mildern oder völlig zu beseitigen. Denken Sie daran, wir Berufstherapeuten können nur bei Leuten, die in unsere Praxis kommen, davon sprechen, daß ihre Probleme mit unserer Hilfe »geheilt« worden sind. Für jeden Patienten, den ich »geheilt« habe, kenne ich zwei Fälle, in denen Leute ihre sexuellen Schwierigkeiten ohne jede professionelle Hilfe selbst gelöst haben. Ich wette, das geschieht jeden Tag, ohne daß wir helfend eingreifen. Wenden wir uns also einigen Anleitungen zu, mit deren Hilfe Sie Ihre Ängste vor sexuellen Dingen oder die Ängste Ihres Partners mildern können. Wie Autofahren ist sexuelle Tätigkeit kein passiver, kein Zuschauersport. Auch treibt uns, jedenfalls die meisten von uns, Sex nicht in bloße Panik, die uns das Gefühl eingibt, am liebsten fortzulaufen und zu schreien: »Verschont mich um Gottes willen damit!« Viel eher empfinden wir bei fehlenden sexuellen Reaktionen Scham- und Schuldgefühle, und statt in Panik zu flüchten, ziehen wir uns vielmehr in uns selbst zurück.

In den meisten Fällen klagen Menschen mit Sexualängsten: »Was stimmt bei mir nicht? Warum kann ich das Sexuelle nicht wie andere Leute genießen?« Wenn Sie sich in dieser Weise über Ihr Sexualleben beschweren, vergleichen Sie Ihre Sexualfunktionen mit dem Autofahren. Um das Auto in Bewegung setzen zu können, müssen Sie zweierlei tun: die Handbremse lösen und Gas geben. Damit Sie Sex von der Erregung bis zum Orgasmus genießen können, fordert Ihr autonomes Nervensystem, daß keine Angst damit verbunden ist und es zu einer Menge sexueller Stimulierungen kommt. So besteht die Lösung sexueller Probleme, die auf Ängste zurückgehen, in zwei notwendigen Schritten: erstens, Verringerung der Angst – die Handbremse lösen –, damit Ihre Sexualneurologie Sie ungehindert von der Erregung zum Orgasmus *gehen lassen kann,* und zweitens müssen Sie dahin gebracht werden, sich während der sexuellen Aktivität an sexuellen Dingen zu orientieren – Gas geben –, damit Ihre Sexualneurologie Sie von der Erregung zum Orgasmus *befördert.*

Die sexuellen Übungsprogramme dieses Kapitels sollen Ihnen daher helfen, beides tun zu können: Angst zu reduzieren und sich so zu orientieren, daß Ihre sexuelle Stimulierung möglichst groß ist. So wenig wie beim Training zum Zwecke angstlosen Autofahrens können auch hier die Programme in winzige Schritte unterteilt werden, denn nur Sie wissen, an welchem Punkt Sie sich jeweils befinden. Folglich sind die Instruktionen allgemein gehalten; sie empfehlen Ihnen lediglich, dies und nicht jenes zu tun. Wie und wo Sie sie befolgen, muß Ihren persönlichen Vorlieben überlassen bleiben. Ich kann Ihnen zwar zeigen, wie Sie Ihr Sexualauto wieder in Gang bringen können, doch die Feineinstellung des Motors, damit er so läuft, wie Sie es sich wünschen, die müssen schon Sie übernehmen.

Das sexuelle Retraining-Programm besteht im Grunde aus zwei Teilen: aus einem gegen die *präorgasmischen Ängste* von Frauen und Männern, die nur selten zum Orgasmus gelangen, sowie aus einem zweiten Teil, der sich aus Subprogrammen zur Behebung *gemeinsamer orgasmischer Ängste* bei Frauen und Männern zusammensetzt, die Schwierigkeiten haben, mit einem anderen Menschen zum Orgasmus zu kommen. Wenn Sie feststellen, daß Sie zur präorgasmischen Kategorie gehören, benutzen Sie zuerst das entsprechende Programm und wenden Sie sich dann den auf Sie zutreffenden Abschnitten des zweiten, des gemeinsamen Programms zu. Wenn sich herausstellt, daß Sie nur Probleme in der gemeinsamen Situation haben, lohnt es sich vielleicht für Sie, wenn Sie vor Beginn Ihres Programms mit einem anderen Menschen den ersten Abschnitt durchlesen.

Wie man seine Angst bei der Selbststimulierung verringert

Wenn Sie, wie Gail, Schwierigkeiten haben, zum Orgasmus zu gelangen, auch ohne die zusätzliche Angst, die auftaucht, wenn ein anderer Mensch dabei ist, dann wird ein Therapeut unter Umständen die Diagnose stellen, Sie litten unter einer »primären sexuellen Dysfunktion«. Das ist eine phantastische (und trostlose) Bezeichnung für ein Phänomen, das bei vielen Selbsthilfegruppen von Frauen als *präorgasmisches* Problem bekannt ist. Doch dieses Problem trifft nicht nur Frauen. Männer, die wegen sexueller Probleme Kliniken aufsuchen, klagen ebenfalls darüber. Um es offen zu sagen, totale Unfähigkeit, zum Orgasmus zu kommen, ist eine Schwierigkeit, mit der sich professionelle Therapeuten nicht sonderlich gut auskennen. Auch wenn laut Theorie im allgemeinen Angst als einer der Hauptgründe für den Orgasmusmangel gilt, so sind doch unter den Patienten, die über dieses Problem klagen, sowohl solche, die nur wenigen sexuellen Hemmungen ausgesetzt sind, wie auch solche, die rigide Vorstellungen über die Schmutzigkeit und Immoralität der Sexualität haben, wie schließlich auch jene Psychotiker, die unter der Wahnvorstellung leiden, andere Menschen übertrügen schlimme sexuelle Wünsche auf sie und Gott werde uns allesamt dafür bestrafen, daß wir an sexuellen Dingen unseren Spaß haben.

Sie sehen daran, daß die Gründe für einen totalen Orgasmusmangel sich von Mensch zu Mensch erheblich unterscheiden können.

Vielleicht kümmern Sie sich beispielsweise nicht sonderlich um einige Aspekte der Sexualität. Zuweilen geraten Sie ins Schwitzen und Zittern, sind übelriechend und müde, Sie fühlen sich naß und schmutzig, würdelos, schwach und verletzlich, Sie geben Samen oder lassen sich Samen geben und setzen sich gewöhnlich der Gefahr aus, schwanger zu werden oder jemand anders schwanger zu machen. Es ist schwierig, sich sexuell zu betätigen, ohne daß so etwas geschieht. Solche Dinge bestimmen, wo es lang geht. Wie Sie sich selbst fühlen – also Ihr Selbstbild – und was Ihnen angenehm ist, das ist genauso wichtig wie irgendeine gelernte Angst, unter der Sie leiden. Wenn Ihnen eine dieser regelmäßig eintretenden Folgen sexueller Tätigkeit zuwider ist, wird sie auf Ihr autonomes Nervensystem als Hemmung wirken und Ihre Empfindungen abschalten, und wenn dies geschieht, werden Sie nicht zum Orgasmus kommen, auch wenn Sie allein masturbieren.

Ihr sexuelles Retraining-Programm soll Ihnen dazu verhelfen, daß Sie sich daran orientieren, jede gelernte Angst, die Sie haben mögen, zu mildern. Auch sollen Sie lernen, zu mögen, was Sie tun, oder mehr Dinge zu entdecken, die Sie mögen. Um dahin zu gelangen, müssen Sie sich daran orientieren, was sich bei der Sexualität abspielt. Damit Sie diese beiden Ziele erreichen, benutzen Sie die Informationen und die den Orientierungsreflex betreffenden Anregungen der folgenden Lernstufen.

1. Sie können mit einem Sexualpartner viel besser voll orgasmusfähig werden, wenn Sie zunächst einmal selbst orgasmusfähig sind. Das heißt Masturbation, sexuelle Stimulierung. Wenn Sie etwas gegen Masturbation haben, fragen Sie sich nach dem Grund. Liegt er in der Einstellung Ihrer Eltern gegenüber diesem Verhalten? Den meisten klinischen Fallgeschichten mit sexuellen Schwierigkeiten liegt Bestrafung von Masturbation als frühes Trauma zugrunde. Und im Gegensatz zu den meisten Dingen, die Eltern denken und ihren Kindern beibringen, sind viele Neurologen der Auffassung, daß Sexualspiele vor dem Alter von sechs Jahren eine wohltuende Wirkung auf das Hirnwachstum ausüben, das seinerseits ein gesundes, normales Sexualleben im Erwachsenenalter ermöglicht. Wenn man also den Experten glauben kann, dann ist Sex vor sechs gut für den Menschen. Nach sechs macht es nur Spaß.

2. Erkunden Sie verschiedene Sexualphantasien und orientieren Sie sich an ihnen. Tun Sie dies zunächst ohne zu masturbieren. Haben Sie Angst davor, weil Sie an Ihrem Sexualverlangen irgendeine merkwürdige, verspannte Seite entdecken könnten? Vielleicht erregen Sie sich in der Phantasie an einer Szene oder einer Handlung, vor denen Sie im wirklichen Leben erstarren würden. Phantasieren Sie ruhig darauf los, wie es Ihnen gefällt. Nehmen Sie diesen Rat von einem alten und erfahrenen Kliniker. Sie brauchen ja Ihre Phantasien nicht auszuagieren. Wir haben so häufig mit Patienten zu tun, die ihre Impulse unnötigerweise kontrollieren, daß dagegen die Fälle von Kontrollverlust zur Bedeutungslosigkeit schrumpfen. Erregung durch Phantasien ist ein verläßlicher Weg, den sexuellen Orientierungsreflex auszulösen. Nun, wenn Sie zum erstenmal Ihre Phantasien ausprobieren, mögen Sie sich vielleicht sagen: »Das soll ich tun? Das ist ja ekelhaft.« Sicher, es mag intellektuell gesehen ekelhaft sein, doch es kann Ihr autonomes Nervensystem auch dazu veranlassen, Ihren Sexualapparat in Gang zu setzen. Sehr häufig benutzen wir *Verleugnung* dazu, entweder die Angst oder die Schuldgefühle zu vermeiden, die mit den wahren Tatsachen einer Situation einhergehen. Statt diese Emotionen zu erleben, schiebt unser Intellekt sie sofort beiseite, ohne die Situation wirklich zu erkunden.

Gestatten Sie zwar Ihrer Abneigung, sich zu äußern, doch geben Sie auch Ihrem sexuellen Orientierungsreflex Zeit zu zeigen, wie er sich verhält. Erkunden Sie in der Privatheit und dem Behagen Ihrer persönlichen Phantasien, was Sie erregt, und benutzen Sie dann Ihre sexuelle Erregung, um sich bis zum Orgasmus zu stimulieren.

Für das sexuelle Phantasieren gibt es freilich Hilfen. Bilder von nackten oder sexuell attraktiven Partnern sind hilfreich, ebenso pornographische Magazine oder Romane. Selbst nur milde Pornographie wie in mittelalterlichen Liebesgeschichten kann Ihnen eine Hilfe sein, sofern Sie dafür etwas übrig haben. Versagen Sie sich solche Hilfsquellen nicht. Wenn Sie aus ästhetischen oder weltanschaulichen Gründen keine Pornographie mögen, brauchen Sie sich ja nicht damit beschäftigen, allerdings erst nachdem Sie in der Lage sind, regelmäßig zum Orgasmus zu kommen.

Als Frau besitzen Sie vier unmittelbare Quellen sexueller Stimulierung im Vaginalbereich: die Ränder der Schamlippen, die Klitoris am oberen Ende der kleinen Schamlippen (bauchaufwärts), die Nervenenden an den Vaginalwänden selbst und die entsprechenden Nervenenden an den Wänden des Dickdarms. Die vaginalen Nervenenden sind an zwei Stellen konzentriert, jedes etwa so groß wie das Ende Ihres kleinen Fingers. Sie liegen etwa im ersten Drittel der Vagina, und zwar in einer Position, die der von 4 und der von 8 Uhr entspricht, wenn man das obere Ende (bauchaufwärts) als 12 Uhr annimmt. Manche Frauen haben einen dritten Nerventrakt, der in der 12-Uhr-Position liegt. Prüfen Sie die dort entstehenden Empfindungen, indem Sie jeden der Bereiche mit Ihren Fingern stimulieren. Um diese Stellen zu finden, führen Sie Ihre Finger – oder einen weichen Gegenstand – in die Vagina und lassen Sie hin und hergleiten, während Sie allmählich tiefer eindringen. Zuerst werden Sie einen Hügel oder Damm spüren. Das ist der Vaginalsphinkter oder der Schließmuskel, der die Vagina schließt. Achten Sie auf Ihre Empfindungen, wenn Sie mit Ihrem Finger über den Damm der Vagina streichen. Wenn die Empfindungen sich abrupt ändern, haben Sie eines der Enden des sexuellen Nerventraktes berührt. Vielleicht verspüren Sie den Wunsch, das gleiche bei den Nervenendkörperchen im Dickdarm zu tun. Auch wenn der Orgasmus im allgemeinen durch Stimulierung eines oder aller der genannten Nervenenden erreicht wird, so tragen beim Analverkehr die analen Nervenendkörperchen bei Frauen wie bei homosexuellen Männern zum Orgasmus bei.

3. Orientieren Sie sich an dem, was Sie tun, um sich sexuell zu

stimulieren. Erkunden Sie experimentierend die Empfindungen, die auftreten, wenn Sie Ihre sexuellen Gefühle auf verschiedene Weise erregen und während der Masturbation aufrechterhalten. Wenn Sie sich noch nicht auskennen oder ungeschickt sind, besorgen Sie sich einige der vielen sexuellen Ratgeber, die zur Zeit auf dem Markt sind. Von diesen Ratgebern gibt es eine wahre Flut, und sie geben alle möglichen Ratschläge, wie man sich auf die unterschiedlichste Weise stimulieren kann. Eines der besten, die ich kenne, ist *Making Love* von Patricia Raley (The Dial Press, New York 1976). Machen Sie sich mit der Verwendung mechanischer Stimulierungshilfen vertraut. Phallusartige Vibratoren oder solche, die über die Hand zu streifen sind, sind einfach zu handhaben. Wenn Sie für die Verwendung solcher mechanischer Hilfen nichts übrig haben, ist das durchaus in Ordnung, doch benutzen Sie sie trotzdem, solange Ihre Orgasmusfähigkeit nicht stabil ist. Anschließend können Sie ja darauf verzichten.

4. Wählen Sie sich für sexuelle Aktivität Zeit und Ort, die Ihnen persönlich zusagen. Wenn Sie sich abgelenkt fühlen, geben Sie den gewählten Zeitpunkt auf und versuchen Sie einen anderen, an dem es Ihnen leichter fällt. Zunächst einmal machen Sie die Sexualität zu einer völlig privaten Angelegenheit, auch wenn Sie dem Exhibitionismus zuneigen. Nehmen Sie Ihre Mami oder ihren psychischen Ersatz nicht mit in Ihr Schlafzimmer. Sorgen Sie dafür, daß Sie sich behaglich fühlen, wenn Sie masturbieren. Meiden Sie kalte Orte. Sexualität scheint in wärmerem, feuchtem Klima besser zu gedeihen. Wenn Sie das Dunkle lieben, ziehen Sie tagsüber die Rolläden herab oder drehen Sie in der Nacht das Licht aus. Auf keinen Fall sollten Sie fernsehen oder Radio hören, wenn Sie sich sexuell betätigen. Programmieren Sie sich nicht auf einen festen Zeitplan: also etwas Selbststimulierung am Montag, Mittwoch und Freitag, jeweils um 16 Uhr. Erwerben Sie soviel Praxis in Sexualität, wie Sie können, doch widmen Sie

sich ihr mehr, wenn die Stimmung Sie dazu treibt. Sie können sich durch einfache Masturbation nicht verletzen, aber vielleicht sind Ihre Genitalien für ein, zwei Tage wund, wenn Sie es exzessiv treiben.

5. Masturbieren Sie nicht nur mit den Genitalien. Benutzen Sie Ihren ganzen Körper als Stimulierungsquelle. Nehmen Sie sich die Zeit, sich an Empfindungen zu orientieren, die Sie verspüren, wenn Sie andere Teile Ihrer Anatomie berühren. Sie spüren gern einen Vibrator auf Ihrem Bauch? Großartig. Tun Sie es, wenn Sie masturbieren. Haben Sie angenehmere Gefühle, wenn Sie Ihre Beine und Ihren Hintern bewegen? Gut. Tun Sie auch das, während Sie masturbieren. Schwitzen Sie beim Masturbieren reichlich? Wenn ja, streichen Sie mit der Hand über Ihren schwitzenden Körper. Achten Sie darauf, ob dies sinnlicher ist, als wenn Ihre Haut trocken ist. Prüfen Sie Ihren Atem. Geht er schneller oder langsamer, wenn Sie bestimmte Dinge tun? Schnelleres Atmen heißt im allgemeinen stärkere Erregung. Geben Sie gelegentlich kurze Atemstöße von sich? Auch das heißt im allgemeinen mehr Erregung. Atmen Sie schnell und in Stößen und orientieren Sie sich an den Geräuschen, die Sie von sich geben. Das ist ein guter Weg, sexuelle Geräusche allmählich zu mögen, und auf diese Weise läßt sich Ihr nächster Sexualpartner ebenfalls leicht erregen.
6. Am wichtigsten jedoch, denken Sie daran, daß Sex nicht nur eine Angelegenheit ist, die man erleben, sondern die man auch genießen sollte. So unterscheidet sich das Therapieverfahren auch ein wenig von dem zur Beseitigung anderer Phobien. Sie möchten nicht nur schlicht nicht-phobisch in Sachen Sex werden, Sie möchten vielmehr ein Liebhaber von Sex werden. Orientieren Sie sich also dabei *nur an körperlichen und sexuellen Gefühlen.* Denken Sie nicht über die *Menschenrechte* und über *Krieg und Frieden* nach und lassen Sie den Dow-Jones-Indes oder Ihre letzte Rechenaufgabe aus dem Spiel. Konzentrieren Sie Ihre Aufmerksamkeit nur

auf sexuell relevante Dinge, konzentrieren Sie sie – allerdings ohne daraus eine Pflichtübung zu machen – auf die Empfindungen, die das Masturbieren und die sexuellen Phantasien bei Ihnen auslösen.
Wenn Sie die Angewohnheit haben, sich während sexueller Betätigung an anderen Dingen zu orientieren, dann mildern Sie damit vielleicht Ihre Angst- und Schuldgefühle und fühlen sich daher wohler, doch es ist wenig wahrscheinlich, daß Sie dadurch zu ausreichend starker Erregung kommen, um zum Orgasmus zu gelangen. Achten Sie nur auf Ihre Körpergefühle – die sexuelle Gestimmtheit, die Gänsehaut auf Armen und Beinen, das sexuelle Hitzegefühl in Gesicht und Nacken, die aufgerichteten Brustwarzen (bei Männern wie bei Frauen), das Spannungsgefühl in Beinen und Hüften, fühlen Sie das Bett, die Couch oder das Bärenfell, wie sie sich gegen Ihren Rücken und Ihren Hintern schmiegen – und sonst gar nichts.
Stellen Sie für die Befolgung dieser allgemeinen Instruktionen ein Programm auf. All dies zu tun, braucht seine Zeit. Beginnen Sie in aller Ruhe und Gemächlichkeit und versuchen Sie nicht die Geduld zu verlieren. Geben Sie sich viel Spielraum und verlangen Sie nicht sofortige Resultate von sich. Der Erfolg wird sich viel schneller einstellen, wenn Sie sich nicht das frustrierende Ziel setzen: »Ich muß es jetzt schaffen!« Denken Sie daran, daß Verhaltenstherapie und Orientierung keine Helden und Heldinnen erfordern. Alles, was dazu notwendig ist, sind gute Prozente und Gewinne. Wenn Sie Gefühle und Verhaltensweisen ändern wollen, denken Sie an das Verhaltensmotto: *Alles, was ich möchte, ist ein unrechtmäßiger Vorteil.*

Angst vor dem Sexualverkehr und Orgasmus-Programm

Dieses Programm ist in erster Linie für Frauen bestimmt, die beim Masturbieren regelmäßig zum Orgasmus kommen, die sich jedoch bei einem Sexualpartner für »frigide« halten. Wie das *präorgasmische Programm* ist es im Grunde ein masturbatorisches, doch hier wird allmählich ein potentieller Sexualpartner hinzugezogen. Das Programm soll die Probleme von Frauen beseitigen und ist gedacht als Vorstufe zum orgasmischen Verkehr mit einem Ehemann oder Liebhaber, denn Sexualangst, die in Gegenwart eines anderen Menschen auftritt, ist mit höchster Wahrscheinlichkeit die Hauptursache in 70 Prozent aller Fälle, in denen Frauen zwar durch Masturbation zum Orgasmus kommen, aber nicht mit Sexualpartnern.

Das sexuelle Trainingsprogramm gliedert sich in zwei Teile: erstens in das *Vaginismus-Programm* und zweitens in das Programm zur Erreichung des *gemeinsamen Orgasmus.* Wenn Sie unter Vaginismus und/oder Unfähigkeit zum gemeinsamen Orgasmus leiden, verwenden Sie zur Reduzierung Ihrer Sexualängste beide Programme, am besten das gegen den Vaginismus zuerst und dann das zur Behebung der Unfähigkeit zum gemeinsamen Orgasmus.

Beseitigung von Vaginalverkrampfungen, die den Sexualverkehr unmöglich machen

Der wissenschaftliche Begriff Vaginismus bezeichnet das nicht vom Willen gesteuerte Zusammenziehen des Ringmuskels am Eingang zur Vagina (des Vaginalschließmuskels) immer dann, wenn ein Gegenstand einzudringen versucht. Wenn Sie feststellen, daß dies geschieht, wenn Sie irgend etwas in Ihre Vagina einführen wollen, dann haben Sie einen »lokalen konditionierten Muskelreflex«. Nun, vor diesem Begriff sollte man nicht noch mehr in Angst geraten. Die verhaltenstherapeutische Behandlung des Vaginismus ist ziemlich kurz und ziemlich erfolgreich. Ich selbst habe nie von einem Fehlschlag gehört, mit Ausnahme von solchen Fällen, in denen die Patientin sich ihrem Partner verweigert, weil sie nicht mit ihm verkehren möchte.

Vaginismus wird häufig von schmerzhaftem Sexualverkehr hervorgerufen, also wenn Infektionen, Muskelrisse, das Jungfernhäutchen oder enge Vaginalöffnung zu Schmerzen führen, und in solchen Fällen besteht die unwillentliche Reaktion in einem starken Zusammenziehen des Vaginalschließmuskels. Bei mehrmaligem schmerzhaften Verkehr kann gelernter Vaginismus die Folge sein. Manche Frauen, die unter diesem Problem leiden, erklären auf Befragen, ihr Vaginalschließmuskel zeichne sich nicht durch sonderliche Unterscheidungsgabe aus. Zu dem Unterschied zwischen einem erigierten Penis, der Einlaß begehre, und dem Zeigefinger der Frau »fällt ihm nichts ein«. Er weise beide zurück.

Dieser Zustand ist ganz offensichtlich keine Sexualhemmung infolge von Naivität, Sittsamkeit, Ablehnung oder irgendeiner anderen psychischen Einstellung gegenüber der Sexualität. Es handelt sich dabei vielmehr um einen konditionierten Reflex, der sich der gedanklichen Kontrolle entzieht; er ist vergleichbar dem Augentick, der sich im psychologischen Laboratorium mit Hilfe eines Luftzugs konditionieren läßt, oder der Rückzugsbewegung des Fingers nach schwachen Stromstößen. Mit einem konditionierten Muskelreflex dieser Art ist der Sexualverkehr zwischen Mann und Frau unmöglich.

Um den Vaginismus zu beseitigen, werden Sie zunächst dazu kommen müssen, das Spannen und Entspannen eines Muskels zu kontrollieren, der sich von den Pubes, der Schamgegend, zu dem Coccyx, dem Steißbein, erstreckt. Dazu gehören die Schließmuskeln, welche die drei Körperöffnungen in diesem Bereich öffnen und schließen: die Harnröhre, die Vagina und der Anus.

Die entsprechende Muskelübung ist einfach. Orientieren Sie sich an den Empfindungen, die von dem Muskel ausgehen, wenn Sie urinieren. Achten Sie darauf, was Sie tun, um den Blasenschließmuskel zu entspannen, wenn Sie urinieren wollen. Wenn Sie auf dem Klo sitzen, üben Sie, den Urinfluß anzuhalten, bis Sie in der Lage sind, ihn je nach Wunsch zu unterbrechen. Anschließend üben Sie über mehrere Wochen hin dann und wann tagsüber die gleiche Muskelanspannung und -entspannung, wenn Sie keinen Urin lassen müssen.

Diese Übung bringt Ihnen zweierlei. Sie gewinnen dadurch eine gewisse Willenskontrolle über Ihren Vaginalschließmuskel, so daß Sie für den Fall, daß er sich gegen Ihren Willen schließt, die Möglichkeit haben, ihm zu einem weniger verkrampften Zustand zu verhelfen. Wenn der Scham-Steiß-Muskel (SS-Muskel) *teilweise entspannt* ist, kann auch dieser Zustand mit dazu beitragen, daß Sie Schwierigkeiten haben, während des Sexualverkehrs zum Orgasmus zu gelangen. Der SS-Muskel arbeitet wie der Herzmuskel. Außer wenn Sie ihn entspannen, ist er zusammengezogen und hält Ihr ganzes Leben lang die Vaginal-, die Urethral- und die Analöffnung täglich vierundzwanzig Stunden geschlossen. Gründe für einen teilweise entspannten SS-Muskel können unzulängliche Reinlichkeitserziehung in der Kindheit oder auch körperliche Verletzungen während der Geburtswehen sein, bei denen die inneren Vaginalmuskeln gespannt, gedehnt oder zerrissen werden. Wenn die inneren Vaginalmuskeln entspannt sind, haben die Endungen der Sinnesnerven wenig Kontakt zum Penis und vermögen so die Frau nur wenig zu erregen oder zu stimulieren. Manche Frauen, die bei entspanntem SS-Muskel nicht zum Orgasmus gekommen sind, berichteten von befriedigenden Orgasmen, nachdem sie durch die Übung des Urinanhaltens den Tonus (Spannung) ihres SS-Muskels verstärkt hatten.

Wenn Sie das Gefühl haben, Sie könnten das Anspannen und Entspannen Ihres Scham-Steiß-Muskels einigermaßen kontrollieren, wenden Sie sich dem nächsten Schritt des Trainingsprogramms zur Behebung des Vaginismus zu.

Besorgen Sie sich für diesen Programmteil eine Reihe von

Kerzen, Eßstäbchen, Dübeln usw., deren Größe von der einer Geburtstagstortenkerze bis zum Penisdurchmesser reicht. Als größter Gegenstand eignet sich vorzüglich ein phallusartiger Vibrator. Fangen Sie mit der Geburtstagskerze an. Legen Sie sich dabei entspannt auf Ihr Bett und führen Sie die Kerze in Ihre Vaginalöffnung ein. Wenn Sie feststellen, daß Sie auch mit einem solch kleinen Stimulus nicht eindringen können, legen Sie sich zurück und gehen Sie Ihre SS-Muskel-Übung durch. Wenn möglich, versuchen Sie die Anspannung Ihres Vaginalschließmuskels zu verstärken, über die übliche Stärke hinaus, mit der sich der Muskel zusammenzieht, wenn Sie einen Gegenstand einzuführen versuchen. Wiederholen Sie dies mehrere Male und konzentrieren Sie sich dabei auf die von Ihrem Vaginalmuskel kommenden Empfindungen. Spannen Sie den Muskel stark an und entspannen Sie ihn dann. Nach einigen Übungen wird sich der Vaginalmuskel mit einiger Wahrscheinlichkeit entspannen, wenn Sie sich entspannen. Versuchen Sie dann erneut die Geburtstagskerze einzuführen. Wiederholen Sie diese Prozedur so viele Male, wie nötig, bis der SS-Muskel sich nicht mehr automatisch zusammenzieht, wenn Sie die Geburtstagskerze einführen. Nehmen Sie dann das nächst größere Hilfsgerät, das etwa die Dicke eines Eßstäbchens hat. Wiederholen Sie die ganze Prozedur, wie Sie sie bei der Geburtstagskerze absolviert haben, bis der SS-Muskel sich nicht mehr automatisch zusammenzieht, wenn Sie das Eßstäbchen einführen. Nehmen Sie dann Ihren Finger als nächstes Hilfsmittel und gehen Sie auch damit die ganze Übung durch. Wählen Sie nach jedem Übungsschritt einen größeren Gegenstand, bis Sie den phallusartigen Vibrator einführen können.

Dieser Teil des Programms dauert unter Umständen, abhängig davon, wie schwer die Vaginalverkrampfungen sind, drei Wochen, bei einem täglichen Training von fünfzehn Minuten. Wenn Sie diese Übungen hinter sich haben, gehen Sie zum Programm gegen die Angst vor gemeinsamem Orgasmus über.

Milderung der Angst in Gegenwart eines Sexualpartners

Viele von uns können mit einem Sexualpartner nicht zum Orgasmus kommen, weil sie unter angelernter Angst leiden und es ablehnen, mit einem anderen Menschen über private Dinge zu reden. Es scheint, daß sich viele von uns noch immer von der in früheren Zeiten geübten Zurückhaltung leiten und hemmen lassen.

Während wir nichts dabei finden, ins Schwitzen zu geraten, mit glasigen Augen schwer zu atmen und uns in unkontrollierter Weise hin und herzuwerfen, wenn wir allein sind, glauben wir, uns ein solches Verhalten gegenüber, unter oder über jemandem nicht erlauben zu dürfen. Für diesen Programmteil ist folglich entscheidend, allmählich einen Sexualpartner in eine Situation einzubeziehen, in der Sie bereits mit Erfolg zum Orgasmus kommen, und zwar durch Masturbation. Und bei dieser allmählichen Einführung eines Sexualpartners orientieren Sie sich weiterhin an den von Ihrer Selbststimulierung ausgelösten Empfindungen sexueller Erregung und kümmern sich nicht darum, was Ihr möglicher Sexualpartner denken, fühlen oder sich vorstellen mag.

Das Programm ist einfach, von grundlegender Bedeutung und beansprucht nur wenig Zeit. Alles, was Sie tun müssen, ist:

1. Masturbieren Sie mehrere Male bis zum Orgasmus und lassen Sie dabei nach und nach einen potentiellen Sexualpartner in den Raum kommen, in dem Sie sich befinden.
2. Während der Masturbation orientieren Sie sich ausschließlich an Ihren eigenen sexuellen Stimulierungen und Empfindungen und ignorieren dabei so weit wie möglich Ihren potentiellen Sexualpartner. Beschäftigen Sie sich nicht damit, was er oder sie denken und fühlen mögen.
3. Benutzen Sie all die Techniken der Masturbation, die Sie mögen, oder benutzen Sie solche Techniken, die Sie bei Ihrem präorgasmischen Programm gelernt haben.

Bei der Einführung Ihres Angst-Agenten, nämlich Ihres potentiellen Sexualpartners, kommt es entscheidend darauf an, daß dies allmählich, Schritt für Schritt geschieht. Versuchen Sie sich an folgende Sitzungsabfolge zu halten:

1. Legen Sie sich nackt aufs Bett und masturbieren Sie, während der vollständig angekleidete Sexualpartner sich bei geschlossener Tür außerhalb des Raumes aufhält.
2. Bei halb offener Tür, während der Partner nicht zuschaut.
3. Bei ganz offener Tür, während der Partner nicht zuschaut.
4. Während der Partner im Türrahmen steht und nicht zuschaut.
5. Während der Partner am Fußende des Bettes steht und nicht zuschaut.
6. Während Sie bekleidet sind und der Partner zuschaut.
7. Während Sie nackt sind.
8. Während der Partner neben dem Bett sitzt.
9. Während der Partner auf dem Bett sitzt, Ihre Hand hält und Ihre Schulter leicht massiert.
10. Während der Partner mit Ihnen auf dem Bett liegt.

Wenn Sie bei einem Schritt Schwierigkeiten haben, sagen wir beispielsweise bei Schritt sechs, wenn Ihr Partner am Fußende des Bettes steht und Ihnen zuschaut, kehren Sie zu Schritt fünf zurück, bei dem Sie zuvor zum Orgasmus gekommen sind und bei dem Ihr Partner nicht zugeschaut hat. Wiederholen Sie den früheren Schritt zweimal und versuchen Sie dann den nächsten noch einmal. Vielleicht werden Sie feststellen, daß Sie während des gesamten Programms zwei Schritte vorwärts und einen zurück tun müssen. Das ist völlig in Ordnung. Die meisten Leute durchlaufen Verhaltensprogramme genau in dieser Weise. Versuchen Sie zwei Sitzungen auf den Tag zu legen: eine auf den Morgen und eine auf den Abend, und geben Sie Ihrem Nervensystem eine Verschnaufpause zwischen den Orgasmen.

Wenn Sie das Programm bis Schritt zehn durchlaufen haben, wiederholen Sie die ganze Prozedur, doch diesmal während Sie beide nackt sind, und zwar bei allen Schritten. Eine Vorsichtsmaßnahme: erklären Sie Ihrem möglichen Sexualpartner, daß

Sie mit ihm oder ihr während des gesamten Trainings keinen Sexualverkehr haben werden und daß sich der sexuelle Kontakt auf den in jedem Programm beschriebenen beschränken wird. Ihr Partner muß kooperativ sein, oder das Programm wird Ihnen wenig dabei helfen, zu einem gemeinsamen Orgasmus zu kommen. Wenn Sie beide Teile des Programms beendet haben, gehen Sie zu den restlichen Abschnitten über, die Sie betreffen.

Ein Sexualprogramm mit Ihrem Partner

Im Handbuch der deutschen Armee über die Feldküche lautet der Eingangssatz des ersten Rezepts: »Erbeute zunächst eine Feldküche . . .« Die Eingangserklärung dieses Programms lautet ähnlich: Vergewissern Sie sich zunächst der Dienstleistungen eines kooperativen Partners. Dieser Partner sollte unbedingt sexuell attraktiv auf Sie wirken. Ohne diese Eigenschaft führt das ganze zu nichts. Er oder sie muß auch Ihr Freund(in) sein. Das mag bei Liebhabern schwierig sein, doch für dieses Programm ist es notwendig, wenn es für Sie von Nutzen sein soll. Wenn Ihr Partner in erster Linie an seiner oder ihrer Befriedigung interessiert ist, suchen Sie sich einen anderen. Desgleichen, wenn Sie feststellen, daß Sie in Gegenwart Ihres Partners ständig nervös sind. Zumindest während dieses Programms müssen Ihre sexuellen Bedürfnisse befriedigt werden. Die Wünsche Ihres Partners sind bei diesem Programm ohne Bedeutung. Wenn Sie sein oder ihr einziges Sexualobjekt sind, kann Ihr Partner sich dadurch entspannen, daß er allein masturbiert. Einige Streicheleinheiten und dann und wann ein wenig Spaß sollten Sie Ihrem Partner ruhig gönnen, doch machen Sie ihm nachdrücklich klar, daß zu viele Feldköche den Brei verderben. Es ist zwar ein gemeinsames Programm, doch Sie sind der Chef, und je nach Ihren augenblicklichen Bedürfnissen bestimmen Sie an erster Stelle, was gemacht werden soll. Nachdem Sie Ihr gemeinsames Ziel, nämlich *Ihre* volle

Funktionsfähigkeit erreicht haben, können Sie sich immer noch darüber unterhalten, wer bei wem was und in welcher Weise tut.

Orientierung an Körperberührung

Schritt eins für Männer und Frauen: Bei der Praxis der Orientierung an sexuellen Dingen mit einem Partner halten Sie sich an das von Masters und Johnson entwickelte Verfahren der sogenannten *sensorischen Fokussierung (Impotenz und Anorgasmie; Zur Therapie funktioneller Sexualstörungen,* Goverts Krüger Stahlberg Verlag, Frankfurt am Main 1973). Dabei sind Sie und Ihr Partner nackt. Rücken Sie das Bett gegen eine Wand, wo Sie Halt finden können. Dann setzen Sie sich so hin, als säßen Sie beide auf einem Schlitten, wobei Sie vorn sitzen, zwischen den Knien Ihres Partners. Lehnen Sie sich mit dem Rücken gegen die Brust Ihres Partners und legen Sie seine Arme um sich. Nehmen Sie seine (oder ihre) Hand und führen Sie sie über verschiedene Teile Ihres Körpers. Orientieren Sie sich an den Gefühlen, die diese Berührung in Ihrer Haut auslöst. Experimentieren Sie mit diesen Berührungen und sagen Sie Ihrem Partner, wo er Sie berühren soll, wieviel, auf welche Weise und wie lange. Tun Sie dies jeweils fünfzehn Minuten lang mit verschiedenen Körperteilen. Konzentrieren Sie sich dann auf die sexuelle Stimulierung der Genitalien, der Brüste und des Gesäßes, wobei Sie ebenfalls die Methode des Handführens anwenden. Orientieren Sie sich an diesen sexuellen Empfindungen und variieren Sie die Art und Weise, wie Sie Ihren Partner führen. Versuchen Sie dadurch die gleiche Kontrolle über Ihre Erregung zu bekommen, wie Sie es bereits bei der Selbststimulierung getan haben. Am wichtigsten ist jedoch, daß Sie auf Ihre eigenen Empfindungen achten und nicht auf die Gedanken oder Gefühle Ihres Partners.

Schritt zwei für Frauen: Lassen Sie Ihren Partner sich flach auf den Rücken legen. Knien Sie sich dann über ihn, so daß sein erigiertes Glied gegen die Schamhaare Ihres Unterleibs liegt. Lehnen Sie sich nach vorn und lassen Sie ihn die Teile Ihres Körpers streicheln, wie Sie es ihm vorher gezeigt haben. Heben Sie Ihre Hüften an, lassen Sie den Penis durch die Schamlippen und zur Klitoris gleiten, bis Sie das Fließen der vaginalen Lubrikation spüren können. Wenn Sie naß sind, ist der Erregungszustand eingetreten. Achten Sie auf die Empfindungen, die bei dieser Stimulierung auftreten. Atmen Sie ruhig. Wenn das nicht geht, versuchen Sie ihn nicht zu regulieren.

Führen Sie die Penisspitze langsam in die Vaginalöffnung ein. Lehnen Sie sich zurück, so daß der Penis Sie leicht penetrieren kann, dann beugen Sie sich wieder nach vorn, bis er sich wieder an der Vaginalöffnung befindet. Lehnen Sie sich wieder zurück und lassen Sie den Penis tiefer penetrieren, und beugen Sie sich anschließend wieder nach vorn, bis der Penis fast wieder draußen ist. Wiederholen Sie diese Bewegung langsam und immer wieder und lassen Sie dabei den Penis tiefer eindringen. Achten Sie während dieser wiegenden Bewegung auf die Empfindungen, die dabei auftreten. Wenn Sie feststellen, daß die Empfindungen in der Klitoris nur gering sind, können Sie Ihre Position vorwärts, rückwärts oder seitlich verändern, um Ihre Stimulierung zu verstärken. Unter Umständen finden Sie heraus, daß Sie eine maximale Stimulierung erreichen, wenn Sie sich auf die Oberarme Ihres Partners aufstützen, die Hüften nach unten drücken, bis zur maximalen Penetration, und dann sacht nach vorn und zurück – stärker zurück als nach vorn – schaukeln, um auf diese Weise den besten mechanischen Kontakt zwischen Penis, Schamhügel und dem oberen Bereich der Schamlippen zu gewährleisten.

Zweck dieses Schritts ist nicht, daß Sie Sexualverkehr haben, sondern daß Sie trainieren, sich an den verschiedenen Empfindungen zu orientieren, die von den einzelnen Beckenbewegungen hervorgerufen werden, von Bewegungen also, die Sie dazu benutzen können, um den Kontakt zwischen Ihrem Vaginalbereich und dem erigierten Penis Ihres Partners zu verändern. Führen Sie diese Prozedur etliche Male durch, bis Sie dazu in der Lage sind, sich des männlichen Partners dazu zu bedienen, die gleichen Empfindungen in Ihnen auszulösen, die Sie bereits durch Masturbation erreichen. Wenn Sie dies praktizieren, tun Sie zweierlei gleichzeitig: Durch Orientierung an verschiedenen sexuellen Reizen verringern Sie einerseits Ihre Angst, und andererseits lernen Sie, wie Sie sich während des Sexualverkehrs maximal stimulieren können. Wenn Sie die Fertigkeit erwerben, sich während des Verkehrs genauso zu stimulieren wie während der Masturbation, werden Sie stärkere Kontrolle über Ihre Orgasmusquote erzielen. Dann können Sie und Ihr Partner Ihre eigene Methode herausfinden, wie Sie einander die sexuellen Bedürfnisse befriedigen können.

Wenn Sie die Fähigkeit erworben haben, in der Reitstellung zu Orgasmen zu kommen, werden Sie sicher den Wunsch verspüren, mit anderen Positionen zu experimentieren und sich auf die dadurch ausgelösten Empfindungen einzustellen, um sie optimal kontrollieren zu können. Ausführliche Anleitungen über Abwechslungen beim Sexualverkehr können Sie in folgenden Büchern finden: Masters und Johnson, *Impotenz und Anorgasmie*, Goverts Krüger Stahlberg, Frankfurt a. M. 1973; Alex Comfort, *Joy of Sex; Freude am Sex*, Ullstein, Frankfurt a. M., Berlin u. Wien 1976; und *More Joy of Sex; Noch mehr Freude am Sex*, Ullstein, Frankfurt a. M., Berlin u. Wien 1978.

Wie Sie weniger Angst wegen Ihrer Erektion oder wegen ihres Ausbleibens bekommen

Schritt zwei für Männer: Die Absicht dieser Übungen besteht darin, gelernte Angst zu reduzieren, die dazu führt, daß Sie Ihre Erektion verlieren oder vorzeitig ejakulieren. Wie ich bereits an früherer Stelle hervorgehoben habe, gehen Erektionsverlust und vorzeitige Ejakulation auf Angst zurück, die auf Ihr autonomes Nervensystem einwirken, das heißt, dafür sind nicht irgendein verborgener psychischer Mangel oder eine Charakterstörung verantwortlich. Für gewöhnlich sind die Gründe alles andere als geheimnisvoll; von Zeit zu Zeit sind sie vielleicht sogar nichts als die unmittelbare Folge Ihres wenig überlegten Entschlusses, es mit einer Frau zu treiben, kurz bevor ihr Mann zum Abendessen heimkommt. Die Angst kann vor langer Zeit oder auch erst kürzlich in Ihr Sexualleben eingetreten sein. Wenn Ihr Sexualproblem andauert, haben Sie es wahrscheinlich durch Ihre Erwartung zu versagen ausgebrütet und sich auf diese Weise in einen Angstzustand versetzt. Beim ersten Anzeichen von Rückgang der Penisschwellung steigt Ihre Angst auf und Ihre Erektion fällt zusammen. Was hätte verhindert, daß Ihre Angst auf diese Weise konditioniert wird? Alle Erlebnisse, die Ihnen gezeigt hätten, daß Sie die Erektion verlieren und innerhalb von Minuten wiedergewinnen können. Aus solchen Erlebnissen hätten Sie gelernt, daß man Erektionen nachgeworfen bekommt, daß sie spottbillig sind. Wenn Sie eine solche Erfahrung nicht gemacht haben, besteht der einfachste Weg, Ihre Furcht vor Erektionsverlust zu beseitigen, in der praktischen Übung, eine Erektion zu bekommen, sie zu verlieren und sie anschließend wiederzuerlangen, und zwar möglichst oft.

Bei der Übung sind Sie beide nackt und haben es sich bequem gemacht. Ihre Partnerin streichelt und neckt Ihren Penis – mit der Hand und/oder mit dem Mund –, bis er sich aufrichtet. Während sie das tut, *orientieren Sie sich an den Empfindungen, die Ihre Partnerin auslöst, und an dem Zustand Ihrer Erektion.* Und was tun Sie, wenn Sie eine Erektion bekommen? Sich aufrichten und einen Jubelschrei ausstoßen? Mitnichten! Vielmehr hört Ihre Partnerin auf, Sie zu stimulieren, sobald Sie eine volle Erektion haben. Sie legen sich beide zurück und sprechen über Fußball, Aktienkurse, das Wetter, die Politik oder sonst etwas. Sobald Sie durch Orientierung an nicht-sexuellen Dingen Ihre Erektion verloren haben, beginnt Ihre Partnerin die aufreizende Prozedur von neuem. Wiederholen Sie den Vorgang mindestens dreimal. Üben Sie dies einmal täglich rund eine Woche lang, oder bis Sie feststellen, daß Sie sich unbeirrt daran orientieren, wie sich das Streicheln und Zärtlichsein anfühlt, und Sie sich nicht mehr fragen, ob Sie eine Erektion haben, eine bekommen werden oder wie schnell Sie Ihre Erektion verlieren.

Wenn Sie während des Sexualverkehrs oder des Vorspiels vorzeitige Ejakulationen bekommen, wenden Sie die einfache Technik des Preßdrucks an, um sie aufzuhalten. Dazu müssen Sie sich an den Empfindungen orientieren, die vor der Ejakulation auftauchen, an der Spannung der Beckenmuskeln, an den Empfindungen in den Hoden und in den Eingeweiden usw. Achten Sie auf diese Gefühle, und wenn Sie mit einiger Sicherheit sagen können, daß Sie kurz vor der Ejakulation stehen, nehmen Sie Ihre Peniseichel zwischen Daumen und Zeigefinger, wobei der Daumen auf den oberen Eichelwulst, der Zeigefinger gegen die weiche Unterseite drückt. Drücken Sie fest zu. Das ist ein Reflexvorgang, der den Ejakulationsprozeß unterbricht, sofern er noch nicht begonnen hat, den Samen auszustoßen. Wenn dies doch der Fall ist, lockern Sie den Druck und lassen den Samen fließen. Das ganze ist so ähnlich, wie wenn Sie gegen Ihre Oberlippe drücken, um ein Niesen zu unterbinden. Zeigen Sie diese Technik Ihrer Partnerin und lassen Sie sie praktizieren. Sie kann sie dann während dieser und anderer Übungen anwenden, sobald Sie ihr sagen, daß Sie kurz vor der Ejakulation stehen.

Wenn Sie die Ziele in diesem Teil erreicht haben, gehen Sie zum nächsten Programmschritt über.

Schritt drei für Männer: Bei diesem Schritt geht es nicht darum, Sexualverkehr zu haben, sondern sich an sexueller Stimulierung zu orientieren, und zwar als Mittel zur Reduzierung gelernter Angst, zur Beibehaltung von Erregungs- und Plateauzuständen Ihres autonomen Nervensystems und zur Aufrechterhaltung einer Erektion.

Für diese Übung haben sich zwei Positionen als besonders hilfreich erwiesen. Bei der einen liegen Sie flach auf dem Rücken, während Ihre Partnerin rittlings über Ihnen kniet, und bei der anderen kniet Ihre Partnerin auf dem Bett, und Sie stehen hinter ihr und führen Ihr Glied von hinten ein. Die therapeutische Praxis hat gezeigt, daß die sogenannte Missionarsstellung, bei der der Mann auf der Frau liegt, sich am wenigsten eignet. Versuchen Sie abwechselnd die beiden vorher genannten Positionen und finden Sie heraus, welche die für Sie günstigste ist.

Gehen Sie noch einmal den letzten Schritt durch. Wenn Sie zum drittenmal eine Erektion bekommen, nehmen Sie die gewählte Stellung ein, und die Partnerin streichelt Ihren Penis mit den Schamlippen, bis die vaginale Lubrikation ausreicht. Dann führt sie Ihren Penis nur teilweise ein. Bei geringer Penetration bewegen Sie den Penis mit den Hüften in der Vagina hin und her. Achten Sie auf die Empfindungen, die Sie dabei verspüren. Führen Sie zehn Stöße aus, ziehen Sie den Penis dann heraus, und anschließend legen Sie sich beide zurück und entspannen sich, bis Ihre Erektion sich verloren hat. Dann reizt Ihre Partnerin Sie wieder auf, und Sie wiederholen die Prozedur, wobei Sie diesmal ein wenig tiefer eindringen. Ziehen Sie sich dann wieder zurück. Weiten Sie die Prozedur allmählich aus, bis Sie Ihren Penis jedesmal voll einführen. Konzentrieren Sie sich bei jedem Übungszyklus auf die Empfindungen, die Sie dabei verspüren, wenn Sie Ihren Penis rein- und rausbewegen, und nicht darauf, was Ihr Partner dabei fühlen mag. Wenn Sie zu irgendeinem Zeitpunkt die Erektion verlieren, hören Sie auf, legen Sie sich beide aufs Bett zurück, und sobald Ihre Erektion sich vollständig verloren hat, sollte Ihre Partnerin Sie wieder aufreizen. Dann führen Sie Ihr Glied nur so weit ein, wie Sie es getan haben, bevor es schlaff wurde. Wenn Sie spüren, daß Sie vorzeitig ejakulieren müssen, sagen Sie Ihrer Partnerin, wenn es geschehen will, und sie soll dann den Preßdruck anwenden, um die Ejakulation zu verhindern. Wiederholen Sie diesen Schritt und fügen Sie jedesmal zehn Stöße hinzu, bis Sie sechzig oder mehr Stöße vollführen können, ohne die Erektion zu verlieren, und Sie es sich zur Gewohnheit gemacht haben, sich an Ihren eigenen sexuellen Empfindungen und Erregungen zu orientieren. Danach verkehren Sie bis zum Orgasmus. Wiederholen Sie den Sexualakt für rund eine Woche. Dann können Sie und Ihre Partnerin damit beginnen, sich darüber zu unterhalten, was Ihre individuellen Bedürfnisse befriedigt.

Diese auf den Orientierungsreflex zielenden sexuellen Trainingsprogramme beruhen allesamt auf der Vorstellung, daß Ihre gelernte Angst gegenüber der Sexualität etwas zu tun hat mit *dem Sexualakt, dem Vorspiel, dem Partner, den Sie wählen, damit, wie Sie sexuell reagieren, usw.* Das Programm geht davon aus, daß die Stimuli, die Sie gegenüber der Sexualität phobisch machen, in diesem Komplex sexueller Dinge beschlossen sind, die Sie tun und die Sie mit sich geschehen lassen. Wenn Sie feststellen, daß Sie mit der Anwendung der auf dem Orientierungsreflex basierenden Methoden wenig Glück bei der Beseitigung Ihres Angstproblems haben, dann sollten Sie sich überlegen, ob Sie sich nicht besser um Rat an einen professionellen Therapeuten wenden, der vielleicht in der Lage ist, die tatsächliche Quelle Ihrer Angst herauszufinden. Die Angst kann beispielsweise durch die Vorstellung hervorgerufen werden, daß von Ihnen verlangt werde, eine persönliche Bindung irgendeiner Art einzugehen oder auf sich zu nehmen, wenn Sie einen Orgasmus haben und tatsächliche sexuelle

Beziehungen mit Ihrer Partnerin eingehen wollen. Dieses oder ein anderes privates Gefühl dieser Art verursachen unter Umständen Angst, die mit dem, was während des Sexualverkehrs vor sich geht, nicht direkt zu tun hat, die aber trotzdem Ihre Probleme hervorruft. Diese Arten von Gefühlen sind durch die hier verwandten Verhaltensmethoden nicht unmittelbar zu behandeln, weil die Quelle der Angst – zu einer Verpflichtung genötigt werden – abstrakt ist. Auf eine abstrakte Ursache von Angst während der Sexualität können wir nicht wirklich hinweisen und behaupten, diese *Stimuli* sind es, auf die Sie ängstlich reagieren, so lassen Sie uns *dies, dies und dies tun, um sie zu rekonditionieren.* Wenn Sie feststellen, daß dies bei Ihnen der Fall ist, dann ist es sehr gut möglich, daß Sie sexuell ein wenig unsicher sind und sich viel besser fühlen werden, wenn Sie einige Fertigkeiten in Selbstbehauptung erwerben, um mit sozialen Ängsten fertig zu werden, wie sie etwa in den Worten zum Ausdruck kommen: »Ich habe Angst davor, eine Bindung einzugehen oder die Gefühle eines anderen Menschen zu verletzen.« Ich empfehle Ihnen in einem solchen Fall, sich in einen systematischen Selbstbehauptungskurs einzuschreiben, wie ihn manche Universitäten oder Volkshochschulen anbieten, und dort zu lernen, wie man solche sozialen Schuld- und Angstgefühle verringert. Diese Programme sind zur Zeit sehr populär und werden im allgemeinen am Abend durchgeführt. Herauszufinden, wo sie angeboten werden, ist einfach: Rufen Sie die örtlichen Einrichtungen der Erwachsenenbildung an.

Zusammenfassung

Mit diesem ganzen Buch sollte auf einen einfachen Gedanken hingewiesen werden. Ängste und Phobien sind nicht unnatürlich oder Zeichen einer seelischen Krankheit, und wenn Sie wollen, können Sie selbst wirksam gegen sie vorgehen. Bei ihrer Behandlung vollbringen wir professionellen Therapeuten überhaupt nichts Geheimnisvolles. Ich glaube, die größte Hilfe, die wir Patienten gelegentlich geben können, besteht darin, daß wir Ihnen als Experten versichern, daß ihr Problem nicht so exotisch und schwierig ist, wie sie häufig meinen. Und diese von uns gegebene Versicherung unterscheidet sich nicht allzu sehr von der Hilfe, die man von einem geschätzten und vertrauten Freund erhalten kann.

Der technische Rat, den wir geben, ist erstaunlich einfach: Wenn Sie eine Phobie haben, tun Sie in der phobischen Situation alles, was Ihre Angst mildert. Wie sich zeigt, läuft dieser praktische, auf Erfahrung beruhende Rat darauf hinaus, alles zu tun, was einem angesichts dessen, was immer man fürchten mag, dazu verhilft, weiterhin körperlich und/oder seelisch aktiv zu bleiben. Dieser Rat scheint freilich bisweilen dem gesunden Menschenverstand zu widersprechen, allerdings nur oberflächlich gesehen. Im Dampfkessel unserer modernen übervölkerten Zivilisation sehnen wir uns bereits am Donnerstag nach dem entspannten Wochenende mit seinem Frieden und seiner Ruhe und betrachten diesen Rückzug als den idealen Gegenpol zu dem ermüdenden Leben in der Woche. Leider halten mittlerweile, wie es scheint, viele von uns Frieden, Ruhe und Entspannung für ihr ein und alles, für das Nirvana, das es anzustreben gilt, für den verdienten Lohn, für die schöne Insel in einem unberechenbaren Meer von Plagen. Das einzig Störende in dieser idyllischen Labsal ist, daß Mutter Natur, als sie unser erstaunlich anpassungsfähiges, effizientes Nervensystem und unsere Konstitution entwarf, nicht daran dachte, Friede, Ruhe und Entspannung könnten die Umwelt unseres täglichen Lebens bilden. Wenn Sie zweifeln, ob es sich mit unserer Ausstattung tatsächlich so verhält, denken Sie an Ihren letzten Urlaub zurück, als Sie an irgendeinem schönen abgelegenen Strand lagen, und erinnern Sie sich, wie lange es dauerte, bis Sie die Nase davon voll hatten, völlig entspannt und isoliert zu sein.

Wegen der häufig intensiven Zwänge unseres modernen Lebensstils denken Sie vielleicht, wie viele uns, Ruhe und Entspannung sei das einzige Gegenmittel gegen Gefühle des Unwohlseins oder gar der Angst. In Wahrheit sind diese Ruhezustände lediglich Nicht-Zustände oder psychische Ruhepunkte, wo unsere physiologische Maschine untätig ist und nur darauf wartet, sich wieder ins Leben zu stürzen. Entspannung und psychische Isolation sind ausgezeichnete Heilmittel für mißbrauchte, überarbeitete Körper und für Nervensysteme, die auf Hochtouren laufen. Mit der Transzendentalen Meditation haben wir sogar ein auf dem Orientierungsreflex beruhendes schlaues System entwickelt, um uns während des Arbeitstages kurze Ruhepausen von etwa zwanzig Minuten zu verschaffen. Wir konzentrieren uns auf unser persönliches Mantra und bündeln unsere Aufmerksamkeit, bis die Stärke dieses auf solche Weise ausgelösten Orientierungsreflexes die Wahrnehmung all der anderen uns umgebenden starken Reize blockiert.

Genau wie unsere physische Verfassung von ihrer Anlage her Übung erfordert, um gut funktionieren zu können und bei guter Gesundheit zu bleiben, so verlangt unsere neurologische und psychische Ausstattung nach Aktivierung, damit wir uns wohlfühlen, und nicht nach Entspannung und Isolierung. Wir sind aktive Lebewesen, Angehörige der Spezies, die diesen Planeten erobert haben. Und alles, was ich im Laboratorium, in der Klinik, von Kollegen und im täglichen Leben gelernt habe, sagt mir, daß wir immer noch aktive Lebewesen sind, darauf angelegt, uns *jedem gewählten Ziel* zu widmen. Mutter Natur hat uns angewiesen, uns auf angeborene Weise an den für das Überleben der Spezies notwendigen Dingen zu orientieren, und zwar durch unser individuelles Überleben. Sie hinterließ uns ein nicht abgeschlossenes evolutionäres Vermächtnis, und sie fügte damit einen Bonus hinzu, der das Überleben übersteigt. Welche Wahl der einzelne auch immer bei der Orientierung trifft, mögen Ziel und Absicht großartig oder schäbig sein, er erhält automatisch psychoneurologische Motivierung, Bestärkung und Belohnung. Sie und ich, wir können uns ohne evolutionäre, physiologische oder philosophische Beschränkung an allem orientieren, was wir uns auswählen, selbst an unseren Ängsten und Phobien, wenn uns dies gefällt. Und da uns die Wahl offensteht, können wir Ängste und Phobien auch beseitigen.

Checkliste für den Orientierungsreflex

Gehen Sie die folgende Liste von Themen gründlich durch. Wie Sie sehen, ist es lediglich eine Liste von Dingen, die Sie unter Umständen interessieren. Mit dem Durchgehen der Liste soll bezweckt werden, daß Sie sich einige Dinge in Ihrem Leben genauer anschauen, Dinge, die Sie interessieren, denen Sie ohne viel Mühe Ihre Aufmerksamkeit widmen und die für Sie lohnend sind. Wenn Sie diese Lebensbereiche erkannt haben, können Sie sie dazu benutzen, Ihre gelernten Furcht- und Angstgefühle besser zu überwinden.

Wenn Sie feststellen, daß Sie noch andere als die hier aufgeführten Interessen haben, notieren Sie sie auf den Leerstellen am Schluß der Liste.

Aktien
Alte Malerei
Angeln
Anthropologie
Antiquitäten
Architektur
Astrologie
Astronomie
Automobile

Bergsteigen
Bernstein
Bienenzucht
Biologie
Bootfahren
Botanik
Briefmarken

Chemie

Dekorieren

Edelsteine
Einmachen
Eisenwaren
Elektronik

Filme
Fotographie
Forstwirtschaft
Funkverkehr
Fußball

Gartenbau
Geheimschrift
Geographie
Geologie
Geschäft
Geschichte
Glasmalerei
Golf
Gymnastik

Häuser
Handarbeit
Handball
Handeln
Haustiere
Hunde

Innenarchitektur

Jagd
Jugendclubs
Jura

Katzen
Keramik
Kinder
Kochen
Konfitüre
Kriegsgeschichte
Kultur
Kunst
Kuriositäten

Landbesitz
Literatur

Mathematik
Maschinen
Mechanik
Militärgeschichte
Militärwesen
Mode
Monarchien
Motoren
Motorräder
Münzen
Musik
Mythologie

Nähen

Ökologie
Ökonomie

Pferde
Pflanzen
Physik
Poesie
Psychologie

Radiobasteln
Regierung
Reisen
Rudern

Segeln
Skat
Skifahren
Skulptur
Sozialkontakt
Spiele
Sprachen
Sport
Schach
Schreiben
Schwimmen
Städte
Sticken
Stricken

Tanzen
Tauchen
Tennis
Theater
Theologie
Tiefseetauchen
Tiere
Tierhaltung

Unterhaltung

Vereine
Vulkane

Waffen
Waldarbeit
Wein
Wissenschaft

Zinnsoldaten
Zoologie
____
____
____
____
____
____

Gehen Sie nun noch einmal alle Themen durch, die Sie ausgewählt haben, und ordnen Sie sie nach »am interessantesten« und »am wenigsten interessant« ein. Bewerten Sie das interessanteste Thema als 1, das nächste als 2, das nächste als 3 usw. Das am wenigsten interessante Thema erhält schließlich die höchste Zahl. Wählen Sie mindestens ein halbes Dutzend Themen aus und bewerten Sie sie.

Anhang

Idealkurve der Sexualerregung

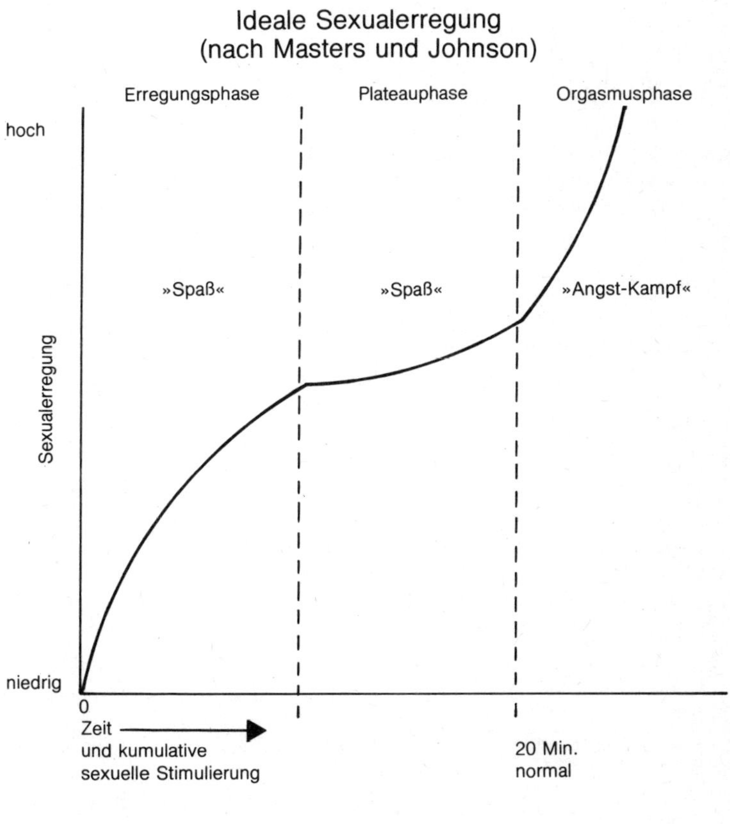

Literatur

Bandura, A., Ross, D. und Ross, S. A.: »Vicarious reinforcement and imitative learning«, *Journal of Abnormal and Social Psychology,* Bd. 67 (1963), S. 601–607.

Boulougouris, J. C., Marks, I. M. und Marset, P.: »Superiority of flooding (implosion) to desensitization for reducing pathological fear«, *Behavioral Research and Therapy,* Bd. 9 (1971), S. 7–16.

Cole, M. und Maltzman, I. M., Hrsg.: *A Handbook of Contemporary Soviet Psychology,* New York (1969).

Frankl, V. E.: »Paradoxical intention: a logotherapeutic technique«, *American Journal of Psychotherapy,* Bd. 14 (1960), S. 520–535.

Jones, M. C.: »A laboratory study of fear: The case of Peter«, *Pedagogical Seminary and Journal of Genetic Psychology,* Bd. 31 (1924), S. 308–315.

Lazarus, A. A. und Abramovitz, A., Hrsg.: »The use of ›emotive imagery‹ in the treatment of children's phobias«, in Ullmann, L. P. und Krasner, L., *Case Studies in Behavior Modification,* New York (1965).

Lisina, M. I.: »The role of orientation in the transformation of involuntary reactions into voluntary ones«, *Orienting Reflex and Exploratory Behavior,* hrsg. v. Voronin, L. G., et. al., American Institute of Biological Sciences, Washington, D. C. (1965).

Maltzman, I. M., Smith, M. J., Kantor, W. und Mandell, M.: »Effects of stress on habituation of the orienting reflex«, *Journal of Experimental Psychology,* Bd. 87 (1971), S. 207–214.

Marushevsky, M.: »On the interaction of the two signal systems in orientation reactions«, *Problems of Psychology,* Bd. 3 (1957).

Meyer, V.: »The treatment of two phobic patients on the basis of learning principles«, *Journal of Abnormal and Social Psychology,* Bd. 58 (1957), S. 261–266.

Ritter, B.: »The group desensitization of children's snake phobias using vicarious and contact desensitization procedures«, *Behavioral Research and Therapy*, Bd. 6 (1968), S. 1–6.
Sokolov, E. N.: *Perception and the Conditioned Reflex*, New York (1963).
Watson, J. B. und Rayner, Rosalie: »Conditioned emotional reactions«, *Journal of Experimental Psychology*, Bd. 3 (1920), S. 1–14.
Wolpe, J.: *The Practice of Behavior Therapy*, Oxford (1969).

Psychologie

Eine Auswahl

Hans Bender
Parapsychologie – ihre Ergebnisse und Probleme (6316)

Morey Bernstein
Protokoll einer Wiedergeburt (1917)

Charles Brenner
Grundzüge der Psychoanalyse (6309)

Charlotte Bühler
Das Seelenleben des Jugendlichen (6303)

Johannes Cremerius (Hrsg.)
Psychoanalyse und Erziehungspraxis (6076)

Werner Correll
Lernen und Verhalten (6146)

Andrew Crowcroft
Der Psychotiker (6701)

Klaus Dörner
Bürger und Irre (6282)

Fischer Lexikon Psychologie
(FL 6)

Anna Freud/Thesi Bergmann
Kranke Kinder (6363)

Funk-Kolleg
Pädagogische Psychologie Band 1 und 2 (6115/6116)

Reader zum Funk-Kolleg
Pädagogische Psychologie Band 1 und 2 (6113/6114)

Hermann Glaser
Sigmund Freuds Zwanzigstes Jahrhundert (6395)

Georg Groddeck
Psychoanalytische Schriften zur Literatur und Kunst (6362)
Das Buch vom Es (6367)

Peter Groskurth/ Walter Volpert
Lohnarbeitspsychologie (6288)

Klaus Holzkamp
Kritische Psychologie (6505)

Jolande Jacobi
Die Psychologie von C. G. Jung (6365)

Arthur Janov
Der Urschrei (6286)
Anatomie der Neurose (6322)
Das befreite Kind (6345)

C. G. Jung
Bewußtes und Unbewußtes (6058)
Über die Psychologie des Unbewußten (6299)
Über Grundlagen der Analytischen Psychologie (6302)